Petra Hiebl / Stefan Seitz (Hrsg.)

Wegweiser
Schulleitung

Mit Kopiervorlagen auf CD-ROM

Herausgeber:

Petra Hiebl war von 2003 bis 2010 Dozentin an der Akademie für Lehrerfortbildung und Personalführung Dillingen. Innerhalb dieser Tätigkeit hat sie Lehrgänge zur Führungskräftequalifikation geleitet und moderiert. Seit 2010 ist sie wissenschaftliche Mitarbeiterin an der Katholischen Universität Eichstätt-Ingolstadt.

PD Dr. Stefan Seitz ist habilitierter Schulpädagoge (Themenbereich „Schulentwicklung") und Leiter des Praktikumsamtes an der Katholischen Universität Eichstätt-Ingolstadt. Seit vielen Jahren befasst er sich mit unterschiedlichsten Themenfeldern der Schulleitungsforschung und fungiert als Referent für Schulleiterfortbildungen.

Die Autoren:

Die Autoren arbeiten in der Schulleitung, Schulaufsicht, an staatlichen Instituten oder in der selbstständigen fortbildenden Tätigkeit. Ihre eigene Erfahrung mit den Aufgabengebieten und Herausforderungen einer Führungskraft bringen sie in die Aus- und Fortbildung von Führungskräften ein.

Projektleitung: Gabriele Teubner-Nicolai, Berlin
Redaktion: Anke Simon, Siegen
Umschlaggestaltung: Claudia Adam, Darmstadt
Umschlagfoto: pio3 – fotolia.com
Layout/technische Umsetzung: Dagmar & Torsten Lemme, Berlin

www.cornelsen.de

2. Auflage 2017

Druck: M.P. Media Print Informationstechnologie GmbH, Paderborn

ISBN 978-3-589-16301-4

PEFC zertifiziert
Dieses Produkt stammt aus nachhaltig
bewirtschafteten Wäldern und kontrollierten
Quellen.
www.pefc.de

PEFC/04-31-0810

Inhalt

3 Führung

Stefan Seitz / Petra Hiebl

4 Personalentwicklung

Stefan Seitz / Petra Hiebl

Doris Brenner

Anmerkung: Zur Bezugnahme auf Personen werden Substantive und Pronomina generisch gebraucht. Wenn also von „Schulleitern", „Stellvertretern", „Konrektoren" etc. gesprochen wird, sind damit männliche und weibliche Personen in gleicher Weise gemeint.

Einleitung: Wegweiser Schulleitung – Praxisleitfaden für Schulleiter

Stefan Seitz / Petra Hiebl

Im Zuge der Fokussierung der Einzelschule als Motor schulischer Erneuerung, als Zentrum und Gelenkstelle jeglicher schulischen Weiterentwicklung ist auch die Person des Schulleiters in den Fokus geraten. „Ein Wandel in der Wahrnehmung von Schulleitung vollzog sich in Deutschland mit der Entdeckung der ‚Schule als Gestaltungseinheit' (FEND 1986) oder der ‚Einzelschule als Motor der Entwicklung' (DALIN/ROLFF 1990). Seitdem Schul- und Qualitätsentwicklung als systematische Prozesse zur Steigerung der Qualität und Effizienz von Schulen betrachtet werden, ist das Interesse an der Funktion der Schulleitung auch im deutschsprachigen Raum deutlich gestiegen" (BONSEN 2006, 193 f.).

Analog zu den geänderten Aufgabenbereichen im Kontext schulischer Reformen kann eine Schulleitung dementsprechend ihr Rollenbewusstsein mittlerweile weder aus einem rein pädagogischen Selbstverständnis als Lehrkraft noch alleine aus jenem eines „Managers" einer Schule beziehen. Zentral wird vielmehr eine neue berufliche Rollenidentität als Führungsperson, die paritätisch neben die Managementaufgabe tritt und „die die Kraft zwischenmenschlicher Überzeugung und Einflussnahme beinhaltet" (HÖHER/ROLFF 1996, 201).

Im Kontext schulischer Erneuerung stehen insbesondere personen- und wertbezogene Aufgaben im Vordergrund, wodurch Schulleitungen „vor allem als pädagogische Führer und Leader angesprochen (sind). […] Es gilt einerseits, Schulen aus der tendenziell organisatorischen Starrheit zu lösen und sie zu einer lernenden Organisation zu befähigen. Hierbei spielen unmittelbar auf LehrerInnen, SchülerInnen und Eltern abzielende personale Maßnahmen eine vordringliche Rolle. Um diese Schlüssel-Zielgruppen andererseits nicht nur rational in ihren Köpfen und Händen, sondern auch in den Herzen zu erreichen, zu motivieren, zu begeistern und emotional anzusprechen, sind Führungskräfte als Leader gefordert. Dabei können z. B. ein gemeinsam akzeptiertes Wertefundament und Zielsystem entworfen und ein Schul-Leitbild quasi als normativer Kompass auf dem Weg zur Schule der Zukunft entwickelt werden. Führungs- und Leadership-Aufgaben ergänzen sich" (SCHÜSSLER 2006, 295).

Angesichts dieser stark modifizierten, personen- und visionsorientierten Führungsaufgabe einer Schulleitung, die sie mittlerweile analog zu Leitungspositionen in Organisationen übernommen hat, bedarf es vielfältiger Kompetenzen, will man alle Aufgaben erfolgreich bewältigen. Analog zur Trias schulischer Erneuerung (Unterrichts-, Organisations- und Personalentwicklung) verzahnt diese Aufgabenvielfalt pädagogisch-didaktische und organisationsspezifische Aspekte schulischer Erneuerung über eine adäquate und motivierende Führung des Schulpersonals enger miteinander: „Schulqualitätssicherung und -entwicklung als Aufgabe innerschulischen Managements verspricht, zwei Ebenen schulischen Handelns aufeinander zu beziehen: die Ebene des Unterrichts, d. h. die Ebene der individuellen Verantwortung und Entscheidung des einzelnen Lehrers / der einzelnen Lehrerin über Ziele, Inhalte, didaktische und erzieherische Methoden sowie über die Beurteilung des einzelnen Schülers und der Klasse, und die Ebene der Schule, d. h. die Ebene der kollektiven Verantwortung für die Selbstverwaltung der Schule, ihre Funktions- und Arbeitsweise, für Organisationsstrukturen sowie Qualifikationen, Kompetenzen, Verantwortlichkeiten" (WISSINGER 2000a, 80).

Die heutigen Aufgabenbereiche einer Schulleitung lassen sich demnach folgendermaßen darstellen, wenngleich die einzelnen Ebenen immer wieder ineinander übergehen und letztlich oft nicht sauber voneinander zu trennen sind:

Aufgabenbereiche einer Schulleitung

Unterrichtsentwicklung
- Eigene Unterrichtstätigkeit
- Sorge tragen für eine hohe Unterrichtsqualität des Kollegiums
- Unterrichtsbesuche bei Kollegen

Organisationsentwicklung
- Verwaltungstätigkeiten
  – traditionelle
  – erweiterte
    (über eine gestiegene Schulautonomie)
- Schaffen einer „Corporate Identity" und Entwickeln von Visionen
- Evaluation der Schulorganisation
- Schulprogrammarbeit
- Schulöffnung
- Öffentlichkeitsarbeit

Personalentwicklung/-führung
- Motivation und Mitarbeiterführung
  (u. a. durch Partizipation)
- Förderung der Fortbildungsbereitschaft
- Vorantreiben von Kooperation/Teamarbeit
- Personalgewinnung
  (bei Neueinstellungen)

Abb.: Aufgabenbereiche einer Schulleitung

Für zentrale Aufgabenbereiche von Schulleitung in der heutigen Zeit bietet die vorliegende Publikation einen theoretischen Zugang. Darüber hinaus gibt sie im Sinne eines Praxisleitfadens Ideen und Arbeitshilfen für die alltäglichen Anforderungen des Jobs eines Schulleiters.

„Wegweiser Schulleitung" – Zielgruppe und Intention dieser Publikation

Diese Publikation wendet sich an Schulleiter. Ihr liegt die Vorstellung einer modernen Schule zugrunde, deren Schulleiter auf einen kooperativen Führungsstil vertraut. Deshalb sind innerhalb der Publikation viele Elemente der kooperativen Führung und der Delegation von Aufgaben enthalten. Die zentralen Aufgaben, die auf Schulleitung heute zukommen, werden aufgezeigt.

Sollten Sie neu im Amt des Schulleiters sein oder in manchen Bereichen Ihre Kompetenz erweitern wollen, können Sie dieses Handbuch gut einsetzen.

Zentral ist mit Schulleitung der Schulleiter gemeint, dennoch ist im Rahmen eines kooperativen Führungsverständnisses die Schulleitung durch einen erweiterten Personenkreis besetzt. Demzufolge sind mit Schulleitung auch die stellvertretende Schulleitung sowie weitere Personen der erweiterten Schulleitung angesprochen.

Wer ist mit „Schulleitung" gemeint?

Diese Publikation versteht sich als Handbuch.

Wie ist diese Publikation zu verstehen?

Es ist im Sinne eines Praxisbegleiters so zu verstehen, dass es im **Alltag der Schulleitung** nützlich sein soll. Dementsprechend bietet es einführende und kompakte Theoriezugänge zu zentralen Themengebieten „guter Schulleitung". Diese Theorie wird um den Praxisbezug erweitert und unterstützt durch Selbsteinschätzungen, Übungen und Reflexionen die Integration der Themen in bisheriges Schulleitungswissen und -handeln. Alle „Praxishilfen" sind hierbei von den Autoren „praxiserprobt".

Innerhalb der Publikation werden folgende Themen vorgestellt:

Kapitel 1: Qualitäten einer Führungskraft

Kapitel 2: Amtsantritt

Kapitel 3: Führung

Kapitel 4: Personalentwicklung

Kapitel 5: Kommunikation

Kapitel 6: Selbst- und Schulorganisation

Kapitel 7: Unterstützungssysteme

Kapitel 8: Unterrichtsqualität, Evaluation und Qualitätssicherung

Auf der **CD-ROM** sind zum einen alle praktischen Übungen (Selbsteinschätzungen, Übungen, Reflexionen) vorzufinden. Diese werden dort im DIN-A4-Format mit ausreichend Platz zum Schreiben angeboten und sollen Ihnen ermöglichen, sich **schriftlich und damit intensiver** mit einem Themengebiet auseinanderzusetzen. Außerdem können Sie nach einer gewissen Zeit nochmals Ihre Aufzeichnungen „prüfen" und aufs Neue reflektieren. Gleichzeitig sind auf der CD-ROM Arbeitsvorlagen hinterlegt, die Ihnen z. B. die Vorbereitung einer Konferenz erleichtern.

Die Publikation dient Ihrer Professionalisierung als Führungsperson.

In aller Kürze: Diese Publikation ist ein Handbuch, das Ihnen einen pragmatischen Theoriezugang und strukturierte Möglichkeiten zur Umsetzung in der Praxis zur Verfügung stellt. Es soll Sie unterstützen, wenn sich für Sie in Ihrer Funktion als Schulleiter die in der folgenden Selbstklärungsaufgabe genannten Fragen stellen.

Selbstklärung: Meine Erwartungen und Bedenken

■ Wie definiert sich meine Rolle als Schulleiter?

■ Welche Aufgaben kommen auf mich zu? Welche Kompetenzen brauche ich dafür?

■ Welche Erwartungen haben welche Personengruppen an mich?

■ Welchen Herausforderungen muss ich mich stellen und wie bewältige ich diese?

■ Wie kann ich mein Amt mit einer hohen Zufriedenheit ausfüllen?

Notieren Sie dazu Ihre Erwartungen und vielleicht auch Ihre Bedenken:

1 Qualitäten einer Führungskraft

Stefan Seitz / Petra Hiebl

1.1 Ziele und Werthaltungen

Mit der Leitung einer Schule übernimmt der Schulleiter die langfristige Verantwortung für diese Schule sowie für ihre Angehörigen. Diese Verantwortlichkeit zeigt sich u. a. in der Überzeugung der Schulleitung, dass gesetzte Ziele und Visionen umsetzbar sind. Diese Ziele und Visionen gilt es transparent zu machen, um die Kollegen daran teilhaben zu lassen und eine Entwicklung sowie Umsetzung im Dialog anzustreben.

Das Kollegium muss hierbei erleben, dass auch in herausfordernden Situationen des schulischen Alltags an den gesetzten Zielen weiterhin festgehalten wird. Hierzu muss die Schulleitung auch bereit sein, Risiken auf sich zu nehmen. Dies kann zum Beispiel in Situationen bei der Unterstützung von Schulentwicklungsmaßnahmen vonnöten sein oder beim Schutz des Autonomiebereichs der Lehrkräfte oder auch bei widersprüchlichen Anordnungen der Schulbehörde.

Ziele und Visionen transparent machen

Grundsätzlich müssen alle an der Schule beteiligten Personenkreise immer wieder erfahren, dass sich die Schulleitung für die Schule engagiert, indem sie hohe Präsenz im Schulleben sowie in der Öffentlichkeit zeigt.

Dabei verstehen es erfolgreiche Schulleiter, ihre eigenen Werthaltungen transparent zu machen und sie vorzuleben. „In jeder Hinsicht wertneutrale Schulleitungspersonen sind weniger erfolgreich, weil sie für die Lehrkräfte nicht immer berechenbar sind" (DUBS 2009, 160). Die Führungsposition wird durch die Betonung von Werten verstärkt, die die persönlichen Werthaltungen und Visionen widerspiegeln. Hiermit trägt der Schulleiter zur nachhaltigen Entwicklung und Transparenz von Zielen und Werthaltungen innerhalb des Schullebens bei. Diese Transparenz ist eine gute Voraussetzung für den anhaltenden Dialog und Diskurs in der Schule und somit u. a. Motor für Schulentwicklungsprozesse (vgl. ebd.).

Reflexion: Meine Ziele und Werthaltungen
Wie mache ich meine Ziele und Werthaltungen transparent?

_____

_____

_____

1.2 Durch Persönlichkeit führen

Neben persönlichen, sozialen und methodischen Kompetenzen ist für die Qualifikation einer Schulleitung ebenso eine Persönlichkeit förderlich, welche durch das eigene Vorbild führt, Lern- und Reflexionsfähigkeit zeigt sowie Glaubwürdigkeit und Loyalität vermittelt. Als notwendige Persönlichkeitsmerkmale, innere Einstellungen und Wertvorstellungen einer Führungskraft gelten:

- „Kreativität und Innovationsbereitschaft
- Emotionale Stabilität und Belastbarkeit
- Selbstmotivation und Eigenverantwortung
- Flexibilität
- Entscheidungsstärke
- Beurteilungsvermögen" (FKSBayStV 2005)

> **Reflexion: Persönlichkeitsmerkmale**
>
> Was hat Sie bewogen, Schulleiter zu werden?
>
> _____
>
> Welche Persönlichkeitsmerkmale zeichnen Sie für diese Führungsaufgabe aus?
>
> _____
>
> Welche Persönlichkeitsmerkmale behindern Sie (manchmal)?
>
> _____
>
> Wie zufrieden sind Sie mit der Schulleiteraufgabe?
>
> _____

Möchten Sie sich von Ihren Kollegen einschätzen lassen? Einen Fragebogen des Landesbildungsservers Baden-Württemberg finden Sie unter: http://www.schule-bw.de/entwicklung/qualieval/as/sevstart/eisneu/eisarchiv/instrqb-alt/qb3/3-3/, Menüpunkt „Mitarbeiter/-innen-Feedback" (letzter Zugriff am 16. 10. 2013).

1.3 Visionen entwickeln

Die Einzelschule kann sich nicht von sich aus weiterentwickeln, wenn ihr das notwendige ideelle Gedankengut, wenn ihr die letztlich treibende Kraft einer Schulleitung mit eigenen Anregungen und Visionen fehlt. Diese Kraft muss aus der Schulleitung selbst erwachsen und von ihr glaubhaft und dauerhaft verkörpert werden. Darüber hinaus ist es aber auch wesentlich, diese Vision auf die Mitarbeiter zu übertragen, für die eigenen Ziele und Ideale zu begeistern bzw. eigenständiges kreatives Gedankengut herauszufordern.

Anhand dieser Konstituente gelangt der amerikanische Führungs- und Organisationsforscher GARY YUKL (2000, 7) zu folgender Definition: „Leadership is the process of influencing others to understand and agree about what needs to be done and how it can be done effectively, and the process of facilitating individual and collective efforts to accomplish the shared objectives."

Es geht also darum, die Mitarbeiter einer Organisation mit einer bestimmten Zielfokussierung sozial dergestalt zu beeinflussen, dass diese eine gemeinsame Identifikation mit den Zielen der Organisation entwickeln und ihre individuellen wie auch kollektiven Arbeitsprozesse darauf ausrichten, diese Ziele optimal umzusetzen. Dies wird sichtbar im Führungsmodell von KOUZES/POSNER (2007), das folgende fünf Führungsdimensionen und die hieraus resultierenden Umsetzungsformen unterscheidet:

Mitarbeiter für die eigenen Ziele und Ideale begeistern

Dimensionen	Indikatoren
Wege aufzeigen und vorbereiten	■ Offenlegung der eigenen Wertvorstellungen ■ Entwickeln eines detaillierten Plans (mit kleinen Schritten und Zwischenstationen zum Erfolg) ■ Evaluierung der eigenen Arbeit ■ Bei Bedarf: Berichtigen der Ausführungsbestrebungen ■ Vorbildverhalten/Vorleben der eigenen Ideale
Schaffung einer gemeinsamen Vision	■ Verlangen nach Veränderung ■ Entwickeln einer klaren Vorstellung von aufregenden, innovativen Möglichkeiten ■ Befähigung anderer, zukünftige Möglichkeiten zu erkennen und die eigene Vision zu teilen ■ Erkennen und Verstehen der Bedürfnisse der Mitarbeiter ■ Inspirieren der Mitarbeiter zu einer gemeinsamen Vision ■ Motivierung durch die eigene Begeisterung
Initiierung von Prozessen	■ Aktives und innovatives Herangehen an neue Herausforderungen ■ Suchen nach Gelegenheiten und Ausprobieren von Neuem ■ Experimentieren und Wagen von Risiken ■ Herstellen kleiner Erfolge ■ Stetiges Hinterfragen des eigenen Handelns ■ Anerkennung und Unterstützung guter Ideen ■ Lernen aus Erfahrung / aus Fehlern ■ Informierung über neue Entwicklungen
Befähigung anderer, selbst(ständig) zu handeln	■ Stärkung und Förderung der Mitarbeiter bei Selbstständigkeit und Selbstverantwortung ■ Partizipation der Mitarbeiter an den Vorhaben über individuelle Zuständigkeiten ■ Ermutigung zu Zusammenarbeit/Teamarbeit und Stärkung der Teammitglieder ■ Herstellen einer vertrauensvollen Atmosphäre ■ Schaffung eines Gefühls, selbst Mit-Urheber zu sein
Ermutigen und fördern (unter anderem auch auf der Gefühlsebene)	■ Ermutigung der Mitarbeiter durchzuhalten ■ Aufzeigen individueller Stärken der Mitarbeiter ■ Individuelle Anerkennung ■ Gemeinsames Feiern von Erfolgen ■ Entwickeln eines Wir-Gefühls ■ Selbstbestärkung in der eigenen Leistungsfähigkeit ■ Liebe zur eigenen Arbeit

Abb.: Führungsdimensionen nach KOUZES/POSNER (2007)

Auch die bundesweite Dachorganisation der Schulleitungen, die Arbeitsgemeinschaft der Schulleiterverbände Deutschlands / Verband deutscher Schulleitungen e. V. (ASD; heute: Allgemeiner Schulleitungsverband Deutschlands), hat sich diesem Perspektivenwechsel in der von ihr herausgegebenen Broschüre mit dem Titel *Schulleitung in Deutschland. Ein Berufsbild in Entwicklung* (1999) angeschlossen. Als Verantwortungsbereiche differenziert sie hierbei die Leitungsaufgaben einer Schulleitung in einen Sektor „Schulmanagement", dem sie den eher verwaltungsspezifischen sowie handlungstechnischen Aufgabenkanon zuweist, sowie in einen Bereich „Schulentwicklung", der die Züge pädagogischer und organisatorischer Erneuerung von Schule im Sinne von gemeinsamer Ideologiebildung und Initiierung von Innovationen trägt (vgl. ASD 1999, 13–30).

Für DUBS (2005) tritt neben die Managementaufgabe der Schulleitung zusätzlich jene des „Leadership" hinzu, die DUBS ausdifferenziert in einen „transaktionalen" und einen „transformationalen" Teil. Während ersterer die Mitarbeiterführung im administrativen schulischen Bereich betrifft (über eine Einflussnahme auf das Erreichen gemeinsamer administrativer Leistungsziele durch Herstellen adäquater Rahmenbedingungen und unter Berücksichtigung partizipativer und prosozialer Rahmenbedingungen), stehen bei letzterem visionäre und zukunftgeleitete Ideale (Entwickeln eigener Visionen und Versuch, die Mitarbeiter auf diese eigenen Ziele hinzulenken bzw. sie dafür zu gewinnen; Inspirieren für neue Ziele unter Berücksichtigung der Bedürfnisse der Mitarbeiter) im Vordergrund. Das traditionelle Führungsverständnis wird hierdurch ausgeweitet: „zur rationalen, stärker führungstechnischen Betrachtung der Leitungsaufgabe gesellt sich eine visionäre, inspirierende und symbolische Dimension der Führung" (DUBS 2005, 164 f.).

Beide Teile der aufgrund ihrer unterschiedlichen Intention in „Management" und „Leadership" differenzierten Leitungsaufgabe müssen sich dabei wechselseitig ergänzen. „Ein Schulleiter oder eine Schulleiterin muss sowohl Manager als auch Leader sein. Die Kunst liegt darin, zwischen beiden ein ausgewogenes Verhältnis zu finden. Wer sich nur als Manager oder als Managerin versteht, wird bald einer ‚verwalteten Schule' vorstehen, die, wenn sie gut ‚gemanagt' ist, problemlos funktioniert. Dies freut zwar die Schulbehörden, genügt aber nicht. Wenn sich aber Schulleiterinnen und Schulleiter nur als Leader verstehen, so mögen sie kurzfristig als innovationsfreudig beurteilt werden. Infolge von Unzulänglichkeiten und Pannen im alltäglichen Schulbetrieb werden sie aber bald mit Glaubwürdigkeitsproblemen und einem schlechten Organisationsklima zu kämpfen haben" (ebd., 167).

SCHRATZ (2005, 191), der für Schulleitungen bislang stärker ausgeprägte Management- und schwächer ausgeprägte Leadership-Qualitäten eruiert und dieses Faktum auf die stark zentralistische Ausrichtung der Schule in der Vergangenheit sowie den widersprüchlichen Auftrag einer Bewahrung von Traditionen bei gleichzeitiger Veränderung gemäß gesellschaftlichen Erfordernissen zurückführt, stellt das wechselseitige Verhältnis folgendermaßen dar:

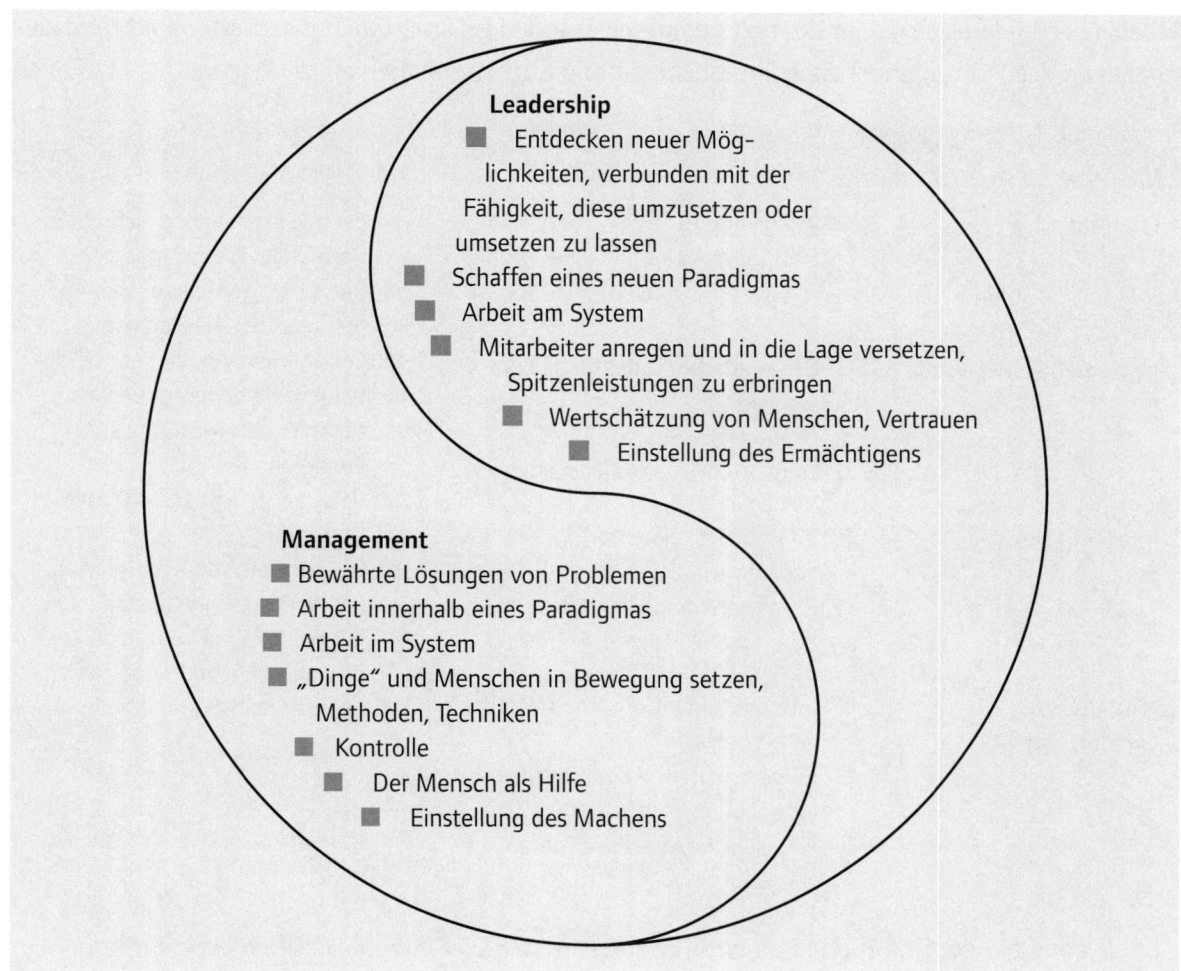

Leadership
- Entdecken neuer Möglichkeiten, verbunden mit der Fähigkeit, diese umzusetzen oder umsetzen zu lassen
- Schaffen eines neuen Paradigmas
- Arbeit am System
- Mitarbeiter anregen und in die Lage versetzen, Spitzenleistungen zu erbringen
- Wertschätzung von Menschen, Vertrauen
- Einstellung des Ermächtigens

Management
- Bewährte Lösungen von Problemen
- Arbeit innerhalb eines Paradigmas
- Arbeit im System
- „Dinge" und Menschen in Bewegung setzen, Methoden, Techniken
- Kontrolle
- Der Mensch als Hilfe
- Einstellung des Machens

Abb.: Zusammenhang zwischen Management und Leadership (nach SCHRATZ 2005, 190)

Aufgrund der hierfür erforderlichen Gefolgschaft durch motivierte Lehrkräfte geht Leadership in ihrem Anspruch und Umfang weit über die traditionelle Führung hinaus und bedarf multifaktorieller Befähigungen einer Schulleitung, die DUBS (2005, 168–175) bestimmt als:

- administrative Kraft (Stärke der administrativen Führung; Schule muss ohne zu große Beschränkung ihrer Freiräume und mit einem Mindestmaß an Bürokratie flexibel laufen),
- human-soziale Kraft (menschliche Überlegenheit zur Gestaltung interpersonaler Beziehungen),
- pädagogische Kraft (pädagogisch professionelle Autorität; pädagogisches Wissen und Können),
- politisch-moralische Kraft (konstruktiver Umgang mit Allianzen und Koalitionen in einer Schule; langfristige Glaubwürdigkeit und Möglichkeit zur Einflussnahme auf die Schulentwicklung durch Lehrkräfte) und
- symbolische Kraft (Rituale und Zeichen sowie Emotionen wahrnehmen und interpretieren; sicherer Umgang mit emotionalen und irrationalen Dingen an einer Schule).

Tabellarisch bilden sich die im Kontext konkreter Visionen geforderten Eigenschaften und Anforderungen an das Führungsverhalten einer Schulleitung folgendermaßen ab:

Eigenschaften	Anforderungen	Führungsverhalten
Charisma	■ Anerkennung zeigen ■ Sinn für gemeinsame Ziele wecken	■ Lebt als nach außen sichtbares Vorbild des Wertefundaments ■ Betont Notwendigkeit „kundenorientierten" Handelns ■ Sensibilisiert für „höhere" Ziele ■ Belohnt umgehend, für alle sichtbar wertekonformes Verhalten ■ Versteht sich als „Coach" der Geführten ■ Spricht Geführte emotional an, um das Vertrauen zu stärken ■ Koppelt alle Aktivitäten an die propagierten Werte und fördert dadurch Selbstverpflichtung
Inspirierende Motivation	■ Optimistisches Zukunftsbild präsentieren ■ „Neue Horizonte" öffnen ■ Sinnstiftung, Vertrauensbildung	
Intellektuelle Stimulation	■ Zu Reflexion „latenter" Annahmen anregen ■ Zusammenhänge vermitteln ■ Zu Problemlösungen anspornen	
Individuelle Orientierung	■ Interesse am persönlichen Wohlergehen zeigen ■ Förderung der Persönlichkeitsentwicklung ■ Fähigkeitsbezogene Auftragsvergabe	

Abb.: Eigenschaften, Anforderungen und Verhaltensweisen von Führungskräften bei transformativer Führung (nach VON DER OELSNITZ 1999, 393 f., zit. nach SCHÜSSLER 2006, 292)

Handlungsebenen pädagogischer Führung in Schulentwicklungsprozessen

Hieraus leitet SCHÜSSLER (2006, 287–294) vier Handlungsebenen pädagogischer Führung und Leadership in Schulentwicklungsprozessen ab, die sie folgendermaßen bestimmt:

■ **Auf der Individualebene:** *Selbstmanagement (Coaching)*; insbesondere emotionale Betreuung, psychische Beratung, mentale Unterstützung und Förderung „Coaching ist auf Psychohygiene, d. h. auf reflexive Selbstpflege und seelische Balance, ausgelegt und zielt auf Selbststabilisierung und Selbstentfaltung der entwickelten wie der noch zu entwickelnden Eigenkräfte des Coachee, auf Selbstmotivation und Orientierungshilfe, insgesamt also auf die Stärkung des Selbstwertgefühls" (ebd., 287).

■ **Auf der Personenebene:** *Personenmanagement (Teamführung)*; Definition von Teamzielen, Herstellen adäquater Rahmenbedingungen, Auswahl geeigneter Teammitglieder, Verteilung der Aufgaben, Pflege des Teamgeistes, Befördern von Kommunikation und Austausch, Stärkung von Vertrauen und emotionaler Offenheit, Lösung von Konflikten

■ **Auf der Institutionenebene:** *Institutionenmanagement (transformative Führung)*; Beeinflussung von Einstellungen und Wertvorstellungen durch Überzeugung, nicht durch Zwang

■ **Auf der Systemebene**: *Systemmanagement (Leitbildentwicklung)*; Schärfung des Schulprofils in der Öffentlichkeit über eine Leitbildentwicklung „Ein Leitbild veranschaulicht die maßgeblichen Werte, Normen und Sinngehalte und bildet sozusagen das ‚Grundgesetz' der Organisation und damit das Fundament einer Lernkultur. Es bietet, richtig genutzt und eingesetzt, insofern für Führungskräfte ein hervorragendes Betätigungsfeld, das ‚Schulklima', mithin die Lernkultur positiv zu gestalten und damit die Erlebnis-identität günstig zu beeinflussen" (ebd., 292 f.).

Zusammenfassend resümiert SCHÜSSLER (ebd., 296): „Die angedeuteten Aufgaben von sachbezo-gener Leitung, personenbezogener Führung und wertebezogenem Leadership sowie die Ansatz-punkte durch Coaching, Teamführung, transformative Führung und Leitbildentwicklung sollen Füh-rungskräften bei Schulentwicklung letztlich helfen, Kopf, Herz und Hand der anvisierten Zielgruppen zu erreichen, also die kognitiven, intellektuellen und reflexiven Vermögen, ihre sozialen, emotiona-len und affektiven Kompetenzen sowie ihre motorischen und manuellen Fähigkeiten und Geschick-lichkeiten anzusprechen und zu steigern. Dadurch wird insgesamt *Wissen* (Know-how, Information), *Wollen* (Motivation, Engagement) und *Können* (Qualifikation, Bildung) von Lehrenden und Schülern durch *Enablement* (Befähigung) und *Empowerment* (Ermächtigung) verbessert. Dabei zielt Schulent-wicklung am Ende darauf, Persönlichkeitsentfaltung, Kompetenzentwicklung, pädagogischer Auf-trag von Schulen, Effizienz, Qualität und Professionalisierung auf allen Ebenen des Handelns zu verbinden."

Für FULLAN (1992, 87 ff.) schließlich zeigen effektive Schulleitungen ein gewisses Maß an Risiko-bereitschaft bei gleichzeitigem Gespür dafür, wann Vorsicht angebracht ist, und bringen Visionen mit in ihre Schulen hinein. Zudem unterstützen und stärken sie die Mitarbeiter. Insgesamt tragen sie hierüber zu einer Stärkung der Schulkultur bei, wozu bei FULLAN (ebd., 86) zu lesen ist: „The role of the principal is not in implementing innovations or even in instructional leadership for specific classrooms. There is a limit to how much time principals can spend in individual classrooms. The larger goal is in transforming the culture of the school."

Reflexion: Meine persönlichen Visionen

Was sind Ihre persönlichen drei Visionen, mit denen Sie Ihre Schule führen?

1. _____

2. _____

3. _____

Welche Herausforderungen stellen sich dabei?

_____

Nennen Sie, was Sie bereits erfolgreich umsetzen konnten:

_____

2 Amtsantritt

Erich Kraus

2.1 Den Amtsantritt bewusst gestalten

Mit der Ernennung zum Schulleiter ist eine völlig neue Aufgabe verbunden, die sich von der vorherigen Tätigkeit als Lehrer grundlegend unterscheidet. War man zuvor hauptsächlich mit den Aufgabenfeldern Unterrichten und Erziehen befasst, so ist jetzt mit der Leitung eines Unternehmens „Schule" ein erhebliches Maß an Management- und Führungsaufgaben verbunden. Um die gesellschafts- und sozialpolitischen Aufträge erfüllen zu können, muss Schule aktiv gestaltet werden. Für die Person des Schulleiters bedeutet dies, dass sie mit den neuen Aufgaben und dem Mehr an Verantwortung eine neue Haltung und eine neue Rolle einnehmen muss.

Der erste Eindruck zählt.

Getreu dem Motto, dass der erste Eindruck, den man hinterlässt, irreversibel ist („You can never change your first impression!"), ist es daher notwendig, den Amtsantritt bewusst zu planen, der neuen Rolle gewahr zu werden, sich intensive Gedanken über das weitere Vorgehen zu machen, nichts dem Zufall zu überlassen und weitere Prozesse exakt zu steuern.

Zunächst einmal sollte man sich dessen bewusst sein, dass man mit der Position eines Schulleiters eine völlig neue Rolle einzunehmen hat, die sich noch einmal in erheblichem Maße von der eines Konrektors unterscheidet. Fungiert ein Konrektor je nach eigener Rollenauffassung häufig als Mittler oder Bindeglied zwischen Kollegium und Schulleiter, zeichnet sich die Position des Schulleiters dadurch aus, dass er für das Gesamtsystem Schule letztlich die alleinige Verantwortung trägt und demzufolge oftmals auch Entscheidungen zu treffen hat, die im Kollegium zwangsläufig nicht immer die ungeteilte Zustimmung finden können.

Bei den Überlegungen zu einem bewussten Amtsantritt ist es wichtig zu unterscheiden, ob man an der eigenen Schule zum Schulleiter befördert wird oder ob man als mehr oder weniger Unbekannter an eine neue Schule wechselt.

2.1.1 Schulleiter an der eigenen Schule

Eine große Herausforderung ist es, Schulleiter an der eigenen Schule zu werden, an der man bisher als Konrektor oder eventuell sogar schon als Kollege tätig war. Zum einen hat man natürlich ein bestimmtes „Image" bei Schülern, Eltern und Kollegen, zum anderen erleben die anderen Personen den Rollenwechsel sozusagen „hautnah" mit.

Möglichst genaue, am besten schriftlich fixierte eigene Überlegungen zu den folgenden Fragestellungen können helfen, den Amtsantritt bewusst zu gestalten.

Reflexion: Überlegungen vor dem Amtsantritt an der eigenen Schule
- Welche Bestandteile meines Images unterstützen mich in meiner neuen Position als Schulleiter?

- Welche erschweren mir die Übernahme der neuen Rolle? In welchen Bereichen muss ich mein Verhalten gegenüber Schülern, Eltern, Kollegen modifizieren?
- Wie gehe ich mit Kollegen um, mit denen ich bisher noch nicht so intensiven Kontakt hatte? Wie gewinne ich sie für meine Ziele? Besteht die Gefahr, dass gerade diese bei unangenehmen Entscheidungen zu Kritikern der Schulleitung mutieren?
- Welche Erwartungen tragen diejenigen Kollegen an mich heran, die sozusagen zu meinem kollegialen Freundeskreis gehören? Besteht auch bei diesen die Gefahr, dass sie bei unangenehmen Entscheidungen aus persönlicher Enttäuschung zu Kritikern der Schulleitung werden?
- Wie werde ich von den Eltern in meiner neuen Rolle wahrgenommen?
- Welchen Führungsstil pflegte ich bisher den Schülern gegenüber? War er in manchen Teilen eventuell partnerschaftlich ausgelegt, was den Respekt meiner neuen Position gegenüber beeinträchtigen könnte?
- Wie wurde ich in der Öffentlichkeit wahrgenommen? Wie werde ich im öffentlichen Bewusstsein ein Repräsentant meiner Schule? Was muss ich dafür tun bzw. ändern?

Fazit: Gerade in diesem Fall ist es angebracht, den Rollenwechsel besonders sensibel vorzunehmen und dennoch durch einen besonders kommunikativ ausgerichteten Führungsstil die neue Rolle an der alten Schule klar auszufüllen.

2.1.2 Schulleiter an einer neuen Schule

Wenn einem nicht ein bestimmter Ruf vorauseilt, hat man die Chance, die Rolle völlig neu und unvorbelastet auszufüllen, da man zumindest bei einem großen Teil des Kollegiums unbekannt ist. Aber auch hier helfen möglichst genaue eigene Überlegungen bzw. Informationen, den Amtsantritt bewusst zu gestalten.

Reflexion: Überlegungen vor dem Amtsantritt an einer neuen Schule
- Bringe ich auch hier bereits ein Image mit, das mich in meiner neuen Rolle unterstützt oder hemmt?
- Welches Image hat die Schule in der Öffentlichkeit?
- Hat sich aus meinem neuen Kollegium heraus ebenfalls jemand, z. B. mein neuer stellvertretender Schulleiter, auf die Schulleiterstelle beworben? Wie gehe ich in diesem Fall mit dem betreffenden Kollegen um?
- Bin ich ein „Wunschkandidat"?
- Welchen Führungsstil hatte mein Vorgänger? Was sind die Kollegen sozusagen „gewohnt"?
- Wie flach oder steil waren die bisherigen hierarchischen Strukturen? Wie will ich daran anknüpfen?
- Wie verlief die Zusammenarbeit im Schulleitungsteam? Waren der stellvertretende Schulleiter bzw. die Mitglieder der Schulleitung in wichtige Entscheidungen einbezogen?

> *Fazit: Der Neustart bietet eine große Chance, an seinem ersten Eindruck zu arbeiten und genau zu planen. Dazu ist es allerdings unerlässlich, sich zuvor umfassend zu informieren.*

Die in den weiteren Teilen des Kapitels 2 folgenden Praxishinweise – beginnend von der ersten Vorstellung über den Kontakt mit Kollegen und Personal bis hin zu Führungsphilosophie und Öffentlichkeitsarbeit – sind besonders bedeutsam bei der Besetzung der Schulleiterstelle an einer neuen Schule, damit der Neustart gelingt. Sie sind aber auch bei der Übernahme der eigenen Schule im Sinne eines neuen Rollenverständnisses von großer Relevanz.

2.2 Erste Vorstellung

Sobald man den Brief der zuständigen Dienstbehörde erhalten hat, dass die Bewerbung um die Stelle des Schulleiters erfolgreich war, gilt es, umgehend die Initiative zu ergreifen und aktiv Kontakte zu knüpfen.

2.2.1 Kontakt mit der neuen Schule

Als Erstes gilt es, Kontakt mit der neuen Schule aufzunehmen. Man kann durchaus davon ausgehen, dass sich die erfolgte Neubesetzung im Kollegium rasch verbreitet und eine gewisse Neugierde zur Folge hat, die man nicht enttäuschen sollte. Dabei empfiehlt sich zunächst einmal ein telefonisches Gespräch mit der bisherigen Schulleitung, in dem man die Gelegenheit hat, sich kurz kennenzulernen bzw. vorzustellen.

Nach dem Ablauf der Einspruchsfrist für die unterlegenen Bewerber ist es dann Zeit für einen persönlichen Besuch bei der bisherigen Schulleitung. Nicht empfehlenswert ist es, sich anonym an der neuen Schule umzusehen. Zu groß ist die Gefahr, angesprochen und sozusagen „enttarnt" zu werden, was dann einen zweifelhaften ersten Eindruck zur Folge hat. Am zweckmäßigsten erscheint es, sich zuvor anzumelden, was sicherstellt, dass für ein intensives Gespräch auch Zeit ist, und den Termin am besten auf einen Nachmittag zu legen, da dann auch ein Schulhausrundgang in Ruhe möglich ist.

Mindestens ebenso wichtig ist die Kontaktaufnahme mit dem Sekretariat. Gerade mit den Verwaltungsangestellten wird man als Schulleiter am meisten zusammenarbeiten. Auch hier gilt es, einen separaten Termin zu vereinbaren.

Im zeitlichen Ablauf wäre es daraufhin empfehlenswert, in den folgenden Wochen den letzten Tagesordnungspunkt einer planmäßigen Lehrerkonferenz für die Vorstellung des neuen Schulleiters zu reservieren. So ist sichergestellt, dass nach Konferenzende schon erste Kennenlerngespräche mit dem neuen Kollegium möglich sind. Auf diese Vorstellung sollte man sich gut vorbereiten und folgende Punkte beachten, damit der sprichwörtliche erste Eindruck gelingt:

- Ein gewisser **Kleidungsstil** bringt auch eine Wertschätzung gegenüber dem neuen Kollegium zum Ausdruck. Dies ist ein Aspekt, den man nicht vernachlässigen sollte. Welcher „Dresscode" dabei der passende ist, hängt von den Gepflogenheiten der Schule ab.
- Welche **Inhalte** sollen transportiert werden?
  - Persönliches Umfeld: Familienstand, Wohnort, Hobbys ...
  - Berufliche Details: Werdegang, bisherige Schulen ...
  - Schulische Angelegenheiten: Warum habe ich mich hier beworben? Was gefällt mir?

- Welche **Botschaften** sollen übermittelt werden?
  - Grundlagen der Zusammenarbeit darlegen
  - Führungsgrundsätze vermitteln
  - Unterstützung bei der Einarbeitung erbitten
  - Offenheit für konstruktive Kritik signalisieren
- Wie werden die Inhalte und Botschaften transportiert?
  - Art der Rede: Stimme, Geschwindigkeit, Tonfall
  - Körpersprache: freundlicher Gesichtsausdruck, ruhige Gestik, offene Körperhaltung
  - Auflockerung durch Einbeziehung von Humor

Hier hat man die beste Gelegenheit, einen bleibenden positiven ersten Eindruck bei seinen zukünftigen Mitarbeitern zu hinterlassen. Die erste Vorstellung im Kollegium ist durchaus als eine große Herausforderung zu sehen, die wohl geplant sein will, damit sie gelingt!

Im Anschluss an die Konferenz sollte baldmöglichst auch Kontakt mit dem nichtlehrenden Personal gesucht werden. Je mehr Interesse man an deren Arbeit zeigt, desto mehr erfährt man über ihre bisherigen Aufgaben und man erreicht eine als sehr groß empfundene Wertschätzung bei diesen für einen reibungslosen Schulablauf sehr wichtigen Mitarbeitern.

2.2.2   Kontakt mit dem schulischen Umfeld

Möglichst zeitnah ist ebenfalls eine Vorstellung bei wichtigen Institutionen aus dem schulischen Umfeld einzuplanen. Je nach Organisation des Sachaufwandsträgers können das verschiedene Personen sein: Bürgermeister, Vorsitzender oder Geschäftsführer des Schulverbandes, Kämmerer, EDV-Beauftragter der Kommune, Vertreter des Baureferates (Umbaumaßnahmen an der Schule) etc. Sehr wichtig dabei ist eine genaue Terminabsprache, sodass auch Zeit für ein intensives Kennenlerngespräch bleibt. Empfehlenswert ist ferner, die jeweiligen Gesprächspartner an deren Arbeitsstätten zu besuchen. Dies beinhaltet einerseits eine Wertschätzung ihnen gegenüber, andererseits bekommt man so schneller einen Einblick in ihren Wirkungsbereich.

Auch ein Gespräch mit dem eventuell neuen zuständigen Vertreter der Schulaufsicht sollte stattfinden, genauso wie mit den Schulleitern der benachbarten Schulen, um eine vertrauensvolle und konstruktive Zusammenarbeit anzubahnen.

Fazit: All diese ersten Kontaktaufnahmen erfordern eine solide Vorbereitung, damit der erste Eindruck gelingt. Sehr bedeutsam dabei sind eine erkennbare Wertschätzung des jeweiligen Gegenübers unabhängig von dessen Position, eine stringent kongruente Kommunikation und die Bereitschaft zum aktiven Zuhören, um möglichst viele Informationen aufnehmen zu können.

2.3 Zusammenarbeit mit Kollegium und Personal

Wenn die Kontakte angebahnt sind, ist der Weg geebnet, den hoffentlich positiven ersten Eindruck durch eine gemeinsam gut organisierte Zusammenarbeit zu festigen. Hierbei gilt es, auf verschiedenen Ebenen aktiv zu werden.

2.3.1 Führungsebene

Eine effektive Kooperation auf der Führungsebene ist für den Erfolg eines jeden Unternehmens unerlässlich. Dies gilt in besonderem Maße auch für das System Schule. Dazu ist es notwendig, den Stellvertreter bzw. die Mitglieder des Schulleitungsteams von Anfang an in sämtliche wichtigen Entscheidungen und Problemstellungen einzubeziehen. Einerseits trägt gerade eine Diskussion auf Schulleitungsebene oftmals zur Problemlösung bei, weil mehr Köpfe auch mehr Ideen produzieren, andererseits müssen die Schulleiterstellvertreter bzw. die Mitglieder des Schulleitungsteams, wenn sie in der Schulleitung effektiv mitarbeiten sollen, über möglichst viele aktuelle schulische Vorgänge informiert sein. Auch ist die Vielzahl der Leitungsaufgaben schlicht und ergreifend nicht anders zu bewältigen!

Es bieten sich folgende Möglichkeiten, dies von Anfang an als neuer Schulleiter gezielt umzusetzen:

- **Jour-fixe-Termin**

  Am besten geeignet ist ein wöchentlicher Jour-fixe-Termin, der bereits bei der Stundenplangestaltung berücksichtigt werden sollte. Jeder Teilnehmer des Leitungsteams bereitet Punkte aus seinem Arbeitsbereich zur Besprechung vor, die der Schulleiter dann zu verschiedenen Tagesordnungspunkten zusammenfasst, gliedert und schriftlich als Besprechungsplan zur Verfügung stellt. Ergebnisse aus der Diskussion (persönliche To-do-Listen) können dann direkt darin eingetragen werden und nach Erledigung als Ergebnisprotokoll zur Wiedereinsichtnahme bei wiederkehrenden Abläufen abgelegt werden.

- **Geschäftsverteilungspläne**

  Nicht alles in der Schulleitung muss von allen Mitgliedern organisiert und entschieden werden. Ein zuvor in einer gemeinsamen Diskussion ausgearbeiteter Geschäftsverteilungsplan innerhalb des Leitungsteams hilft, auch auf Leitungsebene ökonomisch zu arbeiten. In den Jour-fixe-Termin gehen dann nur diejenigen Inhalte ein, die die Arbeitsbereiche der übrigen Teammitglieder betreffen oder als Informationen für alle bedeutsam sind.

- **Ablaufmanagement**

  Wie an MODUS-F-Schulen (MODUS-F ist ein von der Stiftung Bildungspakt Bayern in Kooperation mit dem Bayerischen Staatsministerium für Unterricht und Kultus geförderter Modellversuch zur Verbesserung der Führungsqualitäten bei Schulleitungen in Bayern) üblich, kann das Team der Schulleitung in bestimmten Bereichen auch durch Mitglieder aus dem Kollegium erweitert werden. Besonders anzuraten ist dies bei organisatorischen Angelegenheiten, die spezialisierte Kollegen eigenverantwortlich mit Weisungsbefugnissen übernehmen können, wie etwa Abschlussprüfungen, berufsorientierende Maßnahmen oder sportliche Wettbewerbe. Diese Stellen können im Kollegium ausgeschrieben werden, was für erhöhte Transparenz sorgt.

2.3.2 Verwaltungsebene

Dem Sekretariat kommt an jeder Schule unabhängig von deren Größe eine zentrale Rolle zu. Es ist Anlaufstelle für Probleme und Anliegen aller Art. Daher ist die effektive (Neu-)Organisation dieser

Ebene von großer Bedeutung für das Funktionieren des gesamten Systems, bis hin zur Arbeitsentlastung (oder -belastung!) des Schulleiters.

- Grundsätzlich ist das Sekretariat für die Schulleitung da und weniger für individuelle Angelegenheiten der Lehrkräfte, wie z. B. die Organisation von Klassenfahrten.
- Ein elektronischer Kalender mit verschiedenen Farben für Schulleiter, Stellvertreter, weitere Mitglieder der Schulleitung und Sekretariat hilft, Termine effektiv zu koordinieren und sie allen Beteiligten zugänglich zu machen.
- Die Arbeitszeiten der Verwaltungsangestellten folgen gesetzlichen Vorgaben. Sie müssen klar geregelt und bekannt sein; für ihre Einhaltung ist der Schulleiter verantwortlich!
- Die Verwaltungsangestellten benötigen klare Vorgaben über innere Abläufe.
- Ein fester Besprechungstermin (Jour fixe) hilft auch innerhalb der Verwaltung, schulische Angelegenheiten vor- und nachzubesprechen sowie ggf. Abläufe nachjustieren zu können.

2.3.3 Kollegium
Erste Kontakte vor dem offiziellen Amtsantritt

Erste Kontakte mit dem neuen Kollegium finden sicherlich bereits vor dem Schuljahresbeginn an der neuen Schule statt, entweder bei offiziellen Anlässen wie Verabschiedungen am Schuljahresende oder auch im nichtschulischen Bereich. Bereits in diesen ersten Gesprächen und Kontakten vor dem Amtsantritt ist zu beachten, dass man als Schulleiter und Führungskraft eine bereits erläuterte andere Rolle auszufüllen hat.

Um typische Anfängerfehler zu vermeiden, empfehlen sich folgende Herangehensweisen:

- Einige der neuen Kolleginnen und Kollegen werden möglicherweise bereits bekannt sein, entweder dienstlich aus früheren Schulen oder auch aus dem privaten Bereich. Dies hat zur Folge, dass man mit diesem Teil des neuen Kollegiums per Du und mit dem Rest per Sie ist. Wenn man das so beibehalten möchte, gilt es, das offen und transparent darzulegen, dass mit dem „Duz-Status" keinerlei Vorteile bei Beurteilungen etc. verbunden sind und dies lediglich aus der Vergangenheit heraus begründet ist. Eine andere Möglichkeit wäre, dem gesamten Kollegium das Du anzubieten. Allerdings ist hier Vorsicht und Fingerspitzengefühl geboten, da dies sicher nicht alle Kollegen wollen. Außerdem kann man aus einer gewissen Distanz heraus per Sie auch unangenehme Angelegenheiten sicher besser kommunizieren.
- Erste persönliche Kontakte mit einem Großteil des Kollegiums entstehen bereits in den großen Ferien, wenn der neue Schulleiter mit Unterstützung seiner Stellvertreter oder Mitarbeiter den Stundenplan und die Unterrichtsverteilung des neuen Schuljahres zu erstellen hat. Erfahrungsgemäß ist es hier nicht immer möglich, sämtliche Wünsche der Lehrkräfte zu berücksichtigen. Um es dennoch bestmöglich zu gestalten, sind eventuell vorhandene „Stundenplan-Wunschzettel" der Lehrkräfte eine wichtige Hilfe, genauso wie die Ratschläge der Mitarbeiter, die die Vorlieben und Stärken der Lehrkräfte kennen. Sollte etwas Wichtiges nicht realisierbar sein – und das wird mit Sicherheit häufiger der Fall sein –, empfiehlt sich ein Gespräch mit den betroffenen Kollegen, z. B. in einem Telefonanruf, in dem die Thematik besprochen und die Gründe für die Entscheidung dargelegt werden. So vermeidet man es, Lehrkräfte gleich bei Schuljahresbeginn sozusagen vor den Kopf zu stoßen und den ersten Eindruck misslingen zu lassen. Natürlich sind bei der Stundenplanerstellung und Unterrichtsverteilung viele Dinge zu berücksichtigen und die Wünsche der Lehrkräfte sind nur ein Teil davon, aber adäquat eingesetzte Lehrer sind zufriedener und bilden einen großen Motivationsfaktor im Kollegium!

Zusammenarbeit mit dem Kollegium am Anfang des neuen Schuljahres

Wichtig ist es, so schnell wie möglich die innere Struktur des Kollegiums kennenzulernen. Besonders an großen Schulen mit vielen Lehrkräften kommt es häufiger zu Gruppenbildungen mit entsprechenden Dynamiken, was bei wichtigen Entscheidungen wie etwa bei der Aufgabenverteilung im Geschäftsverteilungsplan berücksichtigt werden sollte.

Darüber hinaus hat es oberste Priorität, die erste Lehrerkonferenz am Anfang des Schuljahres genau zu planen: Hier gibt eine exakte und gründliche Vorbereitung die notwendige Sicherheit, um einen möglichst positiven ersten Eindruck zu hinterlassen. Es ist dabei unbedingt notwendig, die Inhalte klar zu visualisieren und gezielt seine Erwartungen an das Kollegium zu äußern. Auch die Erreichbarkeit der Schulleitung nach dem Prinzip der „offenen Bürotür" sollte in diesem Zusammenhang geklärt werden.

Die weitere Zusammenarbeit und die Führung des Kollegiums wird im Punkt 2.4 „Führungsphilosophie" thematisiert.

2.3.4 Nichtlehrendes Personal, Sachaufwandsträger, externe Partner

Auch mit diesen Personengruppen ist ein regelmäßiger Kontakt wichtig, da sie eine bedeutende Rolle für die reibungslose Funktion des Systems Schule spielen. Ein zur effektiven Zusammenarbeit unabdingbarer Informationsaustausch kann ebenfalls am besten durch einen Jour fixe oder aber auf informeller Ebene vonstattengehen.

- Besonders der Hausmeister, der sehr viel auf dem Schulgelände im Einsatz ist, kann wesentliche Hinweise und Verbesserungsvorschläge für den Schulbetrieb geben sowie bei außerunterrichtlichen Entscheidungen, etwa über eine neue Pausenordnung, ein wertvoller Ratgeber sein.

- Was den Sachaufwandsträger betrifft, ist einerseits eine regelmäßige Teilnahme an dessen Sitzungen notwendig, zu denen man ohnehin in der Regel eingeladen wird. Dort kann man wichtige Kontakte zu Entscheidungsträgern knüpfen und seine schulischen Belange angemessen vertreten, etwa wenn es um Finanzierungsfragen geht. Andererseits sollte man die Kontakte aber auch regelmäßig pflegen, um eine Atmosphäre des gegenseitigen Vertrauens sicherzustellen.

- Lehrkräfte und Schulleitung können nicht alles alleine bewältigen. Ebenso wie in der freien Wirtschaft bietet sich auch in der Schule ein „Outsourcing" bestimmter Arbeitsbereiche an. Dies kann beispielsweise bei der Organisation der Ganztagsschule oder aber bei der Durchführung berufsorientierender Maßnahmen der Fall sein. Bei der Kooperation mit externen Partnern ist zu beachten, dass diese sehr sorgfältig auszuwählen sind, da der Schulleiter auch für diese Bereiche die volle Verantwortung trägt. Auswahlkriterien können die Qualität des dem Partner zur Verfügung stehenden Personals sowie die Effektivität des vorgelegten Konzeptes sein. Unabdingbar ist eine enge Begleitung und damit verbunden eine abschließende interne schulische Evaluation der Partner und Maßnahmen, um im nächsten Schuljahr gegebenenfalls nachjustieren zu können. Haben sich Programme oder externe Partner bewährt, empfiehlt es sich, mit den Anbietern in regelmäßigem Kontakt zu bleiben, um auch im nächsten Schuljahr wieder kooperieren zu können.

Fazit: Zur Kontaktanbahnung und -pflege sind eine regelmäßige, ritualisierte Kommunikation sowie die dazugehörige Transparenz bei wichtigen Entscheidung sehr bedeutsam. All dies sollte gleich zum Amtsantritt institutionalisiert werden!

2.4 Führungsphilosophie

Bevor man sich Gedanken über die eigene Führungsphilosophie macht, sollte man sich zunächst einmal vergegenwärtigen, welche Aufgaben mit der Schulleitung heute verbunden sind, welche Anforderungen diese an eine Führungspersönlichkeit stellen und wie man daraus resultierend den eigenen Weg findet.

2.4.1 Aufgabenbereiche der modernen Schulleitung und Anforderungen an die Führungspersönlichkeit

Obwohl Führung nur ein Teilbereich der Schulleitung ist, wirkt sie sich doch in erheblichem Maße auch auf die anderen Handlungsfelder aus. Das Handlungsfeld Leitung umfasst die Erstellung von Stundenplänen, Unterrichtsverteilungen, Klassenbildungen etc. Im Bereich der Steuerung gilt es, Zielvereinbarungen umzusetzen, Prozesse zu managen oder Steuergruppen ins Leben zu rufen. Dazu kommen in jüngster Zeit noch zahlreiche neue Aufgaben dazu, wie beispielsweise

- Organisation der Ganztagesschule,
- protokollierte Mitarbeitergespräche,
- interne und externe Evaluation,
- Zusammenarbeit mit externen Partnern/Honorarkräften.

In diesem gesamten Kontext steht das Handlungsfeld Führung, das sich ferner noch durch die Erstellung von Leitbildern und Schulprofilen sowie durch Personalentwicklung und Kommunikation definiert. Führung betrifft und bestimmt also alle Aufgabenbereiche der Schule.

Aus dieser Vielzahl von Aufgaben ergeben sich mannigfaltige Anforderungen an eine Führungspersönlichkeit. Da all diese Handlungsfelder verschiedenste Tätigkeiten beinhalten, die alle sehr eng mit dem Thema Führung verbunden sind, soll der gute Schulleiter also möglichst alles in seiner Person vereinen:

Betriebsleiter	Manager	Motivator
Personalentwickler	Organisator	Moderator und Gesprächsführer
Unterrichtsexperte	Repräsentant	Innovator
Erziehungsberater	Krisenbewältiger	

Diese Liste ließe sich noch beliebig fortsetzen. Und nun stellt sich jedem neuen Schulleiter die Frage, wie er all das realisieren und seine Mitarbeiter so führen kann, dass die gesteckten Ziele erreicht werden.

2.4.2 Auf dem Weg zur eigenen Führungsphilosophie

Ein Schulleiter hat zumindest im direkten Umfeld niemanden mehr, der ihn selbst führt. So ist es nötig, anhand einiger Fragen für sich selbst zunächst grundlegende Entscheidungen zu treffen und stringent umzusetzen, denn nur wer sich selbst führen kann, kann auch andere führen. Folgende Punkte müssen daher im Vorfeld überdacht werden:

- Wie intensiv gestalte ich das „Führen mit offener Bürotür"? Bin ich jederzeit zu sprechen oder brauche ich bei bestimmten Tätigkeiten auch Zeiten der Ruhe und Konzentration? Diese könnten durch eine geschlossene Tür symbolisiert werden.
- Welche Prioritäten im Sinne einer täglich gestaffelten To-do-Liste setze ich mir selbst?

- Wie gestalte ich mein Arbeitsumfeld? Wo lege ich Dokumente etc. ab? (vgl. Kapitel 2.6)
- Wie achte ich im Alltag auf mich selbst, z. B. durch Pausen? (vgl. Kapitel 2.8)

Nachdem dies geklärt ist, sollen die nun folgenden Gedanken zur eigenen Führungsphilosophie bezüglich der Mitarbeiter als Gedankenanstoß dienen; die Antworten werden folglich individuell verschieden ausfallen.

Reflexion: Meine Führungsphilosophie

- Welcher Chef möchte ich sein? Welchen Führungsstil möchte ich pflegen? Welcher passt zu meiner Person? (Kongruenz!)
- Was erwarten die Geführten von mir als Führungsperson? Was erwarte ich von ihnen?
- Wie und wo kommuniziere ich meine Zielvorstellungen?
- Wie gestalte ich die Beziehungen zwischen Menschen? Wie mobilisiere und koordiniere ich deren Fähigkeiten? Wie motiviere ich?
- Brauchen unterschiedliche Mitarbeiter unterschiedliche Führung?
- Wie gehe ich mit Problemen um?
- Wie erreiche ich ein Klima des Vertrauens und der Sicherheit?

Ungeachtet der individuellen Antworten auf die Fragen lassen sich dennoch einige Grundaussagen treffen, die in jeder Führungsphilosophie enthalten sein sollten:

- Man kann es nie allen Recht machen! Nur wer sich über seine Ziele und Prioritäten im Klaren ist, wird den richtigen Weg finden.
- Wohldosierte Anerkennung sowie ein konstruktives Feedback sind wichtige Führungsinstrumente.
- Zu einem kommunikativen Führungsstil gehört es, regelmäßig ansprechbar und präsent zu sein.
- Wenn man versucht, jemand anders zu sein, wird man schnell unglaubwürdig.
- Probleme sollen da gelöst werden, wo sie entstehen.
- Wer führt, kann nicht arbeiten! Nur die sinnvolle Delegation von Aufgaben schafft Freiräume, um die Führungsaufgabe angemessen wahrnehmen zu können.
- Die Übertragung von Verantwortung, Wertschätzung der Erfolge, eine erkennbare Perspektive und ein deutlicher Sinn in der Aufgabe verstärken die Motivation der Mitarbeiter.

Hilfreich ist ferner ein Rückblick auf bisherige Schulleiter, die man als Lehrkraft selbst erlebt hat: Was fand ich als Kollege besonders gut gelungen und interessant? Was diente mir als Vorbild? Und was machte mich unzufrieden oder frustriert? Welches Verhalten demotivierte mich? Dieser Perspektivenwechsel erweitert den Blickwinkel und macht oftmals verdeckte Problemfelder im eigenen Verhalten sichtbar. Wenn man über seine eigene Führungsphilosophie reflektiert, sollte man sich auch einmal die Frage stellen: „Möchte ich von mir geführt werden?" Damit verbunden sind Gedanken wie: „Was würde ich an mir schätzen?" oder: „Woran würde ich mich als Mitarbeiter vielleicht stören?"

Fazit: Auf diesen Überlegungen aufbauend ist es unabdingbar, trotz aller Diskussion über Führungsgrundsätze und trotz der Vielzahl theoretischer Abhandlungen den richtigen Weg zu finden, und zwar den eigenen. Dieser muss in sich kongruent sein und zur Person des Führenden passen, damit er die Akzeptanz des Kollegiums findet.

2.5   Öffentlichkeitsarbeit

Einen nicht zu unterschätzenden Faktor bei der Übernahme einer Schulleitung stellt die Öffentlichkeitsarbeit dar. Diese muss von Anfang an in die Planungen mit einbezogen werden, um eine positive Außenwirkung zu gewährleisten.

2.5.1   Pressearbeit

Ungeachtet aller elektronischen Medien spielt die Zeitung nach wie vor die bedeutendste Rolle bei der Außendarstellung der Schule, weil sie eine große Zahl von Adressaten im schulischen Umfeld erreicht. Ein erster Kontakt mit der Presse findet anlässlich des Interviews zum Amtsantritt statt, in dem sich der neue Schulleiter erstmals der Öffentlichkeit präsentiert und das daher gut vorbereitet sein muss.

In der Regel nimmt die örtliche Tageszeitung den Kontakt auf. Hierbei sollte man sich zu den Fragen besser nicht aus dem Stegreif gleich am Telefon äußern, sondern einen separaten Termin mit dem Redakteur vereinbaren. Dabei ist darauf zu achten, dass dieser zeitlich so platziert ist, dass genügend Zeit und Ruhe für ein Gespräch zur Verfügung steht. Weiterhin empfiehlt sich eine gezielte Vorbereitung auf mögliche Fragestellungen:

- Beruflicher Werdegang / schulische Laufbahn
- Wohnort / Familienstand / Hobbys
- Warum haben Sie sich an dieser Schule beworben?
- Gefällt es Ihnen an der Schule und am Schulort?
- Wie beurteilen Sie die Ausstattung der Schule? Was erwarten Sie vom Sachaufwandsträger?
- Welche Ziele verfolgen Sie in nächster Zeit?
- Was wollen Sie an der Schule im Vergleich zu Ihrem Vorgänger verändern?
- Wie stellen Sie sich die Kooperation mit den Eltern vor?
- Wie wollen Sie mit den Lehrkräften zusammenarbeiten?
- Was erwarten Sie von den Schülern?
- Wie wollen Sie die Schule in Zukunft voranbringen?

Möglich sind auch tendenziell unangenehme Fragen, etwa wenn sich mehrere Personen aus der unmittelbaren Umgebung auf diese Stelle beworben haben. Grundsätzlich ist bei den Antworten große Vorsicht geboten. Wichtig ist einerseits, dass man seine Kompetenzen herausstellt, sich positiv über die Schule und den Schulort äußert und deutlich Position bezieht, anstatt sich in Floskeln zu verlieren. Andererseits sollte man sich in Details zurückhaltend äußern, sonst fühlen sich etwa Teile des Kollegiums brüskiert, wenn sie aus der Zeitung erfahren, was alles verändert werden soll. Zu beachten ist auch, dass man in bestimmten Bereichen, etwa bei innerschulischen Problemen, zur Verschwiegenheit verpflichtet ist.

Weiterhin hat man auch in laufenden Interviews zu aktuellen Themen, beispielsweise der Diskussion über die Abschaffung des Wiederholens einer Jahrgangsstufe, Gelegenheit, sich in der Presse zu präsentieren. Dies ist allerdings oft eine Gratwanderung zwischen der eigenen Meinung einerseits und der verpflichtenden Loyalität zum Dienstherrn andererseits, was öffentliche kritische Aussagen von Beamten über die Schulpolitik betrifft!

2.5.2 Offizielle Anlässe

Ein erster persönlicher Kontakt mit großen Teilen der Elternschaft ist am ersten Klasseneltern-sprechabend zu Beginn des Schuljahres möglich. Hier sollte man die Gelegenheit nutzen, etwa in der Schulaula die Eltern zu begrüßen und eine kurze Ansprache zu halten. Ein bedeutendes Thema dabei könnte sein, wie man sich die künftige Zusammenarbeit mit den Eltern vorstellt, verbunden mit der Bitte um Kooperation und Unterstützung bei der schulischen Erziehungsarbeit.

Auch bei der offiziellen Amtseinführung kann man seine Vorstellungen in einer Rede vor den gela-denen Gästen zum Ausdruck bringen. Diese sollte ebenfalls gut vorbereitet sein, da man bei diesem Anlass vor der versammelten örtlichen Prominenz und damit den bedeutendsten Entscheidungsträ-gern sprechen kann und in Verbindung mit der Anwesenheit der Presse eine sehr große Außenwir-kung erreicht.

Nicht zu unterschätzen ist ferner die Anwesenheit bei offiziellen Anlässen am Schulort oder in des-sen Einzugsbereich. Als Schulleiter erhält man zahlreiche Einladungen, etwa zu Arbeitskreisen, Ver-einsjubiläen oder Ausstellungen. Auch wenn man natürlich nicht alle Termine wahrnehmen kann, ist es doch sehr empfehlenswert, eine gezielte Auswahl zu treffen und oftmals Präsenz zu zeigen. Einerseits repräsentiert man die eigene Schule in der Öffentlichkeit. Damit ist natürlich auch die Teilnahme am kulturellen Leben der Schulgemeinde verbunden. Andererseits erhält man hier die Gelegenheit, in informellen Gesprächen ein persönliches Netzwerk mit lokalen Entscheidungsträ-gern zu knüpfen, von dem man in bestimmten Situationen wie etwa bei den Verhandlungen um den Schuletat profitieren kann.

2.5.3 Website und Elternbriefe

Auch die Website der Schule bietet sich für eine gezielte Öffentlichkeitsarbeit an. Was die Person des Schulleiters betrifft, können dort beispielsweise ein von Schülern durchgeführtes Interview mit der Schulleitung oder eine Präsentation des eigenen Arbeitsplatzes enthalten sein. Wichtig für die Außenwirkung ist ebenfalls, dass der Schulleiter über die Website etwa durch einen Mail-Link direkt erreichbar ist.

Ebenso wie bei der Ansprache am ersten Klassenelternabend sollen auch in einem ersten Elternbrief zu Schuljahresbeginn in höflicher, freundlicher und kooperativer Form die eigenen Vorstellungen von Zusammenarbeit klar ausgedrückt werden.

> *Fazit: Die gezielte Öffentlichkeitsarbeit ist ein bedeutender Faktor in der Darstellung der schulischen Arbeit und der eigenen Person. Auch hier gilt, dass vor allem der erste Eindruck entscheidend ist. Daher müssen sämtliche „PR-Maßnahmen" wohl durchdacht und sorgfältig geplant sein.*

2.6 Gestaltung des Arbeitsumfeldes

Erst ein passendes Arbeitsumfeld ermöglicht ein effektives Arbeiten in der Schulleitung. Daher sollte man sich als neuer Schulleiter Gedanken über die räumliche Gestaltung, über technische Voraussetzungen sowie über die zeitlichen Rahmenbedingungen machen.

2.6.1 Räumliche Gestaltung

Besondere Beachtung verdient der persönliche Arbeitsplatz, da der Schulleiter hier einen Großteil seiner Arbeitszeit verbringt.

Bedeutsam hierbei ist:

- Verfügt das Büro über zwei Eingänge? Ideal sind ein direkter Eingang für das „Führen mit offener Tür" und ein Eingang nach Voranmeldung über das Sekretariat für ungestörte Arbeitsphasen.
- Ist der Schreibtisch ausreichend groß dimensioniert? Befinden sich Ablagekörbe darauf? Wie steht er im Raum? Ist er ausreichend beleuchtet? Ist der Bürostuhl ergonomisch?
- Wie ist das Büro eingerichtet? Gibt es einen Besprechungstisch für mindestens sechs Personen? Wo befinden sich die Schränke für Aktenordner? Ist das Sideboard im Sitzen erreichbar?

Insgesamt ist es wichtig, dass das Büro als Hauptarbeitsplatz durch Pflanzen und Wandschmuck einen freundlichen Charakter aufweist und dadurch eine hohe Aufenthaltsqualität bieten kann. Dies hat einen großen persönlichen Wohlfühlfaktor zur Folge und trägt auch entscheidend dazu bei, eine positive Gesprächsatmosphäre zu schaffen.

2.6.2 Technische Voraussetzungen

Neben der räumlichen Gestaltung ist auch die technische Ausstattung für einen effektiven Arbeitsfluss bedeutsam, da ein Großteil der Arbeitsabläufe mittlerweile per EDV erledigt wird.

- Sind die Computer leistungsfähig genug für die schulischen Anforderungen?
- Sind die PCs der Schulverwaltung untereinander vernetzt?
- Ist die Software auf dem aktuellen Stand?
- Sind die Bildschirme ausreichend groß?
- Gibt es Beamer und Laptop für Präsentationen?
- Wie schnell ist der Internetzugang? Funktioniert er störungsfrei?
- Gibt es automatische Sicherungssysteme für sensible Daten?
- Werden die Datenschutzrichtlinien eingehalten?

Hilfreich ist es darüber hinaus, einen EDV-gestützten gemeinsamen Kalender in der Schulverwaltung zu führen, in den Schulleiter, Stellvertreter bzw. Mitglieder der Schulleitung und Verwaltungsangestellte ihre Termine vom eigenen Computer aus mit je verschiedenen Farben eintragen. Dies ermöglicht einen raschen Überblick über die Terminplanung der Schule. Auch die vorhandene Telefonanlage sollte die Möglichkeit bieten, Gespräche beispielsweise vom Sekretariat in das Schulleiterbüro weiterleiten zu können.

2.6.3 Zeitliche Rahmenbedingungen

Es empfiehlt sich, anstehende Aufgaben nach dem Eisenhower-Prinzip zu bearbeiten. Dieses gliedert die anstehenden Tätigkeiten je nach Dringlichkeit und Wichtigkeit in vier Kategorien auf:

- A (sofort selbst erledigen)
- B (terminieren oder delegieren)
- C (delegieren)
- D (ab in den Papierkorb)

Durch gezieltes Planen und Setzen von Prioritäten lässt sich die Vielzahl von Führungsaufgaben so besser realisieren, ohne Abstriche in der Qualität machen zu müssen.

Bedenken sollte man ebenfalls, wie intensiv man das Prinzip des „Führens mit der offenen Bürotür" in der Praxis umsetzen möchte. Natürlich kann man ohne Kommunikation nicht führen. Allerdings verhindert eine ständige Erreichbarkeit, dass man sich auf die Erledigung wichtiger Aufgaben konzentrieren kann.

> *Fazit: Eine effektive Gestaltung des Arbeitsumfeldes trägt entscheidend dazu bei, wie man die Vielzahl der Aufgaben einer Schulleitung mit richtiger Prioritätensetzung zielorientiert und mit dem passenden Raum- und Zeitmanagement bewältigen kann.*

2.7 Schule gestalten

2.7.1 Bestandsaufnahme

Übergabegespräche mit dem „alten Schulleiter" sind ein äußerst wertvoller Bestandteil der Einarbeitung in das neue Amt. Dabei ist es völlig unerheblich, wie viel von den bestehenden Strukturen man dann tatsächlich übernimmt. Entscheidend ist, dass man einen fundierten Einblick gewinnt, wie das System der neuen Schule im Inneren funktioniert und welche Aufgabenbereiche momentan auf welche Personen verteilt sind. Dabei ist das Gespräch mit möglichst zahlreichen eigenen Notizen deshalb so wichtig, weil natürlich nicht alle schulischen Abläufe in sogenannten Best-Practice-Modellen schriftlich dokumentiert und nachzulesen sind. Es existiert zwar sicher ein Aufgabenverteilungsplan mit Kollegennamen in Listenform. Allerdings geht daraus nur in sehr geringem Maße hervor, wie die Abläufe tatsächlich im Detail geregelt sind. Vieles hat sich im Laufe der Jahre sozusagen formlos etabliert und damit in erheblichem Maße zum reibungslosen Ablauf beigetragen. Ohne diese Informationen wäre die Gefahr sehr groß, aus Unwissenheit Dinge ohne Notwendigkeit „an sich zu reißen", neu zu regeln und somit eventuell Kollegen vor den Kopf zu stoßen, die bisher involviert waren und nun „außen vor" sind. Der Eindruck, es bisher nicht gut genug gemacht zu haben, könnte dann schnell entstehen und die Mitarbeiter möglicherweise enorm demotivieren, ohne dass dies vom neuen Schulleiter in irgendeiner Weise so beabsichtigt war. Ganz zu schweigen davon, dass durch Neuregelungen, eventuell mit fehlender Delegation von Aufgaben, das ohnehin knappe Zeitbudget der Schulleitung noch weiter strapaziert wird. Darüber hinaus bedeutet es für den scheidenden Schulleiter oftmals eine nicht zu unterschätzende Wertschätzung seiner bisherigen Arbeit, wenn sich der neue Chef so intensiv dafür interessiert.

Ein weiterer bedeutsamer Faktor in der Bestandsaufnahme sind möglichst zahlreiche Gespräche mit den neuen Kollegen und auch mit dem nichtlehrenden Personal. Diese Kontakte müssen dabei nicht immer Interview- oder Ausfragecharakter besitzen: Selbst in informellen Gesprächen erfährt man sehr viele Einzelheiten über die Arbeits- und Tätigkeitsfelder seiner neuen Mitarbeiter. Somit erfüllen diese Gespräche mehrere Funktionen: Neben der reinen Informationsgewinnung dienen sie natürlich in mindestens genauso wichtigem Maße dem Kennenlernen und tragen dazu bei, möglichst rasch eine Atmosphäre des gegenseitigen Respekts und des Vertrauens aufzubauen.

> *Fazit: Die Mitarbeiter fühlen sich wertgeschätzt, wenn man sich für ihre Belange und Anliegen interessiert. Um es auf den Punkt zu bringen: Wer führen will, der muss auch kommunizieren!*

2.7.2   Einarbeiten in bestehende Strukturen

Einarbeiten in bestehende Strukturen bedeutet keineswegs, sofort alles „über den Haufen zu werfen". Mit dem Begriff des „Einarbeitens" ist vielmehr gemeint, zunächst die bestehenden und sicherlich auch bewährten Strukturen kennenzulernen und zu durchschauen. Nur was man verstanden hat, kann man auch für sich bewerten und daraus dann Schlussfolgerungen ziehen, wo tatsächlich Handlungs- bzw. Änderungsbedarf besteht.

Dabei empfiehlt es sich, erkannten Änderungsbedarf in zwei Kategorieneinzuteilen:

a)   **„Das muss geändert werden!" (sofortiger Bedarf des Eingreifens)**
Wenn man feststellt, dass etwas nicht oder nur sehr ineffektiv funktioniert, dann sollte man sofort die Initiative ergreifen. Handelt es sich dabei um im Laufe eines Schuljahres häufig wiederkehrende Abläufe, dann ist eine Modifizierung (unter Einbeziehung der beteiligten Personen!) gleich im nächsten Durchgang anzustreben. Bei einem im Laufe des Schuljahres einmaligen Prozess ist es wichtig, die Änderungen für den nächsten Durchgang bereits jetzt prophylaktisch in die Wege zu leiten oder die nötigen Änderungen schriftlich für sich zunächst nur zu dokumentieren und die Modifikationen dann bei der nächsten Durchführung umzusetzen. Ohne schriftliche Fixierung läuft man im nächsten Jahr dann Gefahr, schlicht und einfach zu „vergessen", welche Defizite man entdeckt hat und wo tatsächlich Änderungsbedarf bestanden hatte.

b)   **„Da kann man tätig werden ..." (Änderungsbedarf erkennbar, aber nicht dringend)**
In diesem Fall empfiehlt es sich, zunächst einmal für sich selbst zu dokumentieren, wo in den Abläufen etwas geändert oder einfach nur nachjustiert werden muss, um die Ergebnisse oder die Arbeitsabläufe zu optimieren. So etwas nicht sofort zu erledigen, hat nichts mit Aufschieben zu tun, sondern schlicht und ergreifend mit der Tatsache, dass man nicht zu viele „Baustellen auf einmal aufmachen" sollte. Zum einen verliert man sich dann im Aktionismus, zum anderen lässt dies bei den Kollegen leicht den Eindruck entstehen, dass bisher „alles schlecht" gewesen sei, wenn die Änderungen überhand nehmen.

> *Fazit: Bestehende Strukturen haben in der Regel bisher funktioniert und sind etabliert. Eine Klassifizierung des erkannten Änderungsbedarfs ist eine große Hilfe, nur die wirklich drängenden Punkte gleich anzugehen. Wichtiges sollte man also von zunächst weniger Wichtigem unterscheiden und somit im ersten Jahr als Schulleiter wenn möglich nur behutsame Änderungen in die Wege leiten.*

2.7.3 Leitbild entwickeln

Auch wenn man, wie oben erwähnt, nicht sofort alles umkrempeln sollte, ist es dennoch wichtig, sich schon im Laufe des ersten Amtsjahres grundsätzliche Gedanken zu machen, wohin die Reise gehen könnte. Dies ist deswegen so bedeutend, weil man bereits von Anfang an einen bestimmten Kurs einschlagen muss, um ein Ziel auch tatsächlich zu erreichen.

Reflexion: Meine persönliche „Zeitreise in die Zukunft"

Stellen Sie sich vor, in etwa zehn Jahren ein Jubiläum an Ihrer Schule zu feiern und aus diesem Anlass eine Festrede zu halten.

Wie würde die Schule dann aussehen?

_____

_____

Auf welche erreichten Ziele wäre die Schulfamilie stolz?

_____

_____

Was haben alle Beteiligten zusammen in die Wege geleitet und verändert?

_____

_____

Man muss natürlich nicht die gesamte Rede ausformulieren, aber das schriftliche Notieren einzelner Punkte kann durchaus hilfreich sein zur Orientierung. Um es deutlich zu sagen: Es werden bestimmt Ziele enthalten sein, die man aufgrund der vorgegebenen schulpolitischen Rahmenbedingungen aus eigener Kraft nicht erreichen kann. Dennoch entstehen daraus sicher eigene Visionen und Ideale. Auch wenn diese vielleicht nur in Teilaspekten erreichbar sind, tragen sie dennoch in erheblichem Maße zur Orientierung bei.

Aus diesen Visionen kann dann der Entwurf eines eigenen Leitbildes folgen, der über verschiedene „Meilensteine" eine Richtung vorgibt. Dieser natürlich unter Einbeziehung der gesamten Schulleitung (Stellvertreter etc.) entstandene äußere Rahmen bildet den Grundstock für zukünftige Handlungsbereiche mit sich daraus ergebenden Arbeitsfeldern, die nun alle in sinnvollem Zusammenhang stehen.

> *Fazit: Auch wenn Änderungen im ersten Dienstjahr eines Schulleiters nach Möglichkeit nur behutsam erfolgen sollten, ist dennoch bereits in dieser Zeitphase eine Groborientierung zur Kursbestimmung nötig.*

Um es abschließend mit den Worten von Franz von Assisi zu sagen: „Tu erst das Nötige, dann das Mögliche, und dann wirst du auch das Unmögliche schaffen!"

2.8 Die eigene Person im Blick haben: Gesunder Schulleiter von Anfang an

Gerade am Anfang der Amtsperiode neigt man dazu, völlig in der neuen Rolle aufzugehen und sich derart auf die neuen Aufgabenbereiche zu konzentrieren, dass für andere Lebensinhalte nur noch wenig Platz bleibt. Dabei sollte man aber niemals die eigene Person aus den Augen verlieren, denn nur ein **gesunder Schulleiter** kann auch über längere Zeit ein **guter Schulleiter** sein.

2.8.1 Hilfe durch Selbsthilfe

Die Konzentration auf die neue Rolle als Schulleiter und die damit verbundene Verantwortung kann sich einerseits im zeitlichen Rahmen bemerkbar machen, etwa durch Mehrarbeit in den Abendstunden, am Wochenende, aber auch in den Ferien. Dies ist teilweise nicht gänzlich vermeidbar und in manchen Fällen eben mit den Aufgabenbereichen einer Führungsposition verbunden. Allerdings sollte dies nicht die Regel sein und auf Ausnahmefälle wie etwa die jährlich wiederkehrende Erstellung von Statistiken oder die Klassenbildung beschränkt sein! Sollte man über längere Zeit das Gefühl haben, dass 40 Stunden pro Woche nicht ausreichen und man erheblich mehr als seine (Vollzeit-)Mitarbeiter arbeitet, sollte man sich ernsthafte Gedanken über die Delegation von Aufgabengebieten machen.

Schwerwiegender wird es aber, wenn man in der eigentlichen Freizeit, die der Familie, den Freunden oder den Hobbys vorbehalten sein sollte, nicht mehr abschalten kann und sozusagen ins Dauergrübeln über schulische Probleme verfällt. Dabei besteht natürlich die Gefahr, dass dies zumindest auf längere Sicht nicht ohne gesundheitliche Folgen bleibt. Um dem vorzubeugen, ist es unabdingbar, soweit nur irgend möglich Privates und Dienstliches streng auseinanderzuhalten.

■ Im Sinne der Psychohygiene ist es sehr vorteilhaft, keine Arbeit mit nach Hause zu nehmen, sondern diese konsequent in der Schule zu erledigen, bis das Tagespensum geschafft ist. Dies sorgt in erheblichem Maße für persönliche Zufriedenheit und einen entspannten Feierabend, weil man auch gedanklich abschließen kann. Jede Tätigkeit wirkt im Gehirn nach und Arbeit, die auf dem häuslichen Schreibtisch noch auf Erledigung wartet, verhindert eine effektive Erholung in der Freizeit.

■ Um dies zeitlich realisieren zu können, ohne Überstunden leisten zu müssen, ist es wichtig, Prioritäten zu setzen, geeignete Aufgaben konsequent zu delegieren, die persönliche biologische Leistungskurve im Auge zu behalten, sich von Störungen nicht aus dem Arbeitsfluss bringen zu lassen und bewährte Hilfsmittel aus dem Zeitmanagement zu Hilfe zu nehmen. All dies hat auch eine gesundheitliche Dimension!

■ Wenn der Dienstort nahe am Wohnort liegt, ist es nicht nur empfehlenswert, sondern auch legitim, sich nicht auf schulische Problemgespräche im privaten Umfeld einzulassen, sondern die Anfrage höflich, aber bestimmt auf einen schulischen Termin umzuleiten. Sollte man also etwa beim Bäcker von Eltern auf ein schulisches Problem mit Lehrer XY angesprochen werden (und dies geschieht erfahrungsgemäß nicht selten!), dann wäre es eine angemessene Reaktion, zunächst auf den Gesprächspartner einzugehen und ihm zu verdeutlichen, dass man sein Anliegen durchaus ernst nimmt, aber ihm zugleich das Gespräch auf schulischer Ebene anzubieten und dieses im gegenseitigen Interesse eben nicht in der Öffentlichkeit zu führen.

■ Ein wesentlicher Aspekt bei der Gesunderhaltung ist ferner die Pflege des Freundeskreises. Wer sich Zeit nimmt für soziale Kontakte und in Kommunikation mit anderen tritt, kommt buchstäblich auf „andere Gedanken" und verhindert damit das Wälzen von schulischen Problemen im Kopf. Zu berücksichtigen dabei ist natürlich die eigene Persönlichkeitsstruktur. Extrovertierte Personen benötigen die sozialen Kontakte in erheblich intensiverem Maße als introvertierte Menschen, welche neue Energie auch aus sich selbst schöpfen können.

■ Nicht zu unterschätzen ist auch der Rückhalt in der Familie. Wer zuhause über seine schulische Arbeit spricht, erreicht Verständnis für manche Überstunden.

■ Darüber hinaus ermöglicht die Flexibilität bei den Arbeitszeiten eines Schulleiters aber nicht nur Mehrarbeit, sondern an manchen Tagen sicherlich auch einmal als Ausgleich Minderarbeit und damit einen Gewinn an Freizeit, den man für Familiendinge und Erholung nutzen kann.

Unbedingt notwendig ist es schließlich auch im Sinne der Gesunderhaltung, nicht alles perfekt machen zu wollen. Perfektionismus in Reinform verhindert äußerst effektiv eine „gesunde" Zufriedenheit im Beruf, da er schlicht und ergreifend nicht umsetzbar ist. Es gilt vielmehr: Gut ist gut genug!

Nicht zuletzt ist auch das Stressmanagement von Vorgesetzten ein wichtiger Faktor für die Gesunderhaltung der Mitarbeiter. Chefs haben hier eine Vorbildfunktion, einerseits durch ihr persönliches Verhalten wie das Einhalten von Pausen oder eine ausgewogene Work-Life-Balance, andererseits durch ihre Art zu führen, beispielsweise durch eine klare und transparente Kommunikation mit differenzierter Feedbackkultur.

2.8.2 Externe Angebote nutzen

Bei vielen Unternehmen ist das Gesundheitsmanagement längst ein wesentlicher Bestandteil der Unternehmensführung. Daher sollte man auch im Unternehmen „Schule" Unterstützungsangebote zur Gesunderhaltung von externen Partnern wahrnehmen und nutzen.

Hier offerieren beispielsweise Schulberatungsstellen eine Vielzahl von Angeboten:

■ Einzelberatung

■ Regionale Gruppensupervision für Lehrkräfte und Schulleitungen

■ Teamsupervision an Schulen für Schulleitung und Kollegien

■ Fortbildungen im Bereich Gesunderhaltung

■ Coaching für Führungskräfte, einzeln oder in Gruppen

Diese berufsbezogenen Präventionskonzepte können eine wertvolle Unterstützung bieten, um den „gesunden Schulleiter von Anfang an" auch zu einem „gesunden Schulleiter bis zum Dienstende" werden zu lassen.

Fazit: Es besteht die Gefahr, Freizeit und Arbeit nur schwer trennen zu können und damit in den Zustand einer Dauerstress-Situation zu verfallen. Wer arbeiten kann, wann er will, macht das häufig rund um die Uhr und gefährdet dadurch seine Gesundheit. Eine Lösung ist es, Privates und Dienstliches zeitlich und physisch strikt zu trennen, soziale Kontakte intensiv zu pflegen und sich die Flexibilität bei den Arbeitszeiten für seine persönliche Lebensgestaltung zunutze zu machen. Auch externe Angebote wie Supervision o. Ä. leisten einen wichtigen Beitrag zur Gesunderhaltung.

Auf der CD-ROM finden Sie folgende Unterlagen, die für Sie als Schulleiter in der Anfangszeit nützlich sein können:

- Beispiel einer Rede zur Amtseinführung
- Geschäftsverteilungsplan

3 Führung

Stefan Seitz / Petra Hiebl

3.1 Führungskonzepte

„Das Führungskonzept beschreibt, wie in einem sozialen System Führung verstanden wird. Aufbauend auf einer Führungsphilosophie werden die Rahmenbedingungen festgelegt, auf welche die indirekte Führung (Gestaltung der Ordnungsmomente) und die direkte Führung (Mitarbeiterführung) ausgerichtet wird. Wesentlich ist dabei, dass eine konsistente Vernetzung aller Aspekte erfolgt, welche die wechselseitige soziale Beeinflussung zur Erfüllung der gemeinsamen Aufgaben sicherstellt. Letztes Ziel des Führungskonzeptes ist es, das Verhältnis Vorgesetzte(r)/Mitarbeitende in pragmatischer Form zu umschreiben" (DUBS 2009, 114).

In der Literatur werden idealtypisch drei Formen von Führungskonzepten beschrieben, welche von unterschiedlichen Führungsphilosophien ausgehen. Sie werden in der folgenden Tabelle konkretisiert.

	Autoritär-zentralistisches Konzept	Kooperatives Teamkonzept	Kooperativ-delegatives Konzept
Führungsphilosophie	einseitige Anordnung durch Vorgesetzte/n	Vorgesetzte/r als „Primus inter Pares"	Vorgesetzte/r als Verantwortliche/r, Mitarbeitende als Mitentwickler und Umsetzer von innovativen Leistungen
Rolle der/des Vorgesetzten	Befehlsgeber	Primus inter Pares	Leader
Rolle der Mitarbeitenden	Untergebene	Mitarbeit	„Mitwirkende"
Führungsstil	autoritär	konsultativ-kooperativ	konsultativ-kooperativ bis autonom
Führungsfunktionen	kommandieren, kontrollieren, korrigieren	kommunizieren, kooperieren, koordinieren	Leistungen fordern, fördern, Feedback geben

Abb.: Idealtypische Führungskonzepte (DUBS 2009, 115)

Übung: Mein Verständnis von Führung
Welches ist Ihr „ideales" Führungskonzept? Begründen Sie!

_____

_____

In der Praxis sind alle drei Führungskonzepte vorzufinden. Anzustreben ist hierbei das kooperative Führungskonzept, bei dem im Sinne einer modernen Organisationsführung Aufgaben an Mitarbeiter im Schulleitungsteam wie auch an weitere Kollegen delegiert werden und somit die Verantwortung für die Gestaltung von Schule geteilt wird.

Hierbei ist ein konsistentes Führungskonzept von besonderer Bedeutung, welches indirekte und direkte Führung widerspruchsfrei verbindet, siehe folgende Abbildung (vgl. ebd.).

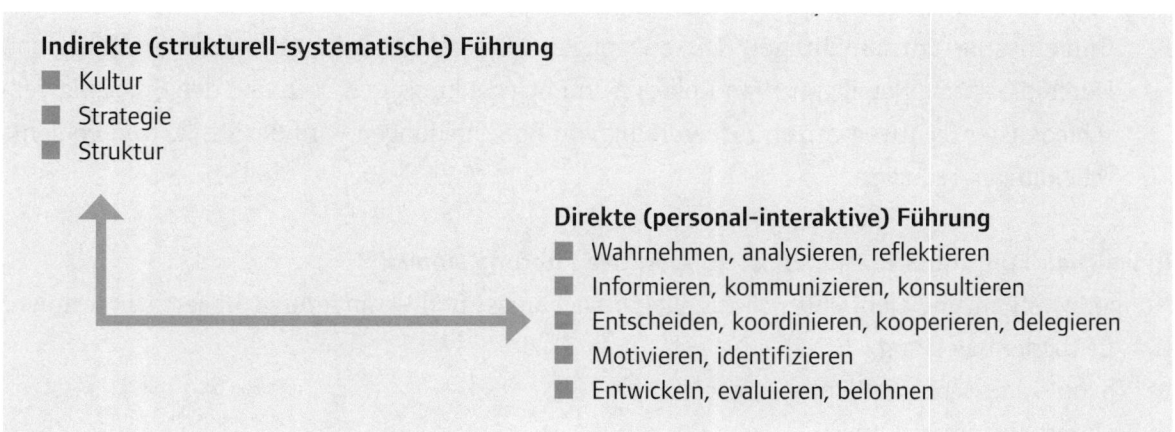

Abb.: Die beiden Dimensionen von Führung (DUBS 2009, 115)

„Führungskonzepte und Führungsverhalten orientieren sich nicht nur an Theorien und Vorstellungen über Führung, sondern sie werden auch geprägt durch die Aufgaben, die Führungskräften übertragen werden" (DUBS 2009, 116). Je mehr Autonomie einzelnen Schulen übertragen wird, desto mehr Gestaltungsmöglichkeiten erhalten sie, desto mehr sind Formen der Mitgestaltung im Sinne einer kooperativen Führung sinnvoll.

3.1.1 Kooperative Führung

Im Entwicklungsprozess von Schulen kommt dem Schulleitungsteam, also sowohl den einzelnen Mitarbeitern wie auch dem gesamten Team, eine bedeutende Rolle zu. Hierbei werden auf die Mitarbeiter im Schulleitungsteam Aufgabenbereiche und meist auch die dazugehörigen Verantwortungsbereiche übertragen, man spricht auch von einer „kooperativen Führung" einer Schule.

„Kooperative Führung basiert m. E. auf der Vorstellung, dass die Führungsfunktion dauerhaft im Miteinander mit den Mitarbeiterinnen ausgestaltet wird und eine hohe Intensität der Entscheidungsbeteiligung aufweist" (KANSTEINER-SCHÄNZLIN 2002, 47).

Kooperative Führung

Ein kooperativer Führungsstil beteiligt somit ein Team an Mitarbeitern an Aufgaben und Entscheidungsprozessen, Synergieeffekte können durch das Einbringen verschiedener persönlicher und fachlicher Kompetenzen genutzt werden. Hierbei werden die Mitarbeiter motiviert, sich einzubringen, Eigeninitiative für die Schule zu zeigen und sich verantwortlich zu fühlen. Gleichzeitig wird durch die Verteilung der Verantwortung eine Vertretung innerhalb der Schulleitung besser bewältigt.

Voraussetzung für eine gelingende Arbeit im Schulleitungsteam ist eine offene, wertschätzende Kommunikation und der konstruktive Umgang mit Ideen, aber auch mit Kritik. Durch die Arbeit im Team können jedoch auch gemeinsame Entscheidungsprozesse länger dauern, weil sie zuerst im Mitarbeiterteam diskutiert werden müssen. Kooperativer Führungsstil bedeutet nicht, dass alle alles machen – es geht um den

Voraussetzung für eine gelingende Arbeit im Schulleitungsteam ist eine offene, wertschätzende Kommunikation und der konstruktive Umgang mit Ideen, aber auch mit Kritik.

Einbezug aller Kompetenzen innerhalb des Kollegiums, definiert durch klar festgelegte Rollen und gemeinsame Ziele.

- **Motivation:** Mitarbeiter sind durch die Beteiligung an den schulischen Gestaltungsprozessen besonders motiviert.
- **Entlastung:** Durch Delegation werden Aufgaben und Verantwortung geteilt.

- **Förderung der Mitarbeiter:** Durch Einbindung und Aufgabenübernahme werden die Mitarbeiter in ihrer individuellen Entwicklung gefördert.
- **Gemeinsame Entscheidungen:** Diese erzeugen Übereinkunft und Akzeptanz im Kollegium. Durch die aktive Beteiligung von Kollegen an Entscheidungsprozessen und den Einbezug verschiedenster Sichtweisen zur Vorbereitung von Entscheidungen wird das Risiko von Fehlentscheidungen reduziert.

In welchen Führungssituationen ist kooperative Führung sinnvoll?

Kooperative Führung empfiehlt sich für alle Entwicklungs- und Veränderungsprozesse an Schulen:

- Leitbildentwicklung
- Schul- und Schulprofilentwicklung
- Unterrichtsentwicklung
- Pädagogische Konferenzen
- Entwicklung pädagogischer Konzepte (z. B. Leistungsbeurteilung, Schulordnung, Fortbildungsplanung, kollegiale Hospitation)
- Generierung von Ideen und Impulsen (z. B. zum Umgang mit verhaltensauffälligen Schülern, zur Elternarbeit, zur Kommunikationskultur an der Schule)

3.1.2 Aufgabenorientiertes und personenorientiertes Führungsverhalten

Recherchiert man die unterschiedlichen Modelle von Führung im Kontext der Führungsforschung, so lassen sich grundsätzlich als Pole einer individuellen Ausprägung von Führung ein aufgabenorientiertes Führungsverhalten auf der einen sowie ein personenorientiertes Führungsverhalten auf der anderen Seite eruieren (vgl. FLEISHMAN/HARRIS 1962).

Das **aufgabenorientierte Führungsverhalten** zeichnet sich dadurch aus, dass die Schulleitung ihren Wirkungsbereich insbesondere auf die Erledigung der ihr gestellten Aufgaben fokussiert (Vorgeben von Zielen und Planung von deren Umsetzung, Terminierung wichtiger Aktivitäten, Ausüben von Kontrolle etc.).

Umgekehrt kümmert sich eine Schulleitung, die **personenorientiertes Führungsverhalten** an den Tag legt, an vorderster Stelle um den einzelnen Mitarbeiter als Person, als Individuum, indem sie seine persönlichen Bedürfnisse und Wünsche dementsprechend ernst nimmt, die Mitarbeiter zu Anregungen und Vorschlägen drängt und diese auch annimmt und insgesamt eine gute persönliche Beziehung zu ihnen herstellt.

Realiter stellen beide Ausprägungen Extreme dar, die sich im Hinblick auf eine effektive Führung in einer möglichst ausgewogenen Mischung bzw. in einer intensiven Umsetzung beider Führungsorientierungen ergänzen sollten. Dies wird anhand einschlägiger empirischer Erhebungen gestützt, die zeigen, dass eine einseitige Hinwendung auf eine Personenorientierung zwar die Zufriedenheit bei den Mitarbeitern fördert, jedoch das Leistungsniveau herabsetzt und letztlich unergiebig ist. Umgekehrt führt eine einseitige Aufgabenorientierung möglicherweise zwar zu einer vorübergehenden Leistungssteigerung.

Durch den fehlenden menschlichen Faktor kommt es jedoch mittelfristig zu Unzufriedenheit bei den Mitarbeitern und dann aufgrund der hieraus resultierenden interpersonalen Konflikte doch wieder zu einer Herabsetzung der Effektivität.

Freilich darf hierüber nicht vergessen werden, dass es letztlich immer auch auf die jeweilige Situation, den Grad der Hierarchisierung von Führenden und Geführten und die jeweilige Strukturiertheit der Aufgabe ankommt, in welcher Ausprägung man seine Zielorientierung suchen sollte. Studien von Vroom/Ywetton (1973) belegen zudem, dass insbesondere zwei Erfolgskriterien entscheidend sind:

- Die Qualität der Entscheidung (Habe ich als Führungsperson auch wirklich alle relevanten Fakten und Sachverhalte berücksichtigt?)
- Die Akzeptanz der Entscheidung (Sind meine Mitarbeiter bereit, eine von mir getroffene Entscheidung auch umzusetzen?)

Selbsteinschätzung: Meine Stärken und Kompetenzen

Markieren Sie in dem Kompetenzmodell von Scherm et al. (2009, 349) Ihre Stärken grün.

Aufgabenorientierung	Beziehungsorientierung
Führen: ■ die Schulentwicklung vorantreiben ■ Qualitätsstandards vereinbaren und durchsetzen ■ Vorbild und integer sein	
konzeptionelles Denken: ■ innovative Unterrichtskonzepte einführen ■ Schulprogramm entwickeln ■ Stundenpläne erstellen	*Personalmanagement:* ■ den Lehrkräftebedarf planen ■ Personal auswählen und effektiv einsetzen ■ beraten und entwickeln
Lernfähigkeit: ■ sich Wissens- und Aufgabenbereiche schnell erschließen ■ aus Erfahrungen anderer lernen ■ aus Fehlern zeitnah die richtigen Schlüsse ziehen	*Kooperations- und Teamfähigkeit:* ■ die Zusammenarbeit aller Beteiligten fördern ■ den Austausch von Wissen unterstützen ■ Konferenzen effektiv leiten
Steuerung von Prozessen: ■ Ressourcen effektiv einsetzen ■ Steuerungsgruppen installieren und unterstützen ■ für die Umsetzung von Maßnahmen sorgen ■ die Übersicht behalten	*Kommunikationsfähigkeit:* ■ das Gespräch mit anderen aktiv suchen (auch informell) ■ den Kontakt mit Kollegen und Interessengruppen pflegen
Fachexpertise: ■ pädagogische Professionalität ■ verwaltungsbezogenes Wissen aktuell halten ■ offen für Neues sein	*Konfliktfähigkeit:* ■ im Streitfall auch die menschliche Seite einbeziehen ■ Konflikte offen ansprechen ■ den fairen Ausgleich herstellen

Aufgabenorientierung	Beziehungsorientierung
Entscheidungsfähigkeit: ■ wichtige Dinge zeitnah entscheiden (auch gegen Widerstände) ■ für grundlegende Informationen sorgen	*Freundlichkeit und Empathie:* ■ positiv sein, Vertrauen und Verständnis ausstrahlen ■ die Gefühle anderer erkennen und respektieren ■ zum Perspektivenwechsel fähig sein
Selbstmanagement: ■ sich selbst gut organisieren ■ Zeitmanagement betreiben ■ belastbar sein	*Feedbackfähigkeit:* ■ zeitnah um Rückmeldung bitten und diese selbst geben ■ Leistungen anerkennen bzw. angemessen kritisieren
	Integrationsfähigkeit: ■ unterschiedliche Kulturen und Lebensentwürfe zusammenführen ■ den Ausgleich zwischen verschiedenen Perspektiven herbeiführen

Das Modell von ROLF DUBS zur Führung einer Schule basiert schließlich darauf, dass es vereinfacht gesprochen darum geht, die von außen („Umweltsphären") an die Schule herangetragenen Zielvorgaben verschiedener Anspruchsgruppen, die diese wiederum auf der Grundlage diverser Interaktionsprozesse aus der Fülle möglicher Forderungskataloge ausdifferenzieren, mit den Möglichkeiten der Institution Schule im Allgemeinen und der Einzelschule im Besonderen in Einklang zu bringen, also auf der Basis eines gemeinsamen Sinnhorizontes miteinander zu koordinieren.

Die sich hieraus ergebenden Managementprozesse führen und gestalten hierbei die jeweils in der Schule sich ergebenden „Leistungserbringungsprozesse" (Verwirklichung qualitativ guter, zielgerichteter und schülergemäßer Erziehungs- und Bildungsprozesse sowie Umsetzung von Innovationen im pädagogischen Bereich) und „Unterstützungsprozesse" (Personalarbeit; Informationsbewältigung; Kommunikation; Infrastrukturbewirtschaftung sowie Prozesse des Rechts) und entwickeln sie weiter.

DUBS (2005, 31 f.) unterscheidet hierbei drei Kategorien von Managementprozessen:

■ **Normative Orientierungsprozesse** (Reflexion und Klärung der einer Schule zugrunde gelegten Normen und Werte; Vorstellungen über die Erziehungs- und Bildungsziele der Schule)

■ **Strategische Entwicklungsprozesse** (prozessuale Planung der Entwicklungsstrategien der schulischen Aufgabenfelder)

■ **Operative Führungsprozesse** (tägliche Führung im personellen und organisatorischen Bereich: Mitarbeiterführung, finanzielle Führung, Controlling und Qualitätsmanagement)

3.2 Rollenklärung – Rollenkonflikte

Als Führungskraft ist es wichtig, seine Rolle und die der Mitarbeiter in kooperativen Prozessen klar zu definieren und Verantwortungen klar zu regeln. Zu bedenken ist dabei, dass der Schulleiter im hierarchischen Sinne vermutlich zuvorderst als Dienstvorgesetzter wahrgenommen wird und nicht unbedingt als gleichberechtigter Partner. In kooperativen Prozessen verändert sich die Rolle bewusst weg von der direktiven Führungskraft hin zur kooperativen Führung aufgrund gemeinsamer fachlicher Zielsetzungen. In dieser Rolle und der klar zugeordneten Verantwortung kann der Schulleiter als Delegierender auftreten und dabei die Interessen aller Beteiligten wahren.

> *In kooperativen Prozessen verändert sich die Rolle hin zur kooperativen Führung aufgrund gemeinsamer Ziele.*

Rollenkonflikte einer Schulleitung

Aufgrund der Rollenkomplexität von Schulleitungen kann es dazu kommen, dass sie hierbei mit verschiedenen Rollendilemmata konfrontiert werden, die RAUCH (2003, 15) anhand einer Fallanalyse über eine englische Volksschule so beschreibt: „Beobachten aus der ‚Helikopter-Perspektive' und Zugehörigkeit zum Lehrkörper, individuelle Weiterbildung der Lehrer/innen fördern und die Entwicklung der gesamten Schule im Auge haben, externe Bestätigung suchen und Außendruck verhindern, Einbringen und Teilnahme der Lehrer/innen fördern und Ziele bzw. Erfolgskriterien festlegen, Kontrolle über Lehrer/innenarbeit ausüben und Mitverantwortung der Lehrer/innen fördern."

Und auch ROSENBUSCH (1989, 14) konstatiert für Schulleitungen einen aufgabenspezifischen Rollenkonflikt zwischen „Schulverwalter" und „Schulmanager", den sie nur durch eine adäquate Kombination beider Rollen auflösen können. So schreibt er: „Im Hinblick auf die Handlungsstruktur stehen Schulleiter an der Schnittstelle zwischen bürokratisch-administrativem und innovativ-pädagogischem beruflichen Handeln. Dadurch haben sie bei ihrer Berufsausübung idealtypisch gesehen zwei unterschiedli-

> *Rollenkonflikt zwischen „Schulverwalter" und „Schulmanager"*

che Handlungsrationalitäten zu beachten. Im ersten Fall sind diese im klassischen Sinne von Max Webers Bürokratiemodell personenunabhängig, berechenbar und festgelegt, im zweiten Fall haben sie aber die Person im Zentrum, sind relativ unausrechenbar und müssen stets flexibel sein. […] Für Schulleiter trifft zu, dass sie beide Handlungsrationalitäten zu beachten haben. […] Die Handlungsrationalitäten sind zu trennen.

Der Schulleiter kann sich allerdings eher der einen oder anderen Handlungsrationalität verbunden fühlen. Bevorzugt er die erste besonders, wird er Bürokrat, weil er dann generell versucht, personunabhängig, also unpädagogisch zu handeln, bevorzugt er die zweite und vernachlässigt gröblich die erste, ist er ein pädagogischer Idealist und Glücksritter, der leicht im Kollegium und bei Vorgesetzten Probleme verursachen kann. […] Seine Führungskunst muss wohl darin bestehen, seinen Vorgesetzten in Verwaltungsfragen aufgrund der ersten Rationalität gerecht zu werden, auf der anderen Seite Lehrer und Schüler im pädagogischen Kontext jedoch weitgehend damit zu verschonen."

Übung: Rollenkonflikt
In welchen Situationen fühlen Sie den Rollenkonflikt besonders?
Notieren Sie.

Der folgende Fragebogen kann als Selbstreflexion („Wie sehe ich mich in meiner Rolle als Schulleiter?") eingesetzt werden oder als Erhebungsinstrument der Außensicht. Interessant ist es, die eigene und die fremde Perspektive miteinander zu vergleichen.

Fragenbogen zur Schulleitung

Meine Schulleitung …	trifft zu	trifft eher zu	trifft eher nicht zu	trifft nicht zu
1. fördert die Kommunikation im Kollegium.				
2. sorgt für Transparenz bei anstehenden Entscheidungen.				
3. informiert umfassend.				
4. kann Konflikte konstruktiv lösen.				
5. hat eigene Visionen zur Weiterentwicklung von Schule.				
6. regt Kooperation mit außerschulischen Einrichtungen an.				
7. besitzt Beratungskompetenz.				
8. unterstützt Innovationsvorhaben.				
9. kann sinnvoll anstehende Aufgaben delegieren.				
10. hat ein Konzept für gezielte Fortbildungen.				
11. unterstützt Teambildung im Kollegium.				
12. berücksichtigt Deputatswünsche.				
13. würdigt die Leistungen der Kollegen/innen.				
14. fördert die Zusammenarbeit mit den Eltern.				
15. kann aus Fehlern lernen.				
16. hält Vereinbarungen ein.				
17. achtet auf die Umsetzung von getroffenen Entscheidungen.				
18. schafft eine Kultur des Vertrauens.				
19. fördert eine konstruktive Fehlerkultur.				
20. bezieht Schüler/innen in die Weiterentwicklung von Schule mit ein.				
21. hat eine konstruktive Beziehung zur Schulaufsicht.				
22. kennt die gesetzlichen Rahmenbedingungen.				
23. kann die Freiräume der gesetzlichen Rahmenbedingungen für eine Qualitätsentwicklung nutzen.				
24. achtet bei GLKs darauf, dass auch pädagogische Themen angesprochen werden.				
25. fördert den pädagogischen Austausch in Klassenkonferenzen.				

(vgl. Landesbildungsserver Baden-Württemberg: Fragebogen zur Schulleitung. http://www.schule-bw.de/entwicklung/qualieval/as/sevstart/eisneu/eisarchiv/instrqb-alt/qb3/3-1/, letzter Zugriff am 16.10.2013)

3.3 Kompetenzen einer Führungskraft

Im Zuge der Bestrebungen, der Einzelschule mehr Autonomie zuzubilligen, um hierdurch ihre Leistungskraft zu steigern und die Arbeitsergebnisse zu optimieren, ist man aufseiten der Bildungspolitik mittlerweile dazu übergangen, betriebssoziologische Denkansätze auch in der Schule zu übernehmen (vgl. hierzu z. B. das aus der Wirtschaft entlehnte FQS = Formatives Qualitätsevaluationssystem oder auch den Ansatz des TQM = Total Quality Management in Schulen) und an die schulspezifischen Besonderheiten anzupassen.

Verbunden mit dieser Sichtweise der Einzelschule als Gestaltungseinheit bzw. als Motor der Entwicklung ist ein tiefgreifender Wandel in den Aufgabenbereichen bzw. im Rollenverständnis und damit auch im personalen Qualifikationsprofil von Schulleitungen. So müssen Schulleitungen mittlerweile Aspekte der Personalführung mit jenen der Organisationssteuerung verknüpfen, wie es im Kompetenz- und Führungsprofil von MÜNCH für betriebliche Organisationen dargestellt wird (vgl. Abb. auf S. 44).

Schulleitungen sind damit zum einen weiterhin für das verwaltungstechnische „Funktionieren" einer Schule, also den reibungslosen Ablauf des Unterrichtsalltages, verantwortlich. Darüber hinaus ist es aber wesentlich, mittels geeigneter Instrumentarien der Personalführung, des Organisationsmanagements und der Repräsentation der Schule nach außen organisationsbezogen zu denken und zu handeln, Innovationsprozesse anzubahnen und umzusetzen sowie zielgerichtet durch Evaluationsverfahren zu optimieren. Die Grenzen zwischen Führung und Management sind dabei fließend; diese ergänzen sich gegenseitig, sollten also in keiner einseitigen Gewichtung auftreten und stehen in keinem Hierarchieverhältnis.

> *Die Grenzen zwischen Führung und Management sind fließend.*

Beispiele für „Management"	Beispiele für „Leadership"
■ Ressourcen zuteilen ■ Strukturen, Ordnung und Berechenbarkeit schaffen	■ Vision, Mission, Glaube, Intuition ■ Werte ■ Leitbild entwickeln
■ Budget erstellen und überwachen ■ Kosten- und Risikomanagement	■ Unternehmergeist ■ Richtung festlegen und bekannt geben ■ Ertragsorientierung
■ Analysieren, planen, operationalisieren, organisieren ■ Prozesse und Personal koordinieren und kontrollieren	■ Innovation ■ Strategien und Prozesse für den Wandel einleiten ■ Investieren
■ Mitarbeiter einsetzen ■ Verantwortung delegieren	■ Mitarbeiter auf eine Linie bringen ■ Kommunizieren, motivieren, inspirieren
■ Aktionspläne entwickeln ■ Einfluss nehmen ■ Überzeugen, befehlen, umsetzen	■ Emotionen zeigen und dazu stehen

Abb.: Beispiele für Management und Führung (SCHIRCKS 1994, 54)

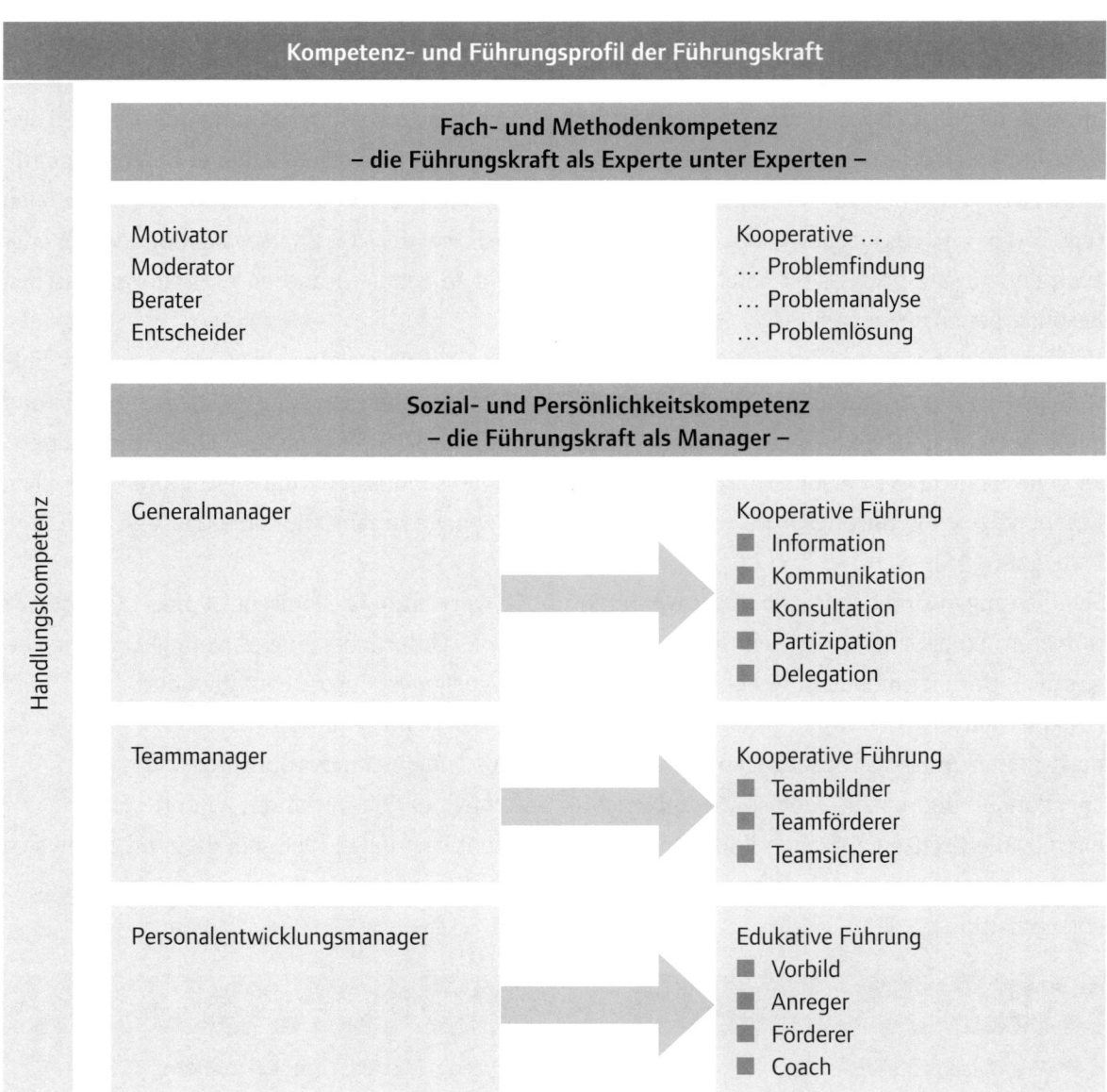

Abb.: Kompetenz- und Führungsprofil der Führungskraft (MÜNCH 2004, 36)

Kompetenzbereiche heutiger Schulleitungen

Im Folgenden sollen nun die **Kompetenzbereiche heutiger Schulleitunge**n im Einzelnen näher ausdifferenziert werden (vgl. GÓMEZ TUTOR 2004; BUCHEN 2006; SCHÜSSLER 2006).

Für eine Schulleitung im 21. Jahrhundert ist es von großer Bedeutung, mit dem Lehrkörper der eigenen Schule angemessen umzugehen. Hierfür ist es zunächst erforderlich, durch eine Optimierung der Arbeitsbedingungen und des Schulklimas für eine profunde Basismotivation (möglichst) aller Lehrer zu sorgen. Als wesentlich erweisen sich insbesondere die im Folgenden ausgeführten Basiselemente einer motivierenden Führungsarbeit.

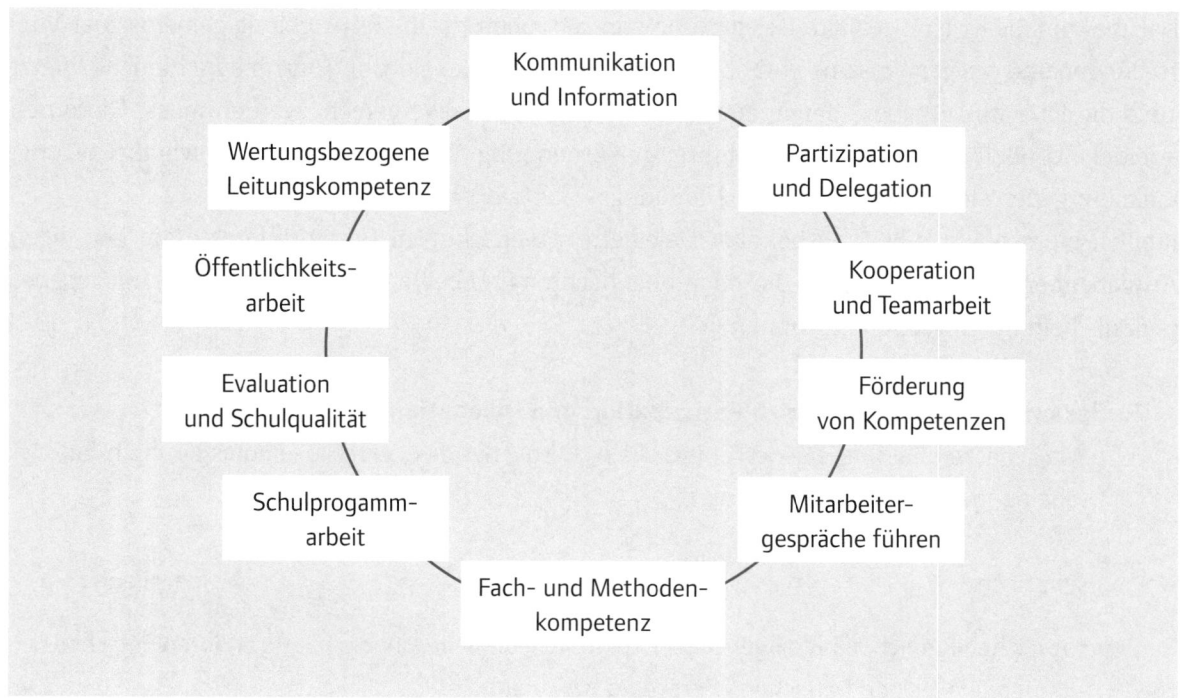

Abb.: Basiselemente einer motivierenden Führungsarbeit

Offene wechselseitige Kommunikation und Information

Grundlegend für eine tragfähige Beziehung ist die Entwicklung und Pflege offener Kommunikationsformen zwischen Schulleitung und Kollegium. Jede Schulleitung sollte es zu ihren dienstlichen Aufgaben zählen, sich für die eigenen Lehrkräfte Zeit zu nehmen, ein offenes Ohr zu haben und dem Gegenüber mit Aufgeschlossenheit und Aufmerksamkeit zu begegnen. Neben privaten Anliegen und beruflichen Wünschen und Zielen sollte sie gerade auch für Probleme und Kritik offen und gesprächsbereit sein. Eine Schulleitung muss es schaffen, damit objektiv und zugleich integrierend umzugehen und sich ernsthaft für die Anliegen und Meinungen anderer interessieren, was auch eine grundsätzliche Offenheit für alternative Vorschläge voraussetzt. Probleme dürfen also nicht alleine gelöst werden, sondern die Schulleitung muss sich ausreichend Zeit nehmen, um auch die Sichtweisen des Ratsuchenden anzuhören und gemeinsam konkret umsetzbare Lösungsmöglichkeiten zu suchen. Überhaupt bedarf es einer hohen Fähigkeit zur kritischen Selbstreflexion seitens der Schulleitung, die eigenes Fehlererkennen konstruktiv mit einschließt.

Partizipation und Delegierung von Aufgaben

Eine andere Möglichkeit, Lehrkräfte zu motivieren, ist es, diese auf der Grundlage eigener Führungsstärke an Entscheidungen, die die gesamtschulischen Organisation betreffen, partizipieren zu lassen. Schulleitungen sollten sich aktiv darum bemühen, ihr Kollegium auf dem Wege der Schulentwicklung in die innerschulischen Entscheidungsprozesse mit einzubeziehen. Einzelentscheidungen in pädagogischer und organisatorischer Hinsicht müssen fallen gelassen und so viele Entscheidungen wie möglich auf selbstverantwortliche Lehrerteams oder einzelne Lehrkräfte übertragen werden. Um diese Verantwortung ruhigen Gewissens abgeben zu können, gilt es, im eigenen Kollegium bei grundsätzlicher Offenheit für alternative Handlungsmöglichkeiten die jeweiligen Stärken der Lehrkräfte herauszufinden und adäquate Aufgaben an sie zu delegieren. Auf diese Weise wird zugleich einem Abbau von Bürokratie und Hierarchie Rechnung getragen, das Management entlastet und die Lehrkräfte durch die hieraus entstehende Mitverantwortung motiviert.

Darüber hinaus ist eine gezielte Delegierung von Aufgaben für die Entwicklung gemeinsamer Vorstellungen und das gemeinsame Voranbringen der Einzelschule relevant. Hierfür spricht nicht zuletzt auch die Flut an Aufgaben, denen eine Schulleitung heutzutage gerecht werden muss. Hierdurch erleiden Schulleitungen keinen Verlust ihrer qua Ernennung übertragenen Führungsverantwortung; vielmehr geben sie nur ein Stück weit Handlungsverantwortung ab.

Freilich muss die Schulleitung bei aller Delegierung weiterhin ihr Gesamtinteresse am jeweiligen Aufgabenbereich bekunden und diesen mit beobachten und begleiten bzw. evaluieren, um gegebenenfalls helfend eingreifen zu können.

Reflexion: Meine Einstellung zu Partizipation und Delegation

1. Wie schätzen Sie Ihre eigene Fähigkeit ein, Mitglieder des Lehrerkollegiums an Ihren Entscheidungen partizipieren zu lassen?

☐   ☐   ☐   ☐   ☐
sehr hoch   sehr niedrig

2. In welchen Bereichen beteiligen Sie Ihr Lehrerkollegium besonders häufig an Ihren Entscheidungen, in welchen Bereichen eher wenig bzw. gar nicht?

Besonders häufig: _____

Eher selten bzw. gar nicht: _____

3. Meine Meinung: _____

_____

_____

Führungshandeln bedeutet für mich: _____

_____

Verantwortung bedeutet für mich: _____

_____

Unter Delegation verstehe ich: _____

_____

Wenn ich delegiere, habe ich folgende …

… Gedanken:

☐ Hab ich's richtig gemacht?
☐ Was könnte alles passieren?
☐ Ich bin die Verantwortung los.
☐ Es wird schon alles gut gehen.

… Gefühle:

☐ Erleichterung   ☐ Misstrauen
☐ Unbehagen   ☐ Vertrauen
☐ Unruhe   ☐ Zweifel
☐ Unzufriedenheit   ☐ Entspannung

(vgl. MILLER 2010, 36)

Übung: Partizipation – welches Maß an Mitwirkung ist angemessen?

Entscheiden Sie je nach Anlass über das Maß an Mitwirkung und entwickeln Sie damit Ihr Gespür für kooperative Führung:

Stufe 1: Kollegium entscheidet alles – Schulleiter gibt Anregungen, Impulse und Hinweise.

- Erstellen wir ein Leitbild?
- Nehmen wir an einem Modellversuch teil?
- Wie wollen wir unsere Schule weiterentwickeln?
- Ist unsere Fortbildungsplanung sinnvoll?

Stufe 2: Schulleiter entscheidet, dass etwas geschieht – Kollegium entscheidet, was konkret geschieht und wie es umgesetzt wird.

- Evaluationsbericht: Individuelle Förderung als Schwäche – das müssen wir angehen.
- Wir benötigen mehr klassenübergreifende Aktivitäten. Bitte überlegen Sie Formen und Themen.

Stufe 3: Schulleiter entscheidet, was geschieht – Kollegium entscheidet, wie es genau geschieht.

- An unserer Schule werden unterschiedliche Bewertungsmaßstäbe verwendet. Die Elternschaft wertet dies als Willkür. Daher benötigen wir im nächsten Halbjahr ein Konzept zur Harmonisierung der Leistungsmessung und Leistungsbewertung.

Stufe 4: Schulleiter entscheidet, was geschieht, gibt Anweisung oder ordnet an – Kollegium kann Stellung nehmen.

- Stundenplan
- Klassenlehrerbesetzung nach Anhörung aller Betroffenen
- Bewerbungen für Bewährungsfelder und Funktionen an der Schule

Stufe 5: Schulleiter oder hierarchisch höher stehende Instanz entscheidet, was geschieht, gibt Anweisung oder ordnet an – das Kollegium erfährt die Begründung und den Sachzusammenhang.

- Rechts- und Aufsichtsfälle
- Statistik
- Sicherheitskonzept, Belehrungen

Kooperation und Teamarbeit

Wesentlich für die Schule der Zukunft wird es sein, dass sich das Kollegium von einer „Ansammlung von Individualisten" zu einem „Miteinander selbstverantwortlich Beteiligter" durchringt und gemeinsam pädagogische Grundsätze und Ziele der Schule entwirft, die zur Entwicklung einer „Corporate Identity" beitragen. Hierbei ist es die Aufgabe der Schulleitung, Teamsitzungen zu initiieren und deren Ziele und Arbeitsaufträge eindeutig zu definieren, also ein gutes Zeitmanagement und eine effiziente Organisation zu gewährleisten. Es gilt, entsprechende Räumlichkeiten zu organisieren, die dauerhaft hierfür zur Verfügung stehen, und zugleich über geeignete Informationswege die Ergebnisse von Teamsitzungen für alle Lehrkräfte verfügbar zu machen. Hierfür muss auch die Schulleitung selbst teamfähig sein, um Arbeiten gemeinsam bewerkstelligen zu können.

> *Von einer „Ansammlung von Individualisten" zu einem „Miteinander selbstverantwortlich Beteiligter"*

Förderung von Kompetenzen durch Fortbildung

Über die bloße Beteiligung der Lehrkräfte hinaus ist es wesentlich, dass die Schulleitung sowohl die im Kollegium vorhandenen Ressourcen der Lehrkräfte nutzt und deren Potenziale dem Gesamtkollegium zur Verfügung stellt als auch zusätzlich für eine regelmäßige Weiterqualifizierung des Personals sorgt. Lern- und Entwicklungsprozesse im Kollegium muss sie ermöglichen und aktiv begleiten. Hierfür ist es bedeutsam, dass die Schulleitung die Arbeit der einzelnen Lehrkraft als solche auch wahrnimmt und für wichtig ansieht. Gute Leistungen muss sie in Form von Lob permanent ermutigen und unterstützen. Beim Erleben problematischer Situationen ist es hingegen erforderlich, niemals in Form von Vorwürfen an die einzelne Lehrkraft heranzutreten, sondern vielmehr beispielsweise dergestalt ein Feedback zu geben, dass das Problem auf einer gemeinsamen Fortbildung personenunabhängig behandelt wird und auf diese Weise zu einer echten Systemerkenntnis führen kann. Es gilt, stetig passende Lehrgänge für alle Lehrkräfte anzustreben und sich im wechselseitigen Diskurs auszutauschen.

Mitarbeitergespräche führen

Kommunikationsfähigkeit bildet die Basis für regelmäßige Gespräche mit den einzelnen Lehrkräften einer Schule. Diese gehören in Zeiten schulischer Erneuerung, in denen die Bedeutung gemeinsamer Kommunikation und Konsensfindung erkannt wurde, zum Aufgabenbereich der Schulleitung. Das Mitarbeitergespräch ist ein Instrument, in dem die Beteiligten regelmäßig (üblicherweise jährlich mit zusätzlichen Review-Terminen) oder bei Bedarf spezifische Inhalte (wie etwa Zielvereinbarungen, Weiterbildung, Entwicklungsmöglichkeiten, persönliche Rückmeldungen, offene Fragen etc.) besprechen.

Das Mitarbeitergespräch geht aufgrund seiner Planung und inhaltlichen Vorbereitung über die täglichen Gespräche aus aktuellem Anlass hinaus und erfüllt hierbei eine Reihe wesentlicher Aufgaben:

- regelmäßiger Austausch mit allen Lehrkräften zur Verbesserung der Zusammenarbeit,
- Kennenlernen atmosphärischer Aspekte und zukünftiger Vorstellungen und Anliegen der Lehrkräfte,
- Aufgaben- und Zielbestimmung zukünftiger Arbeits- und Einsatzfelder,
- Gesprächsführung auf „neutraler" Basis und nicht erst anlässlich einer dienstlichen Beurteilung,
- Chance auf geregelten Kontakt mit „problematischen" Lehrkräften,
- Ermittlung eines komplexen Eindrucks über die Schulstruktur und das an einer Schule vorhandene Beziehungsgefüge,
- Möglichkeit zur friedlichen Beilegung von Konflikten bei unterschwelligen Auseinandersetzungen im Kollegium.

Beim gegenseitigen Kennenlernen können also sowohl die jeweiligen kreativen Ressourcen wie auch mögliche Konfliktfelder ausgesprochen werden. Für die Schulleitung stellt es somit eine unvermeidbare Verpflichtung dar, kritische Einschätzungen über einzelne Lehrkräfte mit diesen offen zu thematisieren und einen direkten und konstruktiven Dialog über vorhandenen Dissens und dessen Bearbeitung anzubieten. Allerdings sollten tiefer gehende Kontroversen möglichst in einem angebotenen Folgegespräch stattfinden, um ein Mitarbeitergespräch nicht zu einem Kritikgespräch ausarten zu lassen. Umgekehrt sollten auch Lehrkräfte dazu verpflichtet werden, im Jahresgespräch Kritikpunkte auszuklammern und lieber im Vorfeld oder bei einem gesonderten Gesprächstermin anzusprechen.

Fach- und Methodenkompetenz in pädagogischen und organisatorischen Belangen

Wie in früheren Zeiten muss eine Schulleitung organisatorisches Geschick für die Verwaltungsbelange der Schule besitzen, sei es bei der Erstellung der Stundenpläne, der entsprechenden Unterrichtsverteilung, der Sicherstellung eines störungsfreien Unterrichtsbetriebes sowie der Überwachung der Schulpflicht, beim Führen von Schulakten, bei der Koordinierung und Durchführung der Beschlüsse der verschiedenen Konferenzen sowie der Auswertung der Ergebnisse, bei der Koordination der Notengebung, der Vereinheitlichung der Bewertungsmaßstäbe und der Anforderungen sowie bei der Entlassung der Schüler. Verwaltungsspezifisches, juristisches und ökonomisches Fachwissen, eine angemessene Logistik sowie ein effektives Zeitmanagement bilden hierfür die Grundlage. Darüber hinaus fallen der Schulleitung aber im Zuge erweiterter schulischer Autonomiebestrebungen neue Aufgabenbereiche zu.

Schulprogrammarbeit

Im Zuge der Organisationsentwicklung an der eigenen Schule muss eine Schulleitung heutzutage für klare, erreichbare und relevante Ziele sorgen, die gemeinsam ausgehandelt werden.

Durch die in den letzten Jahren erkannte Bedeutung einer Stärkung der Individualität der Einzelschule muss sie für geeignete Formen und Wege einer (idealiter schriftlichen) Bündelung der gesamten Aktivitäten in ein gemeinsames Konzept sorgen. Da es die Einzelschule als „pädagogische Handlungseinheit" stärker zu berücksichtigen und auch zu fördern gilt, arbeiten Schulen mittlerweile verstärkt an der Erstellung individueller Schulprogramme, die alle Einzelaktivitäten der Schule in ein gemeinsames Konzept einbinden. Ein derartiges Schulprogramm kann sich sowohl in curricularen wie auch extracurricularen Aspekten artikulieren und die Schule nach außen repräsentieren. Diese Profilierung und Programmbildung der eigenen Schule muss die Schulleitung aktiv vorantreiben.

Die Einzelschule erarbeitet sich auf diese Weise selbst Schwerpunkte der Unterrichts- und Erziehungsarbeit, durch die der Bildungsauftrag der betreffenden Schulform kreativ ausgelegt wird und die kollegiale Verbundenheit mit der eigenen Schule im Sinne eines Wir-Gefühls gestärkt wird. Zugleich schafft sie durch die Erstellung eines Schulprogramms eine gezielte Evaluationsgrundlage und dokumentiert gegenüber der Öffentlichkeit die eigenen Anstrengungen im Hinblick auf eine umfassende Bildung der Schüler in einer vertrauensvollen und harmonischen Atmosphäre.

Freilich ist es im Zuge dieser Schulprogrammkonzipierung ganz wesentlich, dass sich die Schulleitung zusammen mit dem Kollegium realistische, kleinschrittige Ziele setzt, die sie mit ihren gegebenen Möglichkeiten und dem Potenzial der Lehrkräfte auch bewältigen bzw. erreichen kann. Dem Aufbau von unrealistischen Illusionen muss hierbei ebenso von vornherein entgegengewirkt werden wie einer möglichen Unverbindlichkeit der Zielsetzungen.

Evaluation der Schulqualität

Eine Schulleitung muss die in Angriff genommenen Reformen an der eigenen Schule anhand von Evaluationsmaßnahmen auch regelmäßig einer Kontrolle unterziehen. Sie muss die Kompetenz besitzen, Evaluation als einen bewusst eingeleiteten, systematischen und kontinuierlichen Prozess zur Verbesserung der Arbeit der eigenen Schule über eine gezielte Sammlung relevanter Daten und Informationen zu handhaben. Diese gilt es stetig zu analysieren und zu bewerten, um eine Feedbackkultur an der Schule zu institutionalisieren und das weitere Vorhaben planen zu können. Wertende Aussagen muss die Schulleitung hierbei auf der Grundlage von Standards, Kriterien oder Zielformulierungen (z. B. Richtlinien, Schulprogramm oder Arbeitspläne) begründen können.

Hierbei kann sie in der Regel nach folgendem Grundmuster vorgehen:

1. Klärung des Vorhabens und der Kriterien sowie Suche nach Indikatoren, an denen sich ablesen lässt, ob die Kriterien erfüllt sind,
2. Auswahl von Verfahren/Methoden und Datensammlung,
3. Analyse der Ergebnisse,
4. Diagnose und darauf fußende Handlungsplanung.

Weil Evaluation freilich kein linear ablaufender, generalisierbarer Prozess ist, der auf alle Schulen übertragbar ist, muss eine Schulleitung die je spezifischen Ziele, Aufgaben, Interessen, Schwerpunkte, sachlichen wie auch personellen Voraussetzungen ihrer Schule, ihre Tradition und besondere Situation prüfen und im Anschluss hieran geeignete Instrumentarien zur Überprüfung der Schulqualität auswählen. Sind die gewünschten Schuldaten erhoben, so sollten sie zusammen in einem Evaluationsteam analysiert werden, um eine geeignete Diagnose stellen zu können und adäquate Handlungskonsequenzen anzuschließen. Schließlich sollte eine Schulleitung auch die Lehrkräfte selbst anhalten, über Maßnahmen der Selbstevaluation gezielt an der Verbesserung ihres Unterrichts zu arbeiten (z. B. über Schülerbefragungen, Videodokumentationen oder Kollegenvisitationen).

Öffentlichkeitsarbeit

Konsens und Kooperation erschöpfen sich letztlich niemals ausschließlich im Lehrerkollegium, sondern müssen darüber hinaus auch alle in den Kontext von Schule im weitesten Sinne Involvierten (Schüler, Eltern, Gemeinde etc.) umfassen, da diese Personen bzw. Institutionen den schulischen Entwicklungsprozess maßgeblich fördern oder auch behindern können. So wird es in der heutigen Zeit aufgrund der gesellschaftlichen Forderungen, die an jede Schule gestellt werden, immer wichtiger, sich auch der Öffentlichkeit gegenüber zu präsentieren, sich mit der eigenen Arbeit zu profilieren und den eigenen Anspruch unter Beweis zu stellen. Umgekehrt soll diese Öffentlichkeitsarbeit auch dazu führen, dass Schulen beispielsweise eine notwendige finanzielle oder logistische Unterstützung erhalten, indem sie offenlegen, wofür sie derartige Mittel verwenden wollen und dass die eigenen Ressourcen schlichtweg begrenzt sind.

Konzepte zur Öffnung von Schule begründen die Notwendigkeit eines neuen Verhältnisses gegenüber dem schulischen Umfeld damit, dass hierdurch

- das schulische Leben und die gesellschaftliche Praxis einander angenähert werden können und die Schule somit aktueller zur Lebensbewältigung beitragen kann,
- soziale Isolation vermieden und soziale Netze hergestellt werden können,
- sozio-kulturelle Defizite des Gemeinwesens kompensiert werden können, indem die Schule generelle Bildungsaufgaben übernimmt,
- die gemeinsame Erziehungs- und Bildungsverantwortung für die Heranwachsenden besser aufeinander abgestimmt und hierdurch eine Kontinuität des Vorgehens erreicht werden kann,
- das schulische Lernen durch die Erschließung neuartiger Ressourcen (außerschulische Lernfelder, aber auch Einbeziehung von Experten in die Schule) angereichert werden kann,
- die Entwicklung schuleigener Programme bzw. eines individuellen Profils auf die Bedürfnisse der Schulumwelt abgestimmt ist,
- schließlich auch mehr finanzielle Möglichkeiten erschlossen werden können, die der Schule bei der Finanzierung ihres Auftrages helfen.

Was das Einbeziehen der Schülereltern in den Kontext der schulischen Arbeit betrifft, so sollten generelle Erziehungs- und Unterrichtsfragen ebenso gemeinsam geklärt werden wie die Ausrichtung der Schule allgemein und die Gestaltung des Schullebens. Eine gute Möglichkeit, die Schulumwelt in den schulischen Kontext zu integrieren, bieten Projekttage bzw. -wochen, bei denen sich die Eltern entweder an Aktivitäten beteiligen können (Mithilfe, Übernahme von Workshops mit den Kindern etc.) oder aber eingeladen werden, von den Klassen erstellte Produkte im Schulhaus zu besichtigen und hierüber ins Gespräch mit den Lehrkräften zu kommen. Auch ein Tag der offenen Tür lädt Eltern zum Verweilen im Schulgebäude bzw. im Klassenzimmer ihrer Kinder ein und bietet ihnen einen Zugang zu der Lebenswelt, die ihre Kinder einen Großteil ihrer Zeit in Beschlag nimmt. Arbeitsstrukturen, die Lernumgebung etc. können so erschlossen werden, um das eigene, zumeist überholte Bild von Schule zu erneuern und durch einen modifizierten Lernbegriff zu ergänzen. Auch können Eltern hier sehen, was Lehrkräfte mit den Kindern alles leisten und welche Arbeitsanforderungen das Leistungspotenzial der Kinder herausfordern.

Angesichts der Herausforderungen, vor denen unsere Schule im 21. Jahrhundert steht, ist es darüber hinaus wichtig, dass man sich mit der an der eigenen Schule geleisteten Arbeit nicht vor Nachbarschulen verschließt. Vielmehr bringt eine lebhafte Kooperation mit anderen Schulen (ob fest institutionalisiert in Form von Netzwerken oder auch nur bei gelegentlichen Treffen) zum einen für jeden eine wesentliche Arbeitsersparnis mit sich; zum anderen aber erhält man für den Unterrichts- und Schulalltag wertvolle Anregungen, die die eigene Praxis bereichern und letztlich allen Schülern zugute kommen. Auch eine Kooperation mit schulexternen Experten empfiehlt sich angesichts der exponentiell ansteigenden Wissensflut, die keiner mehr alleine bewältigen kann. Zwar stellen manche Schulleitungen auch heute noch an sich selbst den Anspruch, in sämtlichen schulischen Arbeitsgebieten Experten sein zu müssen. Dadurch setzen sie sich aber selbst unter einen enormen Druck, der gerade dann zur persönlichen Niederlage wird, wenn mögliche Schwächen aufgedeckt werden. Viel ehrlicher ist es hingegen, wenn auch Schulleitungen zugeben, dass ihr Wissen letztlich begrenzt ist. Durch das Einbeziehen von Experten in die eigene Schule stellen sie gerade jenes Mehr an Wissen zur Verfügung, das ihrer Schule dauerhaft zur Profilierung dient.

Schließlich ist es aber auch wertvoll, nicht nur die Außenwelt von Schule in die eigene Schule einzuladen, ihr die Türen zu öffnen, sondern auch umgekehrt selbst in diese Schulumwelt gleichsam einzutauchen und sie sich im Zuge einer verstärkten Lebenswelt- und Handlungsorientierung auch in der Realität selbst zu erschließen.

Wertungsbezogene Leitungskompetenz

In diesem Kompetenzbereich ist es für eine Schulleitung erforderlich, die eigenen Visionen für die schulische Erneuerung zu klären und vertieft in den schulischen Kontext einzubringen. Dies darf nicht im Stile einer zumeist kontraproduktiven „Top-down-Verordnung" erfolgen. Vielmehr gehört zur Disziplin der gemeinsamen Vision die Fähigkeit, die eigene Vision offen zu kommunizieren und das Kollegium zu überzeugen bzw. dazu anzuregen, sich engagiert am qualifizierten Denkprozess über die eigene Schule zu beteiligen. Auch wenn jede Vision etwas Persönliches ist, das im Einzelnen entsteht und hier zunächst gefördert werden muss, kann sich eine Organisation erst dann konstruktiv verändern, wenn die Gruppe gemeinsame Zielvorstellungen und Zukunftsbilder entwickelt, sich mit ihnen identifiziert und an ihnen partizipiert. Die Schulleitung muss die Ideen und Vorschläge ihrer Lehrkräfte hierbei konstruktiv kritisch beurteilen und unterstützen, um eine echte Einbindung in Innovationsvorhaben zu gewährleisten. Sich selbst muss die Schulleitung dabei als lernende Person begreifen. Im Kontext schulischer Entwicklung müssen Schulleitungen nach NORM GREEN ihre

Sinnvermittlung und Identitätsstiftung durch gemeinsame Arbeit an einer Schulphilosophie

Visionen und Innovationsvorstellungen daraufhin prüfen, „ob sie in das existierende Programm passen oder nicht" (RIECKE-BAULECKE 2002, 20). Und weiter: „Leadership, also Manager als Führungskräfte zu verstehen, meint nun, dass sie das Kollegium ermutigen müssen, sich in die Schulentwicklung einzubringen. Sie müssen herausbekommen, was die Ziele sind, denen das Kollegium folgt" (ebd.). Kennzeichen einer effektiven Führungskraft ist es dementsprechend, „dass ihre Führungsfähigkeit an allen Lehrkräften festzumachen ist" (ebd.).

Auch einer Untersuchung von REEVES et al. (1998, 33 f.) zufolge erwarten Lehrkräfte länderübergreifend (befragt wurden Lehrkräfte aus England und Dänemark) von einem erfolgreichen Schulleiter insbesondere eine entsprechende Inspiration der Mitarbeiter, Kommunikationsfähigkeit sowie zugleich das Vertreten einer klaren Vision für die Schule. Ähnliche Präferenzen zeigten in derselben Studie auch die befragten Eltern. Sie nannten zuerst „Kommunikationsfähigkeit" sowie den „Überblick über die Entwicklung von Schulen". Auch hier werden reine Managementqualitäten somit auf eher hintere Ränge verwiesen; viel wichtiger ist die Fähigkeit, anderen Menschen zuzuhören.

Avisiert man demgegenüber mehr den Aspekt der Leistungsergebnisse der Schüler im Sinne von Schuleffektivität, so lassen sich mit WISSINGER (2000b, 855) die Merkmale pädagogisch einflussreicher Schulleitungen folgendermaßen zusammenfassen: „Effektive Schuleiter sind demzufolge Leistungszielen verpflichtet, sie schaffen ein Klima hoher Erwartungen in die Lernfortschritte der Schüler, sie verteilen notwendige Ressourcen, sie sind charakterstark und dynamisch, sie schaffen eine stabile Lernumgebung mit klarem Akzent auf Disziplin, sie betonen die Anleitung der Schüler als eine wichtige Zielvorstellung pädagogischen Handelns, sie bevorzugen unterrichtsbezogene Aktivitäten gegenüber solchen des täglichen Ablaufmanagements bzw. der Verwaltung (vgl. GLASMAN/HECK 1992, 7 f.)."

Eigenschaften einer „guten" Schulleitung

Befragt man wiederum Lehrkräfte, Eltern und Schüler selbst zu den Eigenschaften einer „guten" Schulleitung, wie dies in Dänemark, England und Schottland geschehen ist (vgl. MACBEATH 1999), so ergibt sich für alle drei Länder übereinstimmend folgendes Bild, wenngleich mit unterschiedlicher Akzentuierung:

- Besitzen einer Vision für ihre Schule
- Gute Kommunikationsfähigkeit und die Bereitschaft, zuzuhören und für alle Parteien erreichbar zu sein
- Faire und gleiche Behandlung der Schüler sowie Garantieren einer bestimmten Ordnung und Disziplin an der Schule
- Ermutigung und Motivation des Personals, um up to date professionell agieren zu können
- Präsenz und Wirken innerhalb der Schule (vgl. MOOS et al. 1998, 60 f.)

Freilich muss abschließend mit BAUMERT (1989, 61) daran erinnert werden, dass aus der Forschungsliteratur nicht ein erfolgreiches Muster von Schulleitungshandeln herauszukristallisieren ist, sondern „vielmehr [...] davon ausgegangen [wird], dass es unterschiedliche Strategien erfolgreicher Schulführung gibt, wobei die Leiter – ihrer jeweiligen Persönlichkeitsstruktur entsprechend – für sich einen individuellen Weg finden müssen. Das setzt eine Selbstkontrolle über ihre jeweiligen Stärken und Schwächen voraus. Und gerade diese selbstreflexive Kompetenz erwies sich als ein Wesenszug erfolgreicher Schulleiter."

3.4 Schulentwicklung als Führungsaufgabe

3.4.1 Was ist Schulentwicklung?

Reflexion: Fragen zur Schulentwicklung

Bitte nennen Sie bei der Beantwortung der folgenden Fragen konkrete Beispiele aus Ihrer Schule.

Beschreiben Sie den Schwerpunkt der Schulentwicklung an Ihrer Schule.

_____

Wer beeinflusst maßgeblich die Schulentwicklung?

_____

Gehen die Kollegen den Weg (freiwillig) mit? Wie schaffen Sie es, Ihr Kollegium zu motivieren?

_____

In welcher Form beteiligen sich die Lehrkräfte Ihrer Schule an der Schulentwicklung?

_____

In welcher Form beteiligen Sie sich als Schulleiter an der Entwicklung Ihrer Schule?

_____

Mit welchen Problemen/Hindernissen/Widrigkeiten hat Schulentwicklung Ihrer Meinung nach zu kämpfen?

_____

Welche Lösungen (Tipps) können Sie zur Überwindung dieser Schwierigkeiten empfehlen?

_____

Welche weiteren Unterstützungssysteme (Fortbildungen, externe Experten ...) sind förderlich (gewesen)?

_____

Welche Vision haben Sie für Ihre Schule?

_____

Der **Begriff Schulqualität** wird in den letzten Jahren äußerst inflationär und vielfach diffus gebraucht. So werden die Begriffe Schulethos, Schulklima, Schulkultur, Schulgüte, Schulentwicklung und anderes mehr oftmals inhaltlich gleichgesetzt. Auch für ROLFF ist „bei der Debatte zur Schulqualität ... zunächst auffällig, wie sehr die Begriffe schillern; mal wird von ‚Qualität' geredet, mal von ‚Effektivität' und manchmal schlicht von ‚guten' Schulen. Zudem gehen ständig Analyse und Bewertung durcheinander: Die empirisch ermittelten Merkmale von ‚effektiven' Schulen werden allzu bedenkenlos als Maßstäbe für Qualität genommen" (ROLFF 1990, 252).

Zurückführen lässt sich diese begriffliche Vielfalt und Unklarheit insbesondere darauf, dass es auf die Frage nach der „guten" Schule „keine ‚einfachen' Antworten" (HAENISCH 1989, 32) gibt, da einerseits die diversen Forschungsbefunde hierzu keine eindeutige Vergleichbarkeit ermöglichen, zum anderen aber ohnehin eine rein funktionale Mittel-Ziel-Relation im Rahmen von Schule, die es immer mit der Unwägbarkeit des Individuums bzw. der sozialen Gruppe zu tun hat, von vornherein ausscheidet.

Eine Definition „guter" Schulen allein aufgrund vorhandener Ressourcen (Lehrmittel etc.) ist somit unzulässig, da sie wesentliche personale und ethische Momente vernachlässigt. So wäre es sowohl den Schülern als auch dem Gedanken der Kollegialität und Schulgemeinschaft gegenüber hochgradig verantwortungslos, die Qualität von Schule lediglich an den erzielten Abschlüssen festzumachen und demgegenüber zu vernachlässigen, welche sozialen Kompetenzen, welchen Grad der Selbstständigkeit und Verantwortungsübernahme etc. die Schüler nach Verlassen einer Schule erreicht haben. Freilich meint dies nicht, dass sich Schule auf einen reinen „Spaßfaktor" beschränken darf (wenngleich dieser, wie Erkenntnisse der Motivationspsychologie gezeigt haben, durchaus einen wertvollen Beitrag zur Lernbereitschaft der Schüler leistet), aber eine ausschließliche Verbesserung des Unterrichts alleine genügt gerade nicht, „denn eine Verbesserung von Unterricht kann nur angemessen gelingen, wenn sie mit einer besseren Qualität von Schule insgesamt einhergeht und in entsprechende Bemühungen eingebettet ist" (STEFFENS/BARGEL 1993, 9). Somit muss bei der Argumentation stets die Vernetztheit ganzer Faktorenbündel berücksichtigt werden.

Klärung des Begriffs „Schulentwicklung"

Der international gebrauchte Begriff *school improvement* erhält im Deutschen kein direktes Pendant, korrespondiert aber wohl am ehesten mit dem Begriff der Schulentwicklung, wörtlich auch Schulverbesserung oder schulische Erneuerung.

Viele Definitionen von Schulentwicklung befassen sich entweder mit der einzelnen Schule als zentralem System von Veränderung oder beziehen sich allein auf die Unterrichtsebene. Gedanken, die beide Ebenen gleichermaßen anvisieren und überdies den Lehrer bzw. einzelne Lehrergruppen als Innovationsmotor fokussieren, fehlen jedoch.

Definition
„Schulentwicklung"
von WIATER

Erkannt und formuliert wird diese Faktizität hingegen bei WIATER (o. J., 1), der Schulentwicklung versteht als „einen Prozess, bei dem Lehrerkollegien (einschließlich der Schulleitung) oder Lehrerteams initiativ werden und die Unterrichts-, Erziehungs- und Organisationsarbeit der eigenen Schule so verändern, dass sie zum einen den spezifischen Gegebenheiten vor Ort besser entspricht und zum anderen ein besonderes pädagogisches und didaktisches Profil gewinnt. Diese Aktivitäten finden im gemeinsam vereinbarten Schulprogramm eine verbindliche Form. Die Einzelschule wird dadurch ‚unverwechselbar' als pädagogische Handlungs- und Gestaltungseinheit ihrer Mitglieder (Lehrer, Schüler, Eltern, stützendes und evaluierendes Personal)."

Nach dem neuen Paradigma „Die Einzelschule ist der Motor der Entwicklung" muss jede Schule für sich entscheiden, ob sie im Schulentwicklungsprozess bei der Organisationsentwicklung, bei der Personalentwicklung oder Unterrichtsentwicklung ansetzt (vgl. ROLFF 2009, 314). Das zusammenhängende System pädagogischer Schulentwicklung (s. Abb. S. 55) macht hier nochmals offensichtlich, dass – egal mit welcher Maßnahme man beginnt – weitere Prozesse im Gesamtsystem in Gang gesetzt werden.

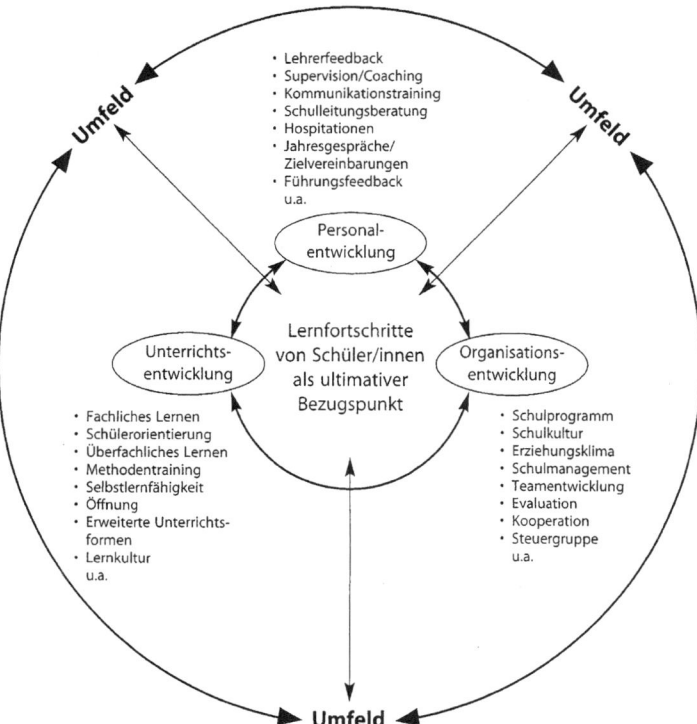

Abb.: Drei-Wege-Modell der Schulentwicklung (ROLFF 1998, 314)

Der Zusammenhang von Organisations-, Unterrichts- und Personalentwicklung ist zunächst ein innerschulischer, der jedoch durch die Interaktion mit dem außerschulischen Umfeld beeinflusst wird. Zum Umfeld gehören die Eltern, Betriebe, Universitäten, die Öffentlichkeit wie auch der Schulträger und die Schulbehörde. Hier wirken lebensweltliche Herausforderungen wie auch bildungspolitische Maßnahmen auf die Einzelschule ein und machen eine Adaption von innerschulischen Maßnahmen nötig. Auch Unterstützungssysteme wie z. B. Fortbildungen und Entlastungsstunden für Pilotvorhaben unterstützen die Schulentwicklung. ROLFF beschreibt Schulentwicklung schließlich als einen Lernprozess, der von einem individuellen Arbeitsplatz ausgehen muss und bei dem die beteiligten Akteure neue Praxis erfinden, erproben oder auch reformieren. Schulentwicklung muss jedoch auch gleichzeitig von den einzelnen Schulen wie auch vom Gesamtsystem Schule her gedacht werden, denn die Entwicklung von Einzelschulen geschieht unter den Rahmenbedingungen und Unterstützungssystemen des gesamten Systems (vgl. ROLFF 2009, 315 f.).

„Schulentwicklung hat demnach vier zentrale Ziele:
- die Vergrößerung der Kompetenz im Erkennen und Lösen schulinterner Probleme,
- die Verbesserung des Arbeitsplatzes Schule für Lehrer, Schüler und Hilfspersonal in pädagogischer, didaktischer und organisatorischer Hinsicht,
- die Selbstorganisation und Selbstevaluation von schulischen und unterrichtlichen Entwicklungsprozessen und
- die Steigerung der Attraktivität der Einzelschule" (WIATER o. J., 1).

Im Sinne systemischen Denkens ist es mithin unumgänglich, die personale Ebene in die begriffliche Deskription schulischer Entwicklung einzubeziehen. Immer sind es einzelne Lehrkräfte oder Lehrergruppen, die im erzieherischen und unterrichtlichen, im organisatorischen wie auch zwischenmenschlichen Bereich Veränderungsbemühungen initiieren oder aber zumindest mittragen und umsetzen müssen. Sie setzen im Inneren der einzelnen Schule an, zielen jedoch dauerhaft auf äußere Schulentwicklung ab. MESSNER (1986) spricht beispielsweise von „pädagogischer Erneuerung",

SCHULZ/TILLMANN (1987) von „Weiterentwicklung der pädagogischen Arbeit" sowie von „Reformen im schulischen Alltag", KLAFKI (1983) von „reformerischer Praxis".

Im Mittelpunkt schulischer Veränderung stehen somit zusammenfassend einerseits Produkte (vgl. HAMEYER 1987, 221 ff.), andererseits aber auch Personen im Prozess aktiver Veränderung (vgl. HAMEYER et al. 1995).

3.4.2 Schulreform

Immer wenn es um schulische Entwicklung geht, ist zugleich der Gedanke einer Reform des Bestehenden mit impliziert, sei es aufgrund des Bedürfnisses zur Veränderung schulinterner Strukturen oder auch hinsichtlich einer Anpassung an geänderte gesellschaftliche Rahmenbedingungen (vgl. MEYER 1997, 50).

Dabei wird zumeist mit den Begriffen **innere und äußere Schulreform** gearbeitet, die sich nicht sauber voneinander abgrenzen lassen. „Innere Schulreform bezieht sich auf die Gestaltung der Schule, vorab auf die Veränderung der Lehrmethoden, Lehrinhalte, Schülergruppierungen, der Stundenplanorganisation und des Schullebens; äußere Schulreform bezeichnet die Bemühungen um Veränderungen der Schulorganisation und ihrer Struktur und um die Koordination verschiedener Schultypen und -stufen im Bildungswesen" (SCHEUERL 1970, 941).

Schulreform findet zentral im inneren Bereich von Schule statt.

Dennoch ist man sich weitgehend darin einig, dass eine Schulreform zentral im inneren Bereich von Schule stattfindet, auf eine Umgestaltung der bestehenden Schulwirklichkeit abzielt und der Person des Lehrers hierbei eine fundamentale Bedeutung zukommt. Wie groß die Möglichkeiten innerer Schulreform allein, also ohne eine Änderung des Gesamtsystems Schule sind, bleibt hingegen strittig.

Wenn auch die Phasen in ihrer Abfolge trotz grundsätzlicher Anerkennung ihrer Bedeutung bei der Entstehung guter Schulen (vgl. GOOD/BROPHY 1986; PURKEY/SMITH 1990; REYNOLDS 1989) bislang noch nicht hinreichend untersucht worden sind und sich ohnehin aufgrund der Komplexität jeder einzelnen Schule eine bloße Linearität im Sinne eines feststehenden Phasenablaufs verbietet, so wird dennoch bei allen Modellen zur Schulreform zumeist mit dreiphasigen Stufenprozessen argumentiert, die oftmals in ihren Teilen der Initiation, Implementation und Institutionalisierung ineinander übergehen bzw. sich überlappen.

Prozess einer Schulreform: Initiation → Implementation → Institutionalisierung

Während der **ersten Phase** kommt es zu einer weitgehenden Unzufriedenheit mit dem bestehenden Schul- und Bildungssystem sowie diversen Entwicklungsansätzen auf personaler Ebene, d.h. initiiert durch einzelne Lehrer. Angestoßen durch gesellschaftliche Bewegungen auf außerschulischer Basis übernimmt die Pädagogik diese Gedankengänge und überträgt sie zunächst nur auf den Bereich des Schulinneren.

In einem **zweiten Entwicklungsschritt** summieren sich die einzelnen Ansätze zu einer größeren Reformbewegung mit implizitem Reformanspruch und involvieren hierbei nunmehr größere Teile des Schulsystems, meist eher mit utopistischem Gedankengut als mit planvollen Entwicklungsschritten.

Das Zentrum der **dritten Phase** bilden schließlich schulpraktische Umsetzungen der erhobenen Reformansprüche mit einer stärkeren Ausrichtung auch auf außerschulische sowie politische Rahmenbedingungen, ohne hierbei jedoch einen quantitativ definierbaren Charakter anzunehmen. Ihr Ziel ist vielmehr im Prozess schulischer Erneuerung mit unabgeschlossenen Grenzen und Programmen zu sehen (vgl. HAMEYER 1992, 77 ff.; WIECHMANN 1994, 53, Abb.7).

3.4.3 Innovation

Der Begriff der Innovation, der in engem Zusammenhang mit Schulentwicklung steht und ebenfalls vielfach damit gleichgesetzt wird, erfreut sich in der deutschen Pädagogik, die ihn aus dem Amerikanischen entlehnte, erst relativ kurzer Existenz (vgl. z. B. SUSTECK 1975; AREGGER 1976).

Der Deutsche Bildungsrat griff diesen Terminus auf und sorgte hiermit für eine sehr breite Ausdehnung; eine Ordnung seiner begrifflichen Vielfalt wurde erforderlich. Spezifisch war hier ein stark technologisch geprägtes Bild von Innovation, das sich zunächst insbesondere auf **die innere Schulreform** bezog und insofern produktorientiert ausgerichtet war, als es auf eine Verbesserung des Unterrichts via Curricula und Medien abzielte. Mit der Zeit avisierte man jedoch auch die **Systemziele** selbst als Veränderungspotenzial und unterstrich damit die politische Dimension von Innovation, also den Bereich äußerer Schulreform (vgl. z. B. FEND et al. 1976). Beiden Verständnisweisen des Innovationsbegriffs liegt eine (einseitige) Fokussierung und Verbesserung von Teilbereichen der Schulwirklichkeit zugrunde (vgl. ROLFF 1971, 319 ff.). Technologische Innovationen sind stark rational und damit planbar auf ein festes, im Voraus definiertes Ziel ausgerichtet, das es mit vorab wissenschaftlich eruierten und erprobten Mitteln zu erreichen gilt. Die durch die Evaluation entstandenen Verfahren werden meist in einer linearen Phasenabfolge dargestellt und auf die Schulwirklichkeit übertragen bzw. implementiert, wo sie mithilfe des Lehrers als Akteur, dem seine feste Rolle zugewiesen wird, umgesetzt werden sollen (vgl. z. B. DALIN 1986).

Innere und äußere Schulreform

Obwohl der Anstoß zu derartigen Innovationen grundsätzlich auf mehreren Ebenen erfolgen kann und nach früheren Vorstellungen vorwiegend als Antwort auf institutionelle Widersprüche bzw. Konflikte oder auch Probleme mit äußeren Umfeldfaktoren zurückgeführt wurde (vgl. PAULSTON 1976), werden mittlerweile auch **kompensatorische Erklärungsmodelle für gesellschaftliche Defizite** verwendet. Bei HOLTAPPELS (1995, 7) ist zu lesen: „Die Schule reagiert auf sozialisatorische Besonderheiten oder Defizite in der sozio-kulturellen Infrastruktur des Schuleinzugsbereichs. Die außerschulischen Erziehungs- und Entwicklungsbedingungen können Schulen zu veränderten pädagogischen Handlungsweisen herausfordern oder zwingen. Denn die Schule kann sich den Umfeldproblemen nicht entziehen, wenn beispielsweise Schüler/innen lebensweltliche Probleme in die Schule importieren oder Eltern neue Anforderungen an Unterricht, Schulleben oder zeitliche Kinderbetreuung stellen. Ignoriert die Schule außerschulische Sozialisationsbedingungen und infrastrukturelle Defizite, so kann dies zu einer Verschärfung schulischer Widersprüche (z. B. zu verschärfter Leistungsauslese, niedrigen Lernerfolgen) bzw. zu gestörtem Gleichgewicht führen.“

In Bezug auf das einzelne Individuum und seine Motive für Veränderungen unterscheidet DALIN in Anlehnung an CHIN/BENNE **drei Veränderungsstrategien, nämlich rational-empirische, normativ-reedukative sowie Machtstrategien.** Während erstere davon ausgehen, dass der Mensch als rational denkendes Wesen sich von „objektiven Kenntnissen" überzeugen lässt und dementsprechend, wenn er sich der Notwendigkeit einer Änderung bewusst ist, diese auch anstrebt, finden normativ-reedukative Strategien ihren Ansatz bei den Betroffenen und ihren Werten, wobei sie recht eindeutig auf die Fähigkeiten des Einzelnen zu sinnvollen Veränderungen setzen und diesem dementsprechend Möglichkeiten der Selbstentfaltung bieten. Machtstrategien schließlich präsupponieren, dass Veränderungen hauptsächlich auf dem Einsatz von Machtmitteln basieren, da vom Einzelnen nur ungern Änderungen freiwillig mitgetragen werden (vgl. DALIN 1986, 24 f.). Mehrperspektivisch bieten auch SCHRATZ/STEINER-LÖFFLER, denen zufolge schulischer Wandel in der Regel nie auf einem einzelnen Ereignis basiert, als Analyseinstrument der Ebenen möglicher

Schulinnovation ihren „Innovationswürfel" an (vgl. Abb.), der acht verschiedene Innovationsgrundmuster in ihrem Realitätsbezug veranschaulicht.

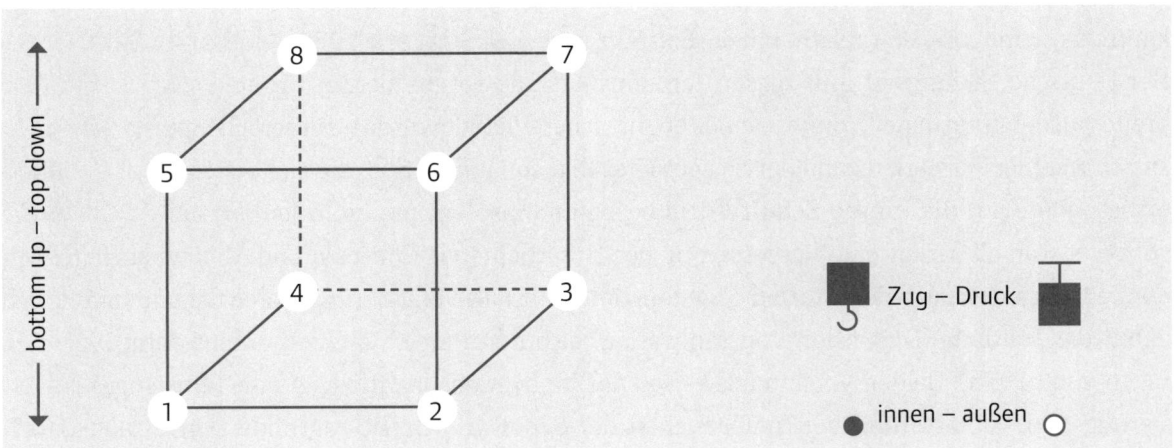

Abb.: Die drei Dimensionen des Innovationswürfels (nach SCHRATZ/STEINER-LÖFFLER 1997, 26)

Hiernach kann, bezogen auf den einzelnen Standort, zwischen inneren und äußeren Entwicklungsanlässen, zwischen Innovationen „von oben" und „von unten" sowie zwischen zwangsweisen, problembedingten und motivierten, durch die Anziehungskraft einer Sache ausgelösten Prozessen unterschieden werden. Die Initiative kann also von Außenstehenden (Eltern, Schulbehörde) oder auch schulinternen Akteuren (Kollegium, Schüler, Schulleitung), von oben (Schulverwaltung) oder unten (Lehrer, Schüler), auf eigenen Wunsch hin oder aufgrund von (Leidens-)Druck erfolgen, wobei es am günstigsten ist, wenn die Initiative von den Akteuren ausgeht, die sie sodann auch tragen und umsetzen müssen.

Die Implementation derartiger Vorgaben an den Schulen gestaltet sich dabei als relativ eigenständige, von den Lehrern getragene und aktiv gestaltete Phase (vgl. BERMANN 1981, 253 ff.), die in der weiteren Abfolge von diversen Wechselprozessen begleitet wird, die ihrerseits ein Eigenleben entwickeln, rückgekoppelt werden müssen und nicht mehr direkt steuerbar sind, sondern vielmehr wiederum der erneuten Implementation bedürfen. Durch das ständige Erfordernis von Umsetzung, Rückkoppelung sowie erneuter Planung und Umsetzung gestaltet sich Innovation somit für alle Beteiligten als längerfristiger Lernprozess (vgl. KLEMM/ROLFF 1977, 551 ff.), der auf dieser Ebene nicht mehr planbar ist, sondern vielmehr einem gegenseitigen Wechselwirkungs- und Reflexionsprozess unterliegt (vgl. BAUER/ROLFF 1978, 219 ff.).

Um dennoch eine Überprüfbarkeit des Gesamtprozesses zu gewährleisten, werden quantitative wissenschaftliche Folgeerhebungen durchgeführt und hinsichtlich des erzielten Fortschritts ausgewertet (vgl. KLEMM/ROLFF 1977). Durch die ständige Rückkoppelung, die der Linearität abträglich ist und vielmehr stets neue Zielsetzungen auf der letzten erfassbaren Grundlage generiert, gestaltet sich die Messung des Gesamtziels freilich schwierig, wenn nicht gar unmöglich, und bleibt somit weitgehend offen (vgl. hierzu auch die Begriffsbestimmung „innovativer" Schulen der Kommission der BERTELSMANN STIFTUNG 1996, 20 f.).

Aufgrund der inhaltlichen Nähe der drei Termini Schulentwicklung, Schulreform und Innovation und ihrer gemeinsamen Fokussierung auf den Lehrer als maßgeblichen Hauptakteur lässt sich Schulentwicklung somit verstehen als

- ■ kontinuierliche, prozessuale und zielgerichtete Veränderung bzw. Reformierung und Profilierung der Einzelschule

- im Kontext zeitgemäßer und begünstigender struktureller Rahmenbedingungen des Systemganzen
- auf der Basis innovativen, von stets reflektierten persönlichen Kompetenzen und Motiven getragenen Agierens des jeweiligen Lehrkörpers einschließlich der Schulleitung
- unter Einbeziehung der produktiven Ressourcen des schulischen Umfeldes
- mit dem Ziel der Effektivierung der Lern- und Unterrichtsbedingungen und -ergebnisse sowie der Humanisierung der schulischen Arbeitsbedingungen.

3.4.4 Was macht eine „gute" Schule aus?

Reflexion: Merkmale einer „guten" Schule
Bevor Sie die folgenden Ausführungen lesen, überlegen Sie zunächst selbst, welche Merkmale für Sie eine „gute" Schule ausmachen bzw. in Abgrenzung auch, was eine Schule zu einer „schlechten" Schule macht!

„Schools do make a difference!" – auf diese einfache und dennoch zentrale Aussage können die Ergebnisse der Schulentwicklungsforschung der letzten drei Jahrzehnte reduziert werden. War man in den 1970er Jahren in Deutschland zunächst der Meinung, man könnte die schulischen Strukturen über veränderte Rahmengesetzgebungen

„Schools do make a difference!"

und durch curriculare Vorgaben „top-down" steuern, also Entscheidungen, die in der Bildungsadministration getroffen wurden, den Schulen und den darin involvierten Lehrkräften einfach verordnen, so erkannte man nach dem Scheitern dieser Ansätze die **herausragende Bedeutung der Einzelschule als Lern- und Lebensraum.**

Hierbei konnte man sich auch auf Forschungsergebnisse aus dem angloamerikanischen Raum stützen, da englische Forscher gegen Ende der 70er Jahre die generelle Auswirkung von Schule auf die Bildung der Kinder untersuchten und zu dem Ergebnis kamen, dass es nicht so sehr auf die Schulform ankommt, sondern vielmehr die einzelne Schule die weitreichendste Bedeutung für das Lernverhalten und die Leistungsentwicklung ihrer Schüler hat. RUTTER et al. (1980, 25) berichten hierzu: „Die Entwicklung des Kindes unterliegt in der Tat in erheblichem Maß dem Einfluss der Schule, und es ist durchaus von Bedeutung, welche Schule ein Kind besucht."

So gibt es auch unter ungünstigen äußeren Rahmenbedingungen „gute", also im Hinblick auf die Leistungsergebnisse der Schüler erfolgreiche Schulen mit einer für alle Beteiligten harmonischen Schulatmosphäre, während auch die besten Voraussetzungen nicht automatisch eine entsprechende Schuleffizienz hervorbringen und eine hohe Schulzufriedenheit von Schülern und Lehrern gewährleisten. Sowohl Schulstruktur als auch Schulklima beeinflussen die Schülerleistungen ebenso erheblich wie abweichendes Verhalten und die Schüler- sowie Lehrerzufriedenheit. Überdies addieren sich die Einzelfaktoren in ihrer Wirkung zum alles determinierenden „Ethos" der Einzelschule.

Eine weitere, nach Design und Instrumenten verfeinerte Methode von MORTIMORE et al. bestätigte die meisten Ergebnisse von RUTTER et al. und eruierte die besondere Bedeutung der Schulleitung für die Schaffung eines „Schulethos". Nach MORTIMORE

Schlüsselfaktoren erfolgreicher Schulen

et al. (1988, 35 ff.) kristallisierten sich folgende Schlüsselfaktoren erfolgreicher Schulen heraus, die freilich nicht linear auf jede Schule übertragen werden können und nicht automatisch in rein additiver Auflistung schulisches Ethos generieren:

- Zielbewusste Führung des Schulkollegiums (Engagement des Schulleiters, keine totale Kontrolle, Kontrolle der Unterrichtsfortschritte einzelner Schüler, Bemühen um Lehrerfortbildung)
- Einbeziehung des stellvertretenden Schulleiters
- Einbeziehung der Lehrer
- Beständigkeit der Lehrerschaft (auch im Hinblick auf die Ausrichtung des Unterrichts)
- Strukturiertes Schulgeschehen (freies Arbeiten der Schüler innerhalb eines vorgegebenen Rahmens)
- Intellektuell herausforderndes Unterrichten (Förderung schöpferischer und problemlösender Fähigkeiten)
- Auf die Unterrichtsarbeit ausgerichtete Schulumgebung (auch viele Erörterungen hinsichtlich der Ziele und Inhalte der Unterrichtsarbeit mit den Schülern; weniger Zeit für Routineangelegenheiten und zur Aufrechterhaltung der Arbeitsaktivitäten)
- Begrenzte Konzentration innerhalb der Unterrichtsarbeit (auf einen Curriculumbereich bei grundsätzlich bestehenden Auswahlmöglichkeiten für die Schüler)
- Maximum an Lehrer-Schüler-Kommunikation (Balance zwischen Lehrer-Schüler- und Lehrer-Klassen-Kommunikation)
- Führen von Schülerberichten
- Erziehungsengagement der Eltern (Mithilfe der Eltern im Unterricht wie auch zu Hause)
- Positives Schulklima (freundliche, lobende, auf Anerkennung ausgerichtete Atmosphäre; Selbstkontrolle der Schüler wird gefördert)

Merkmale „guter" Schulen

PURKEY/SMITH (1990, 36 ff.) analysierten beispielsweise zwölf empirische amerikanische Untersuchungen zur Wirksamkeit von Schulen und stellten hiernach Merkmale guter Schulen portraitartig zusammen. Im Hinblick auf Schulstruktur und Schulorganisation erweisen sich demgemäß folgende Variablen als förderlich:

- Schulleitung und Schulmanagement (effektive und koordinierte Planung)
- Unterrichtsbezogene Führung (durch den Schulleiter, aber auch das Kollegium)
- Stabile Zusammensetzung des Kollegiums
- Planung und Abstimmung des Lehrplans
- Schulweite Lehrerfortbildung
- Einbeziehung der Eltern (Unterstützung und Mitarbeit)
- Schulweite Anerkennung von fachunterrichtlichen Leistungserfolgen
- Maximierung der Lernzeit (Vermeidung von Leerlauf)
- Flankierende Stützmaßnahmen der Schulaufsicht

Dazu kommen weitere vier Prozessvariablen:
- Lehrerkooperation (gemeinsame Planung und kollegiale Beziehungen)
- Zusammengehörigkeitsgefühl
- Hohe Erwartungen und klare Ziele, die alle teilen
- Disziplin und Regelhaftigkeit

Neben Schulleitung und Schulumgebung wird somit die **herausragende Bedeutung der Lehrkräfte,** ihr berufliches Selbstverständnis, ihre Art zu unterrichten, ihre Unterrichtsreflexion und Art der Kooperation mit Schülern wie auch Kollegen sowie das Anvisieren gemeinsamer Ziele in den Vordergrund gestellt. Somit verlagerte sich das Interesse zunehmend von Systemvergleichen hin zur Aufmerksamkeit für innerschulische Prozesse.

Auch in Deutschland kamen Studien zu der Erkenntnis, dass trotz gleicher Strukturen und ähnlicher Standortbedingungen Schulen in ihrer Effektivität erheblich differieren. So erkannte FEND (1986) die „einzelne Schule als pädagogische Handlungseinheit", die sich aufgrund der lebendigen Interaktion mit ihren je verschiedenen Schülern nicht auf Routinehandlungen beschränkt, sondern vielmehr mit ständig wechselnden Situationen und Arbeitsformen konfrontiert wird, die Innovationen plant und auch vollzieht.

Die einzelne Schule als pädagogische Handlungseinheit

Ähnlich bestimmt auch eine im Auftrag der BERTELSMANN STIFTUNG (1996, 20 f.) eingesetzte Kommission zur Preisvergabe des Sonderpreises „Innovative Schulen" diese innovativen Schulen durch folgende Kriterien:

Kriterien innovativer Schulen

- „Innovative Schulen verstehen sich als pädagogische Handlungseinheiten. Die Schulen weisen sich aus durch Schulprogramm und Schulprofil; Mitarbeiterinnen und Mitarbeiter fühlen sich an die vereinbarten, wenn auch nicht immer schriftlich niedergelegten Leitvorstellungen für Unterrichts- und Erziehungsarbeit gebunden.

- Innovative Schulen reflektieren die Einzelaspekte ihrer Arbeit, aber auch die ,Befindlichkeit' des Schulsystems insgesamt. Sie entwickeln aus dieser Reflexion im Rahmen ihrer generellen Pflichten ihre ,pädagogische Philosophie', ihr ,pädagogisches Credo'. Damit ist in diesen Schulen der Grundstein dafür gelegt, dass die Prinzipien der Selbstwirksamkeit und der Selbstverantwortung bei der Gestaltung des Unterrichts, der Schulorganisation und der Außenkontakte zunehmend an Geltung gewinnen.

- Die innovativen Schulen nutzen die Freiräume, die ihnen die geltenden rechtlichen und inhaltlichen Vorschriften lassen, extensiv. Sie erkennen die allgemeinen Leistungspflichten von Schulen und Schulformen an, bestehen aber in der Regel auf der Wahrnehmung eigener Gestaltungsmöglichkeiten. Von den innovativen Schulen ausgehend entwickelt sich in vielen Fällen zu Schulverwaltung und Schulaufsicht ein eher dialogisches als durch hierarchische Struktur und Weisung bestimmtes Verhältnis.

- In innovativen Schulen wird eine adaptive und zugleich präventive pädagogische Arbeit betrieben: Der Bezug auf das jeweilige Umfeld der Schule und die jeweilige Schülersituation sind ebenso Ausgangspunkte für die Zielsetzungen und Verfahrensweisen der Schularbeit wie eine vorausschauende, mögliche Entwicklungen einbeziehende Unterrichts- und Erziehungspraxis. Innovative Schulen sind weniger reproduktiv und reagierend als perspektivisch und prospektiv agierende Schulen. Sie beziehen Frage- und Problemstellungen, die Schülerinnen und Schüler unmittelbar angehen, in hohem Maße in die pädagogische Arbeit ein.

- Alle innovativen Schulen zeichnen sich dadurch aus, dass sie in der Kernzone ihrer Arbeit, dem Unterricht, neue und offene, auf die Selbsttätigkeit von Schülerinnen und Schülern und auf eine neue Lehrerrolle ausgerichtete Arbeitsverfahren und Methoden wenigstens in Teilbereichen erproben und praktizieren. Dabei spielt die Einbeziehung der elektronischen Medien eine zunehmend größere Rolle für die Erschließung neuer Zugänge zu Wissensbeständen und Informationen und für deren systematische Bearbeitung.

- Innovative Schulen bemühen sich, über ein oft technisch gestütztes Schulmanagement die pädagogische Arbeit zu erleichtern und beweglich zu machen.

- Zu innovativen Schulen gehören für alle Beteiligten Kommunikationsoffenheit und Kommunikationsfähigkeit ebenso wie kooperatives Arbeiten und das Handeln aus dem Systemganzen heraus.

- In innovativen Schulen wird – auch wenn dieses unter den jetzigen Bedingungen sehr schwierig ist – versucht, in Ansätzen moderne Personalentwicklung und Personalführung zu praktizieren, ohne die eine erfolgreiche Arbeit des Gesamtsystems nicht möglich ist.

- ■ Innovative Schulen verfügen in der Regel über eine starke, führungsbewusste Schulleitung, die planungssicher, bewertungssicher und konfliktsicher agiert, zugleich Verantwortung teilt und in der Schule eine dezentrale, transparente Verantwortungsstruktur aufbaut.
- ■ In innovativen Schulen werden, wenigstens in Ansätzen, auch im Rahmen der unterrichtlichen Arbeit, Außenbezüge eröffnet und systematisch erweitert. Dies dient, über die Vergrößerung der Unterrichtsmöglichkeiten heraus, auch der Einleitung eines Dialoges mit der Öffentlichkeit.
- ■ In innovativen Schulen gehört die Einbeziehung von Eltern sowie Schülerinnen und Schülern in Entscheidungsvorgänge immer mehr zur Alltagspraxis.
- ■ In innovativen Schulen werden Formen der Offenlegung der eigenen Tätigkeit, der kritischen und konstruktiv weiterführenden Erörterung der Praxis und damit Formen der Selbstevaluation erprobt."

Langfristiger Innovationsprozess

In Gesprächen mit derartigen innovativen Schulen ergab sich die **Langfristigkeit des Innovationsprozesses,** der erst eine allgemeine Kommunikationsbereitschaft aller Beteiligten voraussetzt, um aus einer ersten konstruktiven Analysephase des derzeitigen Schul-Ist-Standes zu pädagogischen und organisatorischen Zielsetzungen und Handlungsgrundsätzen zu gelangen. Diese werden vielfach in einem Schulprogramm gebündelt, wobei Eltern und Schüler in die Entscheidungsfindung mit einbezogen werden. Toleranzdenken und ein neues, dialogisches Verhältnis zur Schulaufsicht sind dabei ebenso wichtig wie der konstruktive Umgang mit Rückschlägen, die man durch das Überzeugtsein von der eigenen Wirksamkeit und der Bereitschaft zur Korrektur von Fehlentwicklungen bereinigen muss (vgl. ebd., 21 f.).

Trotz aller gebotenen Vorsicht aufgrund der unterschiedlichen Vorgehensweisen der Einzelstudien sind allen Qualitätskatalogen über „gute" Schulen zudem die hohen berufsethischen Orientierungen der Lehrkräfte gemein. Zentral für Schulqualität wird somit „das Ethos einer Lehrerschaft, ihre Sicht der Dinge, ihre mentale Verarbeitung ihrer Aufgaben, ihre Kraft und Fähigkeit, mit den entsprechenden Arbeits- und Lehrbedingungen produktiv umzugehen" (FEND 1998, 368).

Zusammenhalt des Kollegiums

Hinzu kommen ihre didaktisch-methodischen und unterrichtlichen Fähigkeiten, die Effektivität der Arbeits-, Lern- und Schulorganisation sowie die konstruktiven kollegialen Beziehungsstrukturen untereinander wie auch Schülern gegenüber. An „guten" Schulen ist so ein höherer Zusammenhalt des Kollegiums dahingehend zu spüren, dass sich Lehrer auch nach Unterrichtsschluss treffen und gegenseitig helfen (z. B. Materialaustausch), aber auch innerhalb der Schule Formen gemeinsamen Unterrichtens sowie wechselseitiger Unterrichtshospitationen pflegen. In schlechten Schulen lassen sich demgegenüber insbesondere eine problematische Schülerschaft sowie eine schlechte Organisation des Schulbetriebes konstatieren.

Somit werden zum einen Produktmerkmale von Schulqualität angesprochen, die weder einseitig auf fachliche noch zu stark auf außerfachliche Lernbedingungen abzielen. Dazu kommen Prozessmerkmale wie die individuellen Haltungen und Qualifikationen der Lehrkräfte, deren Verantwortungsbewusstsein und pädagogisches Engagement und deren Interaktion wie auch die innerschulischen Lernbedingungen, die erzieherischen Prozesse sowie die aktuelle Schulsituation der Kinder bzw. deren Befindlichkeit in der Schule.

Freilich darf man jedoch im Kontext der Diskussion um Schulqualität, dies sei einschränkend hinzugefügt, nicht davon ausgehen, dass eine Schule, die alle ermittelten Kriterien erfüllt, dann auch schon eine „gute" Schule ist und sich nur nach den ermittelten Varianten richten muss. Immer muss der Grad der Ausprägung einzelner Variablen sowie deren Korrelation mit anderen Variablen mitberücksichtigt werden. Außerdem bieten die ermittelten Merkmalslisten ein viel zu statisches Bild von Schule, das die Komplexität und Vernetztheit der einzelnen Faktoren von Schule sowie deren stetige Entwicklung übersieht. Gerade im Hinblick auf Schule, die es ja hinsichtlich ihres Arbeitsbereiches immer mit der Unwägbarkeit des Individuums bzw. der sozialen Gruppe zu tun hat, verbietet sich somit eine rein funktionale Mittel-Ziel-Relation.

Schulkultur als Zeichen schulischer Qualität

Im Zuge der Schulqualitätsforschung hat auch der zu Zeiten geisteswissenschaftlicher Pädagogik stark im Mittelpunkt des Schullebens stehende Begriff der „Schulkultur" erneut an Gewicht gewonnen.

Der Kulturbegriff wird zum einen mit dem Terminus „Schulleben" gleichgesetzt, also als außerunterrichtliche Gestaltung und Aktivität einer Schule betrachtet (vgl. z.B. REISS/VON SCHOENEBECK 1987). Eine andere, weitere Sichtweise nimmt ihren Ausgang bei reformpädagogischen Denkansätzen und konnotiert Schulkultur als kulturbezogene Perspektive für die Schultheorie, die es sich zum Ziel setzt, hierdurch Antworten auf menschliche Existenzfragen zu geben (vgl. DUNCKER 1994, 17 ff.).

Schließlich beinhaltet eine dritte Perspektive von Schulkultur die Schule als Ganzes (vgl. FAUSER 1989, 5 ff.) und involviert den Unterricht geradezu als einen Kernbereich der Schulkultur mit in das schulische Leben. Auf diese Weise rückt Schule in einer ganzheitlichen Betrachtung als soziales System mit vielen Variablen, die es alle in ihrer wechselseitigen Vernetzung zu berücksichtigen gilt, in den Fokus der Aufmerksamkeit.

„Pädagogische Schulkultur umfasst damit die Gesamtheit der in schulischen Bildungs- und Erziehungsprozessen vermittelten Inhalte, die sie vermittelnden Lehr- und Erziehungsformen und bereitgestellten Lern- und Erfahrungsmöglichkeiten. Schulkultur bezieht sich damit auf Bildungsinhalte und -anforderungen, erzieherische Werte und Normen ebenso wie auf die Ausprägungen der Interaktionsformen und Beziehungsstrukturen. Damit sind auch Führungsstil und Umgangsformen, Kooperationshandeln und Entscheidungsstrukturen, Engagement und emotionaler Bezug zur Schule sowie Berufsethos und erzieherische Einstellungen der Schulleitung und des Kollegiums Bestandteil von Schulkultur" (HOLTAPPELS 1995, 11 f.).

Insgesamt zählt HOLTAPPELS (ebd., 19) schließlich fünf schulexterne und schulinterne Bedingungen auf, die die Schulkultur einer Schule maßgeblich beeinflussen:

Bedingungen von Schulkultur

- Merkmale der Schulregion bzw. des Umfeldes der Schule
- Eingangsmerkmale der Schüler
- Merkmale der Einzelschule
- Pädagogische Konzepte, spezifische Organisationsstrukturen und Handlungsformen
- Unterstützung und Kontrolle durch den Schulträger und die Schulaufsicht

FEND (1996, 91) nennt hierzu nur drei Determinanten, die die Kultur einer Schule prägen:

- Symbolisierungen (Objektivationen), z.B. eine gemeinsame Schulkonzeption, ansprechende räumliche Arrangements
- Ereignisse, z.B. feste Riten, gemeinsame Veranstaltungen mit Schülern und Schulumwelt sowie auch innerhalb der Lehrerschaft
- Sprache, z.B. angeregtes (nicht abwertendes) Reden über Kollegen, Schüler, die heutige Zeit (über Freizeitthemen wie auch über dienstliche Belange)

Schulleben als Zeichen schulischer Qualität und Kultur

Schule ist mehr als Unterricht.

Schule ist mehr als Unterricht – auf diese einfache Formel lässt sich letztlich der Terminus „Schulleben" reduzieren, wenn man im Zuge der Qualitätssicherung und Effizienz des Schülerlernens auch daran denkt, dass sich jegliche Bildung immer nur in einem Rahmen abspielen kann, der einem die nötige motivationale Grundlage zu bieten vermag. Erst wenn sich der Einzelne an seinem Ort des Lernens und Leistens wohlfühlt, kann er sich einlassen auf die Lerninhalte, die ihm ansonsten bloß formal vermittelt werden, zumal es sich bei der Institution Schule um eine „Zwangseinrichtung" handelt, die Schüler nicht freiwillig besuchen. Während sich Erwachsene im Wissen um den Sinn ihrer Tätigkeit möglicherweise auch unter widrigen äußeren Umständen einer Sache hingeben, benötigen Schüler gerade jenen über den Unterricht hinausgehenden Bezug zu ihrer Schule, in der sie sich wohlfühlen sollen und den Pflichtcharakter in ein harmonisches Ganzes einbetten können.

Schulleben impliziert eine **personale Komponente des Lernens.** Es handelt sich nicht bloß um eine rein fachliche und kognitive Vermittlung von Lerninhalten im Rahmen von Schule, sondern darüber hinaus ist immer auch das personale und ganzheitliche Lernen der Schüler angesprochen. Nicht nur die jeweiligen Lerninhalte stehen damit im Mittelpunkt, sondern auch die Lernweisen, also das „Wie" des Lernens. Auch müssen Schüler im Rahmen des Schullebens erfahren, dass die vermittelten Bildungsinhalte schon für ihr jetziges und augenblickliches Leben und Tun bildungsbedeutsam sind und nicht erst in einer späteren Zukunft ihre Berechtigung erhalten.

Positive Schulatmosphäre schaffen durch einen wertschätzenden und auf gegenseitigem Vertrauen basierenden Umgang

Schule bildet auf diese Weise einen Teil ihrer **Lebenswirklichkeit,** die ihnen für den anderen, außerhalb der Schule stattfindenden Teil Umgangsgrundlagen an die Hand gibt und sie ihr Lernen als sinnhaft und lebensbedeutsam erfahren lässt. Im Schulleben werden unterrichtliche und erzieherische Inhalte miteinander verknüpft; hierdurch wird dem Erziehungsauftrag der Schule Rechnung getragen. Dieser Erziehungsauftrag darf sich dabei nicht auf normative Postulate und Vorschriftenkataloge für das Leben in der Schule oder auch im Freizeitbereich erstrecken, sondern muss ganz wesentlich Formen modellhaften Lernens (durch das gezeigte Lehrervorbild) einschließen. Schließlich wird über das Schulleben auch ein persönlicher, wertschätzender und auf gegenseitiger Zuwendung sowie Vertrauen basierender Umgang aller in die einzelne Schule Involvierten symbolisiert, der sinnvolle soziale Handlungsmöglichkeiten bietet und einen konstruktiven Gedankenaustausch in adäquaten Kommunikationsformen ermöglicht.

Hierdurch wird auch eine **positive Schulatmosphäre** geschaffen.

4   Personalentwicklung

Stefan Seitz / Petra Hiebl

Personalentwicklung ist ein Instrument zur Förderung von Personen. Ihre individuellen Kompetenzen und die Kooperation untereinander sollen hierbei entwickelt werden, mit dem Ziel der Verbesserung der Qualität ihrer Arbeit. Zwar muss man davon ausgehen, dass man eine andere Person nicht „aktiv" entwickeln kann, was jedoch geleistet werden kann, ist die Identifizierung von Potenzialen, das Schaffen günstiger Rahmenbedingungen und die Unterstützung von Entwicklungen. Man spricht inzwischen von einer strategischen, also bewusst gesteuerten Personalentwicklung. „Wenn es das Ziel der modernen Schule ist, die Schülerinnen und Schüler für ihre selbstgesteuertes lebenslanges Lernen gut auszustatten, dann steht auch das Lernen der Lehrenden mit im Mittelpunkt. Diese sollten ihre Potenziale ebenfalls ein (Berufs-)Leben lang weiterentwickeln können" (DAMMANN 2012, 238).

Reflexion: Berufliche Weiterentwicklung	
Wer bzw. was war für Ihre berufliche Entwicklung bisher förderlich? Womit?	**Was möchten Sie davon weitergeben?**

(vgl. MILLER 2010, 75)

„Bei einer systematischen Potenzialförderung geht es … um folgende Schritte:

1. Die Identifizierung von Potenzialen, entweder durch Zusammentragen von bereits existierenden Beobachtungen oder durch Ausprobieren,
2. die Erstellung von Anforderungsprofilen für verschiedene Aufgaben, die über den Unterricht hinausgehen,
3. die Übertragung solcher Aufgaben an Lehrkräfte, entweder an jene, deren Potenzial bereits identifiziert ist, oder an solche, bei denen Potenziale vermutet werden – dabei die Passung der (vermuteten oder identifizierten) persönlichen Kompetenzen mit dem Anforderungsprofil beachtend,
4. Verabredung eines oder mehrerer Rückmeldegespräche über die Erfüllung der Aufgabe und die Beurteilung der erbrachten Leistung (Performanz),
5. die Begleitung bei der Weiterentwicklung des professionellen Selbst durch Personalentwicklungsgespräche." (DAMMANN 2012, 241)

Da für die Personalentwicklung die zentralen Führungsaufgaben „Motivation und Mitarbeiterführung" von besonderer Bedeutung sind, sollen diese zunächst betrachtet werden, bevor unter 4.2 nähere Ausführungen zur Potenzialförderung folgen.

4.1 Motivation und Mitarbeiterführung

4.1.1 Der Einfluss der Schulleitung auf das Schulklima

> *Gute Schulen sind in der Regel ohne gute Schulleitungen nicht möglich.*

Mit dieser ebenso schlichten wie inhaltlich tiefgreifenden Aussage lässt sich letztlich die fundamentale Schlüsselrolle der Schulleitung erfassen, die in einer bestmöglichen Erfüllung ihrer verwaltungstechnischen und rechtlichen Belange lediglich eine notwendige, keinesfalls aber hinreichende Voraussetzung erfährt. So wichtig es auch ist, die technokratischen Verwaltungstätigkeiten im Kontext der Leitung einer Schule (= Management) adäquat umzusetzen und in pädagogischen Belangen der eigenen Unterrichtsführung Vorbild zu sein, so wesentlich sind darüber hinaus auch Führungsqualitäten im personellen Bereich. Wenngleich die Schulleitung nicht die ausschließliche Determinante des schulischen Ethos ist, so leistet sie hierzu dennoch einen maßgeblichen Beitrag und beeinflusst zu einem großen Teil die Kommunikationsabläufe an einer Schule. So trägt ein schlechtes Führungs- und Schulklima erheblich dazu bei, dass Lehrer anfälliger für Burn-out und „innere Kündigung" werden und ihren Dienst, wenn sie ihn überhaupt versehen und nicht einer vermehrten Krankheitsrate unterliegen, nur mehr „nach Vorschrift" ableisten.

Eine auch im zwischenmenschlichen Bereich kompetente Schulleitung schafft es, ein Kollegium aufgrund psychologischer und sozialer Sensibilität überzeugend menschlich zu führen und somit den Anforderungen hinsichtlich Qualitätsentwicklung und -sicherung gerecht zu werden. Aus einer derartig motivierenden Mitarbeiterführung entsteht in jenen letztlich der Wunsch, selbst tätig und kreativ zu werden.

DUBS umschreibt diese Kompetenz einer Schulleitung mit „transformationaler Leadership". Hierzu zählt er die in der folgenden Übersicht aufgelisteten Komponenten.

---

1. **Langfristige Orientierung**
   1.1. Visionen haben und bekannt geben
   1.2. Ideen für Neuerungen einbringen
   1.3. Rahmenbedingungen schaffen
   1.4. Schulkultur pflegen

2. **Zielfindung**
   2.1. Profilentwicklung der Schule anleiten
   2.2. Strategische Maßnahmen vorbereiten

3. **Führung**
   3.1. Partizipativ-situativ führen
   3.2. Schulentwicklungsprozesse auslösen
   3.3. Unterrichtserfolg überwachen
   3.4. Ordnung in der Schule sicherstellen
   3.5. In der Schule sichtbar präsent sein

---

4. Erwartungen

4.1. Hohe Erwartungen an Lehrende und Lernende stellen

4.2. Immer wieder neue Herausforderungen schaffen

5. Unterstützung der Lehrpersonen

5.1. Autonomie der Lehrkräfte im Unterricht sicherstellen

5.2. Lehrkräfte emotional unterstützen

5.3. Lehrkräfte persönlich fördern

5.4. Lehrkräften ehrliches Feedback geben

5.5. Ressourcen zuteilen

5.6. Gute Arbeitsbedingungen schaffen

6. Schulisches Umfeld

6.1. Symbole und Rituale pflegen

6.2. Kontakte zu Elternhaus/Gemeinde pflegen

7. Einstellungen

7.1. Langfristige Verantwortung übernehmen und risikobereit sein

7.2. Klare Wertvorstellungen haben

7.3. Schlüsselwerte bekräftigen

7.4. Sich für die Schule engagieren

Abb.: Komponenten motivierender Mitarbeiterführung (DUBS 2006, 153 ff.)

Inhaltlich finden diese Kompetenzen in Bezug auf die personelle Entwicklung der Schule in den folgenden motivationsfördernden Qualitäten der Führung und des Schulmanagements ihre konkrete Umsetzung.

4.1.2 Kernaspekte von Motivation und Mitarbeiterführung

Stärkung von Selbstverantwortung – Entwickeln einer kooperativen Führung

Schulleitungen müssen sich zukünftig darum bemühen, ihr Kollegium auf dem Wege der Schulentwicklung in die innerschulischen Entscheidungsprozesse mit einzubeziehen. Einzelentscheidungen in pädagogischer und organisatorischer Hinsicht müssen fallen gelassen und so viele Entscheidungen wie möglich auf selbstverantwortliche Lehrerteams oder einzelne Lehrkräfte übertragen werden. Hierdurch erleiden Schulleitungen keinen Verlust ihrer qua Ernennung übertragenen Führungsverantwortung; vielmehr geben sie nur ein Stück weit Handlungsverantwortung ab. Um diese Verantwortung ruhigen Gewissens abgeben zu können, gilt es, im eigenen Kollegium bei grundsätzlicher Offenheit für alternative Handlungsmöglichkeiten die jeweiligen Stärken der Lehrkräfte herauszufinden und adäquate Aufgaben an sie zu delegieren. Auf diese Weise wird zugleich einem Abbau von Bürokratie und Hierarchie Rechnung getragen, das Management entlastet und die Lehrkräfte durch die hieraus entstehende Mitverantwortung motiviert. Zu denken ist hier etwa an die gemeinsame Gestaltung von Stundenplänen und die Planungsübertragung von Wander- und Theatertagen, Projekttagen und -wochen oder auch an regelmäßige pädagogische Teilkonferenzen zur Ausarbeitung neuer pädagogischer Konzepte.

Übung: SWOT-Analyse

Eine mögliche Moderationstechnik zur Stärkung von Selbstverantwortung und Empowerment ist die **SWOT-Analyse** (vgl. SMOLKA 2000, 7), bei der sich jedes Mitglied eines Kollegiums die jeweiligen Stärken, Schwächen, Gelegenheiten und Gefahren der eigenen Schule auf Karten notiert, anschließend kurz erläutert und zuletzt in das Raster klebt. Der Vorteil der sich hierdurch ergebenden Gesprächsrunde ist, dass die individuellen Erwartungen, Wünsche, Ziele und Konflikte verdeutlicht und konkrete gemeinsame Möglichkeiten und Wege vereinbart werden können.

Denken Sie über mögliche Stärken, Schwächen, Gelegenheiten und Gefahren Ihrer Schule nach und tragen Sie diese in das Raster ein.

Stärken *(Strengths)*	**Schwächen** *(Weaknesses)*
Gelegenheiten *(Opportunities)*	**Gefahren** *(Threats)*

Freilich muss die Schulleitung bei aller Delegierung weiterhin ihr Gesamtinteresse am jeweiligen Aufgabenbereich bekunden und diesen mit beobachten und begleiten bzw. evaluieren, um gegebenenfalls helfend eingreifen zu können. Überhaupt sollte sie nicht auf Vorschläge bzw. Anträge seitens des Kollegiums warten, sondern selber Impulse geben und eigene klare Standpunkte mit der Option einer möglichen Umsetzung einbringen.

Vereinbarung gemeinsamer Leitziele

Ein weiterer Aufgabenbereich ist die gemeinsame Festlegung der fachlichen und pädagogischen Leitziele der Schule mit allen daran Beteiligten, um hierüber die Entwicklung von Schulqualität und Schulkultur voranzutreiben. Hierzu zählen neben den Lehrkräften auch die Schüler sowie deren Eltern und überhaupt das gesamte schulische Umfeld. Hier gilt es für Schulleitungen, selbst klar definierte Wertmaßstäbe und Zielvorstellungen einzubringen und hierdurch eine stringente Handlungsgrundlage zu schaffen.

Konkret lässt sich hierfür etwa der **Coverdale-Zielkreis** (Coverdale ist eine Beraterfirma, die sich auf das Erfahrungslernen spezialisiert hat) anführen, der die folgenden vier Fragen einer Klärung im gesamten Kollegium zuführt und so zu einem Grundkonsens führen kann.

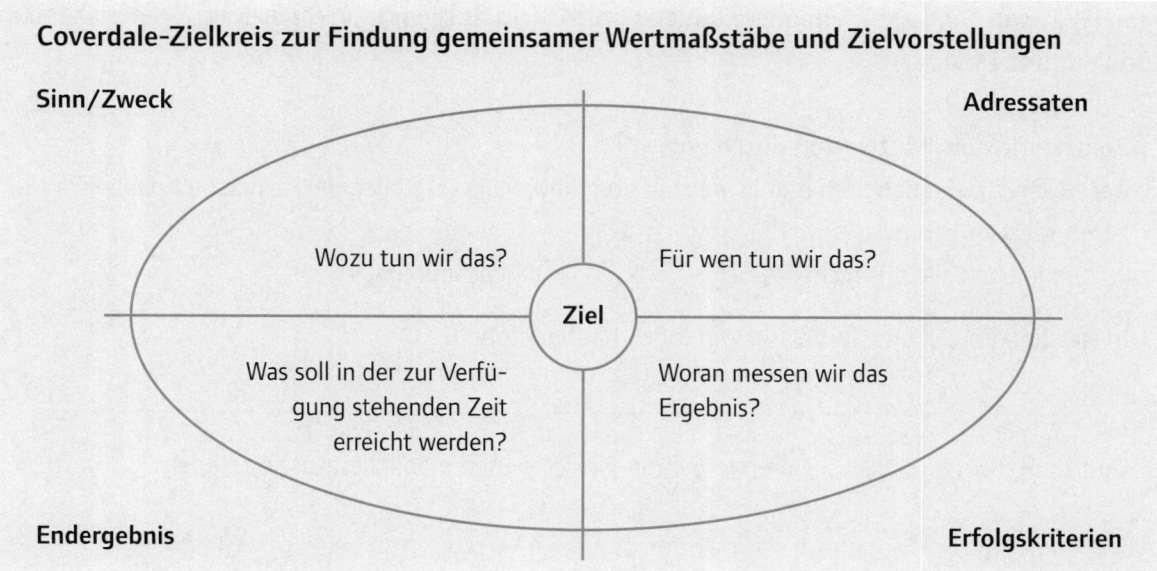

Coverdale-Zielkreis zur Findung gemeinsamer Wertmaßstäbe und Zielvorstellungen

Sinn/Zweck

Adressaten

Wozu tun wir das?

Für wen tun wir das?

Ziel

Was soll in der zur Verfügung stehenden Zeit erreicht werden?

Woran messen wir das Ergebnis?

Endergebnis

Erfolgskriterien

(aus LÜTZ 2000, 301)

Umfassende Information und Transparenz der Entscheidungen

Schulleitungen müssen dafür Sorge tragen, dass alle in den Kontext der Schule Involvierten einen offenen Zugang zu allen relevanten Informationen haben und über die Sinnhaftigkeit der jeweils getroffenen Entscheidungen informiert werden. Ziel muss ein möglichst hohes Informiertheitsniveau von Lehrern, Schülern und Eltern gleichermaßen sein, denen rechtzeitig, regelmäßig und umfassend Informationen über alle allgemein relevanten schulischen Belange zukommen. Dies kann erfolgen in Form von Rundschreiben (in Papierform oder per E-Mail), Anschlagsbrettern oder Kurzinformationen in den Pausen für Lehrkräfte, über Jahrgangsstufenversammlungen für Schüler oder auch über regelmäßige (monatliche) Informationsbriefe an die Eltern.

> *Bei aller Forderung nach einem Denken in großen Entwürfen und Visionen ist zugleich eine pragmatisch abwägende Umsetzung in kleinen Schritten erforderlich.*

Akzeptanz von Pluralität

Ein Kollegium mit Lehrkräften, die unisono in eine Richtung tendieren, wird sich in der Realität wohl nur sehr schwer finden lassen. Dies ist auch gar nicht notwendig, da gerade verschiedene Charaktere Synergieeffekte herbeiführen und sich symbiotisch ergänzen können. Bei allem Raum für Wertepluralismus muss sich eine Schulleitung freilich darum bemühen, die vorhandenen Unterschiede nicht zu einem unvereinbaren Gegeneinander, sondern vielmehr zu einem sich ergänzenden und konstruktiven Miteinander in Form von offener Kommunikation über die jeweiligen pädagogischen und organisatorischen Ansatzpunkte zu führen.

Kooperative Konfliktlösung

Konflikte ergeben sich überall dort, wo Menschen miteinander zusammenarbeiten. Gerade auch im schulischen Bereich, wo sich Lehrkräfte täglich begegnen, gibt es zahlreiche Reibungspunkte und mögliche Ressentiments. Dies ist für eine gute Schule auch nicht weiter störend, wenn die Schulleitung es schafft, Wege zu einer konstruktiven Konfliktregelung zu suchen und zu finden und selbst adäquat mit Kritik umzugehen. Immer muss sie hierbei ein echtes Bemühen um eine Lösung signalisieren und dasselbe Ziel mit den betroffenen Konfliktparteien anvisieren, nämlich die Weiterentwicklung der eigenen Schule. Auftretende Konflikte sollten hierbei offen besprochen und gemeinsam einer umsetzbaren Lösung zugeführt werden, bei der jeder der Beteiligten sein Gesicht wahren kann (Win-win-Strategie). Überdies können Konflikte als Ausgangspunkt einer weiteren Diskussion und Beratung fungieren.

Selbstreflexion: Motivation durch Lob

Bei welchen Gelegenheiten und in welcher Form loben Sie Ihr Kollegium / einzelne Kollegen?

Ist Ihr Maß an Lob ...

☐ in jedem Falle ausreichend?   ☐ ausbaufähig?

In welchen Bereichen könnten Sie ggf. noch häufiger loben?

_____

Gibt es Stellen, an denen Sie die Motivation Ihrer Kollegen möglicherweise behindern?

_____

Welche Form von Lob brauchen Sie selbst, um Ihre Motivation aufrechtzuerhalten?

_____

Welche Ihrer Eigenschaften ist für die Entwicklung Ihres Kollegiums förderlich?

_____

Welche Ihrer Eigenschaften sind für die Entwicklung Ihres Kollegiums hinderlich?

_____

Befragen Sie hier auch Ihr Kollegium, ob Ihre persönlichen Sichtweisen von sich selbst mit denen des Kollegiums übereinstimmen!

Vorwürfe vermeiden, konstruktives Feedback geben

Bei Erleben problematischer Situationen ist es hingegen erforderlich, niemals in Form von Vorwürfen an die einzelne Lehrkraft heranzutreten, sondern vielmehr beispielsweise dergestalt ein Feedback zu geben, dass das Problem auf einer gemeinsamen Fortbildung personenunabhängig behandelt wird und auf diese Weise zu einer echten Systemerkenntnis führen kann.

Auch unter atmosphärischen Gesichtspunkten sollte die Schulleitung die schulische Kultur weiterbringen, für ein ansprechendes Schulgelände und Schulgebäude Sorge tragen, sich um eine Verbesserung der Lernkultur bemühen (z. B. fächerübergreifendes, projektorientiertes Lernen; Methodentrainings; Patenschaften; Streitschlichterprogramme; Entspannungstraining etc.) und die Kompetenz der Lehrkräfte durch ein stetiges Angebot interner und externer Fortbildungsveranstaltungen vorantreiben.

Bei allem Vorleben von Veränderungsbereitschaft sollte sie aber abschließend niemals damit aufhören, zugleich auch Stabilität im Wandel zu betonen.

4.2 Potenzialförderung

Allgemein ist unter dem Begriff „Potenzial" eine nicht realisierte Möglichkeit zu verstehen, zu der aber ein Vermögen, eine Fähigkeit oder eine Disposition besteht (vgl. DAMMANN 2012, 238). Im Sinne von Schulen als „lernende Organisationen" ist hierbei der Blick nicht nur auf den Aspekt des Führungspotenzials zu legen, sondern gerade auf die Potenziale der Lehrkräfte: „Es gilt daher, die spezifischen Talente und Kompetenzen aller Lehrkräfte aufzuspüren, Spielräume zur eigenen Weiterentwicklung aufzuzeigen und diese Entwicklungsschritte zu begleiten und zu unterstützen" (ebd.). Hierbei sind vertikale (Übernahme von Führungsverantwortung) wie auch horizontale Karrieren (schulische, fachliche Weiterentwicklung) mitzubedenken. Es muss primär um die Frage gehen, in welchen Stufen die fachliche Vertiefung bzw. überfachliche Erweiterung das berufliche Handlungsspektrum sinnvoll und zufriedenstellend entwickelt (vgl. KLOFT 2012, 228).

Auch die Motivationsforschung unterstreicht die Wichtigkeit der Personalförderung. Diese besagt, dass die Arbeitszufriedenheit wesentlich davon abhängt, ob es innerhalb des beruflichen Lebens immer wieder passende neue Aufgaben und Herausforderungen gibt. „Das Erleben, neue Herausforderungen bewältigen zu können und dabei die eigenen Kompetenzen weiterzuentwickeln, erhöht das Gefühl der Selbstwirksamkeit und ist damit ein wesentlicher Faktor zur Verhinderung von Burnout" (ebd., 227).

> *Arbeitszufriedenheit hängt wesentlich davon ab, ob es innerhalb des beruflichen Lebens immer wieder passende neue Aufgaben und Herausforderungen gibt.*

4.2.1 Identifikation von Potenzialen

Personalförderung gewinnt hohe Akzeptanz, wenn sie für jede Lehrkraft den passenden Entwicklungsweg öffnet.

Potenziale sind in den zentralen Tätigkeitsbereichen von Lehrkräften zu identifizieren (siehe Beispiel). Hierbei ist es wichtig, das gesamte Spektrum der beruflichen Entwicklungsmöglichkeiten in den Blick zu nehmen, demnach Unterricht genauso wie außerunterrichtliche Aufgabenfelder, Führungsaufgaben genauso wie Fortbildungsaufgaben (vgl. KLOFT 2012, 228).

Beispiel:

	Erziehen und Beraten	Gestaltung von Lernprozessen	Kommunikation und Kooperation	Evaluation und Organisation
Potenziale	Erziehungsverantwortung wahrnehmen Kooperation und Kommunikation mit Eltern	Diagnose- und Förderkompetenz	Einbringen/Vertreten eigener Ideen zu Schulentwicklungsmaßnahmen	Diagnose- und Förderkompetenz Organisation von Schulleben
Indikatoren	Unterstützt soziales Lernen in der Klasse (Sozialzielekatalog) Regelmäßige Elternkontakte	Individuelle Lernentwicklungen werden begleitet Einsatz kompetenzorientierter Aufgaben	Äußert selbstbewusst und kompetent Ideen bei Konferenzen	Weiterarbeit mit Vergleichsarbeiten Beteiligung an Schulfesten

(vgl. auch DAMMANN 2012, 240)

Reflexion: Potenzialraster

Legen Sie für Ihre Lehrkräfte ein „Potenzialraster" an.

Name der Lehrkraft: _____

	Erziehen und Beraten	Gestaltung von Lernprozessen	Kommunikation und Kooperation	Evaluation und Organisation
Potenziale				
Indikatoren				

4.2.2 Voraussetzungen für eine wirksame Potenzialförderung

Wahrnehmung der Leistung und Dokumentierung

Für die Einschätzung des Potenzials von Lehrkräften ist es wichtig, Gelegenheiten zu haben, diese Potenziale persönlich zu erleben. Durch Gespräche, Unterrichtsbesuche und Konferenzen bieten sich hier vielfältige Anlässe. Ebenso kann man die Lehrkräfte vertiefend befragen. Dokumentieren kann man diese Einschätzungen zum Beispiel durch die Aufzeichnung im oben vorgestellten Potenzialraster.

Akzeptanz und Transparenz hinsichtlich erweiterter Aufgaben für Lehrkräfte

Voraussetzung für eine gelingende und wirksame Potenzialförderung ist zudem eine Schulkultur, die es selbstverständlich macht, dass Lehrkräfte weitere Aufgaben übernehmen. „Eine Schulkultur, in der eine Übernahme von Aufgaben über die konkrete unterrichtliche Verpflichtung hinaus von Teilen des Kollegiums als Verrat am Gleichheitsprinzip betrachtet wird, in der (junge) Kolleginnen und Kollegen, die solche Aufgaben übernehmen, als Karrieristen gemieden werden, bietet keinen Spielraum für Entwicklung" (DAMMANN 2012, 242). DAMMANN beschreibt hierzu als besonders wirksam eine öffentliche Übersicht, welche für Transparenz sorgt (Aufgabe, Volumen, etwaige Anrechnung).

4.2.3 Zentrale Elemente der Personalentwicklung durch Potenzialförderung

DAMMANN (ebd., 243) beschreibt drei zentrale Elemente der Personalentwicklung durch Potenzialförderung:

■ die Klärung von Aufgaben und Zielen,
■ eine Feedbackkultur
■ und schließlich Personalentwicklungsgespräche.

a) Klärung von Aufgaben und Zielen

Vor der Aufgabenübertragung sollten zentrale Fragen, am besten schriftlich, geklärt werden.

Übung: Aufgaben und Ziele klären

Worin konkret besteht die Aufgabe?

_____

Was ist das Ziel dieser Aufgabe? Gibt es ein Ergebnis, ein Produkt?

_____

Welche Ressourcen stehen zur Verfügung?

_____

Macht die Aufgabe eine Kooperation nötig? (klare Abgrenzung zu weiteren Verantwortlichen und Aufgaben)

_____

Besteht Rechenschaftspflicht? In welcher Form? Zu welchen Zeitpunkten?

_____

(vgl. DAMMANN 2012, 243)

b) Feedbackkultur

Zur Reflexion der neuen Aufgabe sind Formen der Selbst- und Fremdrückmeldung anzuraten.

Selbstreflexion: Feedback zu einer Aufgabe geben

In welcher Situation ist mir die Aufgabe leichtgefallen?

_____

In welcher Situation hat mich die Aufgabe belastet? Was habe ich dagegen getan?

_____

Wie viel Zeit und Energie kostet mich die Aufgabe?

_____

Wie zufrieden bin ich mit der Aufgabenbewältigung?

_____

(vgl. DAMMANN 2012, 244)

Diese Selbstwahrnehmung könnte durch einen Kollegen abgeglichen werden, der Rückmeldung gibt. Ein vertrauensvolles Verhältnis zwischen beiden ist dafür Grundvoraussetzung. Bei der schriftlichen Vereinbarung zur Aufgabe und zu den Zielen sollte zudem gleich ein Termin eingeplant werden, zu dem an die Schulleitung rückgemeldet werden kann und die Aufgabe von beiden reflektiert wird (vgl. DAMMANN 2012, 244).

c) Personalentwicklungsgespräche

Personalentwicklungsgespräche können auf Initiative der Schulleitung oder der Lehrkraft durchgeführt werden. Sie sind ebenso Bestandteil der Mitarbeitergespräche und somit in eine kontinuierliche Personalentwicklung integriert (KLOFT 2012, 228).

Auch beiläufige Situationen und Informationen können Anlass sein, die Potenziale eines Kollegen näher zu betrachten. Hierzu können regelmäßige, wie auch aus Anlass spontane Gespräche Aufschluss geben (siehe auch Kapitel 5.2 „Mitarbeitergespräche"). Im Sinne der Arbeitszufriedenheit aller Lehrkräfte wie auch der Qualitätsverbesserung von Schule ist das Personalentwicklungsgespräch somit ein zentrales Instrument (vgl. DAMMANN 2012, 244).

„Entwicklungsgespräche dienen
- der Standortbestimmung in Bezug auf die Kompetenzen der Lehrkraft,
- dem Ausloten verschiedener Entwicklungsperspektiven und
- der Vereinbarung konkreter Entwicklungsschritte sowie Unterstützungsmaßnahmen im Sinne der individuellen Entwicklungsplanung." (KLOFT 2012, 229)

Übung: Ein Entwicklungsgespräch vorbereiten

Folgende Fragen können für die Vorbereitung des Entwicklungsgesprächs hilfreich sein (vgl. KLOFT 2012, 229):

Welche Stärken/Grenzen zeigt die Lehrkraft?

_____

An welchen konkreten Situationen mache ich das fest?

_____

Welche Einschätzung hat die Lehrkraft von sich? (Abgleich Selbst-/Fremdeinschätzung)

_____

Wie wird die Lehrkraft auf meine Einschätzung reagieren?

_____

Welche Entwicklungspotenziale sehe ich momentan?

_____

Wie kann ich die Potenzialentwicklung unterstützen?

_____

Wann ist das Gespräch erfolgreich verlaufen?

_____

Die Struktur eines Entwicklungsgesprächs ist schließlich folgendermaßen:
1. Entwicklungsstand erkunden
2. Entwicklungsperspektiven ausloten
3. Konkrete Entwicklungsschritte planen (vgl. KLOFT 2012, 331)

Zusammenfassend ist zu sagen, dass es sich für die Qualität der Schule und für die Berufszufriedenheit der Lehrkräfte lohnt, Potenziale zu identifizieren und zu fördern. Selbst wenn die Förderung zu einer „Beförderung" führt und dies bedeutet, dass eine Lehrkraft die Schule wechselt oder sich auch sonst beruflich verändert, sollte man es so sehen: „Reisende soll man nicht aufhalten. Eine Verhinderung von Entwicklung durch Machteinsatz mag vielleicht kurzfristig den Verbleib der Lehrkraft an der jeweiligen Schule sichern – aber zu welchem Preis? Motivation und Engagement werden sich im Grenzen halten, die Stimmung wird trüb, Frust breitet sich aus" (DAMMANN 2012, 245). Vielmehr zeigt eine Schulkultur, in der Lehrende Lernende sind, dass es sich lohnt, zu lernen und sich weiterzuentwickeln. Dies hat auch Vorbildfunktion für unsere Schüler (vgl. ebd., 246).

4.3 Personalauswahl
Doris Brenner

Der Erfolg eines Schulleiters steht und fällt mit einem guten Lehrerkollegium. Nur wenn es gelingt, ein motiviertes Team, das sich mit den Werten und den Zielen identifiziert, zusammenzustellen und zu führen, kann das volle Potenzial der Schulgemeinschaft ausgeschöpft werden. Ein positives Schulklima steigert nicht nur die Identifikation aller Beteiligten mit der Schule, sondern schafft auch ein optimales Lernklima. Nicht zuletzt wird damit auch das Image, das die Schule in der Außenwirkung hat, maßgeblich beeinflusst.

In der Regel wird sich die Ausgangssituation zunächst so darstellen, dass es bereits ein bestehendes Lehrerkollegium gibt, wenn ein neuer Schulleiter seine Aufgabe übernimmt. In dieser Situation sind die Führungskompetenz, besonders im Bereich der Potenzialentwicklung des Personals (siehe 4.2), und ebenso die Fähigkeiten im Bereich des Coachings (siehe 4.4) von entscheidender Bedeutung.

Die in diesem Beitrag behandelte Neubesetzung von Lehrerstellen bietet eine hervorragende Chance, zielgerichtet die eigenen Anforderungen und Werte bei der Bewerberauswahl in den Vordergrund zu stellen und Lehrerkollegen für das Kollegium zu gewinnen, die dieses positiv ergänzen. Personalauswahlentscheidungen gehören zu den anspruchsvollsten Aufgaben einer Führungskraft, daher sollte ihnen eine hohe Bedeutung beigemessen werden.

4.3.1 Das Anforderungsprofil

Zentraler Ausgangspunkt für jegliche Personalauswahlentscheidung ist das Anforderungsprofil der zu besetzenden Stelle. Hier sollte festgelegt sein, welche Qualifikationen für eine erfolgreiche Aufgabenbewältigung notwendig sind.

Zentraler Ausgangspunkt für jegliche Personalauswahlentscheidung ist das Anforderungsprofil.

Für die Formulierung des Anforderungsprofils empfiehlt sich eine Einteilung in

- **fachliche Kompetenzen** (z. B. Studienabschlüsse, Schwerpunkte, Berufserfahrung, Weiterbildungen),
- **methodische Kompetenzen** (z. B. didaktische Fähigkeiten, Visualisierungstechniken),
- **soziale Kompetenzen** (z. B. Teamfähigkeit, Durchsetzungsvermögen, Empathie und Motivationsfähigkeiten) und
- **persönliche Kompetenzen** (z. B. Einsatzbereitschaft, Kreativität, Frustrationstoleranz).

Es empfiehlt sich, das Anforderungsprofil auch dahin gehend zu prüfen, welche Fähigkeiten zur Abrundung der Gesamtqualifikation des Lehrerkollegiums besonders hilfreich sind. So kann es sinnvoll sein, bei der Suche nach einem Informatiklehrer auch Erfahrung in der Betreuung eines PC-Netzwerkes als Anforderung mit aufzunehmen, wenn es an der Schule diesbezüglich bisher keine einschlägigen Erfahrungen gibt.

4.3.2. Suchwege

Um geeignete Kandidaten zu finden, ist es sinnvoll, sich mit den unterschiedlichen Suchwegen zu beschäftigen. Ein wesentliches Kriterium bei der Personalauswahl ist das Thema Risikoreduzierung. Es soll eine Lehrkraft gefunden werden, die sowohl fachlich wie auch persönlich in das Kollegium passt und dieses positiv bereichert. Die verschiedenen Suchwege bieten hierzu im Rahmen des Auswahlprozesses eine sehr unterschiedliche Sicherheit bezüglich der Entscheidungsbasis.

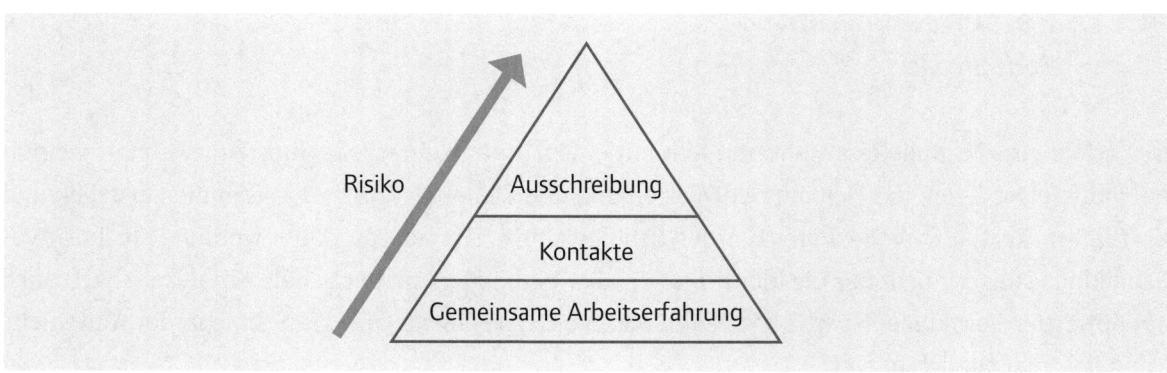

Abb.: Risikofaktor der verschiedenen Suchwege

Die größte Entscheidungssicherheit besteht dann, wenn mit dem Kandidaten eine gemeinsame Arbeitserfahrung besteht. Dies ist dann der Fall, wenn der Bewerber z. B. bereits als Referendar an der Schule tätig war und so sein Arbeitsverhalten, aber auch seine Integrationsfähigkeit in das Kollegium in der Praxis beurteilt werden konnten. Steht ein solcher Bewerber nicht zur Verfügung, kann über bestehende Kontakte zu potenziellen Kandidaten das Auswahlrisiko reduziert werden. Besonders empfehlenswert sind dabei Kontakte aus dem Lehrerkollegium z. B. zu ehemaligen Studienkollegen. Eine Lehrkraft wird nur dann eine Empfehlung aussprechen, wenn sie wirklich davon überzeugt ist, dass die entsprechende Person ins Team passen würde. Schließlich riskiert niemand gerne, sein eigenes Image zu gefährden, wenn es mit dem neuen Kollegen nicht klappt. Der klassische Weg über eine Ausschreibung ist unter dem Aspekt der Risikoreduzierung sicherlich am kritischsten zu sehen, da keine Erfahrungswerte mit dem Kandidaten aus der Vergangenheit vorliegen.

4.3.3   Der Auswahlprozess
Sichtung der Bewerbungsunterlagen

Der erste Schritt im Rahmen des Auswahlprozesses stellt in der Regel die Sichtung der Bewerbungsunterlagen dar. Wichtige Kriterien sollten dabei sein:

- Erfüllt der Kandidat die im Anforderungsprofil geforderten formalen Qualifikationen?
- Kann er dies anhand von Zeugnissen belegen?
- Sind die Angaben im Lebenslauf stimmig, gibt es Lücken oder Ungereimtheiten?
- Geht der Kandidat auf die Anforderungen gezielt ein und kann er anhand von Beispielen belegen, dass er diese auch erfüllen kann?
- Ist eine positive Motivation im Hinblick auf die Anforderungen und die Ziele und Werte in seiner Bewerbungsargumentation zu erkennen?

Sofern die Bewerbungsunterlagen hierzu offene Fragen hinterlassen, sollten diese entsprechend notiert werden, damit im weiteren Auswahlprozess gezielt darauf eingegangen werden kann.

Vorbereitung der Vorstellungsgespräche

Zunächst gilt es, aus der Gesamtheit der Bewerber eine Vorauswahl zu treffen. Dies kann bei einer Vielzahl an Bewerbungen bereits sehr zeitintensiv sein. Ist es eher schwierig, geeignete Bewerber zu finden, und sprechen keine K. o.-Kriterien dagegen, kann dies auch bedeuten, dass alle Kandidaten zu einem persönlichen Gespräch eingeladen werden.

Im Rahmen der Gesprächsvorbereitung ist eine entsprechend Zeit- und Raumplanung vorzunehmen. Dabei sollte sichergestellt werden, dass die Vorstellungsgespräche in einer ungestörten Atmosphäre stattfinden können. Ferner ist zu klären, wer an dem Vorstellungsgespräch teilnehmen soll. So ist es durchaus sinnvoll, dass neben dem Schulleiter auch sein Stellvertreter oder der Fachbereichsleiter mit anwesend sind. Darüber hinaus sind der Personalrat und ggfs. weitere Beauftragte wie z. B. Schwerbehindertenbeauftragte oder Gleichstellungsbeauftragte mit einzubeziehen.

Neben der organisatorischen Planung ist auch die persönliche Vorbereitung und Einstellung wichtig. Jeder Schulleiter sollte sich bewusst sein, dass er für den Kandidaten die Schule repräsentiert. Sein Verhalten im Einstellungsgespräch wird das Bild, das der Bewerber von der Schule mitnimmt, entscheidend prägen. Dies bedeutet auch, dass die eigene Motivation und Begeisterung des Schulleiters, wie er seine Arbeit und sein Aufgabenumfeld beschreibt, dem Bewerber vermittelt, ob die dargelegte Schulkultur und die Werte auch tatsächlich gelebt werden. Gerade bei Stellenbesetzungen, bei denen ein deutliches Überangebot an Vakanzen im Vergleich zu Bewerbern besteht, ist es von entscheidender Bedeutung, Kandidaten für die Schule begeistern zu können.

4.3.4 Das Vorstellungsgespräch

Das Vorstellungsgespräch ist in der Regel das zentrale Element des Auswahlprozesses. Es hat zum Ziel, möglichst vielfältige Informationen und Eindrücke über die Qualifikation und das Potenzial von Bewerbern zu sammeln, um auf dieser Grundlage eine fundierte Auswahlentscheidung treffen zu können.

Gesprächsformen

„Das" Vorstellungsgespräch schlechthin gibt es sicherlich nicht. Jede Führungskraft hat aufgrund persönlicher Präferenzen und Erfahrungswerte einen sehr unterschiedlichen Angang, wie sie ein Vorstellungsgespräch führt. Und das ist auch gut so, denn auch in der späteren Zusammenarbeit wird der persönliche Stil entscheidenden Einfluss auf die Form des Umgangs miteinander haben. Demnach ist für den Bewerber die Art und Weise, wie das Vorstellungsgespräch seitens des Schulleiters geführt wird, bereits ein wichtiger Hinweis, ob er sich eine Lehrertätigkeit an der Schule vorstellen kann.

Formal lassen sich im Wesentlichen **drei Interviewformen** unterscheiden:

- **Strukturierte Interviews**

  Hier wird im Vorfeld ein fest umrissener Interviewleitfaden erstellt, der genaue Fragen und Zeitraster zum Inhalt hat. Die Vorgehensweise und die Reihenfolge der Fragen sind exakt definiert und für alle Kandidaten gleich. So haben alle Kandidaten die gleiche Ausgangsbasis, allerdings wirkt das strukturierte Interview sehr schematisch und lässt wenig Raum für individuelle Aspekte eines Bewerbers.

■ **Halbstrukturierte Interviews**

Das halbstrukturierte Interview stützt sich auf einen groben Rahmen, der die wesentlichen Aspekte und Inhalte für die Kandidatengespräche festsetzt. Dabei werden bezogen auf das Anforderungsprofil der Stelle wichtige Themenbereiche fixiert, die angesprochen werden sollten. Im Gegensatz zum strukturierten Interview ist jedoch der Freiheitsgrad, in welcher Form und zu welchem Zeitpunkt des Gespräches die Themen aufgegriffen werden, wesentlich höher.

■ **Offene Interviews**

Das offene Interview ist eine Gesprächsform, die sich ganz individuell an den Bedürfnissen und Erwartungen des Interviewers und des jeweiligen Bewerbers orientiert. Es gibt keine feste Gesprächsstruktur und keine fest umrissenen Fragen, die allen Kandidaten in gleicher Weise gestellt werden. Das offene Interview schafft in der Regel eine sehr lockere Gesprächsatmosphäre, es birgt aber gleichzeitig die Gefahr in sich, dass das Interview zu einem „netten Plaudern" wird und wichtige Themenbereiche nicht angesprochen werden.

> *Ein Interviewleitfaden strukturiert das halboffene Interview.*

In der Regel ist das halbstrukturierte Interview zu empfehlen. Hierzu sollten im Vorfeld des Gespräches die wesentlichen Themenbereiche definiert und im Laufe des Gespräches sichergestellt werden, dass alle offenen Fragen auch behandelt wurden.

Halbstrukturierter Interviewleitfaden

Werdegang des Kandidaten	■ Roten Faden aus dem bisherigen Werdegang im Hinblick auf die angestrebte Stelle hinterfragen ■ Besondere Qualifikationen ermitteln, die während der Ausbildung/Berufstätigkeit erworben wurden ■ Gründe für den angestrebten Stellenwechsel erläutern lassen ■ Lücken im Lebenslauf ansprechen ■ Erfolge/Misserfolge beleuchten *Ihre Fragen/Notizen hierzu:*
Soziale Kompetenz	■ Beispiele für Verhalten in Teams nennen lassen ■ Bisheriges Verhältnis zu Vorgesetzten, Kollegen und Schülern hinterfragen ■ Auf Kommunikationsverhalten achten *Ihre Fragen/ Notizen hierzu:*
Methodenkompetenz	■ Arbeitsstil/Selbstorganisation beleuchten ■ Erfahrung mit didaktischen Methoden der Wissensvermittlung, Präsentations- und Moderationstechniken ansprechen und hinterfragen *Ihre Fragen/Notizen hierzu:*
Zusatzqualifikationen	■ Gibt es außerhalb der Lehrtätigkeit liegende Erfahrungen, die hilfreich sind? *Ihre Fragen/Notizen hierzu:*

Persönlichkeitsprofil	■ Persönliche Stärken und vorhandene Defizite erfragen ■ Motivation für die Stelle beschreiben lassen ■ Lehrstil und Verhältnis zu Schülern erläutern lassen ■ Belastbarkeit und Stressresistenz hinterfragen *Ihre Fragen/Notizen hierzu:*
Fragen des Bewerbers	■ Auf Qualität und Stoßrichtung der Fragen achten *Ihre Fragen/Notizen hierzu:*
(Gehalt und) Rahmenbedingungen	■ (Gehaltsrahmen klären) ■ Sonstige Rahmenbedingungen vorstellen *Ihre Fragen/Notizen hierzu:*
Weitere Vorgehensweise abstimmen	■ Wer meldet sich bis wann? *Ihre Fragen/Notizen hierzu:*

Gesprächsphasen

Für ein Interview sollten in Abhängigkeit der Position, der Anzahl der vorgesehenen Gespräche und der beteiligten Personen in der Regel zwischen 45 und 70 Minuten eingeplant werden. Das Interview setzt sich im Wesentlichen aus den folgenden Phasen zusammen:

Gesprächsphase	Zeitbedarf in Minuten
Warming-up	5 Minuten
Vorstellung des Bewerbers	5 bis 10 Minuten
Kurzpräsentation der Schule	10 bis 15 Minuten
Vertiefungsphase	15 bis 25 Minuten
Fragen des Bewerbers	5 bis 15 Minuten
Gesprächsabschluss	5 Minuten

Warming-up – der erste Eindruck

Das „Warming-up" dient dazu, sich zunächst einmal kennenzulernen, sich quasi zu „beschnuppern", das Eis zu brechen und einen ersten Eindruck zu erhalten. Dabei kommt diesem ersten Eindruck eine besondere Bedeutung zu. Er entscheidet über die gegenseitige Sympathie von Interviewer und Bewerber, und diese hat Einfluss auf den gesamten weiteren Gesprächsverlauf. Da die meisten Bewerber in den ersten Minuten aufgeregt sind, gilt es seitens des Interviewers die Gesprächsatmosphäre aufzulockern. Dies kann dadurch geschehen, dass zunächst nach der Anreise gefragt oder ein belangloses Thema wie z. B. das Wetter angesprochen wird. Ziel des Gespräches ist es, ein realistisches Bild

Der erste Eindruck entscheidet über gegenseitige Sympathie und beeinflusst das gesamte weitere Gespräch.

des Bewerbers zu erhalten. Je entspannter die Gesprächssituation ist, umso offener und natürlicher wird sich der Bewerber geben. Im Rahmen des Warming-up ist es auch üblich, dem Bewerber etwas zu trinken anzubieten. Daher ist sicherzustellen, dass Gläser bzw. Tassen und Getränke verfügbar sind.

Selbstpräsentation des Bewerbers

Der Bewerber wird gebeten, etwas über sich zu erzählen: Eine kurze Darstellung (drei bis maximal zehn Minuten) seines bisherigen Werdegangs mit dem besonderen Blickwinkel auf die angestrebte Stelle sollte Gegenstand dieser Präsentation sein. Wichtig ist es, dem Bewerber deutlich zu machen, dass es nicht darum geht, den schriftlich vorliegenden Lebenslauf nochmals erzählt zu bekommen, sondern zu erfahren, warum der Bewerber sich für die zu besetzende Stelle für qualifiziert hält.

Auswahlkriterien

Wesentliche Inhalte in Hinblick auf die Auswahlentscheidung sind
- für die Stelle wichtige Qualifikationen und Erfahrungen,
- der rote Faden, der sich im Lebenslauf erkennen lässt,
- die Motivation, sich auf diese Stelle beworben zu haben,
- Erfolge und besondere Leistungen, die in der Vergangenheit erzielt wurden,
- Werte und didaktische Ansätze des Bewerbers, die sich mit denen an der Schule decken sollten.

Kurzpräsentation der Schule

Um ein partnerschaftliches Geben und Nehmen zwischen Bewerber und Schulleiter im Gespräch hervorzuheben und nicht eine Verhörsituation zu schaffen, sollten dem Bewerber auch umfassende Informationen über die Schule und sein mögliches zukünftiges Arbeitsumfeld zur Verfügung gestellt werden. Für Schulleiter stellt dies zum einen eine große Chance dar, da die eigene Sichtweise auf die Schule, die Philosophie und die weitere Zielsetzung bei der Schulentwicklung aufgezeigt werden können. Anhand von Zwischenfragen des Bewerbers lässt sich aber auch erkennen, ob sich dieser bereits im Vorfeld über die Schule informiert hat. Für den Bewerber ist es wichtig, die Stellenanforderungen und die schulseitigen Erwartungen sehr detailliert zu kennen, um diese mit seinen eigenen Vorstellungen und Fähigkeiten abgleichen zu können.

Vertiefungsphase

In der Vertiefungsphase werden Unstimmigkeiten in den vorliegenden Bewerbungsunterlagen hinterfragt sowie detaillierte Informationen zum Qualifikationsprofil des Kandidaten gesammelt. Bei der Vertiefungsphase handelt es sich um den Kernbereich des Einstellinterviews. Je zielgerichteter und intensiver der Informationsaustausch in dieser Phase erfolgt, umso fundierter kann eine Auswahlentscheidung auf der Grundlage des Interviews getroffen werden. Aus Sicht des Schulleiters ist anzustreben, dass der Redeanteil des Bewerbers bei mindestens 60 Prozent liegt. Weitere Einzelheiten zur Gesprächsführung siehe unten.

Mögliche **Themen und Fragestellungen** sind:
- Gründe für Berufswahl und Motivation für den Beruf
- Motive für die konkrete Bewerbung
- Bisheriger Werdegang
- Fachliche Schwerpunkte
- Erzielte Erfolge während des Studiums / in der bisherigen Lehrtätigkeit
- Aktivitäten außerhalb von Studium/Beruf
- Persönliche Einstellung zu Arbeit, Erfolg, Leistung
- Stärken und Schwächen
- Zukunftspläne, Weiterbildungswille
- Identifikation mit Aufgaben/Tätigkeiten

Fragen des Bewerbers

Auch wenn der Bewerber bereits in der Vertiefungsphase Raum für eigene Fragen erhalten sollte, empfiehlt es sich, ihn explizit gegen Ende des Gespräches nochmals zum Stellen eigener Fragen zu ermuntern. Über die Art und die Ausrichtung der Fragen lässt sich auch seitens des Interviewers viel über den Bewerber, seine Schwerpunkte und seine Motivation erfahren. In jedem Fall sollte der Bewerber Gelegenheit erhalten, ein Gespräch mit potenziellen Lehrerkollegen zu führen.

Gesprächsabschluss

Am Ende des Gespräches sollte konkret vereinbart werden, wie die weitere Vorgehensweise geplant ist und sichergestellt sein, dass die Rahmenbedingungen geklärt sind (möglicher Eintrittstermin, Vergütungsfragen etc.). Üblich ist häufig, dass sich der Schulleiter bei dem Bewerber wieder meldet. Dabei sollte dem Bewerber ein Zeitrahmen genannt werden, bis wann die endgültige Einstellentscheidung erfolgt, um ihm eine Orientierung geben zu können. In diesem Zusammenhang sollte auch geklärt werden, ob der Bewerber noch andere Bewerbungen am Laufen hat und seinerseits unter einem zeitlichen Entscheidungsdruck steht.

In der Praxis hat es sich auch bewährt, den Bewerber zunächst zu bitten, sich nach ein bis zwei Tagen zu melden, um seinerseits eine Aussage zu machen, ob er sich auf der Grundlage der gewonnenen Informationen eine Mitarbeit konkret vorstellen kann. Dies erspart Zeit und Energie in der Auswahlentscheidung, um sich nicht auf Kandidaten zu fixieren, die nach dem Vorstellungsgespräch kein Interesse an einer Mitarbeit haben und somit ein Vertragsangebot ablehnen würden.

Gesprächsführung

Um die begrenzte Zeit des Interviews möglichst intensiv zu nutzen, ist eine professionelle Gesprächsführung besonders wichtig. Hierzu zählen neben der bereits angesprochenen Gesprächsstruktur vor allem Frageformen und -techniken, die einen fundierten Informationsgewinn ermöglichen.

Offene/geschlossene Fragen

Die wohl gebräuchlichste Frageform ist das zielgerichtete Stellen von offenen und geschlossenen Fragen. Eine offene Frage ist dadurch gekennzeichnet, dass sie sich nicht mit „ja" oder „nein" beantworten lässt.

Beispiele für offene Fragen:
- *Was ist Ihnen an Ihrem Beruf als Lehrer besonders wichtig?*
- *Wie würden Sie die geschilderte Aufgabenstellung lösen?*

Offene Fragen werden auch „W-Fragen" genannt, da sie mit den Fragewörtern „wie", „warum", „weshalb", „wozu" etc. beginnen. Offene Fragen sind dann sinnvoll, wenn Sie mehr über den Kandidaten erfahren wollen und er Entscheidungen oder Verhaltensweisen begründen soll. Er ist damit aufgefordert, Zusammenhänge zu erläutern und Sachverhalte zu erklären.

Bei geschlossenen Fragen handelt es sich im Gegenzug um Fragen, die kurz und prägnant mit „ja" oder „nein" oder einem Faktum beantwortet werden können.

Beispiele für geschlossene Fragen:
- *Haben Sie bereits Erfahrung in der Organisation einer Projektwoche?*
- *Konnten Sie bereits Lehrerfahrung in der Mittelstufe sammeln?*

Geschlossene Fragen sollten Sie immer dann stellen, wenn der Bewerber einen Sachverhalt auf den Punkt bringen und sich zu etwas bekennen soll.

Um den Redeanteil eines Bewerbers zu erhöhen, empfiehlt es sich, im Gespräch verstärkt offene Fragen zu stellen.

Interviewtechnik

Ziel des Auswahlprozesses sollte es sein, realistische Aussagen über das Wesen und die Verhaltensweise eines Bewerbers zu erhalten. Anstelle von Konjunktivfragen, die immer einen hypothetischen Charakter haben, ist es sinnvoll, auf konkrete Verhaltensweisen aus der Vergangenheit zurückzugreifen. Die Interviewtechnik arbeitet mit der Frageform: *Schildern Sie uns doch bitte eine Situation aus der Vergangenheit, in der Sie _____ (beliebiges Kriterium, z. B. Einsatzbereitschaft, Überzeugungskraft) bewiesen haben?*

Der Bewerber wird gebeten, eine Ausgangssituation zu beschreiben, anschließend soll das eigene Verhalten in dieser Situation erläutert werden und zum Schluss wird das Fragedreieck durch die Angaben zur bewirkten Veränderung komplettiert. Dies wird im Dreieck als Ergebnis dargestellt.

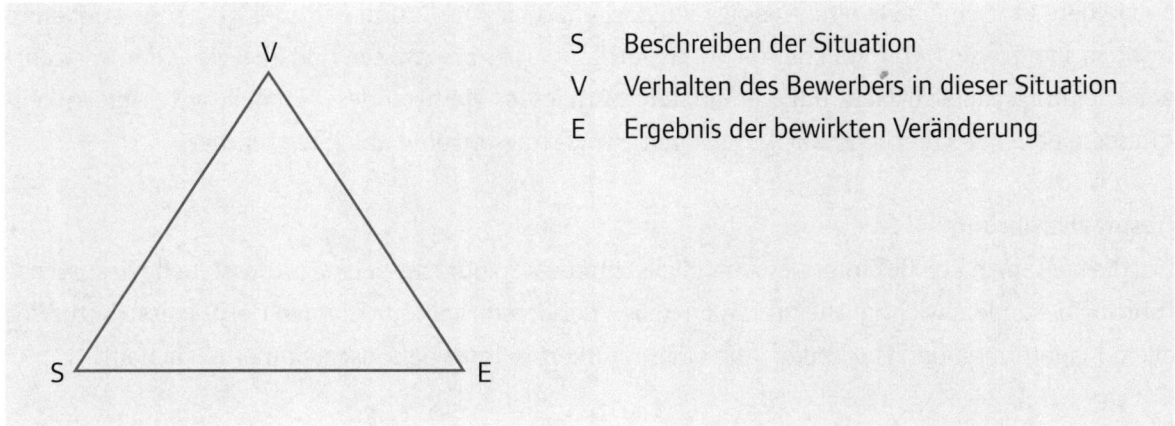

Abb.: Fragedreieck

Beispiel: Kriterium Überzeugungskraft
Ist es Ihnen in der Vergangenheit einmal gelungen, andere Personen von der von Ihnen vorgeschlagenen Vorgehensweise zu überzeugen?

Der Vorteil der Fragetechnik liegt darin, dass sie für die unterschiedlichsten Kriterien eingesetzt werden kann. Ob Durchsetzungsvermögen, Teamfähigkeit, Kreativität, Frustrationstoleranz oder Kompromissbereitschaft, immer geht es darum, anhand realer Beispiele aus der Vergangenheit Informationen über den Bewerber zu erhalten.

Arbeitsproben und Fallstudien
Arbeitsproben bieten die Chance, Bewerberverhalten quasi „live" demonstriert zu bekommen. Klassisch könnte hier eine kurze Lehrprobe erfolgen, indem der Bewerber einen Sachverhalt aus seinem Fachbereich an einem Flipchart oder der Tafel vorstellt. Alternativ kann im Rahmen einer Fallstudie die Konzeption einer Unterrichtseinheit von dem Bewerber entwickelt und seine Vorgehensweise kurz vorgestellt werden.

Um nicht den Rahmen eines Vorstellungsgespräches zu sprengen, darf es sich hierbei freilich nicht um sehr komplexe Aufgaben handeln, die einen hohen Zeitbedarf erfordern.

Zulässige/unzulässige Fragen

Nicht alle Fragen, deren Antworten für einen Schulleiter von Interesse wären, sind rechtlich gesehen zulässig. Als Interviewer sollten Sie deshalb zunächst wissen, welche Fragen nicht gestellt werden dürfen. Grundlage ist hier das Allgemeine Gleichbehandlungsgesetz (AGG):

Beispiele für unzulässige Fragen:

- Religionszugehörigkeit
- Sexuelle Identität (z. B. Homosexualität)
- Schwangerschaft
- Krankheiten, sofern sie nicht die Ausübung der Tätigkeit einschränken
- Gewerkschaftszugehörigkeit
- Ethnische Zugehörigkeit

Werden einem Bewerber dennoch diesbezügliche Fragen gestellt, so ist dieser berechtigt, unwahrheitsgemäß zu antworten, ohne dass ihm daraus ein Nachteil entstehen kann.

Es macht auf einen Bewerber keinen professionellen und seriösen Eindruck, wenn unzulässige Fragen gestellt werden. Auch im Hinblick auf einen offenen und fairen Umgang miteinander kann nur davon abgeraten werden.

4.3.5   Gesprächsauswertung und Nachbereitung

Erst in der Nachbereitungsphase können Informationen richtig bewertet und damit als Entscheidungsgrundlage verwendet werden. Daher sollte ausreichend Zeit unmittelbar nach dem Gespräch hierfür eingeplant werden.

Wichtiger als das Gespräch selbst ist häufig die gründliche Auswertung und Nachbereitung des Gespräches.

Analyse des Gesprächs

Die Analyse im Anschluss an das Gespräch beinhaltet zunächst, die eigenen Notizen nochmals durchzugehen, unklare Formulierungen zu konkretisieren und die Zuordnung bestimmter Antworten zu einzelnen Kriterien vorzunehmen.

- Ist der Bewerber auf alle gestellten Fragen eingegangen?
- Konnten für die wesentlichen Anforderungskriterien fundierte Informationen gewonnen werden?
- Wo gibt es noch weiße Flecken?

Ferner sollte der Gesamteindruck, den der Kandidat gemacht hat, schriftlich festgehalten werden. Hierzu zählt auch, das eigene „Bauchgefühl" zu berücksichtigen, das der Bewerber hinterlassen hat.

Gesamteindruck schriftlich festhalten

Sofern mehrere Bewerber zur Auswahl stehen, ist es sinnvoll, relevante Kriterien für jeden Bewerber zu bewerten, um so eine Vergleichsbasis für die spätere Auswahlentscheidung zu schaffen.

Eine Möglichkeit stellt die nachfolgend dargestellte Struktur eines Auswertungsbogens dar.

Auswertungsbogen von Einstellungsgesprächen

Name des Kandidaten: _____

Wesentliche Anforderungskriterien	Bewertung				
	+ +	+	+/−	−	− −
Kriterium 1 Kommentar _____					
Kriterium 2 Kommentar _____					
Kriterium 3 Kommentar _____					
Kriterium 4 Kommentar _____					
Kriterium 5 Kommentar _____					

Interessante Zusatzqualifikationen: _____

_____

Defizite: _____

Gehaltsvorstellung: _____

Frühester Eintrittstermin: _____

Gesamteindruck: _____

_____

_____

_____

_____

Vereinbartes weiteres Vorgehen: _____

_____

_____

_____

_____

Auf der Grundlage eines Auswertungsbogens für jeden Bewerber lässt sich der Vergleich mehrerer Bewerber wesentlich einfacher durchführen. Anhand der relevanten Auswahlkriterien kann eine Rangskala der Bewerber erstellt werden. Dies ist besonders dann sinnvoll, wenn mehrere Schulvertreter an dem Auswahlprozess beteiligt sind. Neben dem Auswertungsbogen sollten in der Beurteilerkonferenz die eigenen Gesprächsnotizen ergänzend verwendet werden. Diese helfen insbesondere, getroffene Beurteilungen anhand von Beispielen sachlich zu belegen.

Entscheidung mitteilen

Wenn eine Einstellentscheidung getroffen wurde, sollte der ausgewählte Kandidat so zügig wie möglich informiert werden und ein Vertragsangebot zugeschickt bekommen. Dabei sind die Mitbestimmungsgremien (z. B. Personalrat) entsprechend einzubeziehen. Um die Gefahr zu umgehen, dass der ausgewählte Bewerber doch noch kurzfristig absagt, sollte ein bis zwei weiteren Kandidaten, die in der engeren Wahl standen, noch keine Absage geben werden, bevor ein von beiden Seiten unterschriebener Arbeitsvertrag vorliegt. So bestehen noch Alternativen, ohne dem „Ersatzkandidaten" das Gefühl zu geben, nur die zweite Wahl zu sein. In jedem Fall ist den nicht ausgewählten Kandidaten nach Abschluss des Auswahlverfahrens eine Absage mitzuteilen.

Literaturempfehlung zur weiterführenden Beschäftigung mit dem Thema Personalauswahl: *BRENNER, DORIS* (2009): Punktlandung Mitarbeitersuche: Zielsicher ansprechen, auswählen und einstellen. Luchterhand Verlag: Köln.

4.4 Coaching
Doris Brenner

4.4.1 Definition

Coaching ist in aller Munde, ob im Sport oder in den Führungsetagen der Wirtschaft. Letztendlich geht es darum, im Rahmen des Coachings Menschen bei der Erreichung ihrer Ziele und der Bewältigung von Problemen zu unterstützen. Von der International Coaching Federation (ICF) des weltweit größten Coachingverbandes wird der Begriff Coaching wie folgt definiert: Coaching ist im Kern eine professionelle Partnerschaft zur Zielerreichung. Der Klient definiert seine Ziele und der Coach begleitet den Klienten

> *Coaching ist im Kern eine professionelle Partnerschaft zur Zielerreichung.*

dabei, diese bestmöglich zu erreichen, meistens mithilfe eines kreativen und selbsterkenntnisreichen Vorgehens. Es geht also darum, mittels eines Entwicklungsprozesses den Klienten, auch Coachee genannt, dabei zu befähigen, eigenständig Entscheidungen zu treffen und seine Ziele zu erreichen.

Begriffsabgrenzung zum Training

Während im Training die fachliche Anleitung im Vordergrund steht und der Trainer damit Inhalte und Vorgehen nach bestimmten standardisierten Mustern vorgibt, basiert das Coaching auf einem partnerschaftlichen Ansatz auf Augenhöhe, bei dem der Coachee durch Reflexion seine Rolle und sein Verhalten neu überdenkt und Handlungsalternativen individuell entwickelt. Der Coachee ist im Training gefordert, selbst aktiv zu werden, er bekommt also die Lösung nicht fremderstellt, sondern muss das Gelernte individuell umsetzen und anwenden. Im Rahmen des Coachings kann es daher auch Trainingselemente geben, wenn z. B. neu entwickeltes Verhalten geübt und professionalisiert werden soll.

Begriffsabgrenzung zur Beratung

In der Beratung liefert der Berater konkrete Informationen und Lösungsvorschläge für die Problemstellung. Diese basieren auf Fachwissen, Erfahrungen, „Best Practices" und Modellen, die in der Regel Standards darstellen. Der Kunde kann die Lösungen direkt übernehmen, der Berater ist inhaltlicher Experte auf dem Gebiet. Daher ist die Individualität und Eigenleistung des Kunden gering. Im Coaching kann es Beratungselemente geben, wenn der Coach z.B. im Rahmen eines Einarbeitungscoachings Wissen über betriebliche Gegebenheiten einbringt oder – bei einem Coaching zum Thema Führung – grundlegende Führungstechniken mit ihren Vor- und Nachteilen vom Coach vorgestellt werden. Es ist jedoch wichtig, dass der Coach, wenn er z.B. in die Rolle des Beraters wechselt, dies für den Coachee auch transparent macht und dies dem eigentlichen Coachingziel dienlich ist.

4.4.2 Ansatzpunkte für Coaching an der Schule

Auch im System Schule gibt es zahlreiche Ansatzpunkte für das Coaching. Ob ein Schulleiter in seiner neuen, für ihn ungewohnten Rolle selbst die Hilfe eines Coaches in Anspruch nimmt, er die Mitglieder seines Lehrerkollegiums unterstützt, Kollegen sich gegenseitig Hilfestellungen geben oder im Rahmen der Team- oder Gremienarbeit die Zusammenarbeit gefördert wird, immer bietet das Coaching hilfreich Impulse für einen Reflexions- und Verbesserungsprozess.

Coaching gewinnt gerade im Zusammenhang mit Führungsaufgaben immer mehr an Bedeutung. Betrachten wir die Rolle des Schulleiters: Schulleiter sind in erster Linie Führungskräfte. Heute werden Führungskräfte nicht mehr klassisch in der Funktion des hierarchisch übergeordneten, disziplinarischen Vorgesetzten gesehen, sondern immer stärker in der Rolle des Coaches, der seine Mitarbeiter begleitet und bei der Zielerreichung unterstützt. Beziehen wir das auf den Bereich Schule, so verfügen Schulleiter in der Regel über eine langjährige Erfahrung als Lehrer, kennen das System Schule von innen und wissen um die besonderen Anforderungen, die eine Lehrtätigkeit mit sich bringt. Damit haben sie zwar eine solide fachliche Grundlage, um die Herausforderungen als Schulleiter meistern zu können. Der Führungsaspekt und auch das praktische Handwerkszeug als Coach stellen jedoch eine große Herausforderung dar, auf die ein angehender Schulleiter in der Regel nicht vorbereitet ist.

Menschen beim Erreichen von Zielen unterstützen

Das Lehramtsstudium insbesondere in den Bereichen Pädagogik und Psychologie liefert wichtige theoretische Grundlagen, die auch für das Verständnis eines Coachingprozesses hilfreich sind. Auch die Erfahrung als Lehrkraft bietet bereits eine Menge Anknüpfungspunkte zum Coaching, da es in beiden Fällen darum geht, Menschen bei der Erreichung von Zielen zu unterstützen. Neben der Wissensvermittlung besteht eine wesentliche Fähigkeit eines Lehrers darin, einen Schüler dahingehend zu unterstützen, dass er lernbereit ist und aktiv an seiner persönlichen Weiterentwicklung arbeitet. Diese Erfahrung stellt eine gute Grundlage für das Coaching des eigenen Teams im Rahmen der Führungstätigkeit eines Schulleiters dar.

Dennoch ist es sinnvoll und empfehlenswert, dass sich Schulleiter, insbesondere in der Anfangsphase ihrer neuen Funktion, selbst durch einen erfahrenen Coach professionell begleiten lassen. Um der eigenen Führungsaufgabe als Schulleiter gerecht werden zu können, sollte ganz gezielt im Rahmen einer Coachingausbildung das notwendige Handwerkszeug angeeignet werden. Durch die in der Ausbildung als fester Bestandteil integrierten praktischen Übungen wird sichergestellt, dass das Wissen verinnerlicht und Sicherheit in der Anwendung der Techniken und Tools erlangt wird. Darüber hinaus dienen die praktischen Übungen dazu, einen persönlichen Entwicklungsprozess zu initieren. Dieses methodische Rüstzeug und die persönliche Reflexion bieten Schulleitern ein breites Spektrum an Ansatzpunkten, um ihre Aufgabe als Führungskraft souverän bewältigen zu können.

Einzelcoaching

Im Rahmen des Einzelcoachings wird in einem bilateralen Verhältnis zwischen Coach und Coachee eine definierte Aufgabenstellung bearbeitet. Dabei ist der Coach für die Prozesssteuerung, der Coachee für die inhaltliche Fragestellung verantwortlich. Sofern der Schulleiter selbst gecoacht wird, stehen in der Regel seine Rolle und seine Aufgaben als Führungskraft im Mittelpunkt des Coachingprozesses. Die wohl häufigste Konstellation, in der ein Schulleiter die Rolle des Coaches übernimmt, ist die im direkten Kontakt mit einem Lehrer seines Kollegiums. Coaching kann dabei bedeuten, dass ein Schulleiter einzelne Lehrer bei der Bewältigung ihrer derzeitigen oder zukünftigen Aufgaben unterstützt.

Mögliche Themen und Fragestellungen können sein:

- Ich möchte für mich die notwendigen Schritte klären, um meine zukünftige Rolle als Schulleiter souverän ausüben zu können.
- Wie schaffe ich es, bei Elternabenden deeskalierend zu agieren?
- Welche Aufgaben erwarten mich als Mittelstufenleiter und wie kann ich mich darauf vorbereiten?

Team-Coaching

Eine weitere Möglichkeit besteht darin, mittels Coaching einen Teamprozess zu initiieren bzw. bestehende Probleme innerhalb von Teams zu lösen und neue Ansatzpunkte der Zusammenarbeit zu entwickeln. Hier bietet sich insbesondere die Arbeit mit dem Lehrerkollegium oder mit einzelnen Untergruppen, z. B. Fachbereichen, an. Der Coach ist in dieser Konstellation auch moderierend tätig und begleitet die Gruppe auf ihrem Weg der Lösungsfindung.

Mögliche Zielsetzungen können dabei sein:

- Wir streben im Fachbereich Englisch mehr Kooperationen mit ausländischen Schulen an mit dem Ziel, die Möglichkeiten unserer Schüler zu erhöhen, an einem Schüleraustausch teilzunehmen.
- Unser Ziel ist eine Verbesserung der in der Schülerbefragung ersichtlich gewordenen geringen Identifikation unserer Schüler mit der Schule.

4.4.3 Der Coachingprozess

Erstgespräch

Der Coachingprozess sollte seitens des Coaches gut strukturiert sein. Hierzu gilt es, zu Beginn im Rahmen eines Erstgespräches eine Klärung der Rollen durchzuführen und die Funktion des Coachings, die Möglichkeiten, aber auch die Grenzen darzustellen. Ein weiterer wichtiger Schritt liegt in der Festlegung des Coachingziels, auch Handlungsziel genannt. Es ist hilfreich, wenn in diesem Zusammenhang Indikatoren definiert werden, anhand derer sich die Zielerreichung messen lässt. Ferner ist die Festlegung von Rahmenbedingungen, wie z. B. Vertraulichkeit und gegenseitige Commitments (z. B. Terminvereinbarungen, Terminverlegungen, Kommunikationswege), Gegenstand des Erstgespräches. Am Ende sollte für beide Seiten ein gemeinsames Verständnis bestehen, wie der Coachingprozess abläuft und wie das Verhältnis und der gegenseitige Umgang zwischen Coach und Coachee erfolgen.

Coachinggespräche

Phasen eines Coachinggesprächs

Die einzelnen Coachinggespräche können sich in ihrer Dauer und der inhaltlichen Gestaltung stark unterscheiden. In der Regel ist ein zeitlicher Rahmen von 60 bis 120 Minuten üblich.

Im Wesentlichen lassen sich vier Phasen unterscheiden:

■ Orientierungsphase

In der Orientierungsphase geht es darum, dass sich Coach und Coachee zunächst auf das Gespräch einstimmen und eine angenehme Arbeitsatmosphäre geschaffen wird. Hierzu zählt auch, dass eine ungestörte Räumlichkeit zur Verfügung steht und eine gedankliche Loslösung aus dem Tagesgeschäft möglich ist. Danach gilt es, das Thema und die Zielsetzung für das Coachinggespräch gemeinsam zu definieren und eine mögliche Anknüpfung an das letzte Coachinggespräch vorzunehmen.

■ Klärungsphase

Hier geht es darum, die Situation oder das Problem genauer zu definieren. Entscheidend ist, dass die Klärungsphase dazu dient, dass sich der Coachee über die gegenwärtige Situation klar wird. Hierzu setzt der Coach sogenannte Interventionen, in der Regel Fragetechniken, ein. Diese können zur Fokussierung (z. B. Wer war an der Situation beteiligt?), zur Klärung (Was genau verstehen Sie unter …?) oder zur Strukturierung (z. B. Bedeutet dies, dass es um die drei Problemfelder x, y, z geht?) dienen.

■ Veränderungsphase

Hier geht es um die Entwicklung von Lösungsmöglichkeiten. Dabei sollen sowohl bisher unternommene Lösungsversuche aufgegriffen und analysiert (Was haben Sie bisher versucht, um das Problem zu lösen?) als auch neue Lösungsmöglichkeiten gesammelt werden. Schließlich soll der Coachee die einzelnen Lösungsansätze, die Handlungsalternativen darstellen und für sich bewerten.

■ Abschlussphase

Das Coachinggespräch sollte immer einen klaren Abschluss haben, bei dem die Ergebnisse und Erkenntnisse festgehalten werden. Auch sollten konkrete Handlungspläne entwickelt und dabei vereinbart werden, wie der Coach den Coachee bei der Umsetzung unterstützen kann. Ferner gilt es, die weitere Vorgehensweise im Coachingprozess zu bestimmen und ggfs. den nächsten Coachingtermin zu vereinbaren.

Abschlussgespräch

Jeder Coachingprozess sollte ein Abschlussgespräch haben. Dabei geht es darum, das erreichte Ziel/Verhalten nochmals bewusst zu machen und zu reflektieren. Ferner sollten Maßnahmen ergriffen werden, die zur Stabilisierung des Erreichten dienen. Als Gegenstand des Abschlussgespräches ist auch eine Evaluation des Coachingprozesses vorzunehmen.

4.4.4 Literaturempfehlungen

Für eine intensivere Auseinandersetzung mit dem Thema Coaching dienen die nachfolgenden Literaturempfehlungen:

RAUEN, CHRISTOPHER (Hrsg.) (2005): Handbuch Coaching. 3. Auflage. Hogrefe Verlag: Göttingen.

RADATZ, SONJA (2010): Einführung in das systemische Coaching. Carl-Auer System Verlag: Heidelberg.

KÖNIG, ECKARD/VOLMER, GERDA (2002): Systemisches Coaching. Handbuch für Führungskräfte, Berater und Trainer. Beltz Verlag: Weinheim.

4.4.5 Coachingverbände

In Deutschland existiert eine Vielzahl von Verbänden, die sich mit dem Thema Coaching beschäftigen und Ausbildungen anbieten.

Nachfolgend eine Übersicht der sechs größten Verbände:

- DBVC Deutscher Bundesverband Coaching e. V. http://www.dbvc.de
- DCV Deutscher Coachingverband e. V. http://www.coachingverband.org
- DGfC Deutsche Gesellschaft für Coaching e. V. http://www.coaching-dgfc.de
- DFC Deutscher Fachverband Coaching e. V. http://www.dfc-verband.de
- Dvct Deutscher Verband für Coaching und Training e. V. http://www.dvct.de
- ICF International Coach Federation Deutschland e. V. http://www.coachfederation.de
(letzter Zugriff am 16. 10. 2013)

Coaching und Begleitung in beruflichen Veränderungsprozessen bieten ferner die Mitglieder der DGfK Deutsche Gesellschaft für Karriereberatung e.V. (http://www.dgfk.org).

4.5 Bedarfsorientiertes Fortbildungsmanagement

Ein bedarfsorientiertes Fortbildungsmanagement liegt weitgehend in der Verantwortung der einzelnen Schule. Für die Steigerung der Qualität von Unterricht und Schule werden hierzu Unterrichts-, Personal- und Organisationsentwicklungsprozesse kontinuierlich angestrebt. Die Kompetenzen der einzelnen Kollegen und damit die Personalentwicklung spielen im Rahmen des komplexen Anforderungsgefüges von Schule eine Schlüsselrolle.

4.5.1 Fortbildung für das Kollegium

Fortbildung ist insgesamt eine Notwendigkeit, um den sich verändernden schulischen Anforderungen gerecht zu werden. Im Sinne eines lebenslangen Lernens ist es vor allem im Lehrerberuf wichtig, durch Fortbildung seine Kompetenz zu erweitern bzw. sich für neue Aufgabengebiete zu qualifizieren. Hiermit ist zum einen die fachliche Fortbildung mit Unterrichtsfokus gemeint, zum anderen die Weiterbildung in Hinsicht einer umfassenden Lehrerprofessionalität, die im Rahmen der gesamten Handlungsfelder in der Schule auszufüllen ist.

Allgemein lassen sich Fortbildungsmaßnahmen in vier Bereiche einteilen:

- **Kognition:** u. a. berufliche Fachkenntnisse, Problemlösung, Kreativität, Beurteilung, Selbsterfahrung
- **Soziale Interaktion:** u. a. Führung, Kommunikation, Konfliktmanagement, Moderation, Beratung, Projektmanagement
- **Allgemeine Arbeitstechniken:** u. a. Umgang mit neuen Medien, Zeitmanagement, Arbeitsplanung
- **Sensomotorik:** manuelle Fertigkeiten (vgl. BUHREN/ROLFF 2009, 154)

Nach dem Vorschlag der KMK für die curriculare Schwerpunktsetzung in der Lehrerausbildung haben BUHREN/ROLFF (ebd., 155) folgende Inhaltsbereiche formuliert. Sie betonen, dass die Orientierung an den Inhaltsbereichen eigentlich ein Relikt aus der angebotsorientierten Fortbildung ist. Inzwischen geht man jedoch von der bedarfsorientierten Fortbildung aus, die sich konsequent am Bedarf der Lehrkräfte orientieren.

Inhaltsbereiche schulischer Fortbildung

Dementsprechend gelten folgende Inhaltsbereiche als ein Orientierungsrahmen für bedarfsorientierte Fortbildung (vgl. ebd., 155):

- Bildung und Erziehung
- Beruf und Rolle des Lehrers
- Beratung und Verwaltung
- Didaktik und Methodik
- Lernen, Entwicklung, Sozialisation
- Leistungs- und Lernmotivation
- Differenzierung, Inklusion und Förderung
- Diagnostik, Beurteilung und Beratung
- Kommunikation
- Medienbildung
- Schulentwicklung
- Bildungsforschung

Diese Inhaltsbereiche können zu **vier Kompetenzbereichen** zusammengefasst werden: Unterrichten, Erziehen, Beurteilen und Innovieren.

Reflexion: Lohnende Fortbildung

Klären Sie an dieser Stelle, wann sich eine Fortbildung für Sie (nicht) gelohnt hat:

Fortbildung hat sich gelohnt, wenn ...

_____

Fortbildung hat sich nicht gelohnt, wenn ...

_____

Fortbildungen werden nicht immer als Gewinn gesehen, vor allem wenn die Fortbildung nicht den Erwartungen entspricht und sich für den Teilnehmenden nicht „gelohnt" hat. Dem kann entgegengewirkt werden, indem man seine eigenen Bedürfnisse und Erwartungen klärt und sich für Fortbildungen anmeldet, die man gerade „braucht". Deshalb ist es sinnvoll, den Fortbildungsbedarf mit dem Kollegium wie auch mit einzelnen Kollegen im Vornhinein zu klären.

Von besonderer Bedeutung ist die Transfersicherung der Fortbildungen. Das Erlernte sollte in schulhausinternen Fortbildungen, Anwendung im schulischen Alltag und Evaluationsmaßnahmen gesichert bzw. nachgewiesen werden.

Leitfragen für die Fortbildungsplanung

Welche Themenbereiche/Inhaltsbereiche haben Priorität?

_____

In welchem inhaltlichen Zusammenhang zum Schulprogramm soll die Fortbildung stehen?

_____

Welchen Mehrwert hat die Fortbildung für die Schule?

_____

Wie wird das Erlernte implementiert?

_____

Welche Transfer- und Feedbackmaßnahmen sind geplant?

_____

(vgl. BUHREN/ROLFF 2009, 160)

4.5.2 Führungsfortbildung

Die Aufgabe der Schulleitung spricht spezifische Kompetenzbereiche an. Die einzelnen Bundesländer stellen für die Schulleiter(vor)qualifizierung Fortbildungsmöglichkeiten zur Verfügung. Teilweise werden auch Orientierungskurse für interessierte Lehrkräfte angeboten, die vorhaben, in die Schulleitung zu wechseln. In diesen „Vorbereitungskursen" oder auch „Assessment-Centern" wird die Profession Schulleitung mit den Tätigkeitsfeldern und erforderlichen Kompetenzen vorgestellt, außerdem wird die Motivation zur beruflichen Veränderung vom Lehrer hin zum Schulleiter reflektiert. Gleichzeitig dienen diese Assessment-Centern der persönlichen Standortbestimmung und geben Auskunft über die Entwicklungspotenziale als künftiger Schulleiter.

Folgende Übersicht zeigt zentrale Themenbereiche von Schulleitung auf.

Themenbereiche	Beispiele
Führung Führungsinstrumente	■ Führungsgrundsätze ■ Rollenklärung ■ Führungsstile ■ Projektmanagement ■ Führungsinstrumente ■ Schulentwicklung ■ Kommunikation ■ Kooperation ■ Unterrichtsqualität ■ Besprechungen leiten ■ Teamentwicklung ■ …

Kommunikation in Führungssituationen	■ Grundlagen der Kommunikation ■ Kommunikationsmodelle ■ (Lösungsorientierte) Gesprächsführung ■ Gespräche in Führungssituationen: – Konfliktgespräche – Beratungsgespräche – Mitarbeitergespräch – Zielvereinbarungsgespräch ■ …
Moderation	■ Visualisieren und Präsentieren ■ Projektmoderation und Präsentation ■ Gruppenmoderation ■ Kreativitäts- und Entscheidungstechniken ■ Konfliktmoderation ■ Moderation und Kommunikation ■ Nonverbale Kommunikation und Gruppendynamik ■ …
Qualitätssteuerung und -management	■ Schulprogramm ■ Entwicklung eines Leitbildes ■ Implementierung von QE-Systemen ■ Prozesssteuerung ■ Unterrichtsentwicklung ■ Kollegiale Hospitation/Beratung ■ Interne und externe Evaluation ■ …
Zudem seien die Themenbereiche (EDV-gestützte) Schulverwaltung, Öffentlichkeitsarbeit, Schul- und Personalrecht genannt.	

Abb.: Kompetenzbereiche von Schulleitung

Reflexion: Prioritätenliste

Legen Sie sich eine eigene Prioritätenliste der Themen an, die für Sie zunächst dringlich sind.

1. _____

2. _____

3. _____

Einen Überblick über die Fortbildungsmöglichkeiten der einzelnen Bundesländer mit weiterführenden Internetlinks finden Sie auf der CD-ROM.

4.5.3 Weitere Unterstützungssysteme
Kollegiale Hospitation

Als Basis für die kollegiale (Unterrichts-)Hospitation wird eine gemeinsame Vereinbarung von Beobachtungsaufträgen zugrunde gelegt (siehe auch Kapitel 8.3.5 „Möglichkeiten der Unterrichtsbeobachtung"). Da die meisten Lehrkräfte sehr ungeübt sind in diesem Verfahren, sollte der Sitzungsabstand nicht größer als vier bis sechs Wochen sein.

Für eine Hospitationsstunde sollte eine 45-minütige Unterrichtseinheit veranschlagt werden, außer die zeitliche Unterrichtsorganisation ist an der Schule anders festgelegt. Die hospitierte Lehrkraft wählt im Vorfeld den Beobachtungsfokus sowie die Methode der Beobachtung aus. Sinnvoll ist es, den Beobachtungsaspekt durch Indikatoren zu präzisieren und möglicherweise zu erläutern und zu begründen. Zur gedanklichen Vorbereitung sollte dem Beobachter etwas Zeit gegeben werden, um sich über die Form der Beobachtungsmitschrift und die Beobachtungsindikatoren Gedanken machen zu können. Zu Beginn kollegialer Hospitation sollte sich an die Vereinbarung bezüglich des Beobachtungsschwerpunkts gehalten werden, denn dies schafft Vertrauen und Sicherheit. Ist ein Tandempaar versierter in dieser Form der gegenseitigen Unterstützung, kann die Beobachtung eine zunehmende Öffnung für fremde Sichtweisen und Wahrnehmungen zum eigenen Unterricht ermöglichen.

Nach der Unterrichtshospitation sollte mindestens eine Stunde für eine gemeinsame Reflexion des Unterrichtsprotokolls zur Verfügung stehen. Damit ein Feedback die individuelle Entwicklung fördert und die Persönlichkeit stärkt, sollte die Rückmeldung immer konstruktiv sein, indem sie konkrete Informationen so anbietet, dass sie die Fähigkeit des Feedbacknehmers berücksichtigt, diese zu verstehen und zu verarbeiten (vgl. BUHREN 2012, 69).

Kollegiale Beratung

Mit kollegialer Beratung ist eine wechselseitige Reflexion unter Kollegen gemeint, um Unterstützung bei Problemlösungen zu bekommen bzw. mit dem Ziel, Anregungen für die berufliche Praxis zu erhalten.

Es gibt jedoch für kollegiale Beratung eine Reihe unterschiedlicher Benennungen, die sich auch in verschiedenen Konzepten niederschlagen: kollegiale Supervision, kollegiale Fallberatung, LoB (lösungsorientierte Beratung und Supervision), Intervision, kooperative Beratung, kollegiales Teamcoaching, ressourcenorientierte Teamarbeit. Gemein ist allen, dass es sich bei allen Konzepten um eine Form von Beratung handelt, sodass die Merkmale der Beratungskonzepte, die man in der Beratungstätigkeit mit Klienten und Klientinnen anwendet, auch hier gelten. Beratung ist zu verstehen als dialogischer Prozess des Sich-Beratens. Ziel des Prozesses ist Veränderung durch Hilfe zur Selbsthilfe, d.h., Menschen erfahren Unterstützung, sich selbst zu ändern.

Detaillierte Informationen zur kollegialen Beratung und Hospitation finden Sie im Band *Schulleitung im Team,* herausgegeben von STEFAN SEITZ und PETRA HIEBL, Cornelsen 2014.

Supervision

Supervision ist eine Form der Beratung von Einzelpersonen, Gruppen oder auch Organisationen. Durch die Moderation eines Supervisors wird berufliches Handeln geprüft und verbessert. Dazu werden Ziele vereinbart. Inhalte können die pädagogische Arbeit sein, die Rollen- und Beziehungskultur, die Zusammenarbeit im Team oder auch in der gesamten Schule.

Coaching

Coaching bezeichnet eine Vielzahl von Trainings- und Beratungskonzepten zur Entwicklung und Umsetzung persönlicher oder beruflicher Ziele und der dazu notwendigen Kompetenzen. Beispiele sind Führungs-, Umsetzungs- und Selbstmanagementkompetenzen. Die Themen richten sich dabei an den Bedürfnissen der einzelnen Schule aus. Schulleitungsteams werden somit durch externe Moderatoren oder Experten dabei unterstützt, komplexe Leitungsaufgaben effektiv zu bewältigen (siehe auch Kapitel 4.4 „Coaching").

5 Kommunikation
Stefan Seitz / Petra Hiebl

5.1 Grundlagen der Kommunikation

„Man kann nicht nicht kommunizieren." (WATZLAWICK)

Auf diese einfache und doch überaus treffende Formel hat Paul WATZLAWICK das zwischenmenschliche Interagieren gebracht. Er spricht von der „Unmöglichkeit, nicht zu kommunizieren" (WATZLAWICK 2011, 58). So verbringen Menschen im Durchschnitt 80 Prozent ihrer Wachzeit damit zu kommunizieren (vgl. BAY 2010, 27). Sie tun dies selbst dann, wenn sie etwa schweigend im Zugabteil nebeneinandersitzen oder wortlos aneinander vorbeigehen. Doch so alltäglich und gewohnt das Miteinanderreden sein mag, immer ist es auch eine Fundgrube für Störungen: Gesprächspartner reden aneinander vorbei, fühlen sich unverstanden, fallen einander ins Wort oder geraten in Streit. Die Fähigkeit, gute Gespräche zu führen, wurde den meisten Menschen nicht in die Wiege gelegt. Besonders problematisch ist, dass auch die schulische Bildung diesen Mangel nach wie vor nachlässig behandelt. Besonders zu bedauern ist ein derartiges Defizit an rhetorischen Grundfertigkeiten in Berufsfeldern, in denen Gespräche einen zentralen Bestandteil der täglichen Arbeit bilden.

So leben gerade auch im Kontext von Schule die zwischenmenschlichen Interaktionen in einem hohen Maße davon, dass die Gesprächspartner über die notwendigen rhetorischen Grundkenntnisse und Grundfertigkeiten verfügen. In der Kommunikation mit anderen Menschen, noch viel mehr mit jenen, denen man als Dienstvorgesetzter begegnet, empfehlen sich verschiedene Strategien, die eine Gesprächssituation aufzulockern und zu entkrampfen verhelfen. Drei wesentliche sollen im Folgenden kurz vorgestellt werden.

5.1.1 Das Vier-Ohren-Modell

Was ist das für einer? Was ist mit ihm?	*Wie ist der Sachverhalt zu verstehen?*
Wie redet der eigentlich mit mir? Wen glaubt er vor sich zu haben?	*Was soll ich tun, denken, fühlen auf Grund seiner Mitteilung?*

Jede Nachricht enthält vier verschiedene Botschaften.

FRIEDEMANN SCHULZ VON THUN, Professor für Psychologie, hat mit seinem Vier-Ohren-Modell ein Kommunikationsmodell konzipiert, das davon ausgeht, dass jede von einer Person ausgesendete verbale Nachricht vier verschiedene Botschaften enthält und dementsprechend vom Gesprächspartner auf vier verschiedenen Ebenen wahrgenommen werden kann. Dem Modell zufolge gibt es bei jeder Botschaft:

- Eine **Sachebene:** Jede Nachricht enthält eine sachliche Mitteilung, ein bloßes Weitergeben des eigentlichen, realen Sachverhalts. Der Inhalt dieser Ebene lässt sich dementsprechend leicht überprüfen. Durch die grundsätzliche Neutralität dieser Aussageebene gibt das Gesagte so gut wie keinen Anlass zu Konflikten.

- Eine **Selbstoffenbarungsebene:** Hier wird dem Gegenüber etwas vom Sprecher selbst mitgeteilt, ein Sachverhalt, der Einblick in die Persönlichkeit des Sprechers gewährt. Dies kommt dadurch zustande, dass alle Aussagen mit einer persönlichen Wertung versehen werden. Ein Teil dieser Selbstdarstellung ist hierbei durchaus gewollt. Allerdings werden mit der Botschaft zugleich auch verdeckte Persönlichkeitsstrukturen offenbart, die durchaus Anlass zur Konfrontation bieten können.
- Eine **Beziehungsebene:** Der Sprecher signalisiert dem Gegenüber, in welcher Beziehung er sich persönlich zu ihm sieht, wie er zu ihm steht und die gemeinsame Wir-Ebene definiert. Zum anderen bedeutet er ihm auf dieser Ebene auch, was er letztlich von seinem Gegenüber hält. Unterstrichen werden die Aussagen dabei auch von der Körpersprache, mit welcher der Sprecher seine Äußerungen dem anderen gegenüber unterstreicht. Auch auf dieser Ebene ist Potenzial zu zahlreichen Konflikten verborgen.
- Eine **Appellebene:** Die vierte Ebene einer Botschaft besitzt schließlich einen appellativen Charakter. Hiermit wird eine Aussage darüber getroffen, welche zukünftige Reaktion der Sprecher sich am liebsten von seinem Gesprächspartner erhofft, in welcher Weise dieser sein Denken, Fühlen und Handeln verändern sollte. Letztliches Ziel ist also eine direkte oder auch indirekte Einflussnahme bis hin zur Manipulation des anderen.

„Ich habe schon auf Sie gewartet."
Sachebene: *„Ich habe gemerkt, dass unser festgelegter Termin schon gekommen ist."*
Selbstoffenbarungsebene: *„Ich bin ein pünktlicher und zuverlässiger Mensch, der großen Wert auf die Tugend der Pünktlichkeit legt."*
Beziehungsebene: *„Sie sind unpünktlich, obwohl wir einen festen Termin vereinbart hatten. Ich halte diese Termine auch ein. Ihnen muss ich wohl noch ein besseres Gefühl für Pünktlichkeit beibringen."*
Appellebene: *„Seien Sie beim nächsten Mal pünktlicher!"*

Beispiel

Der Empfänger hat prinzipiell freie Auswahl, mit welchem Ohr er eine Nachricht aufnimmt. Je nachdem, wie die Lehrkraft die Aussage der Schulleitung über das beobachtete dienstliche Verhalten versteht, fallen ihre Reaktionen und der weitere Gesprächsverlauf unterschiedlich aus.

Die meisten Menschen haben in Abhängigkeit von ihrer Persönlichkeit, der jeweiligen Situation oder ihrer Beziehung zum Gesprächspartner besonders ausgeprägte Empfangsgewohnheiten und reagieren mit gewohnten, eingespielten Mustern:

Bei vielen Lehrkräften ist das **Beziehungsohr** besonders stark ausgebildet. Sie fühlen sich leicht angegriffen, hören schnell Anschuldigungen heraus oder sehen ihre Kompetenz infrage gestellt. In der Folge verteidigen oder rechtfertigen sie ihr eigenes Verhalten oder schieben die Verantwortung der Schulleitung zu.

„Über meine Arbeit hat sich bisher noch nie jemand beschwert!"

Auch das **Appellohr** ist bei Lehrern gerne auf Empfang gestellt. Menschen mit dieser Vorliebe hören vor allem Erwartungen des Gesprächspartners, fühlen sich schnell unter Druck gesetzt und aufgefordert, ihr Verhalten zu korrigieren. Sie wollen es dem anderen Recht machen oder gehen auf Konfrontation.

„Sie können mir nicht vorschreiben, wie genau ich mit meinen Schülern umzugehen habe!"

Problematisch wird die Gesprächssituation somit gerade dann, wenn die ausgesendete Botschaft und das Ohr, mit welchem das Gegenüber die Botschaft wahrnimmt, nicht übereinstimmen. Reden Sprecher und Gesprächspartner auf verschiedenen Gesprächsebenen, so sind die Folge hiervon oftmals Missverständnisse und Konflikte. Letztere kommen mitunter auch dadurch zustande, dass Teilbotschaften nicht deutlich ausgesprochen werden und die eigentliche Hauptbotschaft im Verborgenen bleibt. Diese liegt häufig auf der Beziehungs-, Selbstkundgabe- oder Appellebene und wird implizit gesendet mittels **nonverbaler Elemente.** Dazu gehören Tonfall, Sprechmelodie, Lautstärke, Körperhaltung, Gestik und Mimik. Aber auch die Körpersprache lässt Spielraum für Interpretationen und Missverständnisse, vor allem dann, wenn nonverbale und verbale Signale einander widersprechen (vgl. Schulz von Thun 2007, 23 ff.).

Rechtfertigungen, unüberlegte Handlungsschritte, Gegenvorwürfe verhärten die Atmosphäre und blockieren die gemeinsame Suche nach Lösungen. Denn dazu wäre es nötig, noch mehr Facetten und Hintergründe des Problems im Gespräch herauszuarbeiten (vgl. ebd., 44 ff.).

Derartige Missverständnisse gilt es, bereits im Vorfeld durch ein geeignetes Aussenden der richtigen Botschaften möglichst zu verhindern. Der Sender einer Botschaft sollte so lernen zu erkennen, auf welchen Ebenen seine Botschaft vom Gegenüber noch wahrgenommen werden könnte, und sich gegebenenfalls durch Rückfragen versichern, ob die Botschaft auch so angekommen ist, wie sie wirklich gemeint war. Der Empfänger der Botschaft wiederum sollte überlegen, was ihm der Sender möglicherweise noch alles mit der Aussage mitteilen wollte und welche Rückschlüsse er hieraus für die gemeinsame Interaktion ziehen sollte.

Übung: Welche Botschaften höre ich heraus?

Notieren Sie vier mögliche Botschaften, die Sie als Empfänger aus den folgenden Aussagen heraushören könnten.

Überlegen Sie, auf welchem Ohr Sie die Botschaft vermutlich zuerst wahrnehmen würden. Notieren Sie, wie Sie möglicherweise reagieren würden und welche Folgen Ihre Reaktion für den weiteren Gesprächsverlauf haben könnte.

Lehrkraft: *„Das Bild unserer Schule in der Öffentlichkeit ist nicht das beste. Wir müssen an unserem Image arbeiten!"*

Sache: _____

Selbstkundgabe: _____

Beziehung: _____

Appell: _____

Nutzen für professionelle Gespräche

Das Wissen um die verschiedenen Ebenen der Kommunikation ist für eine Schulleitung eine gute Grundlage, um ihre Gesprächsfähigkeiten zu verbessern.

Dies kann besonders dann gelingen, wenn sie

■ als **Sender** möglichst verständlich, stimmig und klar ihre Botschaften formulieren. Denn Unklarheiten schaffen Raum für Interpretationen und erhöhen somit die Gefahr von Missverständnissen.

■ als **Empfänger** ein gutes Ohr für die Sachinformationen und insbesondere die Selbstmitteilungen der Lehrkräfte haben. Wenn sie die Gefühle wahrnehmen, die sich hinter vermeintlichen Angriffen verstecken, können sie Gespräche in eine positive Richtung lenken.

■ die **Beziehungsebene** stets im Auge behalten. Denn: „Auf der Beziehungsebene werden die Weichen für die Qualität des Verständigungsprozesses gestellt" (Bay 2010, 10).

5.1.2 Aktives Zuhören

Die meisten Menschen haben ein ausgeprägtes Bedürfnis, anderen Personen ihre persönlichen Ansichten, mitunter auch ihre innersten Emotionen mitzuteilen. Dies gilt in besonderem Maße auch für Lehrkräfte. Sie brauchen ein offenes Ohr der Schulleitung, um sowohl ihre Belastungen als auch möglichen Unmut äußern zu können.

„Reden ist ein Bedürfnis – Zuhören eine Kunst." (GOETHE)

Erfolgreiche Gesprächsführung in einer zwischenmenschlich angenehmen Atmosphäre ist somit untrennbar verknüpft mit der Fähigkeit, dem Gesprächspartner wirklich zuzuhören und ihm zu signalisieren, dass man seine Botschaften auch wahrnimmt und inhaltlich nachzuvollziehen versucht.

Eine Fokussierung auf die zentralen Aussagen des Gegenübers meint, nicht nur aneinander vorbeizureden, sondern wirklich widerzuspiegeln, **dass man verstanden hat oder zumindest verstehen möchte.** Hierfür ist es zunächst einmal wichtig, den anderen auch wirklich aussprechen zu lassen und ihm nicht ins Wort zu fallen. Eigene Erfahrungen, Meinungen und Gefühlsäußerungen werden vom „Zuhörer" in dieser Phase des Gesprächs zurückgehalten. Stattdessen unterstützt er den Gesprächspartner dabei, sich seiner eigentlichen Gefühle, Meinungen und Wünsche bewusst zu werden und diese offen und deutlich auszusprechen. Auf diese Weise kann er den Gesprächspartner besser verstehen und zum Kern seines Anliegens vordringen.

Eigene Anmerkungen und Fragen kann man sich auch zwischendurch in Form von kurzen **Gesprächsnotizen** aufschreiben, ohne gleich den Faden zu verlieren.

Zudem ist es günstig, dem anderen dieses Zuhören durch optisch wahrnehmbare Zeichen erkennbar zu machen (z. B. durch direktes Ansehen, durch Kopfnicken, eine offene und zugewandte Körperhaltung).

Erst wenn der andere zu Ende gesprochen hat, ergibt sich die Gelegenheit zum Nachfragen, wenn man etwas nicht verstanden hat. Auch helfen entsprechende Aussagen, dem Sprecher das Verstehen zu bestätigen, z. B. indem man **das Gesagte noch einmal mit eigenen Worten zusammenfasst.** Hierbei kann man beginnen mit Äußerungen wie:

- *„Sie haben erzählt, dass ..."*
- *„Habe ich Sie richtig verstanden, dass ...?"*

Der Sender kann bestätigen oder korrigieren. Beides führt zu Klarheit auf der Sachebene.

Zudem gilt es auch, die **Gefühle** des anderen zu reflektieren und anzusprechen, die in einer Aussage mehr oder weniger verdeckt mitschwingen. Der Gesprächspartner findet sein inneres Erleben wie in einem Spiegel reflektiert. Das Selbstkundgabeohr ist besonders auf Empfang gestellt. Nützliche Hinweise auf die emotionale Befindlichkeit geben nonverbale Signale.

Der wahrgenommene Gefühlszustand sollte dabei nicht in Form einer Frage, sondern als **Feststellung** (Statement) ausgesprochen wird:

L1: *„Ich habe so viel Vorbereitungsarbeit in meiner Klasse investiert. Jetzt ist die Probearbeit wieder recht schlecht ausgefallen."*

L2: *„Sie sind enttäuscht wegen der vergeblichen Lerninvestitionen."*

Entscheidend ist nicht, das „richtige" Gefühl zu treffen. Der Gesprächspartner wird automatisch korrigieren, wenn der Zuhörer etwas fehlinterpretiert.

Zuletzt ist es wichtig, die Meinung des anderen auch zu respektieren, selbst wenn man sie nicht teilt.

Grundhaltungen beim Zuhören

- Interesse am Gesprächspartner und die Absicht, ihn zu verstehen
- Bereitschaft, sich in die Lage des anderen hineinzuversetzen und einzufühlen (Empathie)
- Verständnis und Anerkennung für seine Sicht der Dinge, seine Befindlichkeit, seine Wünsche, auch wenn man anderer Meinung ist

Der Wert Aktiven Zuhörens für Mitarbeitergespräche

Schulleitungen können sich entlasten, indem sie Probleme der Lehrkräfte nicht zu ihren eigenen machen, sondern diese auf der Suche nach Lösungen beraten und unterstützen.

Durch Aktives Zuhören können Schulleitungen dazu beitragen, dass

- Missverständnisse vermieden bzw. aufgedeckt und Unklarheiten beseitigt werden,
- sich Lehrkräfte gefühlsmäßig öffnen und der Kern ihres Anliegens auf den Tisch kommt,
- eine entspannte Atmosphäre entsteht, in der sich Lehrkräfte verstanden und als gleichwertige Partner ernst genommen fühlen,
- Emotionen nicht „hochkochen".

5.1.3 Ich-Botschaften

Eine dritte Kommunikationsregel ist die Verwendung von Ich-Botschaften im Gespräch.

Die Kommunikationspsychologie unterscheidet diese von den sogenannten Du-Botschaften. Wenn Probleme zu bereden sind, fällt es im privaten wie beruflichen Kontext den meisten Menschen leichter, **Aussagen über den anderen** zu treffen – zu sagen, was an ihm stört, was er besser machen soll – als über sich selbst zu sprechen.

Sie senden sogenannte **Du-/Sie-Botschaften:**

„Sie arbeiten mit veralteten Unterrichtsmethoden."

„Sie sind morgens unpünktlich."

Eine Gegenüberstellung kann die unterschiedliche Wirkung von Du- und Ich-Botschaften hervorheben:

Du-/Sie-Botschaften	Ich-Botschaften
Sie sind sehr unpünktlich.	*Ich bin zuständig für eine angemessene Betreuung und Beaufsichtigung unserer Schüler.*
Ich finde, Sie sollten mich mal ausreden lassen.	*Ich wünsche mir, dass ich ohne Unterbrechung erzählen kann.*

Da Du-/Sie-Botschaften vielfach eine persönliche Wertung enthalten, sei es in Form von Vorwürfen, Anschuldigungen, Belehrungen, Urteilen, Anweisungen oder auch Ratschlägen, werden diese vom anderen häufig als Verletzung, Drohung oder Maßregelung verstanden. In der Folge werden beim anderen in der Regel Widerstand und das Bedürfnis sich zu verteidigen geweckt, wodurch die Beziehungsebene geschädigt und eine effektive Kommunikation auf der Sachebene verhindert wird.

Ich-Botschaften hingegen teilen dem anderen offen und ehrlich genau das mit, was man konkret beobachtet. Hinzu kommen Aussagen, was man durch die Beobachtung selbst empfunden hat bzw. welche emotionalen Auswirkungen diese Beobachtung auf die eigene Person hat. Hierdurch wird beim Gesprächspartner Betroffenheit ausgelöst.

Eine Ich-Botschaft sagt nicht:

„Sie sind das Problem, wegen Ihnen ärgere ich mich."

Sondern:

„Ich habe mit einem bestimmten Verhalten ein Problem und ich ärgere mich, weil die Folgen mich oder andere beeinträchtigen."

Eine vollständige Ich-Botschaft enthält nach THOMAS GORDON (2005, 165) **drei Komponenten:**

1. Das **Verhalten**, mit dem die Schulleitung nicht einverstanden ist, sollte **möglichst konkret beschrieben** werden. (Sache)

   Wörter wie *immer/ständig/nie* machen aus Verhaltensbeschreibungen Pauschalaussagen, die die Wirklichkeit verzerren und den anderen aburteilen.

   Konkrete, realitätsnahe Beschreibungen machen das Problem lösbar und können leichter angenommen werden: *„Sie sind seit letzter Woche dreimal zu spät zum Unterricht erschienen."*

2. Das als störend empfundene Verhalten löst beim Sender **Gefühle** aus, die möglichst ehrlich – ohne Über- und Untertreibung – ausgesprochen werden sollten. (Selbstkundgabe)

3. Mit einer Aussage über die erwartete **Konsequenz** wird begründet, weshalb eine Verhaltensänderung wünschenswert bzw. notwendig ist. (Appell)

> *„Du-Botschaften helfen nicht bei der Problemlösung, sondern schaffen noch zusätzliche Probleme oder vergrößern bestehende"* (BAY 2010, 87).

Vor allem, wenn Sie den Eindruck haben, dass Ihre bisherigen Aussagen noch nicht die gewünschte Wirkung erzeugt haben, kann es in Mitarbeitergesprächen sinnvoll sein, **Wünsche** und **Erwartungen**, die sich aus der beschriebenen Situation ergeben, in Form einer Ich-Aussage zu äußern, z. B.: *„Ich ärgere mich, wenn Sie bei anderen schlecht über mich reden. Ich wünsche mir, dass Sie mir Unstimmigkeiten in Zukunft gleich selbst direkt mitteilen."* Oder: *„Ich bin wütend, wenn Sie mich jedes Mal einige Minuten warten lassen. Ich wünsche mir, dass Sie in Zukunft pünktlich zu unseren Terminen erscheinen."*

Tipp

Durch die richtige Verwendung von Ich-Botschaften erfährt das Gegenüber also zum einen die von mir wahrgenommenen Sachverhalte und zum anderen die Gefühle, die sich dabei in mir entfalten, bzw. warum sich diese entwickeln. Hierdurch bietet sich somit schon im Vorfeld eine Möglichkeit, das persönliche Gespräch deeskalierend zu gestalten und stattdessen ein Gesprächsklima der Partnerschaft, des gegenseitigen Vertrauens sowie der Lösungsorientierung zu schaffen.

Vorteile von Ich-Botschaften:

- Ich-Botschaften sind leichter annehmbar. Sie wirken positiv auf der Beziehungsebene.
- Sie können zum Nachdenken anregen und Betroffenheit auslösen. Sie appellieren, ohne unter Druck zu setzen.
- Wer Ich-Botschaften sendet, muss sich seines eigenen Standpunktes, seiner Gefühle und Bedürfnisse bewusst sein, was zu einer klareren Kommunikation führt.
- Wer sich im Gespräch öffnet, fördert das Vertrauen zwischen den Gesprächsteilnehmern. Ich-Botschaften ermutigen den anderen, auch über sich selbst zu sprechen (vgl. GORDON 2005, 131 ff. / BAY 2010, 90 ff.).

Übung: Ich-Botschaften formulieren

„Übersetzen" Sie folgende Du-/Sie-Botschaften in Ich-Botschaften.

Du-/Sie-Botschaft	Ich-Botschaft
„Sie machen Ihre Arbeit vorbildlich!"	
„Sie sind bei den Abgabeterminen immer sehr spät dran. Sie sollten rechtzeitiger daran denken!"	

> **Ich-Botschaften sind kein Allheilmittel.**

Auch Ich-Botschaften können allerdings zur Konfrontation führen, z.B. wenn die Gemüter sehr erhitzt sind oder der Empfänger den Gesprächspartner eindeutig für schuldig hält.

Sie büßen an Wirkung ein, wenn sie zum routinierten „Psycho-Jargon" werden und sich damit von ihrem Grundgedanken entfernen: dem Gesprächspartner einen Einblick in die eigene, subjektive Wahrnehmung der Wirklichkeit zu gewähren, die damit verbundenen Empfindungen und Gedanken mitzuteilen, um auf diesem Weg menschliche Verständigung zu erleichtern.

Und manchmal kann die „kommunikationspsychologisch verpönte Du-Botschaft (Du bist ein furchtbarer Quälgeist) ein authentischeres Bekenntnis zur eigenen Gereiztheit sein als die konzeptgemäß formulierte Ich-Botschaft (Ich möchte im Augenblick lieber [...])" (SCHULZ VON THUN 2007, 263 f.).

> *Aktives Zuhören, Ich-Botschaften und ein strukturierter Gesprächsverlauf sind nützliche Werkzeuge, um auf der Basis des Kommunikationsmodells Gespräche professionell zu gestalten.*

Selbstreflexion: Mein Gesprächsverhalten

Diese Grundelemente haben sich in meinen Gesprächen bislang als erfolgreich erwiesen (für die Gesprächsatmosphäre, den Inhalt des Gesprächs, den Ausgang der Unterhaltung etc.):

_____

Diese Grundelemente haben sich in meinen Gesprächen vielfach als hinderlich / wenig gesprächsfördernd erwiesen:

_____

Das gelingt mir in Gesprächen mit Kollegen schon sehr gut:

_____

Das gelingt mir in Gesprächen mit Kollegen bislang noch nicht gut genug:

_____

5.2   Mitarbeitergespräche

5.2.1   Zielstellung und Implementierung

Das Mitarbeitergespräch zwischen Schulleitung und Lehrkraft ist ein Instrument, in dem die Beteiligten regelmäßig (üblicherweise jährlich mit zusätzlichen Review-Terminen) oder bei Bedarf spezifische Inhalte (wie etwa Zielvereinbarungen, Weiterbildung, Entwicklungsmöglichkeiten, persönliche Rückmeldungen, offene Fragen) besprechen.

„**Themenstruktur** solcher Jahresgespräche ist

- der Blick zurück auf das letzte Jahr: Teilarbeitsplätze, Unterricht, Elternarbeit, Schulleben; Abgleichen der Zielsetzungen des letzten Jahresgesprächs; Thematisieren evtl. Differenzen;

- der entsprechende Blick zurück auf die Kooperation mit Kolleginnen, Kollegen und der Schulleitung;

- neue Zielvorstellungen: Welche eigene Entwicklung braucht eine Lehrperson dafür und welche Unterstützung möchte sie anfordern" (BÖTTCHER/MOSING 2006, 969).

Das Mitarbeitergespräch geht aufgrund seiner Planung und inhaltlichen Vorbereitung über die täglichen Gespräche aus aktuellem Anlass hinaus und erfüllt hierbei eine Reihe wesentlicher Aufgaben:

- Regelmäßiger Austausch mit **allen** Lehrkräften zur Verbesserung der Zusammenarbeit

- Kennenlernen atmosphärischer Aspekte und zukünftiger Vorstellungen und Anliegen der Lehrkräfte

- Aufgaben- und Zielbestimmung zukünftiger Arbeits- und Einsatzfelder

- Gesprächsführung auf „neutraler" Basis und nicht erst anlässlich einer dienstlichen Beurteilung

- Chance auf geregelten Kontakt mit „problematischen" Lehrkräften

- Ermittlung eines komplexen Eindrucks über die Schulstruktur und das an einer Schule vorhandene Beziehungsgefüge

- Möglichkeit zur friedlichen Beilegung von Konflikten bei unterschwelligen Auseinandersetzungen im Kollegium

Jahresgespräche können „mehr Kontinuität in die Entwicklung der einzelnen Personen und der Schule insgesamt bringen. In Jahresgesprächen werden verschiedene Komponenten gekoppelt – Nachsorge (Auswertung der zurückliegenden Arbeitsperiode) und Vorsorge, wechselseitiges kritisches Feedback und gemeinsame Bewertung des Entwicklungsstands der Schule, Änderungsempfehlungen und Entwicklungswünsche etc. –, die den Geltungsbereich der jeweils eigenen Zuständigkeit von Lehrkraft wie von Schulleiter/in deutlich machen" (BÖTTCHER/MOSING 2006, 963).

> *Jahresgespräche bringen mehr Kontinuität in der Personalentwicklung.*

Beim gegenseitigen Kennenlernen können also sowohl die jeweiligen kreativen Ressourcen wie auch mögliche Konfliktfelder angesprochen werden. Für die Schulleitung stellt es somit eine unvermeidbare Verpflichtung dar, kritische Einschätzungen über einzelne Lehrkräfte mit diesen offen zu thematisieren und einen direkten und konstruktiven Dialog über vorhandenen Dissens und dessen Bearbeitung anzubieten. Allerdings sollten tiefer gehende Kontroversen möglichst in einem angebotenen Folgegespräch stattfinden, um ein Mitarbeitergespräch nicht zu einem Kritikgespräch ausarten zu lassen. Umgekehrt sollten auch Lehrkräfte darauf verpflichtet werden, im Jahresgespräch Kritikpunkte auszuklammern und lieber im Vorfeld oder bei einem gesonderten Gesprächstermin anzusprechen.

Zielvereinbarungen

BÖTTCHER/MOSING (ebd., 967) plädieren zudem dafür, bei erstmaligen Mitarbeitergesprächen mit neuen Kollegen durchaus bestimmte Zielvorgaben miteinander abzustecken, bei längerjährigen Kollegen hingegen keine formellen Zielvereinbarungen anzuvisieren oder gar vorzugeben. „Wir empfehlen hier vielmehr, über Ziele zu sprechen, Zielkonsens oder Zieldissens zu benennen und dabei alle angebotenen Selbstbindungen einer Lehrperson wie auch Selbstbindungsangebote von mir als Schulleiter/in [...] in das Protokoll aufzunehmen."

Führt eine Schulleitung Mitarbeitergespräche erstmalig an ihrer Schule ein bzw. kommt sie neu in

Implementierung von Jahresgesprächen

ein Kollegium, so ist es bedeutsam, zunächst die Zielsetzung dieses Führungsinstrumentes sowie die damit verbundenen Rahmenbedingungen vorzustellen.

Nach BÖTTCHER/MOSING (ebd., 977) kann sich der Ablauf der Implementierung folgendermaßen gestalten:

Vor der Konferenz:

- Was will ich als Schulleiter mit Jahresgesprächen erreichen?
- Sofern delegiert werden soll: Wie denken die zu beteiligenden anderen Mitglieder der Schulleitung? Was muss ich noch mit ihnen klären?

In der Konferenz:

- Ich stelle als Schulleiter Jahresgespräche als für mich sinnvolles Gesprächsinstrument dar, das ich – unabhängig von der Einschätzung solcher Gespräche durch die Lehrer – nutzen werde; ich lade die Lehrer ein, dass ihr Feedback, wie sinnvoll solche Gespräche für sie waren, Teil des Austauschs sein wird.
- Erläuterung des Gesprächskonzepts, seiner Zwecke, seiner Themen, der Verabredungsformen.
- Bereits jetzt stelle ich diesen Gesprächstyp als etwas dar, das zwar neu ist, aber ein reguläres Gesprächsinstrument an dieser Schule sein wird. Sollten zu viele Kolleginnen und Kollegen „Sorgen" ansprechen, kann ich Verständnis zeigen, aber ich stelle daraufhin nicht das neue Instrument Jahresgespräch zur Disposition. Ich biete eventuell eine zusätzliche eigene Konferenz an, falls die jetzige zur Klärung nicht ausreicht.
- Evaluation ankündigen: Austausch über die ersten Erfahrungen mit diesem Gesprächstyp für eine **Folgekonferenz** anbieten, wenn er (dann) mehrheitlich gewünscht wird. Ansonsten nach einem bestimmten Zeitraum einen Bericht von mir über meine Erfahrungen in der Konferenz ankündigen.

Nach der Konferenz:

- Erste Gesprächstermine mit Lehrern vereinbaren, die weder besonders vertraut noch besonders widerständig sind; ggf. Gespräche mit (relativ) neuen Lehrern suchen.

Reflexion: Vorbereitung von Mitarbeitergesprächen

Bis wann soll ein erster Terminplan für Mitarbeitergespräche fertig erstellt sein?

Welche Mitarbeiter kommen für ein Mitarbeitergespräch zunächst am ehesten infrage?

Bei welchen Lehrkräften ist wohl mit verstärktem Widerstand zu rechnen?

5.2.2 Planung und Durchführung

Etwa 14 Tage vor dem eigentlichen Gespräch sollte der **Termin** mit der einzelnen Lehrkraft abgestimmt werden. Um Klarheit zu schaffen und mögliche Anspannungen zu entschärfen, kann der Lehrkraft hierfür ein Überblick über die zu behandelnden Themen und beabsichtigten Zielstellungen gegeben werden. Die Auswahl der Lehrkräfte sollte anfänglich so getroffen werden, dass man mit vermeintlich „neutralen" Kollegen beginnt, nicht jedoch mit den einem selbst besonders zu- oder abgeneigten Lehrkräften.

Bei Lehrkräften, zu denen besonders schwere Beziehungsstörungen vorherrschen, empfehlen BÖTTCHER/MOSING (2006, 986) ohnehin eine vorausgehende Supervision: „Ziel müsste sein: ‚Wie lade ich diese Lehrkraft konsequent in ihre Rolle und auf die Sachebene ein?'; Ziel darf keinesfalls sein: ‚Wie stelle ich wieder eine gute Beziehung her?' Dann wäre ich als Schulleiter/in nämlich wieder der allein verantwortliche Retter [...], die entsprechende Lehrkraft könnte sich auf der Opfersituation ausruhen und als überforderter Täter würde ich sie später abwerten und meiden (was ihr weiteres ‚Ausruhen' nicht wirklich erschweren würde)."

Bei der **Vorbereitung** auf das Gespräch, das wohl zwischen 60 und 90 Minuten dauern wird und im Idealfall am Nachmittag (ohne Einbettung zwischen Unterrichtsstunden) abgehalten werden sollte, ist es für die Schulleitung wichtig, sich zunächst ihre eigene Leitungsrolle zu vergegenwärtigen und eine klare Position zur eigenen Führungsaufgabe zu beziehen. Unmittelbar vor dem Gespräch sollten 15 Minuten Vorbereitungszeit zur eigenen gedanklichen Einstimmung auf den Gesprächspartner eingeplant werden.

Im Hinblick auf die **äußeren Rahmenbedingungen** sollte das Gespräch auf der Basis einer allgemein menschlichen Atmosphäre und gegenseitiger Wertschätzung direkt und verbindlich geführt werden. Schulleitung und Lehrkraft sollten sich nicht vis-à-vis, sondern im Winkel gegenübersitzen. Der vorbereitete Gesprächsbogen sollte sichtbar auf dem Tisch liegen, um beiden Seiten ein zeitverantwortliches Mitsteuern zu ermöglichen, und er sollte höchstens um ein bis zwei gesonderte Themen erweitert werden.

Die **Gesprächseröffnung** sollte inhaltlich möglichst bald zum eigentlichen Gesprächsanlass vorstoßen und sich nicht zu lange in allgemeinen Warming-up-Themen ergehen. HOFBAUER/WINKLER (2004, 66) geben folgende Tipps zur Gesprächseröffnung:

- ■ „Beginnen Sie das Gespräch mit aufmunternden Worten.
- ■ Bieten Sie dem Gesprächspartner ein Getränk an.
- ■ Halten Sie Blickkontakt zu ihm.

- Zeigen Sie dem Mitarbeiter Ihr Interesse für seine persönlichen Belange, indem Sie auch persönliche Themen ansprechen.
- Geben Sie dem Gesprächspartner Zeit, lassen Sie ihn ausreden, gehen Sie auf ihn ein, hören Sie zu. So tragen Sie zu einer positiven, vertrauensvollen Gesprächsatmosphäre bei.
- Bleiben Sie natürlich und authentisch."

Verbale Kämpfe vermeiden

Bei **abweichenden Meinungen** sollte eine Schulleitung einen verbalen Kampf mit dem Gesprächspartner vermeiden. Günstiger ist es, den anderen ausreden bzw. seine Meinung darstellen zu lassen und die eigene erkennbar danebenzustellen. Möglich wäre es auch, von der Lehrkraft mehrere Lösungsvorschläge zur Behebung der unterschiedlichen Ansichten zu erbitten. HOFBAUER/WINKLER (ebd., 163) schlagen bei einer Verkrampfung der **Gesprächsatmosphäre** vor, bei offensichtlich falschen Argumenten des Gesprächspartners dessen Einwände in sachlicher Form zurückzustellen bzw. gar nicht darauf einzugehen oder die Situation durch eine positiv formulierte Überleitung zu entspannen, etwa in folgender Form: „Ich kann Ihre Bedenken verstehen, lassen Sie uns gemeinsam eine Lösung finden." Zudem muss die Schulleitung immer wieder darauf achten, dass der Fokus auf die betroffene Lehrkraft gerichtet ist und nicht „die anderen" zu sehr ins Spiel kommen. Auch sollte das Feedback überwiegend positiv sein.

Neben dieser möglichst positiven Verstärkung ist es zudem immer wieder bedeutsam, Aussagen des Gegenübers mit eigenen Worten zusammenzufassen und zu interpretieren, um Unsicherheiten und Irritationen zu vermeiden. Immer wieder sollten Möglichkeiten der Konkretisierung des Gesagten eingebaut werden, um einen zu hohen Abstraktionsgrad des Gesprächs zu vermeiden und die Inhalte für alle Beteiligten nachvollziehbar zu machen. Schließlich dienen auch bewusst eingebaute, nicht zu lange Sprechpausen einem genaueren Zuhören und Verarbeiten des Gehörten und geben der Lehrkraft darüber hinaus auch die Chance, den Gesprächsverlauf aktiv mitzugestalten.

Häufig orientieren sich diese Gespräche an **Leitfäden** bzw. **Checklisten,** die zugleich als Struktur für die Gesprächsführung durch die Schulleitung dienen. Wenngleich die Elemente optional sind und nach betrieblichen Wünschen und Erfordernissen angepasst werden können, bilden im Regelfall folgende zwei Ebenen den Gesprächskern:

Gesprächskern I: Rückblick
Arbeitsreflexion
In dieser Phase geht es zum einen um
- Rückblick des Lehrers auf seine Arbeit (auf allen Teilarbeitsplätzen) seit dem letzten Gespräch und auf die eigenen Anteile an evtl. Gelingen oder Nichtgelingen;
- Verständigung über die Gründe für (auffälliges) Gelingen/Nichtgelingen;
- Feedback der Schulleiterin bzw. des Schulleiters zu diesem Rückblick.

Beziehungsreflexion
In dieser Phase geht es zum anderen um den Rückblick beider auf die gemeinsame Arbeitsbeziehung und Kooperationspraxis in der zurückliegenden Zeit. Mit ‚Beziehungsreflexion' ist […] die *Arbeitsbeziehung* gemeint, nicht Aspekte der Freundschaftlichkeit oder Antipathie. Nur soweit ich mit einer Lehrerin oder einem Lehrer eine […] freundschaftliche Beziehung im privaten Rahmen habe und dies die berufliche Zusammenarbeit erschwert oder die zukünftige Arbeit erschweren könnte, ist dies ein Thema für das Jahresgespräch. Der Fokus wäre dann, wie die Trennung von Freundschaft und Rolle gut gelingen kann.

Die **Ziele** selbst, die grundsätzlich unter Beteiligung der Lehrkräfte zu erarbeiten wären, sollten generell den unten dargestellten **fünf Kriterien** genügen.

Hierbei sollten zunächst diejenigen Ziele, über deren Anstreben zwischen Schulleitung und Lehrkraft Einigkeit besteht, in den Vordergrund gerückt werden. „Das Gefühl von Gemeinsamkeit überträgt sich dann auf die weiteren, schwierigeren Punkte des Gesprächs. [...] Gehen Sie anschließend zu den Zielen über, die Sie und Ihr Mitarbeiter unterschiedlich bewerten. Prüfen Sie gemeinsam jedes dieser Ziele auf seine Relevanz und Realisierbarkeit nach Maßgabe der von der Geschäftsleitung vorgegebenen Rahmenbedingungen. [...] Fragen Sie den Mitarbeiter, welche Unterstützung er von Ihnen benötigt, um die vereinbarten Ziele erreichen zu können[...]" (HOFBAUER/WINKLER 2004, 67).

SMARTe Ziele (ebd., 47)

S(pezifisch): Was genau will ich erreichen (Ergebnis, Zustand etc.)?

M(essbar): Wie kann ich meine Zielerreichung messen?
Wie bekomme ich Feedback, ob ich das Ziel erreicht habe?

A(ttraktiv): Ist das Ziel interessant? Ist es attraktiv und herausfordernd?

R(ealistisch): Kann das Ziel in der vorgegebenen Zeit, unter den gegebenen Umständen erreicht werden?

T(erminiert): Bis wann soll das Ziel erreicht werden?

Am **Ende des Gesprächs** sollten abschließend die getroffenen Absprachen und Selbstbindungen noch einmal zusammengefasst und ggf. im Protokoll ergänzt werden, um sich der damit verbundenen Konsequenzen zu vergewissern. Ein **Protokoll** sollte hierbei allen Beteiligten zugänglich sein und – da es Teil der Personalakte ist – eher kurz gefasst sein und keine subjektiven Äußerungen zitieren, die später umstritten sein könnten. Auch sollte angesprochen werden, welche der behandelten Gesprächsthemen eine Schulleitung in anderen schulischen Zusammenhängen verwenden darf. Schließlich sollte das Gespräch bzw. der Verlauf selbst hinsichtlich seines Erfolges wie auch der Qualität evaluiert werden und Verbesserungsmöglichkeiten sollten selbstkritisch entgegengenommen werden.

Selbstreflexion: Evaluation von Mitarbeitergesprächen

Schätzen Sie selbst ein, wie Ihnen die bisherigen Mitarbeitergespräche geglückt sind. Überlegen Sie auch, an was es gelegen haben könnte, dass sie besonders gut oder eher weniger gut gelungen sind.

Besonders gut gelungen: _____

Eher nicht so gut gelungen: _____

Wie waren Ihre eigenen Stimmungen während der/nach den Gesprächen?

☐   Sehr positiv: ☐   Eher negativ:

Wie war Ihre Einstellung während der/nach den Gesprächen in Bezug auf Ihre Gesprächspartner?

Sehr positiv (Offenheit etc.): _____

Eher negativ (Wut etc.): _____

Umgang mit einem enttäuschenden Gesprächsausgang

Wenn man vom Ausgang der Gespräche enttäuscht ist, so helfen folgende Empfehlungen von MILLER (2010, 80 f.) zur „Verarbeitung von Enttäuschung durch Änderung von Einstellungen:

■   Erwartungen an andere haben, aber nicht den Drang und Zwang, sie müssten erfüllt werden. *Einstellung:* Loslassen können.

■   Das Seine tun – und alles andere liegt in der Verantwortung anderer.
Einstellung: Verantwortung übernehmen und Verantwortung abgeben.

■   Sich bewusst sein, dass Erwartungen keine Befehle sind.
Einstellung: Erwartungen als Erwartungen sehen – und nichts darüber hinaus.

■   Sich nicht den Schuh anderer anziehen (ihn aber ansehen!).
Einstellung: Eine dynamische Balance erreichen zwischen Beteiligtsein und professioneller Distanz (= Dissoziation).

■   Selbstbewusstsein entwickeln, ein probates Mittel gegen Anfälligkeit von Enttäuschungen.
Einstellung: Eine gelungene Mischung aus Eigenständigkeit und Beziehungsfähigkeit herstellen.

■   Das Handeln anderer Menschen wahrnehmen, sich aber nicht durch sie durcheinanderbringen lassen. *Einstellung:* Bei sich bleiben."

5.2.3 Mitarbeitergespräche zur Beurteilung von Lehrkräften

Günstig ist es, wenn man sich zum Zwecke der Beurteilung von Kollegen bereits im Vorfeld an einem gemeinsamen **Kriterienkatalog** orientiert, der als Basis der Beurteilung fungiert. Hierfür ist es für die Lehrkräfte wesentlich zu wissen, welche Aspekte in den Augen der Schulleitung bei Visitationen besonders begutachtet werden und maßgeblich zur Notengebung beitragen. Im Idealfall können Lehrkräfte hierbei sogar im Konsens mitbestimmen, welche Einzelkriterien im Vordergrund stehen.

1. Unterrichtskompetenz
- Erstellung spezifischer Lehrpläne/Wochenpläne (Kontinuität/Sequentierung/Fächervernetzung/Strukturiertheit)
- Auswahl der Lerninhalte (Lebensbedeutsamkeit / Transfercharakter / fachwissenschaftliche Fundierung)
- Berücksichtigung der Bedürfnisse und Möglichkeiten der Klassen / einzelner Schüler
- Qualität der Unterrichtsentwürfe (Stimmigkeit von Zielen, Inhalten und Methoden / Artikulation / Berücksichtigung gebundener und offener Formen / methodische Variabilität)
- Effektivität des Unterrichts (Lernerfolge/Lernzuwachs/Lernkontrolle)
- Kompetenzorientierung (Schwierigkeitsgrad / Berücksichtigung der Lernvoraussetzungen / Entsprechung zum Lerninhalt)
- Organisationsplanung (Medieneinsatz, Tafelbild etc.)
- Motivationale Aspekte
- Aktivierung der Schüler (selbstständiges Lernen / handelndes Lernen / Lernen mit allen Sinnen / Rhythmisierung)
- Aspekte der Sachorientierung und Strukturierung (logische Abfolge der Lernschritten / fachspezifische Arbeitsweisen / sachgerechter Einsatz didaktischer Materialien und Medien / Begriffsbildung – Erkenntnisgewinnung – Versprachlichung)
- Aspekte der Schülerorientierung (Individualisierung, Differenzierung / offene – gebundene Unterrichtsformen / neue Lernwege)
- Kreativität/Ideenreichtum
- Organisation des Ablaufs
- Sicherung der unterrichtlichen Maßnahmen
- Evaluation/Reflexion des unterrichtlichen Erfolges
- Berücksichtigung von Produkten und Prozessen
- Vielfältige Formen der Leistungsfeststellung
- Ermittlung/Diagnostizierung der individuellen Lernvoraussetzungen der Schüler (Diagnosekompetenz) und Ableiten adäquater Maßnahmen/Hilfestellungen
- Hausaufgaben (Qualität/Zielbezogenheit/Kontrolle)

2. Erzieherische Kompetenz
- Führungsstil (Sprachen / Gestik / Mimik / Reaktion auf abweichendes Verhalten)
- Förderung von Arbeitstugenden
- Erkennen und Nutzen erzieherisch relevanter Situationen
- Erkennen / Vermeiden / Lösen von Störungen
- Sicherheit im Umgang mit Problemsituationen
- Schaffen einer angemessenen / schülerorientierten Lern- und Arbeitsatmosphäre
- Situationsbezogenes Eingehen auf einzelne Schüler

- Wertschätzung gegenüber den Schülern
- Wahrnehmung und Würdigung positiven Schülerverhaltens
- Vermittlung von Wertvorstellungen
- Verwendung situationsangemessener, differenzierter Erziehungs- und Ordnungsmaßnahmen
- Eingehen auf persönliche / fachliche Probleme einzelner Schüler
- Kontaktaufnahme zu den Schülern in angemessener Weise
- Einsatz von Unterrichtsformen zum sozialen Lernen und zur Kooperation
- Forderung / Umsetzung gemeinsamer Gesprächsregeln
- Beschreibung individueller Förderziele

3. **Handlungs- und Sachkompetenz**
- Eigeninitiative
- Aktive Beteiligung an der Gestaltung des Schullebens
- Kooperation mit Kollegen
- Verantwortungsbereitschaft
- Engagement und Interesse bei der Wahrnehmung beruflicher Aufgaben
- Identifikation mit dem gewählten Beruf / der eigenen Schule
- Innovationskraft
- Belastbarkeit
- Sensibilität für sich und andere
- Solidarbewusstsein
- Kompromissfähigkeit
- Loyalität gegenüber der Schule / der Schulleitung / dem Kollegium
- Kritikfähigkeit
- Kompetenz zur Selbstorganisation
- Flexibilität
- Zuverlässigkeit
- Gewissenhaftigkeit in Führung, Arbeitsweise und Vorlage aller Schülerunterlagen
- Fortbildungsbereitschaft

Abb.: Kriterienkatalog als Grundlage für Mitarbeitergespräche

Erweitern und vertiefen lässt sich eine derartige Beurteilungsbasis dadurch, dass gemeinsam mit dem Kollegium Filmsequenzen von Unterrichtsstunden analysiert werden. Diese lassen sich entweder über universitäre Mitschauanlagen besorgen oder aber im Idealfall auch durch Unterrichtsmitschnitte dazu bereiter Kollegen organisieren. Der Fokus auf die jeweiligen Teilaspekte lässt sich hieran besonders gut bündeln. Das Kollegium weiß nunmehr, welche Kriterien hier essenziell sind.

Umgekehrt wäre es natürlich auch jederzeit möglich und günstig, wenn die Schulleitung ihrerseits Mitglieder des Kollegiums in den eigenen Unterricht einlädt und hieraus feste Beurteilungskriterien ableitet.

5.3 Konflikte konstruktiv bewältigen

5.3.1 Konfliktmanagement durch die richtige Gesprächsführung

Analog zu Unternehmen ergeben sich auch in der Institution Schule immer wieder Konfliktsituationen, die eines professionellen Managements durch die Schulleitung bedürfen, um einer Eskalation Vorschub zu leisten.

Der Terminus „Konflikt"

Überall dort, wo Menschen miteinander kommunizieren, kommt es vielfach aufgrund divergierender Vorstellungen und Ansichten früher oder später zu Meinungsverschiedenheiten. Derartige personenbezogene Probleme im zwischenmenschlichen Bereich sind per se nicht weiter problematisch und können durchaus einen konstruktiven Prozess des Gedankenaustausches und der individuellen oder auch kollektiven Bereicherung nach sich ziehen. Neue Formen der Interaktion können hieraus ebenso resultieren wie Neuanstöße für zukünftiges Regel- und Normenverhalten.

Allerdings gehört zum Konflikt notwendigerweise immer auch um der gemeinsamen Erziehungsaufgabe sowie einer Weiterentwicklung der eigenen Schule willen das stete Bemühen um eine einvernehmliche Konfliktbehebung und Konsensfindung. Hierfür bedarf es eines (sicherlich nicht einfachen und ohne Rückschläge zu erreichenden) schulischen Grundkonsenses, der sich folgendermaßen definiert:

Schulischer Grundkonsens

- Anerkennung der Verschiedenartigkeit sachlicher und moralischer Zugänge zum Schulverständnis bzw. den zentralen Aufgabenfeldern
- Erfahren der Differenziertheit der Meinungen als Bereicherung
- Konsens über die grundsätzliche Notwendigkeit einer gemeinsamen Zielfindung der Einzelschule unter Einbezug der soziokulturellen Umfeldbedingungen sowie Traditionen
- Konsensbildung als stets neuer, nie abgeschlossener Prozess
- Anerkennung der Andersartigkeit der Schüler- und Elternerwartungen an die Schule
- Ernstnehmen von Schülern und Eltern als Partner
- Unterricht trotz des Einzellehrersystems nicht als isolierte Tätigkeit
- Beständiges Herbeiführen eines pädagogischen Konsenses hinsichtlich der Unterrichts- und Erziehungsziele
- Mitwirken und Mitverantwortung jedes Lehrers am Schulleben der Schule
- Erkennen von Problemen und Konfliktfeldern der Einzelschule mit dem steten Bemühungen um Behebung
- Vereinbarung verbindlicher Spielregeln zur Spannungslösung und Konfliktbewältigung (vgl. AURIN 1993, 410 f.; 1994, 118 ff.)

Im günstigsten Fall schafft es eine Schulleitung, **unterschiedliche Meinungen im eigenen Kollegium** mittels effizienter Personalführungsstrategien und stringenter Zielführung bereits im Vorfeld adäquat zu kanalisieren und ein Aufkommen ernsthafter Probleme weitgehend zu verhindern. So ist es im Umgang mit einem Lehrerkollegium zunächst wesentlich, interpersonales Vertrauen mit allen Lehrkräften aufzubauen, ihnen also zu signalisieren, welche Bedeutung das gegenseitige Vertrauen spielt und dass man dieses auf jeden Fall einhalten möchte. Hierzu gehört auch der Aufbau einer Konfliktkultur, indem die Schulleitung als Vorbild für ein schulübergreifendes Ethos steht, das einen partnerschaftlichen und allgemein menschlichen Umgang miteinander garantiert. „Wenn deutlich wird, dass [der Schulleiter] immer versucht, einen Konflikt möglichst fair unter Berücksichtigung der Anliegen der Konfliktparteien im Rahmen bestehender Vorgaben zu lösen, und dies auch tatsächlich gelingt, entsteht eine allgemeine Erwartung, dass auch in Zukunft Konflikte zufriedenstellend bewältigt werden können (NEUBAUER 2003)" (KNAPP et al. 2004, 42).

Überdies lassen sich viele dieser Meinungsverschiedenheiten, sind sie denn einmal entstanden, schnell und einvernehmlich lösen, sodass sie das interpersonale Zusammenleben und -arbeiten an einer Schule nicht weiter belasten.

Bisweilen jedoch kommt es dazu, dass sich aufgrund eines latent vorhandenen Zwanges zur Einigung um des Schulganzen willen eine der Parteien unzufrieden fühlt. Hierbei besteht grundsätzlich die Gefahr, dass sich derartige Divergenzen mit zunehmender Dauer zu **richtigen Konflikten** verfestigen und in ihrer Intensität und Folgewirkung potenzieren.

Trotz aller Uneinigkeit einer übereinstimmenden Definition des Terminus „Konflikt" lassen sich einige charakteristische Kennzeichen anführen (vgl. ebd., 21 ff.):

1. Vorhandensein von mindestens zwei Konfliktparteien
2. Unvereinbarkeit von wichtigen Zielsetzungen, bei denen jede Konfliktpartei von der Richtigkeit ihrer Sichtweise überzeugt ist und diese auch durchsetzen will
3. Unvereinbarkeit des Verhaltens, indem das Verhalten der Konfliktparteien sich gegenseitig behindert oder stört und negative Emotionen mit sich bringt

Konflikte aufspüren und möglichst bald lösen

Zu den wichtigsten Aufgaben einer Schulleitung gehört es nun, derartige Konflikte möglichst bald aufzuspüren und einer konstruktiven Lösung zuzuführen, um einen weitgehend reibungslosen und störungsfreien Unterrichtsbetrieb zu gewährleisten und eine hohe Leistungsqualität der Einzelschule aufrechtzuerhalten. „Vordringliches Lernziel für Schulleiter/innen im Feld Konfliktmanagement ist also nicht, mit besonders schwierigen Konfliktkonstellationen kunstvoll umzugehen, sondern Konflikte früh zu erkennen und durch aktives Herangehen zu verhindern, dass sie ‚heranreifen' und zu verhärteten Konfliktstrukturen führen. Wichtiges Ziel im Lernfeld ‚Konfliktmanagement' ist aber auch, Lösungsaufschub zu lernen, d.h. zu lernen, auf rasche Lösungen zu verzichten" (HERRMANN 2006, 1051).

5.3.2 Die Schulleitung als Mediator

Sind Konflikte offen zutage getreten, so ist es für die Schulleitung wichtig, zunächst einmal selbst zu ermitteln, welche Rollenposition sie im jeweiligen Konfliktfall übernimmt. Wenn eine Schulleitung zu stark persönlich in den Konflikt involviert ist (z.B. wenn sie ein eindeutiges Interesse am Erreichen des Ziels einer der beiden Konfliktparteien hat oder aber selbst Stellung bezogen hat, etwa weil es um die Sicherung der schulischen Qualität geht; auch, wenn die Schulleitung über mögliches Wissen verfügt, das einer der beiden Konfliktparteien zum Nachteil werden könnte), kann es durchaus ratsam sein, Außenstehende zur Moderation heranzuziehen und die Vermittlungsverantwortung abzugeben. „Als Konfliktmanager gefordert und zugleich nicht als Mediator geeignet zu sein, dürfte der Regelfall für Schulleiterinnen und Schulleiter sein. Die Verantwortung für die Schule als Ganzes legt es nahe, dass ein Schulleiter sich dafür einsetzen sollte, dass Mediation in der Schule möglich ist und von Schülern, Eltern und dem Kollegium akzeptiert wird. Er schafft und fördert die Rahmenbedingungen für Mediation, wird aber selbst nicht als Mediator wirken" (KNAPP et al. 2004, 56).

Hat die Schulleitung sich jedoch guten Gewissens der eigenen Unparteilichkeit vergewissert, so kann sie jederzeit die Rolle eines Mediators übernehmen. „Ist der Konflikt weniger bedeutsam für die Qualität der Schule und tangieren mögliche Lösungen auch keine schulrechtlichen Vorschriften, kann die Schulleitung, wie jeder andere auch, der von den Konfliktparteien akzeptiert wird, die Mediation durchführen" (ebd., 55).

Hierfür ist es für die Schulleitung oft hilfreich, nicht sofort mit einem Konfliktgespräch zu beginnen, sondern sich im Vorfeld gedanklich darauf vorzubereiten und die Verhandlungstaktik zu ordnen. Es geht also darum, sich zunächst ein Bild von der möglichen Sichtweise der Konfliktparteien zu machen und die Situation aus unterschiedlichen Perspektiven zu analysieren.

Hierfür sollten mehrere Schritte stattfinden:

1. Situation klären (Vorkommnisse, Gefühle etc.)
2. Ziel klären
3. Die organisatorischen und institutionellen Rahmenbedingungen abklären
4. Durch die Brille der anderen Person schauen
5. Konkrete Gesprächsvorbereitung (vgl. HERRMANN 2006, 1072)

> *Konfliktsituation aus unterschiedlichen Perspektiven ausleuchten*

Als hilfreich erweist sich das folgende **Reflexionsraster,** zu dessen Bearbeitung man nach Möglichkeit genügend Zeit ansetzen sollte.

Reflexionsraster für die Konfliktanalyse

	Sicht der Schulleitung („meine Sicht")?	Sicht des Konfliktpartners?	Sicht eines neutralen Beobachters?	Mögliche Schlüsse aus dem Vergleich
Argumente für den Standpunkt?				
Mit Konflikt verbundene Gefühle?				
Wer hat welches Problem?				
Welche Interessen und Bedürfnisse liegen vor?				
Ziele für eine Konfliktlösung? max.? min.?				
Methoden des Vorgehens?				
Unterstützung von wem?				
Reaktion bei Niederlage bzw. Erfolg?				

(nach KNAPP et al. 2004, 44 f.)

Im Anschluss hieran ist es für die Schulleitung wesentlich, die Beziehungen zwischen den Konfliktparteien nicht abbrechen lassen, sondern durch die Bitte zu einem Mediationsgespräch wiederher-
zustellen und dieses Gespräch auf der Sachebene zu suchen, um Differenzen konstruktiv bearbeiten
und ausgleichen zu können. Die Schulleitung muss hierbei eine Basis für die gemeinsame Konfliktklärung schaffen, indem beide Konfliktparteien auf gleichem Abstand gehalten werden und keine
Partei das Gefühl einer Parteinahme bekommt. Zudem sollte man einen eventuellen Auftrag zur
Lösungsfindung an dieser Stelle ablehnen. Vielmehr geht es anfangs um die Klärung der Ausgangssituation, z. B. mittels der von FRIEDEMANN SCHULZ VON THUN entworfenen Leitfragen:

- „*Wie kommt es* (Vorgeschichte) *und*
- *welchen Sinn macht es* (Zielsetzung), *dass*
- *ausgerechnet ich* (in welcher Rolle? in welchen Rollen?)
- *ausgerechnet mit Ihnen* (in welcher Zusammensetzung?)
- *ausgerechnet dieses Thema* (worum geht es genau?) *bearbeiten werde?"*

(zit. nach KOWALCZYK/OTTICH 2003, 59)

Hierbei sollte die Schulleitung ihre eigenen Beobachtungen formulieren und beschreiben, wobei eine
Wertung unterbleiben muss. Auch die Wirkung auf die eigene Person, gegebenenfalls auch auf
andere, sollte dargestellt werden. Erst an dieser Stelle muss allen Konfliktparteien hinreichend Gelegenheit zur persönlichen Stellungnahme gegeben werden. Auf diese Weise ist bereits Wesentliches
geleistet: „Beide Sichtweisen sind auf dem Tisch, vielleicht noch nicht vollständig, aber bereit zur
weiteren Bearbeitung. Und zugleich waren Sie Modell: Sie haben gezeigt, wie wichtig Zuhören ist,
dass Verstehen der erste Schritt der Konfliktklärung ist, und Sie haben Fairness und Gerechtigkeit
praktiziert" (HERRMANN 2006, 1082).

Hierfür bedarf es ausreichender Zeitressourcen. Bei der jeweiligen Stellungnahme sollte die Schulleitung darauf drängen, dass folgende Punkte Beachtung finden:

1. Jede Konfliktpartei sollte vollständig kommunizieren (alle vier Seiten einer Botschaft – Sach-
   aussage, Selbstkundgabe, Beziehungsaussage, Appell – zur Sprache bringen) und ausreichend
   Gelegenheit zur Darlegung des eigenen Standpunktes ohne Unterbrechung durch die anderen
   Parteien erhalten. Hierbei müssen ggf. stringente Spielregeln eingehalten werden.
2. Ich-Botschaften sollten nach folgendem Dreischritt ausgesendet werden:
   „Ich beschreibe meine innere und äußere Wahrnehmung,
   ich beschreibe, was dieser Konflikt persönlich für mich bedeutet, und
   ich schlage ein Gespräch (oder eine Lösung) vor" (PHILIPP 2006, 739).
3. Im Rahmen des gesamten Gesprächsprozesses sollte dem anderen stets die eigene Wertschätzung dokumentiert werden, die Angstzustände oder Voreingenommenheiten abzubauen vermag. Mit sprachlichen Fouls der Gegenpartei muss adäquat umgegangen werden (von gelasse-
   ner nonverbaler Missbilligung bis hin zu einem Vertagen des Gesprächs) (vgl. HERRMANN
   2006, 1073 ff.).

Im Laufe des Gesprächs sollten zudem immer wieder **Elemente der Metakommunikation** auftauchen, die Zwischenergebnisse in der Sichtweise der einzelnen Gruppen artikulieren und mögliche
unerfreuliche Wertungen offen zum Ausdruck bringen, um diese als Diskussionsgrundlage für die
weitere Gesprächsführung zu klären und konstruktiv zu nutzen. Die Schulleitung kann hier also
Kernaspekte mit eigenen Worten wiederholen und vertiefen, um mögliche Missverständnisse aus-
zuräumen und die Ursachen sorgfältig zu analysieren.

Erst im Anschluss hieran kann es darum gehen, eine faire und einvernehmliche, von allen Beteiligten mitgetragene **Lösung als Basis für die weitere Zusammenarbeit** anzustreben und hierfür gemeinsam Lösungsalternativen zu erarbeiten. Hierbei sollte zunächst noch keine Bewertung vorgenommen werden. Wenn verschiedene Lösungsvorschläge vorliegen, geht es darum, denjenigen Vorschlag auszuwählen, der die Anliegen möglichst aller Konfliktparteien berücksichtigt, sie als „Sieger" aus der Auseinandersetzung hervorgehen lässt und einen Gesichtsverlust vermeidet (Win-win-Strategie). Inhaltlich sollten bei einer Konfliktlösung alle relevanten Gesichtspunkte und Vorgaben berücksichtigt und gewährleistet werden. Auch sollte generell in angemessener Zeit eine Lösung erstrebt werden (vgl. KNAPP et al. 2004, 25 f.), was umso schneller gelingen wird, wenn die gemeinsame Identifikation mit der Schule, der Stolz auf gemeinsame Leistungen und ein hohes Ansehen in der Öffentlichkeit in den Vordergrund gerückt werden.

Der Problemlösungsdruck muss hierbei grundsätzlich bei den Konfliktparteien belassen werden. Es darf also zu keiner Übernahme des Konfliktes und zu keinen eigenständigen Lösungsbemühungen alleine durch die Schulleitung kommen. Als beteiligte Gesprächspartei sollte sie vielmehr Monologe und zwingende eigene Lösungsvorschläge vermeiden. Freilich sollte sie, wird sie danach gefragt, die eigene Meinung durchaus offen und ehrlich einbringen. So betonen KNAPP et al.– bei allem Bemühen der Schulleitung, in die Rolle des Mediators, also des Streitschlichters zu schlüpfen und die Lösung des Konfliktes mehr den beteiligten Parteien selbst zu überlassen – die unbedingte Notwendigkeit, bestimmte Standards einzuhalten, deren Präsenz eine Lösung überhaupt zu einer solchen macht. Sie führen hierzu aus:

> *Der Problemlösungsdruck muss bei den Konfliktparteien belassen werden.*

- „Das Konfliktmanagement der Schulleitung kann und darf sich nicht auf eine bloße Streitschlichter-Funktion beschränken, sondern es ist immer eingebettet in die gesamte Management-Aufgabe einer effizienten Leitung der Schule.
- Aus der besonderen Verantwortung der Schulleitung ergibt sich, dass sie bei der Behandlung des Konflikts nie völlig unbeteiligt sein kann, auch wenn ein Mitglied der Schulleitung als Mediator zwischen zwei Konfliktparteien (z. B. Lehrer-Eltern) zu vermitteln sucht.
- Selbst wenn der Schulleiter bei schulischen Problemen als völlig neutraler Streitschlichter tätig werden möchte, liegt es nahe, dass er von den Konfliktparteien trotzdem in seiner Rolle als Schulleiter wahrgenommen wird. Es ist daher wichtig, sich dieser Problematik bewusst zu sein" (ebd., 10).

Grundsätzlich sollte eine Schulleitung bei der **Lösung eines Konfliktes** auf die Ausübung von Macht bzw. Zwang qua Amtsautorität verzichten, um eine Verschlechterung der Gesamtsituation dauerhaft zu verhindern. „Es ergibt sich also für den Schulleiter eine Art Dilemma: Er steht persönlich in der Verantwortung, kann seine Führungsaufgaben aber nur dann optimal bewältigen, wenn es ihm gelingt, sich als Mitglied in seinem Team einzuordnen" (ebd., 12). Freilich sollte die Schulleitung ihre Position dennoch dergestalt nutzen, dass sie die nötigen Hintergrundinformationen, die sie ggf. besitzt, durchaus konstruktiv in die Problemlösung mit einbringt.

Die **Ergebnisse der Konfliktlösung** müssen schließlich klar festgehalten und die Wirksamkeit der Konfliktlösung kontrolliert werden. Eine produktive Lösung von Konflikten zieht positive Folgewirkungen auf verschiedenen Ebenen nach sich: „Auf der Ergebnisebene wird eine möglichst optimale Lösung für den konkreten, konfliktbeladenen Sachverhalt gefunden. Auch auf der Prozessebene ergibt sich ein Gewinn, denn durch die

> *Ergebnisse der Konfliktlösung klar festhalten*

konkrete Konfliktlösungsarbeit ergibt sich für die beiden Konfliktpartner/innen wieder eine Perspektive für die weitere Zusammenarbeit" (HERRMANN 2006, 1050), die sich konstruktiv auf weitere Konflikte dieser Parteien wie überhaupt des gesamten sozialen Systems auszuwirken vermag.

Das **Gesprächsmodell einer kooperativen Konfliktlösung** kann abschließend im Überblick folgendermaßen aussehen:

Gesprächsmodell einer kooperativen Konfliktlösung

äußere Gestaltung der Gesprächssituation

Gesprächseröffnung

Begrüßung

Klärung der Rolle des Schulleiters sowie der formalen Rahmenbedingungen

Betonung des gemeinsamen Anliegens

gemeinsame Problemanalyse

gemeinsame Zielanalyse

Einführung von Spielregeln

Problemlösungsprozess

Einbringen der Sichtweisen der Konfliktparteien

gemeinsames Erarbeiten von möglichen Lösungen

Gesprächsabschluss

gemeinsame Bewertung der Lösungsalternativen

gemeinsame Entscheidung für eine Alternative

Vereinbarung über das weitere Vorgehen

(nach KNAPP et al. 2004, 58)

5.3.3 Konflikte aufgrund der Rolle als Schulleiter

Letztlich können Konflikte natürlich auch aufgrund der eigenen Rollenposition als Schulleitung erst entstehen. Man muss es schaffen, weder zu autoritär noch zu nachgiebig mit dem Kollegium zu agieren und einen Grundkonsens herzustellen, den alle mittragen können.

Als Gruppenleiter brauchen Sie

- einen eigenen Standpunkt,
- einen klaren (Über-)Blick,
- eine starke Hand,
- und einen langen Arm.

Übung: Probleme beim Leiten einer Arbeitsgruppe

Was tun Sie in einer Arbeitsgruppe, die Sie leiten, wenn …

Die Situation	Meine Reaktion
einige Teilnehmer verbal plötzlich aufeinander losgehen	
Ihre Vorschläge negiert werden	
man Ihnen vorwirft, Sie seien ■ zu lasch ■ zu autoritär	
die Teilnehmenden unterschiedliche Wünsche haben	
Oder:	
Oder:	

(aus: MILLER 2010, 120)

5.4 Kritikfähigkeit

Umgang mit Kritik

Einer Schulleitung fällt im beruflichen Alltag nicht nur die Aufgabe zu, Konflikte und Streitigkeiten zwischen Kollegen, zwischen Lehrkräften und Schülereltern sowie anderweitigen Konfliktparteien zu schlichten. Häufig steht sie auch selbst im Fokus der Kritik, etwa dann, wenn sich Kollegen beschweren,

- weil sie sich ungerecht behandelt fühlen,
- weil sie meinen, andere Kollegen würden bevorzugt,
- weil sie die von der Schulleitung vorgegebene Zielstellung für Schulinnovation nicht mittragen wollen,
- weil sie andere pädagogische Konzepte präferieren,
- weil sie die Schulleitung als launisch, autoritär etc. erleben.

Hieraus resultieren verschiedene Problemstellungen, die sich immer wieder Luft verschaffen oder aber „unter der Oberfläche" gären. Im günstigsten Fall können sie offen angesprochen und in einem gleichberechtigten Dialog geklärt werden. Hierbei sollte eine Schulleitung freilich keine Verteidigungshaltung einnehmen, sondern vielmehr die persönlichen Beweggründe für das eigene Handeln schildern und dem Gesprächspartner plausibel machen. Zudem sollte sie die Gegenpartei zunächst ausreichend zu Wort kommen lassen und nicht gleich mit Gegenkritik reagieren. Oft verbergen sich gerade in derartigen Diskussionen völlig andere Motive und Anliegen, die sich symbolisch im Eisbergmodell veranschaulichen lassen. Während man im Gespräch zunächst nur die Spitze des Eisbergs wahrnimmt, sind es eigentlich die darunter verborgenen Motive, die den anderen beschäftigen und in ihm schwelen.

Abb.: Eisbergmodell (MILLER 2010, 51)

Des Weiteren gilt es für eine Schulleitung in einem besonderen Maße, Vorwürfe nicht persönlich zu nehmen und auf eine sachliche Ebene zu verlagern. Vielfach verbergen sich hinter möglichen Vorwürfen und Anschuldigungen persönliche Befürchtungen und Ängste, die es freizulegen und zu klären gilt. Professionelles Schulleitungshandeln zeichnet sich gerade dadurch aus, dass man den anderen als Person in jedem Falle wertschätzt und lediglich über etwaiges Verhalten diskutiert, ohne den anderen aber in seiner Personwürde infrage zu stellen. Eine Schulleitung darf sich also nicht provozieren und zu unbedachten Äußerungen hinreißen lassen, sondern muss vielmehr stets höflich bleiben und die Kommunikationsgrundlagen beherzigen.

Mittel der Deeskalation

Ein ruhiger und sachlicher Ton, den anderen ausreden zu lassen und ggf. auch die Verschiebung eines Gesprächs in einem Zustand erhöhter emotionaler Erregtheit („darüber eine Nacht schlafen") sind hier hilfreiche Mittel der Deeskalation.

Selbstreflexion: Mein Umgang mit Vorwürfen und Kritik

Überlegen Sie, wie Sie im beruflichen Alltag auf Kritik/Vorwürfe reagieren.

Meine Gefühle: _____

Meine Reaktionen: _____

Überlegen Sie aus Ihrer bisherigen Erfahrung heraus: Hat sich Ihr Vorgehen / haben sich Ihre Reaktionen auf derartige Vorwürfe bislang bewährt?

_____

Sahen Ihre Konfliktpartner dies genauso oder wurden die Konflikte dadurch nicht wirklich gelöst?

_____

Wenn keine Übereinstimmung erzielt werden konnte: Wie könnten Sie zukünftig daran arbeiten, Konfliktgespräche zielorientierter und dauerhaft lösungsorientierter zu führen?

Meine Vorhaben (gute Vorsätze):

5.5 Beratung (Kollegen – Eltern – Schullaufbahn)

Wenngleich auch informelle Pausengespräche mit Schülern, Eltern oder Kollegen letztlich einen gewissen Beratungscharakter aufweisen, so ist mit einer professionellen Beratung doch etwas anderes gemeint. Hier geht es um eine gezielte, zeitlich vorab vereinbarte und vorbereitete Form des gegenseitigen Austausches auf der Basis zuverlässiger Beobachtungsdaten sowie vorab überlegter Angebotsoptionen. Beratung sollte dabei nicht ausschließlich interventiv erfolgen, also erst im eingetretenen „Ernstfall" angewendet werden. Vielmehr sollte jeder Schüler regelmäßig auch präventiv beraten werden, um im Idealfall so früh wie möglich die richtigen Entscheidungen zu treffen bzw. das geeignete Verhalten an den Tag zu legen.

> *Qualifizierte Beratung ist präventiv und interventiv.*

5.5.1 Forderungen an eine qualifizierte Beratung

An eine qualifizierte Beratung lassen sich mehrere Forderungen stellen, die im Folgenden ausgeführt werden sollen (vgl. PFITZNER 2007).

Freiwilligkeit

Beratung ist ein Vorgang, den der Ratsuchende freiwillig in Anspruch nimmt. Es steht in seinem eigenen Ermessen, ein Beratungsangebot zu erbitten. Natürlich kann er umgekehrt auch von einer Lehrkraft darauf angesprochen werden, aber er ist nicht verpflichtet, auf diese Offerte auch einzugehen. Ist er nicht überzeugt vom Erfolg einer Beratung, so kann er einen bereits begonnenen Beratungsprozess auch jederzeit abbrechen. Somit entsteht letztlich ein Dialog zwischen mindestens zwei gleichberechtigten Partnern im Beratungsprozess.

Kostenfreiheit

Schulische Beratung ist ein Angebot an Ratsuchende, ohne Kostenaufwand Hilfe in Anspruch zu nehmen. Ein finanzieller Aufwand ist mit einer Beratung erst dann verbunden, wenn sich im Verlauf des Beratungsprozesses herausstellen sollte, dass weitere professionelle Unterstützung in Anspruch genommen werden muss.

Problembezogenheit

Schulberatung ist direkt auf das Problem bzw. den konkreten Beratungsanlass hin konzipiert. Hierbei geht es darum, möglichst mehrere Handlungsalternativen mit ihren jeweiligen Folgen (Vorteilen wie auch Nachteilen) anzubieten, aus denen der Ratsuchende dann eine Option auswählen kann, wenn er möchte. Freilich kann diese erste Gesprächsbasis auch die Grundlage für das Kontaktieren weiterer Hilfseinrichtungen sein, die den Prozess zukünftig begleiten.

Zeitliche Begrenzung

Ein Beratungsprozess im Kontext von Schule ist grundsätzlich von vorübergehender zeitlicher Dauer. Schafft es der Berater im Beratungsprozess nicht, diesen nach einer gewissen Zeit zu einem Erfolg zu führen, muss die Beratung abgebrochen werden.

Unabhängigkeit vom Berater

Dieser Faktor ist im Kontext von Schule nur sehr schwer umzusetzen, da insbesondere Schüler als Ratsuchende letztlich immer in irgendeiner Form vom Beratenden abhängig sind, wenn diese Person ihre Lehrkraft ist. Auch Beratungsgespräche mit Lehrkräften sind hier einem gewissen Über- bzw. Unterordnungsverhältnis unterworfen, da der Schulleiter Dienstvorgesetzter ist und sein Kollegium beurteilt. Dementsprechend ist eine hohe Professionalität der Schulleitung gefordert, wenn sie hier nicht in alte Machtverhältnisse abgleiten und den Beratungsprozess in ihrem Sinne beeinflussen will. Im Zweifelsfall ist es günstig, neutrale Berater an der Schule auszuwählen oder gegebenenfalls auch auf professionelle Beratungslehrkräfte zurückzugreifen, um eine Beratung unvoreingenommen gestalten zu können.

Unverbindlichkeit

Die im Rahmen einer Beratung angebotenen Hilfestellungen und Vorschläge besitzen keinen Verbindlichkeitscharakter. Sie sind letztlich nichts anderes als Empfehlungen, durch die der Berater den individuellen Lernprozess seines Klienten initiiert und begleitet, wenn dieser das wünscht. Ob sich der Ratsuchende an die Empfehlungen halten möchte, entscheidet er im Einzelfall stets selbst. Er kann also seine Entscheidung autonom treffen und sollte, egal wie seine Entscheidung auch aussieht, mit keinen negativen Konsequenzen durch den Berater rechnen müssen.

Ratsuchende selbst zur Lösung ihrer Probleme befähigen

Ziel ist es hier, dass der Ratsuchende selbst zur Lösung seiner Probleme befähigt wird. Hierfür muss er freilich generell aufnahmebereit sein und darf sich einem Lösungsvorschlag nicht von vorneherein verschließen.

„Die notwendigen Lernprozesse werden von den Beratenden ausgelöst und angeleitet. Lernziele könnten oder sollten der Erwerb von Fähigkeiten sein, um

- das eigene Problem bestimmen,
- erreichbare Ziele definieren,
- reflektierte Entscheidungen treffen,
- Handlungspläne entwerfen,
- Ressourcen entdecken und nutzen,
- die selbst eingeleiteten Handlungen auf ihre Effektivität hin überprüfen zu können."
(KRAUSE 2003, 28)

Vertraulichkeit

Ein Beratungsprozess kann nur dann erfolgreich durchlaufen werden, wenn die notwendige Vertrauensbasis zwischen Berater und Ratsuchendem hergestellt werden kann. Erst wenn der Ratsuchende genügend Vertrauen in den Berater hat und erkennt, dass ihm dieser um seiner selbst willen helfen will und sich für ihn persönlich interessiert, kann es gelingen, mögliche verborgene Motive und Absichten erfolgreich aufzubrechen.

5.5.2 Beratungsfelder

Im Kontext schulischer Beratung kann es um sämtliche Dimensionen von Schule gehen, mit denen der Schüler bzw. dessen Eltern direkt zu tun haben, so etwa um

- Einschulungsfragen (Zeitpunkt, Fördermöglichkeiten und -orte),
- Eignungsfragen für einzelne Schularten (einschließlich möglicher Aufnahmeprüfungen),
- Fragen zum Übertritt auf weiterführende Schularten,
- Anschlussoptionen (Schuldurchlässigkeit zwischen den Schularten und auch den verschiedenen Bundesländern),
- Überspringen bzw. Wiederholen von Jahrgangsstufen,
- Fördermöglichkeiten bei Lern- und Leistungsproblemen,
- Fördermöglichkeiten bei Verhaltensproblemen,
- Schulprofile (Fachrichtungen, Abschlussmöglichkeiten),
- Fragen zum Übergang ins Berufsleben oder an eine Universität.

In Bezug auf eine Beratung von Lehrkräften kann es ebenso um vielfache Beratungsaspekte gehen, so etwa um

- Beförderungsfragen,
- fragwürdiges Verhalten einzelner Lehrkräfte,
- interkollegiale Konflikte,
- Umgang mit Schülern bzw. Schülereltern,
- ggf. sogar familiäre Problemfragen etc.

Im Überblick ist folgende Auflistung von PFITZNER (2007, 392) zu den Aufgabenfeldern der Beratung hilfreich:

Aufgabenfelder von Beratung

- Information: Beratung über Bildungsangebote und Schullaufbahnen
- Prävention: vorbeugende und fördernde Maßnahmen
- Intervention: Beratung bei besonderen Lern- und Verhaltensstörungen
- Rehabilitation: Reintegration in den Lehr-Lernprozess
- Kooperation: Zusammenarbeit mit schulexternen Beratern
- Innovation: Beratung als Element der Schulentwicklung
- Konsultation/Supervision: kollegiale Beratung

5.5.3 Beratungsformen

Generell lassen sich mit PFITZNER (2007) **vier verschiedene Beratungsfelder** unterscheiden.

Pädagogisch-psychologische Beratung im Einzelfall

Eine pädagogisch-psychologische Einzelfallhilfe bezieht sich auf Lern- und Leistungs- sowie Verhaltensprobleme bzw. -auffälligkeiten eines Schülers. Es geht hierbei darum, in Zusammenarbeit mit dem einzelnen Schüler sowie oftmals auch seinen Eltern Schwierigkeiten im Lern-, Leistungs- und/ oder Verhaltensbereich zu lösen. Hierbei kann es erforderlich sein, sowohl die schulischen Rahmenbedingungen bzw. den Klassenkontext zu modifizieren als auch außerschulische Einflussfaktoren im familiären Umfeld und im Freundeskreis eines Schülers entsprechend zu verändern.

Schullaufbahnberatung

Bei dieser Form der Beratung geht es darum, den Schüler gezielt in seinem weiteren schulischen und damit späteren beruflichen Werdegang hilfreich und zielführend zu unterstützen. Die Lehrkraft unterbreitet den Heranwachsenden hierbei das schulische Bildungsangebot generell, dessen jeweilige Durchlässigkeit hin zu späteren Bildungsabschlüssen (vgl. „Kein Abschluss ohne Anschluss" als Motto bayerischer Bildungspolitik) sowie die Aufnahmevoraussetzungen der einzelnen Schulart. Auch erklärt sie die in der einzelnen Schulart möglichen Bildungsabschlüsse und informiert über die verschiedenen Ausbildungsrichtungen und deren qualifikatorische Voraussetzungen an einer Schule. Sie ist zudem bei der jeweiligen Fächer- bzw. Zweigwahl behilflich.

Eine derartige Beratung kann entweder in persönlichen Einzelgesprächen oder auch schulübergreifend mittels gezielter Informationsabende für die gesamte Elternschaft einer Schule stattfinden.

Allgemeine Präventionsberatung

Ein weiteres Beratungsfeld für Lehrkräfte ist die gesundheitliche Vorsorge in allen möglichen Gefahrenfeldern im privaten (mitunter auch schulischen) Umfeld, mit denen Schüler konfrontiert werden können. Hierzu gehören beispielsweise Informationsveranstaltungen zu Themen wie „Drogenmissbrauch", „Gewalt und Extremismus", „Gesundheitserziehung" oder „Umweltschutz", also zu allgemeinen Fragen der Menschheit und einer gelingenden persönlichen Lebensbewältigung.

Kollegenberatung

Ein letztes Beratungsfeld ergibt sich schließlich auch bei der Beratung von Kollegen, bei der es um notwendige Unterstützung im Umgang mit schwierigen Schülern oder sonstigen beruflichen Problemen und um das erneute Motivieren dieser Lehrkräfte geht. Auf dieser Basis lassen sich letztlich auch weitergehende Maßnahmen der Schulentwicklung an der Einzelschule angehen, wenn etwa im Sinne kollegialer Hospitation oder Schulentwicklungsberatung in ihren verschiedenen Dimensionen Tipps und Handreichungen gegeben werden.

Notwendige Qualifikationen müssen gegebenenfalls in Fortbildungen erworben werden.

5.5.4 Kompetenzen eines Beraters

Wenngleich eine Schulleitung ohne eine Zusatzausbildung zur Beratungslehrkraft letztlich nur in Teilen die notwendige Qualifikation zur Beratung besitzt, so muss sie dieser Aufgabe dennoch durch spezifische Kompetenzen nachkommen, die sich beispielsweise über Fortbildungen erwerben lassen.

Menschliche und fachliche Qualifikation

In Anlehnung an PETERMANN (1996/3) erwähnt PFITZNER (2007, 397) folgende Eigenschaften des Beraters, die das notwendige Vertrauen zum Ratsuchenden herzustellen vermögen:

- Sachkompetenz
- Offenheit und Engagement
- Offenheit der Kommunikation und Transparenz der Situation
- Verlässlichkeit und Berechenbarkeit

Neben der notwendigen fachlichen Begabung, die den Anlass dafür bildet, dass sich der Ratsuchende auf der Suche nach einer Lösung für die Situation überhaupt an den Berater wendet, ist es also wesentlich, dass der Ratsuchende dem Berater menschlich vertraut, sich von ihm akzeptiert und persönlich wertgeschätzt fühlt und dass er ihm offen mit seiner ehrlichen Meinung und seinen Gefühlen gegenübertritt. Das ist sicherlich beim Umgang mit Dienstvorgesetzten nicht immer einfach.

Zusammenfassend lassen sich die personalen Eigenschaften im Umgang mit Schülern wie folgt umschreiben und gleichermaßen auf den Umgang mit Lehrkräften übertragen: „Um ihren Aufgaben gerecht zu werden, benötigen Unterrichtende pädagogische, psychologische, analytische, diagnostische, didaktische, fachliche, methodische, organisatorische, rhetorische, soziale und personale Kompetenzen. Für ein fruchtbares Miteinander gilt es, Eigenkräfte zu mobilisieren, um Persönlichkeitspotenziale zu erschließen, Begeisterungsfähigkeit zu zeigen, um anzuregen und eine Atmosphäre zu schaffen, die eine konstruktive Beziehung erst ermöglicht. […] Dazu benötigt der Lehrer die Fähigkeit, in einer konkreten Situation angemessen zu agieren und zu reagieren. Neben Sach-, Fach- und Lehrkompetenz, Kooperations-, Koordinations- und Organisationsfähigkeit, Einfühlungsvermögen (Empathie), Sensibilität, Echtheit (interpersonale Flexibilität), Konfliktfähigkeit, Frustrationstoleranz, Teamfähigkeit, Führungsbereitschaft, Ausstrahlung, Innovationsfreude, Offenheit, Überzeugungskraft, Urteilsfähigkeit und Gerechtigkeitssinn ist die kommunikative Kompetenz wesentlich für erfolgreiches schulisches Arbeiten und Beraten" (PFITZNER 2007, 396 f.).

Diagnostische Kompetenz

Wegen ihrer besonderen Bedeutung im Kontext der gerade zitierten Kompetenzen sei die diagnostische Kompetenz noch einmal eigens hervorgehoben. Ein Berater muss die notwendige diagnostische Kompetenz mitbringen, um mögliche Ursachen für problematisches oder belastendes Verhalten auch richtig ermitteln zu können. Ein wesentliches Medium bilden hierzu die eigenen Beobachtungen, seien sie zufällig oder auch systematisch vollzogen (z. B. per Beobachtungsbogen, unterrichtliche Evaluationsbögen für die Hand der Schüler oder Eltern) sowie verschiedene Formen von Leistungstests.

Freilich hilft ihm darüber hinaus vielfach auch das Gespräch mit dem Ratsuchenden. Bei diesem Gespräch muss er es schaffen, den Ratsuchenden zum Erzählen zu bringen und sein letztliches Hilfegesuch richtig zu analysieren. Zudem kann es hilfreich sein, Kollegen um ihre Meinung zu fragen oder auch Mitschüler über klassische Sozialbeziehungsinstrumente (z. B. ein Soziogramm) in die Gesamtanalyse einzubeziehen.

Ideal ist es, nach vollzogener Beobachtung auch über die nötigen einschlägigen (Förder-)Maßnahmen Bescheid zu wissen. Ist dies nicht der Fall, so ist es zwingend, sich an hierfür qualifizierte Kollegen zu wenden.

Sonstige Voraussetzungen

Für das erfolgreiche Durchlaufen eines Beratungsprozesses ist es schließlich wesentlich, dass alle Beteiligten zusammenarbeiten. Dies kann eine verstärkte Zusammenarbeit von Lehrkräften einer Klasse, Eltern und Schülern sowie Kollegen bzw. weiteren Mitgliedern der Schulleitung erfordern. Möglicherweise sind auch Schulpsychologen, Beratungslehrkräfte, Sozialarbeiter oder anderweitige schulexterne Experten zur Unterstützung heranzuziehen.

Alle Beteiligten müssen zusammenarbeiten.

Nicht zuletzt muss gewährleistet sein, dass die Beratung überhaupt durch die Person des Schulleiters im Kontext von Schule und Unterricht bewältigt werden kann und sich die Schulleitung keine Beratungsprozesse zumutet, die die ihr im beruflichen Bereich zur Verfügung stehenden Mittel übersteigen.

5.5.5 Phasen einer Beratung

Der Beratungsprozess selbst gliedert sich in verschiedene Phasen. Zunächst einmal ist es wichtig, dass eine **persönliche Kontaktaufnahme** stattfindet. Diese kann auf ein Ansuchen des zu Beratenden (Schüler, Eltern, Kollegen) oder auch auf den Vorschlag der beratenden Schulleitung hin erfolgen. Im günstigsten Fall kommt das Ansuchen vom Ratsuchenden selbst. Es geht darum, die Notwendigkeit einer Beratung kurz zu eruieren und deren Zielsetzung zu ermitteln.

Wird eine Beratung von beiden Parteien als nötig erachtet, so geht es nunmehr darum, die konkrete Situation durch eine **Ist-Stand-Analyse** zu ermitteln. Dies kann beispielsweise auf der Basis persönlicher Gespräche, durch eine ausführliche Beobachtung oder durch adäquate Testverfahren erfolgen. Die Schulleitung hört sich hier also die Situationssicht des Ratsuchenden an und es kommt zu einem Wechsel aus Nachfragen und Erzählen auf beiden Seiten.

Im Anschluss an diese Ist-Erhebung gilt es nun, das Gehörte auch zu deuten bzw. zu interpretieren. Zudem kann nun ermittelt werden, wie der ideale **Soll-Zustand** beschaffen sein sollte **(konkrete Zielfindung)** und wie er am besten erreicht werden kann. Es geht darum, mögliche **Handlungsstrategien** zu finden, die dabei helfen, möglichst den idealen Soll-Zustand zu erreichen. Ist die Vorgehensweise festgelegt, so kann sie in die Praxis umgesetzt werden.

Zuletzt erfolgt nach einer gewissen Zeit eine Reflexion darüber, ob die getätigten Maßnahmen auch tatsächlich zum Erfolg beim Ratsuchenden geführt haben und ob sich dieser nunmehr zufrieden zeigt mit der veränderten Situation. Auf diese Weise können auch mögliche Rückschläge oder neue Zielstellungen ermittelt werden, die sich möglicherweise im vollzogenen Umsetzungsprozess ergeben haben.

Ist die Veränderung zufriedenstellend, so kann der Beratungsprozess als beendet gelten. Ist dies nicht der Fall, so kann an dieser Stelle ein neuer Beratungszyklus in Gang gesetzt werden.

Kommunikation

Übung: Beratungsgespräch

Antworten Sie auf folgende Aussagen im Rahmen eines Beratungsgesprächs:

Zu beratende Person	Ich als Berater/Beraterin
Vater: „Ach, ich habe keine Ahnung, was ich noch machen soll. Meine Tochter hört überhaupt nicht auf mich."	
Schülerin: „Nach der Hauptschule werde ich Model …"	
Hausmeister: „So geht das nicht weiter, die Schüle sind respektlos zu mir."	
Vater: „Sagen Sie doch der Frau X, dass sie besser erklären muss."	
Lehrerin: „Wenn ich nochmal in die Klasse X muss, melde ich mich krank."	
Lehrerin: „Ich bin mir nicht sicher, ob ich nächstes Jahr einen Referendar übernehmen soll."	
Stellvertreter: „Meinen Sie, ich kann Sie bei der Schulleiterkonferenz vertreten?"	
Schülerin: „Den Schulabschluss brauche ich eigentlich gar nicht, ich bekomme auch so einen Job."	

5.6 Teammanagement/Teamentwicklung

5.6.1 Zu den Vorzügen von Kooperation und Teamarbeit

Im Zuge der schulischen Erneuerung, die erhöhte Anforderungen an das professionelle Handeln aller in der Institution Schule arbeitenden Personen stellt, wie auch angesichts überbordender (gesellschaftlicher) Aufgabenverlagerungen auf die Schule wird es zunehmend bedeutsam, die Aufgabenerfüllung im Kollektiv wahrzunehmen und neue Wege kollegialer Kooperationsformen zu beschreiten.

Wesentliche **Vorteile der Kooperation** liegen dabei auf folgenden Gebieten:

- Verständigung über die pädagogischen Absichten und handlungsleitenden Interessen mit dem Ziel der Aushandlung gemeinsamer Vorstellungen sowie der Erarbeitung einer gemeinsamen „Philosophie"
- Bewusstmachen des erzieherischen Handelns und Sensibilisierung für das didaktische und methodische Vorgehen
- Ganzheitlichkeit im schulischen Entwicklungsprozess, auch gegenüber der schulischen Umwelt, durch gemeinsames Auftreten

- Gemeinsames Angehen (mittlerweile gehäuft) auftretender Schwierigkeiten und gemeinsames Suchen von Lösungswegen, wodurch auch die Gefahr verhindert wird, dass der einzelne Lehrer mögliches Versagen auf eigene Unzulänglichkeiten zurückführt
- Verpflichtung auf gemeinsame Absprachen, um hierdurch eine größere Kontinuität und Homogenität im erzieherischen Handeln herzustellen
- Verbesserung der sozialen Beziehungen bzw. des Schulklimas und Angstabbau voreinander bzw. Verminderung wechselseitig bestehender Befürchtungen
- Vermeidung der Gefahr der Vereinzelung des Lehrers
- Vorbildverhalten gegenüber Schülern durch demokratisches und partnerschaftliches Handeln
- Innovationsmedium zur Veränderung der Lehrerrolle insgesamt
- Hilfe, erstarrte Gewohnheiten im täglichen Unterrichtsalltag zu überwinden
- Orientierungshilfe zur Selbstüberprüfung des eigenen Unterrichts und damit Qualitätsverbesserung
- Erweiterung des eigenen Erfahrungsspektrums und Erweiterung der individuellen pädagogischen Kompetenz
- Verbesserte Eigen- und Fremdwahrnehmung
- Gegenseitige Ermutigung zum Beschreiten neuer Wege (z. B. zum Einsatz neuer Unterrichtsformen)
- Förderung des Gefühls, Teil eines gemeinsamen Unternehmens zu sein, und persönliche Bestärkung durch das Erfahren von Gemeinsamkeit und persönliche Akzeptanz bzw. Wertschätzung
- Schutz durch die eigene Gruppe, ohne die man das Wagnis offener Entwicklungsprozesse nicht eingehen will

(vgl. z. B. AURIN 1994, 139)

Einen besonderen Stellenwert als unentbehrlicher Faktor für fächerübergreifendes, projektorientiertes und integratives wie auch die Schulgemeinschaft förderndes Arbeiten hat mittlerweile die Teamarbeit bekommen, die sich als „die kontinuierliche, fachlichen Ansprüchen genügende Kooperation von mindestens zwei Personen, die die selbst gesetzten oder übertragenen Aufgaben in eigener Verantwortung planen, durchführen und auswerten" (MEYER 1997, 186) versteht.

Von der Gruppe unterscheidet sich ein Team insbesondere durch den stärkeren Zusammenhalt und die innige, auch wertmotivierte Verbundenheit der Mitglieder, die sich im gemeinsamen Wachstum vor- und füreinander öffnen.

Eigenschaften guter Teams

Gute Teams sind demnach gekennzeichnet durch „Zielorientierung und Zielfokussierung", durch „Dynamik und Synergie" (jeder soll seine Stärken einbringen; systemkonforme Anpassung führt lediglich zu Reduktionismus), durch eine „selbstverständliche Struktur" sowie durch eine „Atmosphäre der Offenheit" bzw. ein „Klima des Vertrauens" (SCHLEY 1998, 116).

Teambildung in Kleingruppen erweist sich gegenüber der Großgruppe wegen des überschaubaren Koordinationsaufwands als wesentlich einfacher, wobei die Teamarbeit spezieller Übung bedarf und bestenfalls auf gemeinsamen Werten und Zielvorstellungen basiert, sich Konformitätsdruck und Cliquenstrukturen gegenüber jedoch resistent zeigt.

Durch Teamarbeit wird zum einen die „Effektivität und Qualität schulischer Leistung ganz allgemein gesteigert", zum anderen „trägt Teamentwicklung zur Humanisierung der Schule bei" (SCHRATZ 1996, 107). Neben höherer Berufszufriedenheit wird so im gemeinsamen Tun „eine Basis für mehr Vertrauen, gegenseitige Anerkennung und Wertschätzung" (ebd.) geschaffen.

5.6.2 Wie gelingt Teambildung?

Teamarbeit umfasst für Schratz (ebd., 107 f.) neben der **persönlichen Kompetenz** zudem **soziale sowie Sachkompetenz.** Während die Persönlichkeit des Einzelnen seine personale Identität, sein Vertrauen in die eigenen Fähigkeiten, eine realistische Selbsteinschätzung sowie die Fähigkeit, auf Kritik konstruktiv zu reagieren, umfasst, gehören zur sozialen Kompetenz Offenheit, Toleranz und der Wille zur gemeinsamen Kommunikation und Interaktion. Schließlich ist sachadäquates inhaltliches und methodisches Wissen, das Wissen vom situationsadäquaten Einsatz der entsprechenden Mittel und möglicher Grenzen vonnöten. Außerdem werden diese drei Kompetenzen umfasst durch „eine zusätzlich erforderliche politische Kompetenz [...], zu der u. a. die Einschätzung der Durchsetzbarkeit unter den gegebenen Bedingungen und das Verfügen über die jeweils angemessenen Strategien gehört" (ebd., 109).

Alle vier Kompetenzbereiche bedürfen einer stetigen Reflexion. Als hilfreich erweist sich zudem externe Beratung und Hilfestellung.

Philipp (2006, 730 ff.) benennt **zwölf Erfolgskriterien der Teamentwicklung:**

1. Die Gruppe braucht einen unterstützenden Beziehungsrahmen (Existenz einer konstruktiven Streitkultur auf der Basis von Wertschätzung).
2. Die Gruppe braucht ein Ziel.
3. Die Gruppe braucht eine klare und sinnvolle Aufgaben- und Rollenverteilung (entsprechend den individuellen Stärken).
4. Die Gruppe braucht Kommunikation und Feedback (konkret, kurz, kurzfristig und konstruktiv).
5. Die Gruppe braucht (wechselnde) Leitung.
6. Die Gruppe braucht (relative) Autonomie- und Rahmensetzung.
7. Die Gruppe braucht Unterstützung (materiell und immateriell).
8. Die Gruppe braucht Erfolgserlebnisse (schnell, sicher, sichtbar; Vorhandensein eigener Mittel zur Umsetzung angestrebter Vorhaben).
9. Die Gruppe braucht Handlungskonsequenzen.
10. Die Gruppe braucht eine Balance zwischen Aufgaben- und Beziehungsorientierung.
11. Die Gruppe braucht Zeit: Phasen der Teamentwicklung (vier Phasen: Orientierung – Konflikt – Organisation – Integration).
12. Die Gruppe braucht regelmäßige Team-Checks (bewusst und regelmäßig).

Zudem ist es wesentlich, dass ein Team, will es erfolgreich arbeiten, die verschiedenen **Rollenpositionen innerhalb des Teams** verteilt, wie es Philipp (ebd., 736) veranschaulicht:

Typ		Typische Eigenschaften	Positive Qualitäten
St	Der Stratege / die Strategin *(strategist)*	weitblickend, mutig, tatkräftig, ideenreich, konzeptionell	denkt über den Tellerrand hinaus, erkennt Kraftfelder in Systemen, Interesse an Erneuerung
Id	Der Ideengeber / die Ideengeberin *(plant)*	individuell, ernsthaft, unorthodox, vom Herkömmlichen abweichend	innovative Begabung, Vorstellungskraft, Intellekt, Wissen, visionär

Typ		Typische Eigenschaften	Positive Qualitäten
Ak	Der Aktivierer / die Aktiviererin (ressource-investigator)	extrovertiert, enthusiastisch, neugierig, wissbegierig, kommunikativ	besitzt die Eigenschaft, Kontakt zu Personen aufzunehmen und alles Neue zu erforschen, kann Herausforderungen annehmen
Ge	Der Gestalter / die Gestalterin (shaper)	geht aus sich heraus, dynamisch, zielorientiert, setzt sich durch	hat den Willen und die Bereitschaft, die Trägheit, Ineffektivität, Selbstgefälligkeit oder Selbsttäuschung zu bekämpfen
Mo	Der Moderator / die Moderatorin (chairman/coordinator)	ruhig, selbstsicher, beherrscht, defensiv steuernd	besitzt die Eigenschaft, potenzielle Mitarbeiter/innen mit ihren Werten und Verdiensten ohne Vorurteile aufzunehmen, einzubinden und mit ihnen umzugehen, starke Wahrnehmung für objektive Gegebenheiten
Tw	Der Teamworker / die Teamworkerin (teamworker)	sozial orientiert, freundlich	besitzt die Fähigkeit, auf Menschen und Situationen einzugehen und den Teamgeist zu fördern
Qu	Der Qualitätssicherer / die Qualitätssicherin (completer-finisher)	sorgfältig, gewissenhaft, fleißig, eifrig	besitzt die Eigenschaft, Dinge durchzuziehen, Perfektionismus, Liebe zum Detail
Sy	Der Systematiker / die Systematikerin (monitor-evaluator)	nüchtern, besonnen, vorsichtig, logisch	Beurteilung, Diskretion, Nüchternheit, Praxis, stabile Klarheit
Zu	Der/die Zuverlässige (companyworker/ implementer)	konservativ, vorsichtig, loyal, pflichtbewusst	organisierend, praktischer gesunder Menschenverstand, hart arbeitend, selbstdiszipliniert, verantwortlich

Abb.: Rollentypen in erfolgreichen Teams (PHILIPP 2006, 736)

Um die Funktionstüchtigkeit des jeweiligen Teams an der eigenen Schule überprüfen zu können, schlägt PHILIPP seinen Teamdiagnose-Bogen vor.

Teamdiagnose-Bogen

1. ☐ Uns sind die Ziele des Teams unklar.   ☐ Die Ziele unseres Teams sind uns klar.

2. ☐ Ich identifiziere mich nicht mit den Zielen des Teams.   ☐ Ich identifiziere mich mit den Zielen des Teams.

3. ☐ Unsere Ziele sind unrealistisch und unerreichbar.   ☐ Unsere Ziele sind realistisch und erreichbar.

4. ☐ Die Teammitglieder wissen nicht genau, was sie zu tun haben.   ☐ Die Teammitglieder kennen ihre Aufgaben.

5. ☐ Informationen werden oft zu spät ausgetauscht.   ☐ Informationen werden rechtzeitig ausgetauscht.

6. ☐ Einige denken zu viel an sich selbst.   ☐ Das Team steht im Mittelpunkt und nicht der Einzelne.

7. ☐ Es gibt Konkurrenz zwischen den Teammitgliedern.   ☐ Konkurrenz zwischen den Teammitgliedern ist kein Thema.

8. ☐ Wir reden nicht offen und frei miteinander.	☐ Wir reden offen und frei miteinander.
9. ☐ Wir behalten wichtige Informationen für uns.	☐ Wir bringen alle wichtigen Informationen in unser Team ein.
10. ☐ Wir denken selten über Verbesserungen nach.	☐ Wir denken ständig über Verbesserungen nach.
11. ☐ Die Teammitglieder vermeiden es, Verantwortung zu übernehmen.	☐ Die Teammitglieder übernehmen Verantwortung.

(PHILIPP 2006, 734)

Teamfähigkeit entwickeln

Der **Einsatz von teambildenden Maßnahmen** kann für ein Kollegium, das sich auf den Weg machen will, Teamentwicklung voranzutreiben, eine Unterstützung zum Aufbau der Teamfähigkeit bieten. Bei der Auswahl gilt es zu bedenken, welche Übungen für das eigene Kollegium geeignet sind – nicht alle Angebote eignen für jedes Kollegium. Als Auswahlkriterien sollten u. a. folgende Aspekte berücksichtigt werden: Altersstruktur, körperliche Beweglichkeit, Zeitrahmen, Vorerfahrungen, Informationsstand, Unterstützung von außen, Einstellungen der Schulfamilie, finanzielle Ressourcen, Räumlichkeiten.

Teambildende Maßnahmen

Wenn es möglich ist, sollte man auf erfahrene Teambildner von außen zurückgreifen, da damit auch Prozessbeobachtung und Außensicht als Unterstützung hinzukommen. Allerdings kann man sich auch – immer in Absprache mit allen Beteiligten – selbst auf den Weg machen. Dafür sollten die Aufgabenstellungen nicht zu komplex sein und vor allem keine therapeutischen Maßnahmen nach sich ziehen.

Die folgenden Übungen sind zumeist ohne großen organisatorischen und planerischen Aufwand möglich und vielfach erprobt.

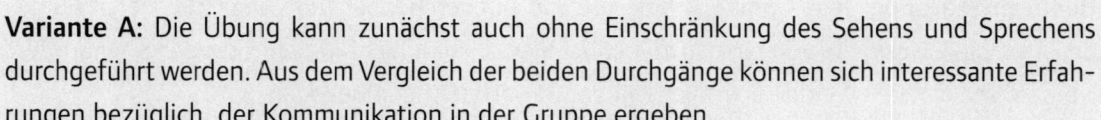

Das Stabspiel, auch Zauberstab genannt

Die Gruppe teilt sich in zwei Hälften und bildet so zwei Reihen, die sich in kurzem Abstand gegenüberstehen. Die Teilnehmenden schließen die Augen und kommen zur Ruhe. Dann strecken alle jeweils einen Finger jeder Hand aus und versuchen mit diesen Fingern Kontakt zu einem Stab zu bekommen, der von dem Moderator waagerecht etwa in Brusthöhe zwischen den beiden Reihen gehalten wird. Ziel ist es, dass der Stab von allen beteiligten Fingern berührt und getragen wird. Dann folgt die eigentliche Aufgabe: Der Stab soll gemeinsam zu Boden gelassen werden. Dabei bleiben alle Finger zu jedem Zeitpunkt am Stab. Wenn der Stab am Boden angekommen ist, sollen alle Finger gleichzeitig loslassen. Dann können die Augen geöffnet werden und es darf wieder gesprochen werden.

Variante A: Die Übung kann zunächst auch ohne Einschränkung des Sehens und Sprechens durchgeführt werden. Aus dem Vergleich der beiden Durchgänge können sich interessante Erfahrungen bezüglich. der Kommunikation in der Gruppe ergeben.

Variante B: Bei Gruppen von mehr als zwölf Teilnehmern können Untergruppen mit mehreren Stäben gebildet werden.

Beobachtungen:

Die Aufgabe ist schwieriger, als man zunächst annehmen möchte, da unkoordinierte Einzelaktionen den Stab durchaus nach oben, nicht jedoch nach unten befördern können. Die Phasen der Teamuhr finden hier teilweise im Zeitraffer statt. Meist kristallisiert sich eine Führung heraus, Strategien werden entwickelt. Spaß und Ernst liegen dicht beieinander. Damit hat die Gruppe die Gelegenheit, sich in der Zusammenarbeit zu erleben. Der Zeitrahmen kann zwischen fünf Minuten und einer halben Stunde liegen. Sinnvoll ist es, zunächst eine Gesprächsrunde im kleinen Kreis zu ermöglichen, dann werden in der großen Runde Erfahrungen aus den Gruppen ausgetauscht. Andere Gruppen zu beobachten hilft, das eigene Verhalten zu reflektieren. In der Gruppe können anhand der unterschiedlichen Typen und ihrer Strategien auf einfache Weise Rollenverteilungen beobachtet werden.

Turmbau

Bedingungen und Regeln zum Bau eines Turmes:

1. Nur die zugeteilte Menge Papier und das zur Verfügung gestellte Material darf verwendet werden.
2. Die vorgegebene Zeit ist einzuhalten.
3. Die Beobachterrolle muss im Vorfeld geklärt werden.
4. Es werden Zufallsgruppen gebildet.
5. Das Ergebnis kann unter folgenden Gesichtspunkten beurteilt werden: Kreativität, Gestaltung, Höhe, Standfestigkeit, Originalität, Ästhetik, Zusammenarbeit in der Gruppe, konzeptionelle Arbeit.

Material, Zeit, Raum:

- 3 Bögen DIN A3; 4 Bögen DIN A4; 2 Bögen DIN A2
- Schere, Kleber, Stift, Farbstifte
- zur Verfügung stehende Zeit: 45 Minuten
- Gruppenräume für die jeweiligen Gruppen

Beobachtergruppen sollten Beobachtungskriterien erarbeiten.

Das fliegende Ei

Bauanleitung: Aus dem vorgegebenen Material soll innerhalb der abgesprochenen Zeit eine Konstruktion entwickelt werden, mit der ein rohes Ei aus einem Fenster des dritten Stockwerks auf eine asphaltierte Fläche geworfen wird. Vor dem Flug erfolgt eine werbewirksame Präsentation. Der Wurf erfolgt mit einem Mindestabstand von ca. zwei Metern zur Hauswand.

Beobachtergruppe: Jede Gruppenarbeit wird von eigenen Beobachtern begleitet. Deren Aufgabe ist es, die jeweilige Gruppe genau zu beobachten. Es darf nicht mit der Gruppe kommuniziert werden. Die Notizen werden anschließend zur Bewertung herangezogen.

Jury: Erstellt Bewertungsraster und beurteilt die Gruppenarbeiten vom Arbeitsbeginn bis zur Überprüfung der Funktionalität des Flugobjekts. Dabei werden Punkte von fünf bis zehn vergeben. Bewertet werden: Schönheit, Originalität, Flugverhalten, Funktionalität.

Material, Zeit, Raum:
- 4 Bögen DIN A3
- 4 Bögen DIN A4
- 2 Bögen DIN A2
- Schere, Kleber, Stift, rohes Ei
- zur Verfügung stehende Zeit: 3 Stunden
- Gruppenräume für die jeweiligen Gruppen
- hohes Gebäude mit Asphaltboden

Beobachtergruppen sollten Beobachtungskriterien erarbeiten.

5.6.3 Arbeitsbereiche von Teams

Grundsätzlich gibt es an jeder Schule eine Vielzahl von Aufgabenbereichen, die sinnvollerweise auf verschiedene, im Idealfall nach individueller Motivation zusammengesetzte Teams verteilt werden sollten.

Im Einzelnen lassen sich insbesondere zu folgenden Schwerpunkten Teams bilden:

- **Jahrgangsstufenteam** (gemeinsame Erstellung von Lehrplänen, Wochenplänen, Probearbeiten etc.)
- **Fachteam** (jahrgangsstufenübergreifende Fachplanungen für ein Fach; z.B. Sammeln und Erstellen von Arbeitsmaterial für dieses Fach; Festsetzen der übergeordneten Bildungsziele bzw. der Abschlussziele jeder Jahrgangsstufe; Erstellen von Leistungstests für jede Jahrgangsstufe)
- **Klassenteam** (gemeinsame Absprachen aller Lehrer in einer Klasse, z. B. hinsichtlich möglicher Sanktionierungen gegenüber störenden Schülern; Ausarbeitung von Probenverteilungsplänen je Viertel- oder Halbjahr; Planung gemeinsamer Aktivitäten mit der Klasse)
- **Projektteam** (Planung von Projektvorhaben für die verschiedenen Jahrgangsstufen und Aufstellen von Projektplänen bezüglich Zeit- und Aufgabenverteilung; Erarbeiten von Listen der nötigen Arbeitsmaterialien und ggf. Beschaffung dieser Gegenstände; klassenübergreifende Koordination bei gemeinsamen Projekten mehrerer Klassen)
- **Evaluationsteam** (Planung und Koordinierung von Möglichkeiten der (Selbst-)Evaluation für die einzelnen Lehrkräfte; Hilfeleistungen z.B. durch Unterrichtshospitationen, Videoaufnahmen, Erarbeitung von Schülerfragebögen; Auswertungshilfen für erfolgte Evaluationen, Ursachenanalyse und Erarbeitung von Maßnahmenkatalogen für den einzelnen Lehrer bzw. die einzelne Klasse)
- **Team für Öffentlichkeitsarbeit** (positive Darstellung und Repräsentation der Schule nach außen; Planung und Durchführung gemeinsamer Elternfeste; Homepageerstellung der Schule; Entwurf von Faltblättern zur Darstellung der Schule für die Elternschaft; Arrangieren von Betriebsbesichtigungen, Expertenvorträge etc.)
- **Steuergruppe** (Festlegung der Arbeitsschwerpunkte der ganzen Schule; Arbeit an der schulischen Profilbildung und Ausarbeiten von Schulprogrammen, die dem Gesamtkollegium zur Abstimmung vorgelegt werden)
- **Konferenzteam** (Festlegen von Ordnungspunkten für Konferenzen; Terminplanungen; Einladung geeigneter Referenten für die einzelschulischen Belange),
- **Supervisionsteam** (Planung von Supervisionsthemen; Einladung geeigneter Referenten; Terminabsprachen) (vgl. z.B. SCHRATZ 1996, 111 ff.; SCHLEY 1998, 114 f.)

Über diese Einzelteams hinaus sollten jedoch auch größere Formen der gemeinsamen Zusammenarbeit ins Auge gefasst werden, so z. B. Kommunikationsseminare, kurze Workshops, Fallsupervision, Teamsupervision oder auch Coaching in Gruppen. AURIN (1994, 140 f.) schlägt zudem vor, Ad-hoc-Arbeitsgruppen oder Ausschüsse zu bilden, die dabei helfen, aktuelle schulische Konflikte und Problemlagen zu klären und gemeinsame Lösungen zu erarbeiten bzw. vorzubereiten. Eine besondere Bedeutung kommt hierbei sicherlich auch der schulinternen Lehrerfortbildung zu. Gerade hier lassen sich pädagogische Grunderfahrungen austauschen und grundsätzliche Fragen über die individuelle Schwerpunktsetzung der eigenen Schule (pädagogische Ausrichtung, Schulprofilbildung etc.) ansprechen, wobei auch Vertreter von Elternschaft und Schülern involviert werden können, um auch diesbezüglich den Gedanken des „gemeinsamen Schulganzen" positiv voranzutreiben. Auch längere Maßnahmen wie die gemeinsame Durchführung von Klausurtagungen und gemeinsamen Fortbildungswochen sowie mehrtätige Intensivseminare außerhalb der Unterrichtszeit dienen hierzu. Dies alles sollte erfolgen auf der Grundlage eines gemeinsamen Kooperationskonzepts des gesamten Kollegiums einschließlich der Schulleitung, in dem auch die individuellen Kompetenzen ermittelt und Aufgabenbereiche dementsprechend gezielt delegiert werden können.

5.6.4 Schulleitung und Teamentwicklung

Setzt man die klassischen Führungsstiltheorien in Relation zur Teamentwicklung an einer Schule, so erweist es sich als ideal für die Teambildung, wenn die Schulleitung den Teambildungsprozess auf der Basis eines **demokratisch-partizipativen Führungsverhaltens** aktiv unterstützt, sich selbst daran beteiligt und Neulinge auf diesem Gebiet geschickt in Teambildungsprozesse involviert, wie die folgende Abbildung zeigt:

aktiv ↑	**Einengende Führung**	**Stärkende Führung**
	Führerverhalten: Zwang, Verstärkung, Bestrafung, autokratische Entscheidungsfindung, Vorgaben	*Führerverhalten:* Lenkung, Ermutigung, Delegation, Verstärkung, Kulturentwicklung
	Reaktionen des Teams: Folgsamkeit, Konformität, Zweifel	*Reaktionen des Teams:* Lernen, Kompetenzentwicklung
	Ergebnisse: unterwürfige Teams, die dem Führer gehorchen	*Ergebnisse:* selbststeuernde Gruppen = Teams steuern, wie die Tätigkeit ausgeführt wird
	Bevormundende Führung	**Ermächtigende Führung**
	Führerverhalten: zeitweilige Vorgaben, Auferlegen von Sanktionen, psychologische Distanz zum Team	*Führerverhalten:* Vorbildverhalten, Hilfestellung, Koordination an den Schnittstellen nach außen
	Reaktionen des Teams: Orientierungslosigkeit, Machtkämpfe	*Reaktionen des Teams:* Selbstführung, Identifikation
	Ergebnis: entfremdete Teams, Teams und Führer kämpfen um die Leitung	*Ergebnis:* selbstführende Teams = Teams steuern ihre Tätigkeit im Hinblick auf das Was und das Wie

Engagement der Führungsperson

passiv autokratisch ◄——— *Führungsstil der Führungsperson* ———► **demokratisch**

Abb.: Einfluss der Führungsperson auf die Teamentwicklung (nach KRIZ/NÖBAUER, zit. bei PHILIPP 2006, 748)

Kommunikation

Mitarbeiter lassen sich gezielt in ihrer individuellen Entwicklung fördern, da sie letztlich aus der Übertragung von Verantwortung heraus erst wachsen können und die Schulleitung überdies die Möglichkeit erhält, persönliche Schwachstellen bei einzelnen Lehrkräfte zu erkennen und diese zu deren Behebung gezielt zu fördern bzw. gar zu coachen. Auch wird die Gefahr von „einsam getroffenen" Fehlentscheidungen entscheidend vermindert, wenn viele Experten bei zentralen Entscheidungen mitdenken.

PHILIPP (2006, 749) nennt hierbei verschiedene, in der folgenden Abbildung dargestellte Möglichkeiten der **Teamunterstützung durch die Schulleitung**.

Ergänzend zu dieser aktiven Rolle der Schulleitung bedarf es an jeder Schule einer Reihe von **Rahmenbedingungen und Voraussetzungen**, die gegeben sein bzw. geschaffen werden müssen, damit es einen Sinn macht, die tägliche Berufsarbeit in Gemeinschaft zu vollziehen. So ist etwa ein gewisser Grundkonsens vonnöten, ohne den keine Einigung erreicht werden kann. Schaffen es die Mitglieder eines Kollegiums selbst nicht, diesen herzustellen, so kann das Zurateziehen von Schulexternen (z. B. Lehrkräfte anderer Schulen, an denen der Kooperationsprozess positiv verläuft; Schulentwicklungsmoderatoren etc.) eine Möglichkeit sein, vermittelnd einzugreifen.

> *Die Schulleitung entlastet sich selbst von der stetig steigenden Aufgabenfülle und steigert darüber hinaus zudem die Motivation des Kollegiums, das sich auf diese Weise wertgeschätzt fühlt.*

	Verhalten der Gruppe	Unterstützung des Teams durch die Leitung
Orientierung	■ freundlicher, höflicher Umgangston ■ eher unpersönlich (z. B. Smalltalk) ■ abwartend ■ Suche nach Sicherheit und Orientierung ■ Euphorie, Anfangsbegeisterung ■ Skepsis	■ Phase wichtig und ernst nehmen ■ Kennenlernen ermöglichen ■ sich Zeit nehmen zur Teambildung ■ Druck herausnehmen, sofort Ergebnisse erzielen zu müssen ■ Wünsche und Befürchtungen (Skepsis) besprechbar machen ■ Rahmenbedingungen und Ziel klar machen ■ Rollen klären ■ Orientierung und Struktur bieten
Konflikt	■ verdeckte Konflikte ■ Koalitionen, Cliquenbildung ■ Zweifel am Sinn und Ziel ■ endlose, mühsame Diskussionen ■ innerlicher Rückzug Einzelner ■ unklare Macht- und Entscheidungsstrukturen ■ Schuldzuweisung, Personalisierung von Konflikten ■ Methodendiskussionen	■ Konflikte transparent werden lassen ■ aktiv zuhören ■ nachfragen ■ Fortschrittsdruck herausnehmen ■ keine Lösungen ■ unterschiedliche Sichtweisen und Glaubenssysteme transparent machen ■ eigenes Konfliktverhalten reflektieren ■ Hilfen und Tipps zur Konfliktbearbeitung
Organisation	■ Vereinbarungen und Absprachen werden getroffen ■ Regeln für das Team werden entwickelt ■ neue Verhaltensmuster werden eingeübt und ausprobiert ■ Team reflektiert eigene Situation ■ Wir-Gefühl entwickelt sich	■ Aufgabe neu verabreden ■ Regeln vereinbaren ■ sich eher zurückhalten ■ Verantwortung an die Gruppe abgeben ■ Lernen ermöglichen und zulassen ■ Teamgefühl pflegen ■ Aufgabe und Gruppe immer wieder zusammenführen

Integration		
	■ Team wird als effizient und wohltuend erlebt ■ entwickelt Autonomie gegenüber der „Außenwelt" ■ arbeitet selbst organisiert ■ geht mit neuen Anforderungen kreativ und flexibel um ■ vertrauensvolle Zusammenarbeit	■ Antenne nach innen und außen, Kommunikator ■ Optimierung ■ auf das Ende zuarbeiten ■ zielorientiert ■ Projekt gezielt beenden ■ Gesamtpräsentation nach innen und außen ■ Würdigung des Erreichten ■ gezielte Abschlussreflexion „lernen"!

Abb.: Möglichkeiten der Teamunterstützung (PHILIPP 2006, 749)

Im Einzelnen ist dieser Grundkonsens an folgende **Voraussetzungen** geknüpft:

■ Wechselseitige Bereitschaft zu gemeinsamer Zusammenarbeit und Überwinden der eigenen Unsicherheiten und Ängste, mögliche Schwächen zu offenbaren, sowie Abbau einer Tendenz, sich nicht in die Arbeit hineinreden zu lassen

■ Offenes und angstfreies Reden sowie Zuhören, wobei keine moralischen Wertungen vorgenommen bzw. der Anspruch erhoben werden sollte, der andere habe sein Verhalten oder seine Einstellung zu ändern

■ Wechselseitiges Geben und Akzeptieren ehrlicher Antworten

■ Beschreibendes, aber nicht wertendes Gespräch

■ Üben und Annehmen von konstruktiver Kritik

■ Zulassen von Emotionen (sich selbst einbringen; persönliche Fragen und Absichten äußern; eigene Wünsche klar ausdrücken)

■ Sich-Einfühlen oder Hineinversetzen in die Aufgabe, Funktion oder Situation des jeweils anderen; dies sollte mit der Fähigkeit zum Perspektivenwechsel einhergehen

■ Offenheit für die Interessen, Gefühle und Probleme der anderen (gemeinsame Identifikation)

■ Respektieren der Werte anderer

■ Ernstnehmen der anderen

■ Eine auf dem Prinzip der Gleichberechtigung beruhende Annahme des anderen als Erziehungspartner bzw. Kollege, verbunden mit einem Mindestmaß an persönlicher Wertschätzung

■ Herstellen gemeinsamer Vorstellungen von Zusammenarbeit; dies ist insbesondere deshalb wesentlich, da AURIN (1993, 135) ermittelt hat, dass es Lehrerkollegien gerade am reflexivem Konsens zu fehlen scheint und viele Lehrer zu wenig von den pädagogischen Vorstellungen und Auffassungen der anderen wissen

■ Schaffen einer gemeinsamen Aufgabe, deren Umsetzung allen Lehrern der Einzelschule am Herzen liegt

■ Einbeziehen möglichst aller Mitglieder eines Kollegiums in diesen Kooperationsprozess

■ Allgemeine Kooperationsqualifikation

■ Offenlegung der eigenen Erziehungsziele, Unterrichtsstile etc. Auffassungen bzw. Verständnisformen hinsichtlich zentraler schulischer Gestaltungsbereiche (Schule als Ganzes, erziehungsleitende Unterrichtsvorstellungen, Schulethos, Schulleitung, Kooperation, Schulorganisation) und Herstellen eines diesbezüglichen Grundkonsenses (gemeinsame Werte, übergreifende Ziele), der für alle Kooperationspartner akzeptabel ist

■ Offenheit für neue Lösungswege und Organisationsformen

■ Offenheit zur Korrektur eigener Vorstellungen und Verhaltensmaxime

- Bereitschaft, bei der gegenseitigen Aufgabenbewältigung eigenes Wissen, persönliches Arbeitsmaterial etc. auch weiterzugeben
- Offenheit, in den Kooperationsprozess zunächst ein Mindestmaß an Zeit zu investieren mit der Perspektive, dies später um ein Vielfaches wieder auszugleichen
- Akzeptanz von Konflikten als natürlicher und konstruktiver Bestandteil bei jeglicher Zusammenarbeit und Fähigkeit, auf Kritik konstruktiv zu reagieren
- Bereitschaft zur gemeinsamen Diskussion und Konfliktlösung sowie demokratischen Meinungsbildungs- und Entscheidungsprozessen bei auftretenden Problemen
- Aktives Bemühen der Schulleitung um Konsens und Kooperation, auch durch Autonomiedelegierung an den Lehrkörper

Darüber hinaus bedarf es aber auch begünstigender **Rahmenbedingungen,** zu deren Einrichtung insbesondere die Schulleitungen aktiv beitragen sollten. Zu denken ist hierbei u. a.

- an eine entsprechende Raumverteilung (z. B. gleiche Klassenstufen im gleichen Gebäudetrakt);
- an feste Räume zur Kooperation, die eigens hierfür genutzt werden und nicht immer wieder geräumt werden müssen;
- an einen Ausbau der Informationswege (Vervielfältigung der Ergebnisse von Konferenzen, Rundschreiben etc.);
- an Hilfestellungen für Berufsneulinge (z. B. für jeden Referendar einen Mentor).

Sicherlich wäre es auch ein Idealfall, wenn von der Schulstruktur her die Möglichkeit bestünde, in Form eines „Zwei-Lehrer-Systems" den Unterrichtsalltag zu bewältigen, um die regelmäßige fachliche Kommunikation auf Lehrerseite zu gewährleisten. Und es müssen bei den Lehrkräften die bereits angesprochenen spezifischen Handlungskompetenzen zur Zusammenarbeit im Team vorhanden sein, etwa über konkrete Schulungsprogramme angebahnt.

Ein erster Anfang, Kooperation zu verbessern, kann abschließend darin bestehen, zunächst in kleinen Gruppen (günstigerweise die Lehrer derselben Jahrgangsstufen bzw. eines Faches oder einer Fächergruppe) erste Schritte zu gehen und Erfahrungen

Erste Schritte

zu sammeln. Auch könnte man Arbeitsgruppen bilden, die aktuelle Problemlagen oder Fragen des Schulalltags thematisieren und Diskussionsgrundlagen für größere Gesprächskreise bieten bzw. erarbeiten. Dies alles muss geschehen auf der Basis regelmäßiger, jeglichem Schlendrian vorbeugender Termine (z. B. einmal pro Monat).

Reflexion: Teamarbeit an meiner Schule

Wie ist die grundsätzliche Bereitschaft des Kollegiums, in Teams zu arbeiten?

_____

Welche Teams gibt es schon an unserer Schule?

_____

Wie arbeiten die Teams zusammen? (Häufigkeit der Treffen, Ergebnispräsentation, Evaluation der eigenen Arbeit etc.)

_____

6 Selbst- und Schulorganisation

Stefan Seitz

6.1 (Selbst-)Organisation und Verwaltung

Peter Walter

Dies ist vor allem zu Beginn der Schulleitertätigkeit ein sehr schwieriges, aber enorm wichtiges Thema. Die neue Rolle, nicht mehr Lehrer, sondern Schulleitung zu sein, bringt einiges an Veränderungen mit sich, vor allem auch in der eigenen Einstellung. Nicht sofort mag es gelingen, Aufgaben zu delegieren, diese also in die dauerhafte Verantwortung seiner Mitarbeiter zu geben.

- Man ist der Nachfolger des Vorgängers: Es ergibt sich die Fragestellung der Bewahrung oder der Veränderung. Es werden von verschiedenen Seiten Erwartungen und Befürchtungen an einen herangetragen.

- Gerade in der Anfangszeit kommt oft das Gefühl auf, sich beweisen zu müssen. Natürlich hat man oft genug seine Kompetenzen unter Beweis gestellt – in der Regel wäre man sonst nicht Schulleiter geworden. Und trotzdem ertappt man sich, es sich und anderen zeigen zu wollen, dass man fleißig, kompetent, kreativ, agil ist. Man ist Schulleitung der Tat, man macht es mindestens genauso gut wie sein Vorgänger oder der beliebte Mitbewerber aus den eigenen Reihen des neuen Kollegiums („Hausbewerbung").

- Die Neugierde oder neutraler das Interesse an der neuen Schulleitung fordert zudem viel Zeit. Es kommen zahlreiche Einladungen aus verschiedensten Bereichen. Man stellt sich dem Stadtrat vor, bekommt Kontakt zu Kulturvereinen, den Kinderfördervereinen, der Volkshochschule, den anderen Behörden.

Mit Organisation, Fleiß, Kompetenz und Persönlichkeit kann man sicher viel bewirken. Jedoch wird der Umfang der neuen Aufgabe des Schulleiters oft unterschätzt. Die Vielfalt erstreckt sich von der pädagogischen Leitung der Schule über verwaltungstechnische Aufgaben, Organisation, Vertreten der Schule nach außen bis hin zur Personalführung.

- **Im Hinblick auf die Weiterentwicklung schulischen Lehrens, Lernens und Lebens werden Aufgaben dorthin delegiert, wo die größten Kompetenzen und der meiste Sachverstand liegen.**

Es ist viel damit getan, sich der eigenen Stärken und Schwächen bewusst zu sein. Als Lehrkraft lässt einen dies den Weg erkennen, den man in seiner dienstlichen Laufbahn einschlagen kann und möchte. Als Schulleitung, der auch die Aufgabe der Personalführung zukommt, ändert sich die Perspektive mit der Position. Die Stärken der Mitarbeiter zu erkennen und diese für die Entwicklung an der Schule zu nutzen, bringt Vorteile für alle Beteiligten. Dazu ist es aber notwendig, diesen Stärken auch Raum zu geben. Die Schulleitung ermuntert die Mitarbeiter, ihr Können einzubringen. Sie trägt zudem dazu bei, dieses Können weiterzuentwickeln (Unterstützung, Fortbildungen, Kontakte zu Experten herstellen, Wertschätzung im Kollegium etc.). Die individuellen Stärken des Einzelnen werden so zu einem starken Ganzen an der Schule summiert. Innere Schulentwicklung gelingt effektiver und die Schulleitung wird entlastet.

- **Die Schulleitung kann sich um Aufgaben mit höherer Priorität kümmern.**

  Es ist sinnvoll, wenn alle Fäden bei der Schulleitung zusammenlaufen. Immerhin soll und will man ja über alles informiert sein, was an der Schule vor sich geht. Dies bedeutet aber nicht, dass man alle Fäden selbst knüpfen muss – auf Dauer hat man weder die Zeit noch die Energie dafür, überall Regisseur, Produzent und Schauspieler zu sein.

- **Mitgestaltung fördert die Motivation und Identifikation.**

  Im Unterricht ist dieses Prinzip an der Tagesordnung:
  - Die Schüler stellen Regeln gemeinsam auf und halten sich mehr daran.
  - Sie helfen sich gegenseitig im täglichen Unterricht mit ihren individuellen Fähigkeiten (Tutoren, jahrgangsgemischte Klassen, Lernen durch Lehren etc.).
  - Sie gestalten das Schulleben (Planung von Klassenfahrten, Schulfesten, Schülerfirmen).

Lehrkräfte wissen, mit welchem Eifer die Schüler dann bei der Sache sind, wenn sie das Gefühl haben, dass ihre Arbeit ernst genommen wird und dass sie etwas bewirken und mitgestalten können. Sie entwickeln Mut und Kompetenzen. Es ist nicht nur etwas, was Lehrer und Eltern wollen – es ist ein eigenes Bedürfnis.

Dies lässt sich natürlich ebenso auf die Mitarbeiter in der Schule übertragen. Motivation durch Förderung der Partizipation und der Mitbestimmung sind wichtige Bestandteile der inneren Schulentwicklung. „Macht mal!" ist natürlich das falsche Signal. Die Schulleitung, die der eigenen Schule ein Profil geben, die die Schule weiterentwickeln will und in die Zukunft blickt, die Rechenschaft vor höheren Instanzen abgeben muss, gibt letztendlich auch die Richtung vor. Natürlich entwachsen im Idealfall in einem modernen Kollegium auch Ideen und Profile aus der Gemeinschaft aller Beteiligten, also der „Schulfamilie". Es ist wichtig, dass alle an einem Strang ziehen. Hier gewinnt auch der Begriff der „Kontrolle" an Bedeutung. Kontrolle darf nicht heißen, dass das Kollegium die Vorarbeit macht und diese dann dem Chef vorträgt. Dieser nickt ab oder entscheidet anders. Gibt man Aufgaben aus der Hand, kann dies nur geschehen, wenn gegenseitiges Vertrauen da ist: Die Schulleitung vertraut darauf, dass ein vorher abgesprochenes Ziel angegangen und ein Soll erreicht wird – und natürlich auf die Kompetenzen der Mitarbeiter. Diese vertrauen darauf, dass delegiertes Arbeiten nicht nur ein „Wegarbeiten" ist, sondern eine wichtige Aufgabe, die Schulleitung und alle Beteiligten ernst nehmen und schätzen. Kontrolle bedeutet, in regelmäßigen Abständen über den Status informiert zu werden und gegebenenfalls Korrekturen zu diskutieren sowie Unterstützung anzubieten.

6.1.1 Geschäftsverteilungsplan

Eng verbunden mit dem Thema Delegation ist der Geschäftsverteilungsplan an einer Schule. In diesem legt der Schulleiter bestimmte innerdienstliche Aufgabenbereiche und Zuständigkeiten fest. In der Regel betrifft dies ihn selbst und seinen Stellvertreter bzw. weitere Mitarbeiter im Schulleitungsteam. Solche Aufgaben können beispielsweise das Erstellen von Vertretungsplänen, die Stundenplangestaltung oder Statistiken sein.

Ein Geschäftsverteilungsplan ist demnach ein Wegweiser für Schüler, Eltern, Kollegen und Personal sowie die Schulaufsicht, um den richtigen Ansprechpartner für die entsprechenden Angelegenheiten zu finden. In der Regel ist der Geschäftsverteilungsplan für alle einsehbar. Er wird in Konferenzen vorgestellt, wird der Schulaufsicht übersandt, liegt im Sekretariat aus oder wird eventuell auf der Internetpräsenz der Schule veröffentlicht.

Schulleitung	Stellvertretung	Verwaltungsangestellte
Vertreten der Schule nach außen	Vertretung des Schulleiters nach Absprache oder in Abwesenheit	Aktenführung und Archivierung
Abgabe von Erklärungen und Stellungnahmen gegenüber der Presse	Planung und Organisation von Schulfesten und Feiern	Aufnahme von Schülern
Verhandlungen mit dem Sachaufwandsträger	Teilnahme an Sitzungen des Elternbeirates	Erstellen von Schülerlisten, Akten
Verantwortung für den Internetauftritt		Mitwirkung bei Statistiken
Repräsentation der Schule		Allgemeine Sekretariatsarbeiten
Personalangelegenheiten		Mitwirkung bei Zeugniserstellung und -druck
Mitarbeitergespräche		Mitwirkung bei Konferenzvorbereitungen
Betreuung von Praktikanten und Lehramtsanwärtern		Telefondienst
Erstellung von dienstlichen Beurteilungen		Aktualisierung der Informationstafeln in Lehrerzimmer und Aula
Datenpflege der Schulverwaltungsprogramme		Datenpflege der Schulverwaltungsprogramme
Durchführen von Unterrichtsbesuchen		Abruf der E-Mails und eventuelles Ausdrucken
Stundenplanung, Lehrereinsatz und Vertretungen		Monatliches Abrufen des Schulanzeigers
Schulbezogene Elterninformationen		Bestellung von Büromaterial
Leitung von Konferenzen		
Genehmigung von Schulveranstaltungen		
Genehmigung von mehrtägigen Schülerfahrten		
Geschäftsverteilung		
Führen des Dienstsiegels		

Abb.: Beispiel eines Geschäftsverteilungsplans einer kleinen Schule

Selbst- und Schulorganisation

In kleineren Schulen kann die Gestaltung des Geschäftsverteilungsplans oftmals eine Besonderheit aufweisen. Sie haben meist keinen Stellvertreter, jedoch beruft die Schulaufsicht einen Vertreter, der „regulärer" Klassenlehrer ist und in der Praxis mit keiner oder nur sehr wenigen Anrechnungsstunden zur Verwaltung ausgestattet ist. Auch

Anmerkung zu kleinen Schulen

Sekretariate sind an kleinen Schulen entweder nicht vorhanden oder nur sehr wenig besetzt, die Präsenz von Hausmeistern ist ebenfalls begrenzt. Die Aufgaben können also nur auf sehr wenigen Schultern verteilt werden und da die Wege kurz sind, wird generell zuerst die Schulleitung befragt – ob es sich nun um Vertretungen, um angeschafftes Zubehör oder um defekte Leuchtmittel – handelt. Es spricht nichts dagegen, diesen Plan auch detaillierter zu verfassen und die Aufgaben anderer Lehrkräfte oder der Verwaltungsangestellten deutlich zu machen.

Ein Geschäftsverteilungsplan entlastet die Schulleitung dahingehend, dass sie gewisse Teilbereiche übertragen kann und sich um diese in der Regel vordergründig nicht mehr kümmern muss. Stellvertreter und andere mit besonderen Aufgaben betraute Personen werden so in ihrer Position gestärkt, übernehmen Verantwortung und können sich auch auf besondere Punkte spezialisieren.

Für regelmäßige Absprachen sollten im Stundenplan Zeitfenster für Teamgespräche eingebaut werden. Hier kann ein Austausch über delegierte Aufgaben stattfinden, welche das gesamte Kollegium oder die Schule betreffen. Auch können z. B. an einem „Jour fixe" aktuelle Themen besprochen werden.

Vor allem die Stellvertreter im Schulleitungsteam können für ihre Aufgabenübernahme mit Anrechnungsstunden rechnen, eventuell auch weitere Mitarbeiter im Schulleitungsteam. Dies wird jedoch meist individuell an der Schule und mit den zugehörigen Ressourcen geregelt.

Übung: Aufgabenverteilung an meiner Schule

Eine mögliche Aufgabenverteilung wird im Folgenden vorgestellt. Neben einigen Aufgaben, die aufgrund rechtlicher Bestimmungen im Bereich des Schulleiters bleiben müssen, können viele Aufgaben an den Stellvertreter bzw. an weitere Mitglieder im Schulleitungsteam delegiert werden. Um eine Verbindlichkeit für einen festgelegten Zeitraum zu schaffen, werden diese Aufgaben in einem Plan fixiert.

Schulleiter:
- Repräsentation der Schule nach außen
- Hospitationen durchführen und dienstliche Beurteilungen erstellen
- Statistik führen
- Stundenplanerstellung
- Klassenbildung/Zuweisung von Klassenlehrern
- Jahresterminplaner für Konferenzen
- Fortbildungsbedarf ermitteln
- Fortbildungsmaßnahmen durchführen
- Schulentwicklung vorantreiben
- Schulbudget erstellen
- Zeugnisse kontrollieren
- Genehmigungsverfahren beantragen/durchführen
- Ansprechpartner für Personalrat-, Elternvertretung
- Mitarbeitergespräche führen
- Anmeldung der Schüler

Stellvertreter in der Schulleitung/Mitarbeiter im Schulleitungsteam:

- Stundenplanerstellung
- Projekte/Schulleben organisieren
- SchiLFs organisieren
- Zeugnisse Korrektur lesen
- Vertretungsplan erstellen
- Praktikanten einsetzen und betreuen
- Mithilfe bei der Durchführung von Elternabenden
- Vergleichsarbeiten organisieren/durchführen
- Fortbildungsbedarf ermitteln
- Fortbildungsmaßnahmen durchführen

Reflektieren Sie die Verteilung der Aufgaben an Ihrer Schule.

Schulleiter:	Stellvertreter in der Schulleitung/Mitarbeiter im Schulleitungsteam:	Verwaltungsangestellte:

6.1.2 Organisation von Schule

Generelles zur Organisation von Schule wird nur schwer darzustellen sein. Das Bundesland, der Schultyp und nicht zuletzt die Schulgröße verlangen verschiedene Organisationsformen. Auch die damit verbundene Personalausstattung entscheidet darüber, auf wie vielen Schultern man Aufgaben verteilen kann oder wie zum Beispiel Posteingang und Ablage funktionieren können.

Posteingang

- Wenn vorhanden, übernimmt das Sekretariat die Vorauswahl beim Posteingang. Dies betrifft sowohl die Briefpost wie auch Fax und E-Mail.
- Ein Teil der Post findet so den direkten Weg ins Altpapier! (Gebrauchtwagenangebote per Rundfax, Prospekte mit themenfremden Angeboten, die meisten Postwurfsendungen)
- Werbeprospekte von Schulausstattern werden an die entsprechenden zuständigen Personen weitergegeben. So erhält der Sportbeauftragte Kataloge für Sportartikel, die Musiklehrer für Instrumente – je nach Zuständigkeitsbereich. In einem Schrank im Lehrerzimmer oder der Lehrmittelbücherei werden diese dann gesammelt und alte Ausgaben durch aktuelle ersetzt. Oftmals werden aber auch „neue Entdeckungen" in Konferenzen oder beim Plausch in der Pause vorgestellt.
- Bei Zeitschriften, auch den abonnierten, verhält es sich ähnlich. Die älteren Ausgaben werden allerdings über einen bestimmten Zeitraum archiviert.

- Persönlich adressierte Post wird durch das Sekretariat in die einzelnen Fächer der Lehrkräfte verteilt.
- Post, die an die Schulleitung adressiert ist, öffnet auch nur die Schulleitung.
- Alle weiteren Sendungen werden von der Verwaltungsangestellten geöffnet und weitergegeben bzw. weiterverarbeitet. Hilfreich ist zudem, dass das Sekretariat die Schulleitung in kurzen Worten auch über die Post informiert, die sie selbstständig bearbeitet.
- Bei E-Mail-Eingängen verhält es sich ähnlich. Nur in ganz seltenen Fällen wird es notwendig sein, Mails auch auszudrucken. In den meisten Kollegien ist es ausreichend, diese einfach auf elektronischem Wege weiterzuleiten. Je nach Kollegen oder Dringlichkeit kann es aber sinnvoll sein, nochmals mündlich auf versendete Mails hinzuweisen.

Telefonverwaltung

Wieder spielen die Größe und die damit verbundene Personalausstattung bei der Telefonverwaltung eine große Rolle.

- In großen Schulen ist dies vorgegeben. Anrufe werden im Sekretariat während der Geschäftszeiten entgegengenommen und gegebenenfalls weitervermittelt. An die Schulleitung wird durchgestellt. Für Lehrkräfte, die sich im Unterricht befinden, wird eine Notiz hinterlassen. Manche Lehrkräfte erlauben, dass ihre Telefonnummer herausgegeben wird, andere wiederum rufen Eltern gegebenenfalls zurück.
- In kleinen Schulen kommt das Telefonat oft bei der Schulleitung an. Ein Durchstellen oder „Abwimmeln" entfällt hier natürlich. Zudem befindet sich die Schulleitung häufiger im Unterricht, sodass Büro und Telefon unbesetzt sind. In den meisten Fällen stellt dies kein Problem dar. Rufnummernanzeige für verpasste Anrufe und natürlich der Anrufbeantworter zeichnen die Gespräche auf und es wird zurückgerufen.
- Manche Schulen verfügen über Servicenummern. So werden bestimmte Telefonnummern benutzt, um morgens Absenzen zu melden. Andere Servicenummern erhalten zum Beispiel Informationen über Unterrichtsausfall.
- Nebenbei: Auf Sicherheitskonferenzen fordern Vertreter der Polizei immer wieder, dass alle Klassenzimmer mit einem Telefon ausgestattet sein sollten, für die zumindest Notrufnummern und interne Gespräche freigeschaltet sein sollten.

6.1.3   Organisation des Arbeitsplatzes

Bei den meisten Schulleitern und in vielen Rektoraten ist das Notebook der zentrale Punkt am Schreibtisch. Dies ist nicht verwunderlich, da viele Abläufe des täglichen Schullebens nur noch auf elektronischem Wege funktionieren. Anfragen durch die Schulaufsicht, Schülerstandsmeldungen oder Abfrage von EDV-Ausstattung sind nur einige Beispiele, die ohne Papier auskommen. Auch wenn die Verwaltungsangestellte oder andere Kollegen vieles bearbeiten, einige Vorfälle obliegen nur der Schulleitung.

Internet- und Druckeranbindung sind hier natürlich ebenso obligatorisch wie eine gute Funktionalität, was Bedienbarkeit und Geschwindigkeit betrifft. Zudem sollten Sicherheitsmerkmale wie Virenschutz, Firewall und Schutz vor unerwünschten Programmen aktuell sein.

Auf diese Art und Weise kann der PC viele Abläufe erleichtern. Hierzu einige Beispiele:

■ **Wichtige Briefe im Ordner Jahresverlauf**

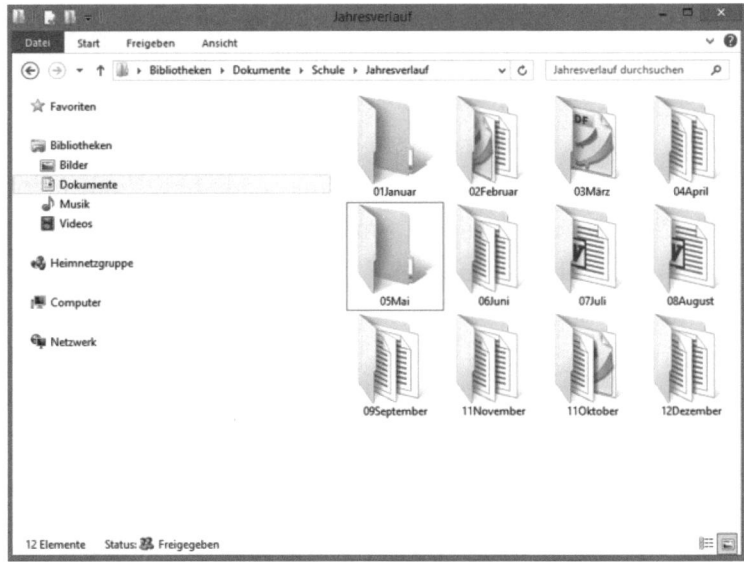

Abb.: Organisation des Arbeitsplatzes – Jahresverlauf

Vieles wiederholt sich in der Schule von Jahr zu Jahr aufs Neue: Das Fest im Dezember, zu dem im November die Einladungen an die Eltern herausgegeben werden müssen, die Einladung zum Elternabend im November, Regelungen zum eventuellen witterungsbedingen Unterrichtsausfall im Oktober. Daher werden solche Dokumente in jeweilige Monatsordner abgeheftet. Der Vorteil davon ist nicht nur, dass man die Dokumente problemlos wiederfindet, sondern auch, dass man bei einem Klick zum Monatsanfang sofort einen Überblick darüber erhält, was in den nächsten Wochen zu erledigen ist, damit man dann nicht in Stress und Hektik verfallen muss.

■ **Wichtige Dokumente nach Themengebieten sortiert**
Oftmals erhält man auf Fortbildungen Dokumente zu bestimmten Themen, wie ADHS, Gesprächsführung etc. Diese werden nicht nach Datum und Titel der Fortbildung sortiert und im Computer abgelegt, sondern nach Themengebieten gespeichert. So hat man bei einer Nachfrage oder Informationsbedarf einen schnellen und thematischen Überblick. Auch Dokumente, die man selbst erstellt hat, sind so leichter wiederzufinden. Mit wenigen Klicks sind diese Dateien auch schnell an Interessenten verschickt.

■ **Ablage amtlicher Schriftstücke**
Die Ablage von amtlichen Schriftstücken unterliegt verschiedenen Verordnungen und Vorschriften, die in erster Linie bindend sind. Dies ist dadurch bedingt, dass Abläufe erkennbar und nachvollziehbar sein müssen, wenn die Schulleitung wechselt oder erkrankt ist.
Das Ablegen und Abheften weiterer Schriftstücke sollte thematisch erfolgen. Dabei gilt natürlich die Regel: So, dass man es wiederfindet. Dennoch kann es hilfreich sein, selbst geschaffene Ablagemöglichkeiten mit bestimmten Mitarbeitern (Stellvertretern, Verwaltungsangestellten) abzusprechen. Dies verhindert nicht nur, dass sich im Falle einer Erkrankung bergeweise Papier stapelt und auf die Rückkehr des Schulleiters wartet oder niemand etwas findet. Neben dieser nicht gewollten Möglichkeit, sich unersetzlich zu machen, entlastet es auch. Die Verwaltungsangestellte, die ohnehin oft die jeweiligen Ordner gestaltet, übernimmt auch die Aufgabe des Einheftens, der Ordnereinteilung etc. Der Posteingang wird in der Regel von der Verwaltungsangestellten bearbeitet. In den meisten Fäl-

len legt sie diese der Schulleitung vor, bereitet nach Absprache Antwortschreiben vor und trägt Termine ein. Nach dem Lesen und Abzeichen übernimmt sie die Ablage.

Wichtig ist zudem der Standort. Ordner, auf die auch die Lehrkräfte zugreifen dürfen, sollten sich aus ökonomischen Gründen im Lehrerzimmer befinden, ebenso Ablagen, die rein informativen Charakter haben (Ausflugsziele, Angebote, Formulare). Akten, die bestimmter Geheimhaltung bedürfen, sollten unter Verschluss im Rektorat liegen (Personalakte, Schülerpapiere, vertraulicher Schriftverkehr, Kennwörter). Für manche Akten bestehen besondere Vorschriften (z. B. Feuerschutz).

Es ist nun wieder typabhängig, ob man gerne konventionell mit Papier oder papierlos elektronisch arbeitet. Die meisten werden eine Mischform wählen. Die Erstellung von Ordnern im Computer sollte überlegt und abgesprochen sein. Der Speicherort muss zudem auch so gewählt werden, dass alle betroffenen Personen Zugriff haben. Auch Netzwerke und Zugriffsberechtigungen sollten hier mit bedacht werden.

Wenn richtig zusammengearbeitet wird, kann die elektronische Ablage die Arbeit sehr erleichtern und ein wirklicher Segen sein.

6.1.4 Zusammenarbeit

Zusammenarbeit mit der Stellvertretung

Nichts ist hinderlicher für die Entwicklung einer Schule, als wenn Schulleitung und Stellvertretung Meinungsverschiedenheiten offen und unprofessionell austragen. Dies verunsichert das komplette Kollegium. Lehrkräfte möchten sich nicht positionieren oder sie positionieren sich bewusst, was ihnen wiederum Nachteile beim anderen Teil der Schulleitung einbringen wird. Auch die Schulleitung und Stellvertretung laufen Gefahr, gegeneinander ausgespielt zu werden.

Eine effektive Arbeit muss vor allem auf der Sachebene stattfinden. Gelingt auch noch die Zusammenarbeit auf der persönlichen Ebene – umso besser. Beim Ausfall des Schulleiters muss die Stellvertretung den geregelten Schulbetrieb aufrechterhalten können. Dazu muss sie ein Mindestmaß an Informationen über Schulleitungsalltag, aktuelle Situationen und Grundabsprachen erhalten. In größeren Schulen mit etabliertem Stellvertreter ist dies sicher leicht nachzuvollziehen. Doch auch in kleineren Schulen, in denen der Stellvertreter „normale" Lehrkraft ist, also Gleicher unter Gleichen, ist es unerlässlich, dass dieser mindestens insoweit in die Abläufe eingebunden ist, dass er einen Ausfall des Schulleiters auffangen kann.

Zusammenarbeit mit Lehrkräften

Der eine ist nur so gut, wie es der andere zulässt. Ein passives Kollegium kann vom Schulleiter nur sehr schwer motiviert werden, eine passive Schulleitung wird sicher auch kein Garant für eine gelingende Schulentwicklung sein. Da die Möglichkeiten für den Schulleiter sehr gering sind, Leistung zu honorieren – auf Beförderungen und Prämien kann nur in den seltensten Fällen zurückgegriffen werden –, sind es die Kleinigkeiten, die zählen:

Mit kleinen Mitteln lässt sich oft viel erreichen.

- Lob und Anerkennung unter vier Augen
- Honorieren der Leistung auch in Konferenzen, Elternversammlungen
- Darstellen der Leistung des Kollegen gegenüber der Schulaufsicht
- Übertragen von Verantwortung und Kompetenzen
- Kleine Aufmerksamkeiten, Naschereien etc.

Die Kollegen wissen natürlich, wie es um die Möglichkeiten der Schulleitung bestellt ist, Leistung zu honorieren. Umso mehr ist es für viele schon überraschend, motivierend und anerkennend, dass der Einsatz gesehen wird. Eine nette Notiz, eine kleine Nascherei oder eine Karte nach einer Theateraufführung, einem Schulgottesdienst, einem organisierten Sportfest oder schlichtweg nach der Abgabe der Zeugnisentwürfe verbessern das Klima im Kollegium oftmals merklich. Auch wenn dies nicht auf Dauer ausreichen und nicht in die Verantwortung der Schulleitung gelegt werden kann – mit kleinen Mitteln kann manchmal viel erreicht werden.

Zusammenarbeit mit Verwaltungsangestellten

Sie gehören oftmals zum Personenkreis, auf den sich die Schulleitung am meisten verlässt. Sie

- arbeiten dem Schulleiter zu,
- sind meist nahe am Geschehen,
- sind durch die Verwaltungstätigkeit oftmals schon von Anfang an in Abläufe und Planungen eingebunden (Personalzuweisung, Stundenplanung etc.),
- kennen die Korrespondenz,
- fungieren bisweilen als Bindeglied zwischen Kollegium und Schulleitung.

Zusammenarbeit mit dem Hausmeister

Die Person des Hausmeisters ist nicht zu unterschätzen. Erfahrene Schulleiter geben gerne den ersten Tipp mit auf den Weg, sich gut mit dem Hausmeister zu stellen. Man erkennt zügig, wie ungemein wichtig dieser Ratschlag ist. Projekte, Vorhaben und Veranstaltungen gelingen nur, wenn der Hausmeister sie mit unterstützt. Er packt mit an, steht mit Rat und vor allem Tat zur Seite, bringt Vorschläge mit ein und ist oftmals einer der wichtigsten Organisatoren. Nicht selten hat der Hausmeister auch gute Kontakte zu außerschulischen Einrichtungen. Er ist Angestellter des Sachaufwandsträgers und häufiger mit Bauhof, technischen Leitern, Rathaus und Landratsamt in Kontakt. Nicht selten ist er selbst Mitglied in der Feuerwehr oder anderen Hilfsorganisationen.

Deshalb sollte auch beachtet werden:

- Sprechen Sie Vorhaben außerhalb der regulären Unterrichtszeit mit dem Hausmeister ab.
- Informieren Sie ihn rechtzeitig über Schulveranstaltungen, Elternabende, Elternsprechtage.
- Richten Sie ihm ein Fach im Lehrerzimmer ein, in dem auch Kollegen Wünsche und Reparaturaufträge hinterlegen können.
- Er ist Teil der Schulfamilie: Lassen Sie ihm Rundschreiben etc. zukommen.
- Nehmen Sie seine Einwände ernst. Für viele Handgriffe ist er der Fachmann und kann die Machbarkeit einschätzen.
- Einige Hausmeister wohnen im Schulhaus. Über eine zu große Anzahl von Lesenächten, Schulpartys und Wochenendveranstaltungen jubeln die wenigsten.
- Auch Hausmeister freuen sich über kleine Aufmerksamkeiten.

Der Schulleiter ist für die Weiterentwicklung der Schule verantwortlich. Dies ist gleichermaßen Recht und Pflicht. Dies muss auch der Hausmeister wissen. Dass Hausmeister Klassenzimmer eigenständig umräumen, Veranstaltungen außerhalb der Unterrichtszeit verbieten oder Lehrern nach Unterrichtsende den Zugang zur Schule verwehren, wird ab und an berichtet. Hausmeister, die gefürchtet sind, gibt es wohl immer noch. Auch Äußerungen von Hausmeistern wie: „Es ist mir egal, wer unter mir Schulleiter ist!" sind legendär. In den meisten Fällen gilt aber auch hier: „Wie man in den Wald hineinruft, so hallt es wider."

Zusammenarbeit mit dem Sachaufwandsträger

Einer der ersten Wege des neuen Schulleiters nach der Ernennung wird wohl der zum Bürgermeister sein. Man stellt sich vor, bespricht eventuelle Erwartungen und Pläne. Der Besuch einer Stadtratssitzung ist nicht selten. Eine gute Zusammenarbeit mit dem Sachaufwandsträger, sei es mit dem Bürgermeister, dem Kämmerer, dem technischen Leiter oder dem Bauhof, ist von beiderseitigem Vorteil.

- Teurere Vorhaben werden mit den zuständigen Fachleuten in der Verwaltung vorbesprochen.
- In Absprache mit den Entscheidungsträgern werden teure Vorhaben in Sitzungen verhandelt und in Etats aufgenommen.
- Räumlichkeiten, die im Besitz oder der Verantwortung des Sachaufwandsträgers liegen, werden bisweilen zur Verfügung gestellt.
- Einrichtungen des Sachaufwandsträgers wie Feuerwehr, Bauhof oder technische Dienste können häufiger gebraucht werden.
- Skepsis in der Bevölkerung gegenüber der Schule wegen Modellversuchen, Änderung von bestehenden Traditionen etc. können vom Sachaufwandsträger ausgeräumt (aber natürlich auch geschürt) werden.
- Schulen sind oftmals auch das Aushängeschild einer kleinen Gemeinde. Eine funktionierende, außenwirksame Schule wirft auch ein positives Bild auf den Sachaufwandsträger.

Ein guter Kontakt beinhaltet ein offenes Ohr und Diskussionsbereitschaft auf beiden Seiten. Es bedeutet zudem, dass Bürgermeister und Verwaltung gern gesehene Gäste auf Schulfesten sind. Dies bedeutet aber nicht, dass sich die Schule für Wahlkampf und Parteipolitik missbrauchen lässt. Eine gute Zusammenarbeit zeigt sich auch darin, dass Probleme offen angesprochen werden.

6.1.5 Konferenzen

Gerald Klenk

Konferenzen sind unverzichtbarer Bestandteil von Arbeitsprozessen überall dort, wo mehrere Menschen in einer Institution oder einem Betrieb unter einer gemeinsamen Zielsetzung oder Verpflichtung arbeitsteilig oder arbeitsgleich zusammenarbeiten wollen oder müssen. Konferenzen stellen eine Form der institutionalisierten Kommunikation dar, über die Ziele, Inhalte, Verfahren, Methoden und Prozesse bis hin zu sozialen Regelungen vereinbart werden. Eine Schule ist ohne Konferenzarbeit nicht funktionsfähig.

Konferenzen sind unverzichtbare Arbeitsplattformen.

Juristische, für alle Lehrkräfte und Schulleitungen bindende Festlegungen sind in allen Bundesländern in den jeweiligen Landesgesetzen und Verordnungen getroffen. Sie weisen der Lehrerkonferenz folgende Aufgaben zu:

Formale Aufgaben der Lehrerkonferenz

- Klärung von Fragen in Bezug auf Unterricht und Erziehung sowie das Schulleben
- Stellungnahmen und Beschlussfassung bei der Notenvergabe, bei der Gewährung/Verweigerung des Vorrückens und bei Übertrittsverfahren
- Stellungnahmen und Gutachten in Sachangelegenheiten (z. B. Schulbuch- und Lehrmittelbeschaffung, Haushaltsfragen)
- Verhängung von Ordnungsmaßnahmen

Der Schulleiter führt den Vorsitz. Für die Teilnahme an den Lehrerkonferenzen besteht für die Mitglieder des Kollegiums Dienstpflicht. Die Sitzungen sind nicht öffentlich; Eltern sind nicht einbezogen, haben aber in manchen Bundesländern das Recht auf Anhörung in bestimmten Fragen.

| Lehrerkonferenzen dienen der demokratischen Partizipation. | Konferenzen sind Instrumente der demokratischen Gestaltung von Schule. Sie dienen der regelmäßigen und geregelten Beteiligung aller Lehrkräfte sowie der Einbeziehung der Eltern oder weiterer Fachleute nach Bedarf. Insofern spiegelt sich in der „Konferenzkultur" einer Schule auch das demokratische Bewusstsein ihrer Mitglieder wider. |

Unter diesem Gesichtspunkt sollten „Verkündungskonferenzen" (Schulleiter liest amtliche Schreiben vor und kommentiert sie, Lehrkräfte nehmen dies passiv zur Kenntnis) der Vergangenheit angehören, weil sie die demokratische Mündigkeit der Mitglieder missachten. Im Gegenteil gilt es, die Mitverantwortung der Kollegen durch eine partizipative Konferenzgestaltung klar und unmissverständlich zu benennen, zu ermöglichen und auch einzufordern.

Charakteristika von Konferenzen

Die Lehrerkonferenz

Die Einberufung einer Lehrerkonferenz ist immer dann nötig, wenn Beschlüsse gefasst werden sollen, die für die Gesamtheit der Schule oder einen wesentlichen Teil des Kollegiums bindenden Charakter haben. Die Teilnahme ist Dienstpflicht.

Beispiel 1: Ein Sachverhalt wird allgemein zur Diskussion gestellt. Fachliche und rechtliche Aspekte sind abzuwägen, um zu einem gemeinsam getragenen und hieb- und stichfest begründeten Gesamturteil zu kommen, das „die Schule", also jedes Mitglied des Kollegiums, nach außen „mit einer Zunge" vertritt. Nach den demokratischen Regeln ist das abgestimmte Ergebnis von allen Kolleginnen und Kollegen sowie der Schulleitung zu akzeptieren und ungeachtet des persönlichen Abstimmungsverhaltens nach außen hin zu vertreten. Die meisten Schulordnungen sehen übrigens bei Abstimmungen in Lehrerkonferenzen keine Enthaltung vor. – Beispiel: Eltern eines Kindes aus der 3. Klasse stellen kurz vor den Weihnachtsferien den formlosen Antrag auf freiwillige Wiederholung der 2. Klasse.

Beispiel 2: Ein Vorhaben, das die gesamte Schule in direkten oder indirekten Auswirkungen betrifft, soll in Zielsetzung, Verlauf und Zeitschiene geplant und vereinbart werden. Die Gesamtkonferenz spricht sich zunächst für oder gegen das Vorhaben aus. Im Fall der Befürwortung wird eine Planungsgruppe beauftragt, die Details und das Prozessmanagement auszuarbeiten, das dann zur endgültigen Beschlussfassung wiederum der Gesamtkonferenz vorgelegt wird. – Beispiel: Die Lehrkräfte der 7. und 8. Klasse beantragen die Beteiligung der Schule an einem Schulentwicklungsprojekt im Rahmen einer internationalen COMENIUS-Schulpartnerschaft.

Beispiel 3: Die Lehrerkonferenz fällt im Rahmen von jährlichen Etatkonferenzen Beschlüsse über die Verwendung der zur Verfügung stehenden Haushaltsmittel. Fachliche Argumente müssen ebenso berücksichtigt werden wie die Vorgaben und Rahmenbedingungen des Sachaufwandsträgers (Stadt, Gemeinde, Schulverband). – Beispiel: Eine Grundschule beabsichtigt, ein Klassenzimmer künftig in einen Computerraum umzuwidmen.

Die Dienstbesprechung

Bei Dienstbesprechungen werden Sachverhalte, die die Schule insgesamt oder Teile des Kollegiums bzw. der Schulgemeinde betreffen, beraten und geklärt. Die Teilnahme an den Sitzungen erfolgt ebenfalls auf Dienstpflicht.

Beispiel: Die Lehrerkonferenz hat beschlossen, dass sich die Schule an einem COMENIUS-Projekt zur Schulentwicklung unter dem Thema „Gewalt an Schulen" beteiligt. Bei einer ersten Dienstbesprechung wird erörtert, welche Bedeutung das Thema für die Schule hat, wo ein Handlungsbedarf besteht und welche Erwartungen man mit der Beteiligung an diesem länderübergreifenden

Projekt verknüpft. Daraus werden konkrete Zielsetzungen formuliert und erste inhaltliche Maßnahmen überlegt. Abschließend wird ein Team installiert, das die Arbeit im Rahmen des COMENIUS-Projekts über die folgenden drei Jahre verantwortlich übernehmen soll.

Die Arbeitssitzung

Arbeitssitzungen von Teams, Projektgruppen (KLENK 2007) o. Ä. dienen der inhaltlichen Feinarbeit sowie der Erstellung, Umsetzung und Dokumentation des dazugehörigen Projektmanagements. Die Teammitglieder werden entweder von der Lehrerkonferenz gewählt oder berufen oder sind „geborene" Mitglieder des Teams, wie etwa bei Jahrgangsstufenteams. Die Teilnahme ist grundsätzlich freiwillig.
Beispiel: Das „COMENIUS-Team" nimmt seine Arbeit auf. Es legt zunächst die Regularien („Geschäftsordnung", Regeln für die Zusammenarbeit) fest und wählt – sofern nicht bereits von der Schulleitung oder der Lehrerkonferenz bestimmt – die Teamleitung. In der weiteren Arbeit werden die Inhalte konkret ausgearbeitet und es wird ein Konzept für die Umsetzung erstellt. Das Team stellt die Ergebnisse seiner Arbeit in der Lehrerkonferenz zur Diskussion.

Die drei vorgenannten Grundformen von kollegialen Sitzungen haben innerhalb einer schlüssigen Aufbauorganisation unterschiedliche strukturelle Funktionen:

Die Konferenz – systemisch eingeordnet

- Die Lehrerkonferenz ist für die Festlegung der gemeinsamen Zielrichtung zuständig (dies kollidiert nicht mit der normativen Führungsaufgabe der Schulleitung; sie hat gerade auf dem Gebiet der Vision und der Zielstellung der Schule weiter reichende Aufgaben). Sie übernimmt also die normative Arbeit.
- Dienstbesprechungen dienen der strategischen Ausrichtung. (Hilfreich ist dabei die Arbeit einer Steuergruppe, die so manche allgemeine Dienstbesprechung erübrigt.)
- In den Teams wird letztlich die operative Umsetzung vorbereitet.

Nach geltenden Bestimmungen hat die Schulleiterin bzw. der Schulleiter die Letztverantwortung für die Konferenzen. Vernünftigerweise klärt das Schulleitungsteam jedoch gemeinsam die Inhalte und Vorgehensweise bei Besprechungen ab; dies ist schließlich eine entscheidende Führungsaufgabe. Die Konrektorin oder der Konrektor übernehmen innerhalb der Konferenzen einzelne Abschnitte nach Absprache in Eigenverantwortung. Besonders bei Teamsitzungen können sie auch konkrete Führungsverantwortung übernehmen.

Konferenzen als Instrument der Personalentwicklung

Zur Gestaltung von Konferenzen siehe *Schulleitung im Team,* herausgegeben von STEFAN SEITZ und PETRA HIEBL, Cornelsen 2014.

6.2 Effektives Zeitmanagement

6.2.1 Aufgaben und Ziele festlegen

Die Fülle von Arbeitsbelastungen einer Schulleitung zwingt einen dazu, zielgerichtet und planvoll an die eigenen Aufgaben heranzugehen, um die eigene Gesundheit nicht dauerhaft zu schädigen. Primär geht es dabei nicht darum, die Aufgabenmenge nur rein technisch zu bewältigen und eine Strategie zu entwickeln, jeden, der einem Erwartungen entgegenbringt, durch maximalen Zeiteinsatz zufriedenzustellen. Vielmehr gilt es generell, die vor einem liegenden Aufgabenfelder nach einer persönlichen Gewichtung zu strukturieren und zielgerichtet zu entscheiden, welche Aufgaben Priorität besitzen und welche hintangestellt werden können. Diese Zielklärung besitzt also individuellen

Charakter und man sollte sich dabei der persönlichen Schwerpunktsetzung bewusst werden. Aufgaben, die einem wichtig sind, muss man vorziehen und mit Nachdruck auch dazu stehen, um eine Zurückstellung anderer Aufgaben nicht als eigene Unfähigkeit im Sinne von „Ich schaffe das nicht!" zu interpretieren.

Eine strukturierte Arbeitsübersicht erstreckt sich dabei grundsätzlich immer auf drei (zeitliche) Dimensionen.

- So geht es erstens um **eine jährliche Planung**. Hier erfolgt in Kooperation mit der Schulleitung die Absteckung der grundlegenden Entwicklungsziele der gesamten Schule bzw. des Kollegiums, die langfristig umgesetzt werden sollen.
- Bei der **Wochenplanung** wiederum geht es um das operative Geschäft der Arbeitswoche mit einzelnen Maßnahmen und Arbeitsschritten.
- Die **Tagesplanung** schließlich beinhaltet den konkreten Ablauf des aktuellen Arbeitstages im Überblick.

Mit einem schriftlichen Plan den Arbeitsalltag systematisieren

Im Folgenden soll es lediglich um die Wochen- bzw. Tagesplanung gehen.

Selbst auf die Gefahr hin, sich von einem schriftlich fixierten und vorab formulierten Plan überfordert oder zu stark gegängelt zu fühlen, ist es doch für eine hohe Effektivität wesentlich, seinen Arbeitsalltag schriftlich zu systematisieren.

Hierfür sprechen mehrere Gründe:

- Eine diszipliniert und kontinuierlich erstellte schriftliche Arbeitsgrundlage bietet ein tragfähiges Hilfsmittel, das das eigene Gedächtnis entlastet und für anderweitige Aufgaben offen und aufnahmebereit macht. Das leidvolle Nachdenken darüber, was man wieder einmal alles vergessen hat, entfällt und macht den Kopf frei für eine souveräne Arbeitsruhe in der einzelnen Tätigkeit.
- Auch ist man mit der schriftlichen Niederlegung gezwungen, sich über die jeweilige Bedeutung der einzelnen Aufgaben klar zu werden und diese in präzise Zielformulierungen zu verpacken.
- Bereits im Vorfeld kann man den individuellen Arbeitsplan mit unaufschiebbaren und bedeutsamen Terminen füllen, die zumeist auch an eine feste Uhrzeit gebunden sind. Hierdurch wird schon ein Stück weit Leerlauf reduziert, indem bereits im Voraus ein grobes Zeitgerüst feststeht.
- Ebenfalls kann hier bereits überlegt werden, welchen physiologischen Arbeitsaufwand die jeweilige Aufgabe mit sich bringt und ob sich im Anschluss hieran eine (ebenfalls fest eingeplante) Phase der Entspannung anschließen sollte, ob die Folgezeit mit weniger aufwändigen und beanspruchenden Kleinigkeiten gefüllt werden kann oder ob man sich doch bereits einer neuen größeren Herausforderung zuwenden sollte.
- Eine schriftliche Arbeitsgrundlage hilft überdies dabei, sich genau vor Augen zu führen, was man bereits erledigt hat und was noch vor einem liegt. Hierdurch kann es nicht geschehen, dass wichtige Ziele und Aufgaben einfach übersehen werden. Umgekehrt kommt einem auch im Sinne der Selbstmotivierung das Abhaken erledigter Aufgaben als „persönliche Befriedigung" entgegen.
- Werden geplante Aktivitäten schriftlich vorfixiert, so kann dies zudem dazu führen, mit der Zeit ein realistisches Maß für die zeitliche Dauer einzelner Aufgaben zu finden, wenn man das zunächst veranschlagte Zeitmaß mit dem tatsächlich benötigten Zeitaufwand im Nachhinein miteinander vergleicht.

Selbst- und Schulorganisation

- Auch im zeitlich realistischen Entwerfen von Tages- und Wochenplänen entsteht somit auf Dauer eine entlastende Routine, die ein Höchstmaß an Arbeitseffizienz unterstützt. Schließlich ist es im Rückblick möglich, seine eigenen Tages- bzw. Wochenerfolge aktiv zu kontrollieren und zu realisieren, ob man erfolgreich war oder noch Verbesserungsbedarf besteht. Hieraus ergeben sich Empfehlungen für eine Optimierung der eigenen Arbeitsvorgänge und zukünftige Planungstätigkeiten.

Freilich heißt dies nicht, dass vorab fixierte Pläne nicht durch völlig Unerwartetes auch revidiert werden können. Da niemand unersetzbar ist und alles auch bei Widrigkeiten irgendwie seinen natürlichen Lauf nimmt, sollte man sich hier nicht zu wichtig nehmen und keine Schwerpunktsetzung als unumstößlich erachten. Letztlich sollte ein Mitarbeiter im Schulleitungsteam stets nach der Maxime handeln, dass er es ist, der den eigenen Arbeitsplan diktiert und dominiert und nicht umgekehrt.

Auch fixierte Pläne sind dazu da, sie situativ zu verändern.

6.2.2 Aufgaben nach Bedeutung und Dringlichkeit gewichten

Angesichts des Gegenüberstehens einer Fülle von Aufgaben und gleichzeitig begrenzter Zeitressourcen ist es zunächst wesentlich, mit Umsicht und ausreichend Zeit die Frage für sich zu beantworten, welche Arbeiten man unbedingt erledigen möchte und ob dies gleich oder auch später geschehen soll. Hierfür ist es essenziell, dass ich mir über die persönlichen Präferenzen meiner Handlungsprioritäten ausreichend Gedanken mache. Nur wenn es wirklich meine eigenen Ziele sind, die ich in den Vordergrund stelle, und nicht die vermeintlichen Diktate meines (schulischen und familiären) Umfeldes, kann ich dauerhaft und nachhaltig dazu stehen.

Eigene Ziele und Handlungspräferenzen klar bedenken

Auch die Intensität, mit der eine Arbeit erledigt wird, ist an dieser Stelle mit zu bedenken. Hierfür ist ein Blick auf die vermeintlichen Konsequenzen bei Aufschieben einer Arbeit empfehlenswert. Auch muss dahingehend überlegt werden, ob sich bei manchen Aufgaben Abstriche machen lassen, ob die Arbeiten gar ganz unerledigt bleiben können oder aber im Bedarfsfall auch an andere Personen delegiert werden können. Es muss auf jeden Fall vermieden werden, dass man von der Aufgabenmenge „erdrückt" wird und das subjektive Gefühl erhält, eigentlich nichts geleistet zu haben.

Hilfreich für diese zeitliche Aufgabenstrukturierung in einer subjektiv angemessenen Reihenfolge ist hierbei das bei DEISTER (2005, 47) dargestellte „Eisenhower-Prinzip" (vgl. Abb. S. 148). Es untergliedert die Aufgaben in die beiden Dimensionen **Wichtigkeit** und **Dringlichkeit** und bietet hiermit ein konkretes Raster an, um Aufgaben entweder sofort und selbstständig zu erledigen oder aber zu delegieren, gleich hintanzustellen bzw. gar zu streichen.

Die Dringlichkeit der Aufgaben lässt sich beispielsweise auch durch ein Farbsystem veranschaulichen, indem für jeden Bereich eine eigene Farbe verwendet wird. Als günstig erweist sich hier das Verwenden von Post-its, da diese immer dann umgeklebt werden können, wenn eine Aufgabe in einen anderen Dringlichkeitsbereich gerät und neu überdacht werden muss.

Auf jeden Fall bringt es nur sehr wenig, als wichtig empfundene Aufgaben, die einem vordergründig unangenehm erscheinen, auf die lange Bank zu schieben. Sie verursachen einem lediglich ein schlechtes Gewissen, das einen dauerhaft quält. Viel sinnvoller ist es hingegen, sich selbst ein Belohnungssystem zurechtzulegen, nach dem derartige Aufgaben möglichst schnell bearbeitet und dann mit einer angenehmen Konsequenz

Unangenehme Aufgaben nicht aufschieben

verbunden werden. Dies kann geschehen auf der Basis einer offenen und ehrlichen Selbstaussage zur vermuteten Dauer der unangenehmen Tätigkeit, die oftmals reell viel kürzer ist als befürchtet, sowie auf der Grundlage einer gezielten Selbstinstruktion in Form von „Ich will diese Arbeit jetzt gleich erledigen, damit ich sie nicht morgen wieder vor mir sehe".

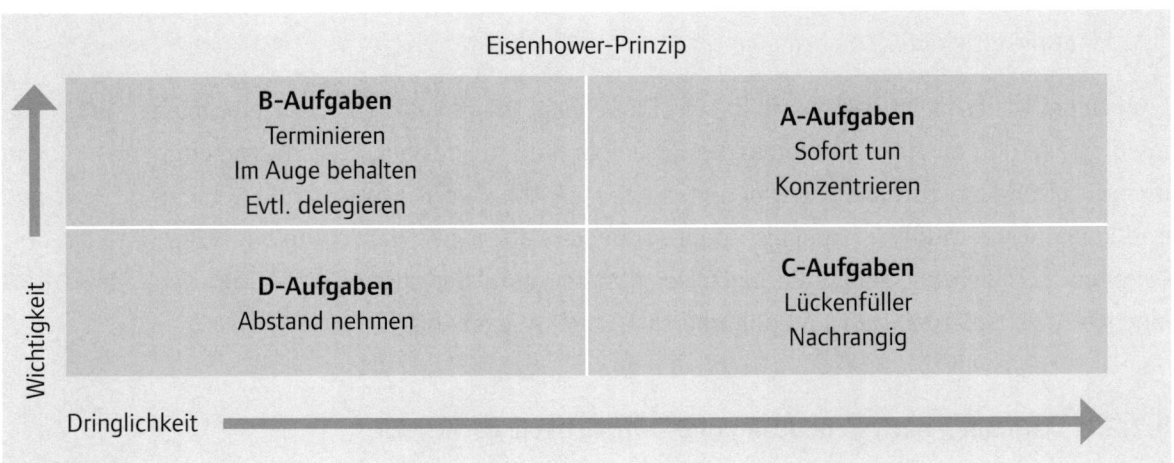

Abb.: Das Eisenhower-Prinzip zur persönlichen Gewichtung der Aufgaben (DEISTER 2005, 47)

Unterlagen systematisch ablegen

Werden Unterlagen abgelegt (sei es in Papierform oder auch elektronisch), so ist es entscheidend, sie mit einer einprägsamen Formulierung zu beschriften und mit dem jeweiligen Datum zu versehen, um im Bedarfsfall wieder schnell und zielgerichtet auf sie zugreifen zu können. Auch kann ein eigener Ordner bzw. eine eigene Datei mit dem Vermerk „weniger bedeutsam" für Aufgaben angelegt werden, die bei möglichen Freiräumen nach einer gewissen Zeit noch einmal studiert und dann entweder „entsorgt" oder doch auf den aktuellen Tagesplan gesetzt werden.

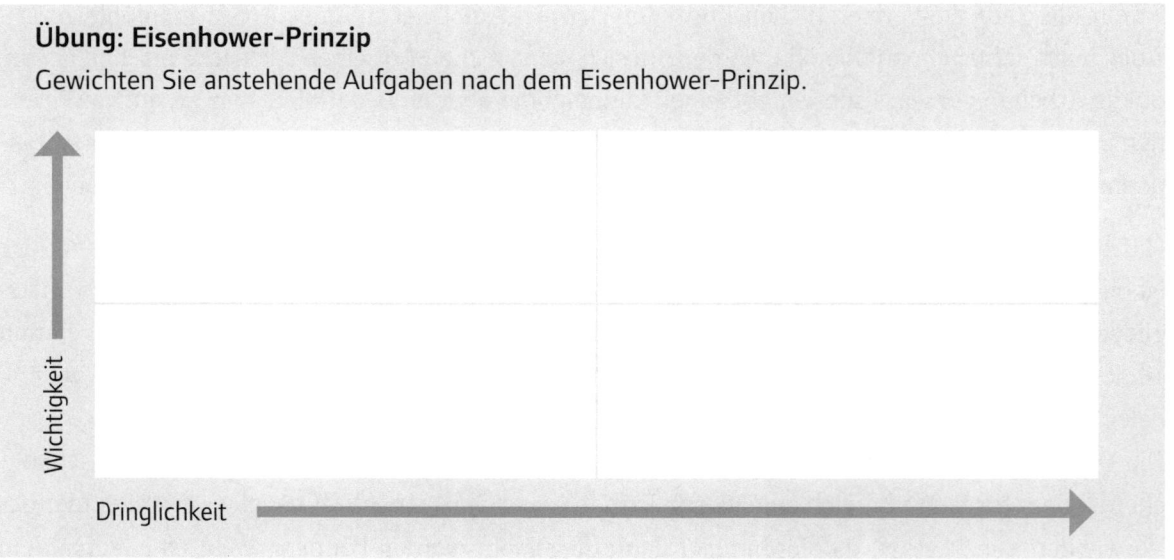

Übung: Eisenhower-Prinzip
Gewichten Sie anstehende Aufgaben nach dem Eisenhower-Prinzip.

6.2.3 Wochen- und Tagespläne erstellen

Nach dieser eingehenden Voranalyse der einzelnen Tätigkeiten empfiehlt es sich, stringent und methodisch sinnvoll an die Erstellung der schriftlichen Arbeitspläne heranzugehen. Als Grundgerüst hilfreich erscheint hier die von DEISTER (2005, 34) empfohlene ALPEN-Methode, die ein Vorgehen in folgenden fünf Schritten zugrunde legt:

ALPEN-Methode

1. **A**ufgaben schriftlich zusammenstellen: Heute Abend für morgen früh.
2. **L**änge für die Tätigkeiten abschätzen und schriftlich vermerken.
3. **P**ufferzeiten einplanen: 60 % der Arbeitszeit verplanen, 40 % unverplant belassen.
4. **E**ntscheidungen über Prioritäten treffen: Was ist besonders dringlich? – Welche ungestörten Zeitblöcke benötige ich für Wichtiges?
5. **N**otizen machen: Prinzip der Schriftlichkeit für Reflexion und Kontrolle über Erledigtes und nicht erledigte Arbeiten.

Es geht also darum, sich bereits am Vorabend der für den nächsten Tag bzw. die kommende Woche anstehenden Aufgaben zunächst im Überblick bewusst zu werden und sich die eigenen Handlungsziele klar vor Augen zu führen. Sowohl Wochen- als auch Tagesplan sollten zunächst die wesentlichen und unbedingt erforderlichen Aufgabenbereiche mit bereits feststehenden Terminen enthalten. Erst im Anschluss hieran können sodann die weiteren Tätigkeiten nach ihrer jeweiligen Präferenz eingetragen werden, wobei man sich genaue Gedanken darüber machen sollte, was man wann erledigt.

Es ist zu überlegen, welche Aufgaben ggf. auch an andere Mitglieder des Schulteams delegiert werden können, um einer Selbstüberforderung präventiv zu begegnen. Hierdurch erleiden Schulleiter keinen Verlust ihrer qua Ernennung übertragenen Führungsverantwortung; vielmehr geben sie nur ein Stück weit Handlungsverantwortung ab. Freilich muss die Schulleitung bei aller Delegierung weiterhin ihr Gesamtinteresse am jeweiligen Aufgabenbereich bekunden und diesen mit beobachten und begleiten bzw. evaluieren, um gegebenenfalls helfend eingreifen zu können.

Delegation von Aufgaben

Für die zeitliche Strukturierung des eigenen Arbeitsplanes können terminliche Bindungen der Kooperationspartner, arbeitsphysiologische Gesichtspunkte o.Ä. eine Rolle spielen.

Zeitliche Strukturierung von Arbeit

Die Planung der einzelnen Zeiträume im Tagesablauf sollte sinnvollerweise nicht im Minutentakt erfolgen, sondern, um Hektik zu vermeiden, vielmehr im Viertel-, Halbstunden- oder gar Stundentakt eingerichtet werden. Auch die Dauer der einzelnen Tätigkeiten sollte großzügig veranschlagt werden. Hierdurch werden Zeitpuffer verfügbar, die bei Bedarf durchaus noch mit weniger Bedeutsamem gefüllt werden können. Unvorhergesehene Termine und Aufgabenbereiche lassen sich so viel stressfreier einfügen als bei einem zu vollen Zeitkorsett.

Des Weiteren sollte man sich für einen Tag nie zu viele Angelegenheiten vornehmen und den Terminkalender nicht überfrachten. Dies meint aber umgekehrt nicht, dass man den einzelnen Aufgaben einen „offenen" Zeitbedarf einräumt und sie damit grundsätzlich der Gefahr der Beliebigkeit aussetzt. Feste Anfangs- und Endzeiten sind zur Selbstdisziplinierung und zur stringenten, konzentrierten Arbeitsführung unumgänglich, sollten aber immer Ausweichmöglichkeiten nach oben wie nach unten zulassen.

„Overload" vermeiden durch Rhythmisierung

Auch sollte eine gewisse Rhythmisierung berücksichtigt werden, um auch arbeitsphysiologischen Grundlagen Rechnung zu tragen und den eigenen Körper nicht überzustrapazieren. Hier ist es bedeutsam, sich von der eigenen Biorhythmik ein genaues Bild zu machen und zu überlegen, welche Tätigkeiten und Aktivitätswechsel einem „gut tun". Schwierige und unangenehme Aufgabenbereiche sollten in fest definierte und verbindlich einzuhaltende Zeitfenster eingebettet sein, damit man sie strukturiert angehen kann und dabei stets einen zeitlichen Abschluss vor Augen hat. Sie sollten aber in jedem Falle ebenfalls ganz bewusst geplant und zeitlich großzügig angesetzt werden, sonst unterliegt man der Gefahr, Unangenehmes gleich ganz zu vernachlässigen oder aber zu schnell abzuhandeln, woraus wiederum erneute Unannehmlichkeiten resultieren können. Tätigkeiten, die eine hohe Konzentration erfordern (z.B. Erstellung schriftlicher Unterlagen und Konzepte, Studieren wichtiger Papiere), sollten in den persönlichen „Hochphasen" der eigenen Leistungsfähigkeit angesiedelt werden. In weniger leistungsfähigen Zeiträumen hingegen sollten gerade jene Arbeiten erledigt werden, die auch in einem Zustand körperlicher Ermüdung noch befriedigend bewältigt werden können (z.B. Rundgänge, Telefonate, kurze Gespräche).

Hat man den eigenen Biorhythmus eine gewisse Zeit ausführlich genug beobachtet und gegebenenfalls auch mit skizziert, so lassen sich in Phasen verminderter Leistungsfähigkeit (z.B. am frühen Nachmittag) bzw. nach erledigten anstrengenden Tätigkeiten ganz bewusst und schriftlich kurze Auszeiten (10-Minuten-Pause) oder Ablenkungen (z.B. ein kurzer „Spaziergang" im Zimmer bei geöffneten Fenstern, gezielte Dehn- und Atemübungen, ein kurzes Entspannungstraining, einige Kollegenworte über Freizeitbegebenheiten o.Ä.) als Erholungsphasen sinnvoll im persönlichen Tagesplaner integrieren.

| Rituale ermöglichen Routine. | Darüber hinaus sollte der persönliche Tagesplan von festen Ritualen durchzogen sein, die einem Sicherheit gewähren und eine bestimmte Routine ermöglichen, die sich zeitsparend und vertraut auf die eigene Arbeit auswirkt. So ist es beispielsweise sinnvoll, die täglichen wiederkehrenden Routinetätigkeiten in einer bestimmten festen Form |

abzuarbeiten, z.B. zunächst die gesamte, einem laut Aufgabenübertragung zugeteilte Schulpost zu gewichten und alles mit dem Prädikat „wichtig" Versehene sogleich zu studieren, anschließend alle E-Mails zu lesen und, wo nötig, sogleich zu beantworten, als Nächstes die Tagesakten durchzusehen, im Anschluss daran wichtige Telefonate zu führen etc. Ein fester Zeitraum sollte in jedem Falle auch als Option für Kurzgespräche einberaumt werden, um Mitgliedern des Kollegiums die Möglichkeit zur Klärung täglicher und aktueller Geschehnisse bzw. Probleme zu bieten.

| Bitte nicht stören! | Schließlich sollte auch ein (z.B. durch eine geschlossene Zimmertür symbolisierter) Zeitraum eingerichtet werden, in dem man nicht gestört werden möchte („stille Stunde"), weil hier Wesentliches, das die ganze Konzentration in Anspruch nimmt, erledigt |

werden soll. Auf die Einhaltung dieses Zeitraumes sollte man in jedem Falle pochen und alle etwaigen Störungen hierbei freundlich, aber bestimmt und mit einem Verweis auf einen späteren Termin unterbinden. Das Telefon sollte in diesen Zeiten umgelenkt werden; die Lehrkräfte der eigenen Schule sowie das sonstige Schulpersonal sollten informiert sein, dass eine Störung nur in absoluten Ausnahmefällen akzeptiert wird. Ein gezieltes Nein-Sagen hilft hier allen Beteiligten mehr als ein desinteressiertes, gereiztes Abhandeln fremder Anliegen mit ständigem Blick auf die Uhr.

Persönlicher Arbeitsplan

Aus diesen Vorüberlegungen entsteht dann der eigentliche Arbeitsplan, der auch Anmerkungen zu einzelnen Tätigkeiten zulässt und eine Gedächtnisstütze bietet. Eine Anlage als Wochenplan mit einzelnen Tagen ist ebenfalls jederzeit möglich.

Hat man eine Aufgabe am Tage der konkreten Umsetzung erledigt, so sollte diese in jedem Falle auch optisch sichtbar als „erledigt" abgehakt oder durchgestrichen werden, um auch hier die psychologische Wirkung des Arbeitserfolges zu erfahren.

Individueller Arbeitsplan

Tagesplan für _____

Zeit	Aufgaben	Priorität (hoch/mittel/ gering)	voraussichtl. Zeitaufwand	Anmerkungen	erledigt
7.00					
7.30					
8.00					
8.30					
...					

Abschließend ist es erforderlich, dass der Schulleiter seinen persönlichen Arbeitsplan zum Ende des Tages bzw. der Woche reflektiert und hierbei bilanziert, welche Tätigkeiten erfolgreich abgeschlossen wurden, was auf den nächsten Tag oder die nächste Woche verschoben werden muss und was sich angesichts der Umstände möglicherweise auch schon von selbst erledigt hat. Immer ist dabei mit zu bedenken, wie sich die eigene Planung optimieren lässt und zur eigenen Gesunderhaltung effizient vonstatten gehen kann.

6.2.4 Arbeitsplatz optimal einrichten

Um die zeitlichen Strukturen optimal nutzen zu können, ist es nicht zuletzt auch überaus wichtig, seinen persönlichen Arbeitsplatz optimal einzurichten und Ablenkungen auszuschließen. Hierfür muss man sich selbst in der Form disziplinieren, dass man ein persönliches Übersichts- und Ablagesystem (elektronisch und in Papierform) für alle relevanten Arbeitsunterlagen und -felder anlegt. Dies impliziert

- genau definierte Aufbewahrungsorte für die unterschiedlichen Dokumente;
- exakte Übersichten über die Gliederung der Dokumente;
- ein zielsicheres System zum zeitnahen Auffinden benötigter Dokumente;
- einen Wegweiser für weitere Personen in einem eventuell notwendigen Vertretungsfall.

Wichtig ist es auch, dass das **persönliche Anordnungs- und Ablagesystem** (siehe hierzu auch das Beispiel unter 6.1.3 Organisation des Arbeitsplatzes) der eigenen Arbeitsmethodik entspricht und einen schnellen und zielsicheren Griff auf benötigte Dokumente ermöglicht. Ansonsten droht die Gefahr täglich wiederkehrender Suchaktionen, die Zeit fressen, die anderweitig sinnvoller genutzt werden könnte.

Überdies ist es bedeutsam, dass die **emotionale Befindlichkeit am eigenen Arbeitsplatz** positiv besetzt ist. Das eigene räumliche Arbeitsumfeld muss also auch so beschaffen sein, dass man sich an seinem Arbeitsplatz wohlfühlt, sei es durch eine entsprechende Möblierung, Bebilderung oder auch weitere positiv besetzte Umfeldbedingungen.

Dazu kommen die üblichen Erfordernisse einer ausreichenden Helligkeit, eines bequemen Sitzplatzes etc., die bei jeder Schreibtischarbeit berücksichtigt werden müssen. Nicht zuletzt sollte ein Schreibtisch nicht von Arbeitsunterlagen übersät sein, sondern vielmehr den nötigen Platz bieten, aktuelle Merkzettel (z. B. nach wichtigen Telefonaten) präsent und überschaubar vor sich zu haben. Hierbei sollte übersichtlich geordnet sein, was eilig zu erledigen ist (schneller Zugang), was Zeit hat oder delegiert werden könnte (verschiedene Ablagesysteme), was „überflüssig" ist (Papierkorb!) und wessen man sich nicht ganz sicher ist (eigener dezentraler Ablagestapel).

Selbsteinschätzung: Zeiteinteilung

Welcher Zeittyp sind Sie? Nehmen Sie sich genügend Zeit für Ihre Termine oder hetzen Sie von Termin zu Termin, ohne richtig verschnaufen zu können?

_____

Sind Sie mit der Art, wie Sie Ihre Zeit einteilen, zufrieden oder wollen Sie daran gerne etwas ändern?

☐ zufrieden   ☐ (eher) nicht zufrieden

Wenn Sie (eher) nicht zufrieden sind, was würden Sie gerne ändern?

_____

Meine konkreten Änderungsvorhaben:

_____

Zeitlimit:

_____

Übung: Ein Zeitprofil erstellen

Erstellen Sie ein Zeitprofil.

Keine Zeit haben	4	3	2	1	2	3	4	Zeit haben
Ich habe kaum Zeit.	I	I	I	I	I	I	I	Ich habe viel Zeit.
Ich bin ziemlich ungeduldig.	I	I	I	I	I	I	I	Ich bin geduldig.
Ich fühle mich häufig gedrängt.	I	I	I	I	I	I	I	Ich fühle mich frei.
Ich spreche schnell.	I	I	I	I	I	I	I	Ich spreche langsam.
Ich fühle mich gehetzt.	I	I	I	I	I	I	I	Ich fühle mich wohl.
Mein Wahlspruch: Tempo.	I	I	I	I	I	I	I	Mein Wahlspruch: Ruhe.
Ich schaue oft auf die Uhr.	I	I	I	I	I	I	I	Ich blicke selten auf die Uhr.
Ich esse rasch.	I	I	I	I	I	I	I	Ich esse langsam.
Ich kann schlecht zuhören.	I	I	I	I	I	I	I	Ich kann gut zuhören.
Ich stehe unter Druck.	I	I	I	I	I	I	I	Ich lasse mich treiben.
Ich darf nichts verpassen.	I	I	I	I	I	I	I	Es geht auch ohne mich.
Mir pressierts immer.	I	I	I	I	I	I	I	Eile mit Weile.
Und: _____	I	I	I	I	I	I	I	Und: _____
Und: _____	I	I	I	I	I	I	I	Und: _____

Verbinden Sie nun die einzelnen Ziffern vertikal miteinander. Sie erhalten so ein Zeitprofil. Tendiert die Gesamtlinie mehr nach links, so haben Sie eher Probleme mit der Zeit. Wenn sie mehr nach rechts tendiert, so bedeutet das, dass Sie mit der Zeit angemessener umgehen können.

Ergebnis: _____

_____

Meine Konsequenzen: _____

_____

Meine Kollegen, Bekannten … schätzen mich folgendermaßen ein: _____

_____

(MILLER 2010, 199)

6.3 Steuergruppen als Medium zur Steigerung der schulischen Qualität

Die Komplexität der Institution Schule und das Versagen traditioneller Steuerungsmechanismen im Bildungsbereich erfordern es zunehmend, nicht lediglich an einer Verbesserung der strukturtheoretischen Rahmenbedingungen von Schule zu arbeiten, sondern vielmehr der Einzelschule als pädagogischer Handlungseinheit auch verstärkte Autonomien zu übertragen und deren schulimmanentes Innovationspotenzial produktiv zu nutzen. Ein Anknüpfen an die an jeder Schule bestehenden anthropologischen und qualifikatorischen Voraussetzungen der einzelnen Lehrkräfte schafft die notwendigen Professionalisierungsbedingungen und trägt dazu bei, Bottom-up-Prozesse schulischer Entwicklung an der Einzelschule zu institutionalisieren und deren Qualitätsniveau zu erhalten.

Auch Lehrkräfte erachten in ihrer subjektiven Wahrnehmung ein höheres Maß an Dezentralisierung und Eigenbeteiligung an der Schulentwicklung als ausschlaggebend für eine höhere Arbeitsmoral, einen verbesserten Informationsstand, eine günstigere inner- und zwischenschulische Kommunikation, motiviertere Schüler sowie ein Gewinnen bzw. Halten qualifizierter Lehrkräfte an der eigenen Schule. Insbesondere die in Entscheidungsprozesse besonders involvierten Lehrkräfte zeigen eine überdurchschnittliche Zufriedenheit mit ihrer Arbeit.

Als Medium einer zielgerichteten Effektivitätssteigerung und schulischen Qualitätsverbesserung über Lehrkräfte erweist sich dabei zunehmend die Einrichtung einer schulischen Steuergruppe als bedeutsam, die schulische Entwicklungsvorhaben zielgerichtet plant, koordiniert und steuert.

6.3.1 Warum sind Steuergruppen notwendig?

Schulische Entwicklungsprozesse sind komplexe Vorgänge, die erst dann zu konstruktiven Folgewirkungen führen, wenn sich ein Kollegium mit einer festen Intention und Zielstellung „auf den Weg macht". Sie ergeben sich nicht aus dem „normalen" Unterrichtsalltag heraus, nicht durch punktuelle und unsystematische Einzelmaßnahmen, die die Schulleitung oder einzelne Lehrkräfte aufgenommen haben und ausprobieren wollen. Vielmehr bedürfen sie einer dauerhaften Motivation und Vision, verbunden mit dem schrittweisen Abstecken eines konkreten Vorgehens. „Wo Steuergruppen eingerichtet wurden, hatten Schulentwicklungsprozesse bessere Chancen, im Kollegium dauerhaft verankert zu sein, zu sichtbaren Ergebnissen zu führen und sich auf das Ganze der Schule zu beziehen. Ohne STGn verflüchtigen sich neue Vorhaben nach kurzer Zeit und erreichen selten das ganze Kollegium (vgl. dazu auch Fischer 1998)" (ROLFF 2001, 12).

Die Bildung einer Steuergruppe kann unterschiedlichste Anlässe haben.

Grundsätzlich kann es verschiedenste Anlässe in einer Schule geben, warum ein Kollegium als Ganzes oder aber einzelne Lehrkräfte den Entschluss fassen, sich auf den Weg zu machen und eine Steuergruppe an der eigenen Schule einzurichten, die sich intensiv um die schulischen Entwicklungsprozesse bemüht.

So ist denkbar,

- dass die Unzufriedenheit im Kollegium mit bestimmten Vorgängen oder auch Schülerleistungen ein bestimmtes Maß erreicht hat,
- dass die Schulleitung einer Schule wechselt,
- dass einzelne Mitglieder des Kollegiums sich von neuen Ideen inspirieren lassen und diese systematisch in die eigene Schule einbringen wollen oder

- dass auch von schulpolitischer Seite Vorgaben zur Institutionalisierung von schulischen Steuergruppen vorgegeben werden.

Wesentlich ist in diesem Kontext, dass die Verantwortlichen bereits im Vorfeld erkennen, dass es sich bei der schulischen Entwicklung im Allgemeinen und der Einrichtung einer Steuergruppe im Besonderen stets um ein langfristiges Unterfangen handelt. Jegliches Überstürzen und vorschnelle Agieren hat somit kaum Aussicht auf eine echte Verbesserung bzw. Neuerung. Auch eine Steuergruppe lässt sich erst dann sinnvoll an einer Schule institutionalisieren, wenn die allgemeinen Ziele und der innere Drang nach schulischer Qualitätsverbesserung wirklich zu einem echten Anliegen der Mehrheit des Kollegiums werden, sei es auch erst nach Monaten.

> *Bei schulischen Entwicklungen handelt es sich um langfristige Unterfangen.*

Genauso wichtig ist es freilich umgekehrt auch, den Schulentwicklungsprozess wirklich in Gang zu setzen und ein Ziel oder eine Vision nachhaltig zu verfolgen. Beharrlichkeit und Durchhaltevermögen sind hierbei wesentliche Attribute, Beliebigkeit bzw. Unverbindlichkeit und Ziellosigkeit sind hingegen wenig hilfreich.

Reflexion: Steuergruppenarbeit an meiner Schule

Welche Gegebenheiten an meiner Schule sprechen dafür, eine Steuergruppe zu bilden?

_____

Welchen Zielstellungen soll die Bildung einer Steuergruppe an meiner Schule dienen?

_____

Wie ist die Motivation des Kollegiums einzuschätzen, sich für eine Steuergruppenarbeit zu öffnen?

_____

Während die einzelne Lehrkraft mit der Bewältigung derartig weit reichender Aufgaben überfordert ist, lässt sich die Arbeitsbelastung, die mit schulischen Entwicklungsprozessen zweifellos verbunden ist, in einer Steuergruppe auf mehrere Schultern verteilen und so das Arbeitspensum für den Einzelnen reduzieren. Zudem ergeben sich synergetische Effekte erst dann, wenn jedes Mitglied mit seinen individuell spezifischen Kompetenzen seinen aktiven Beitrag leistet. So ist es keineswegs erforderlich, dass jeder aus der Steuergruppe über umfassende Kompetenzen verfügt, „aber die folgenden Kompetenzen sollten in einer Steuergruppe insgesamt verfügbar sein:

> *Steuergruppen verteilen die Arbeitsbelastung auf mehreren Schultern und bedürfen unterschiedlicher Einzelkompetenzen.*

- Gesprächsführung, Gesprächsleitung und Moderation
- Konfliktberatung und Konfliktmanagement
- Pädagogisch-psychologische Beratung
- Projektmanagement
- Methoden- und Verfahrenskenntnisse – zum Beispiel über externe Evaluation, Erstellen und Auswerten von Fragebögen" (ROLFF 2001, 25)

6.3.2 Aufgaben von Steuergruppen

Hauptaufgabe der Steuergruppe ist es zum einen, die Schulentwicklungsprozesse an der eigenen Schule auf der Basis einer stetigen Bestandsaufnahme des Ist-Standes und interner Evaluationsmaßnahmen zu initiieren, zu steuern, zu koordinieren sowie nicht zuletzt auch (gemeinsam mit der Schulleitung) zu unterstützen. Es gilt, zielbezogen zu handeln und den kollegialen Austausch in den Mittelpunkt der Arbeit zu rücken. Hierfür müssen etwa auch die an einer Schule tätigen Teams zusammengebracht und ihr Wirkungspotenzial im Sinne von Synergieeffekten optimiert werden. Zum anderen fällt der Steuergruppe die Aufgabe zu, Kontakte zu anderen Schulen, die ähnliche Entwicklungen durchlaufen, zu knüpfen und dauerhaft aufrechtzuerhalten (Netzwerkbildung) sowie die an der Schule ablaufenden Schulentwicklungsprozesse zu dokumentieren. Im Überblick nehmen sich ihre Aufgaben wie in der folgenden Abbildung aufgeführt aus.

- Organisation und Moderation des Prozesses der Qualitätsentwicklung insgesamt, Erfahrungsaustausch innerhalb und zwischen einzelnen Arbeits- und Projektgruppen der Schule
- Initiierung und Begleitung eines einzelnen Projekts zur Qualitätsentwicklung und Verkoppelung der Projektarbeit mit der Entwicklung der ganzen Schule
- Einleitung und Durchführung einer gemeinsamen Bestandsaufnahme und Stärken-Schwächen-Diagnose einschließlich der Auswahl bzw. Entwicklung der Diagnoseinstrumente
- Vorbereitung und Durchführung von Feedbackkonferenzen mit dem ganzen Kollegium
- Unterstützung bei der Anwendung bzw. Entwicklung von Instrumenten zur Qualitätsevaluation
- Koordinierung des durch Schulentwicklung entstehenden Qualifizierungsbedarfs
- Hilfe bei der Festlegung von Prioritäten für die Maßnahmeplanung in Form von Entwicklungsprojekten
- Unterstützung und Koordinierung von Ansätzen zur Unterrichtsentwicklung
- Information des Kollegiums und aller übrigen am Schulentwicklungsprozess Beteiligten (vor allem Eltern, Schüler und eventuell vorhandene außerschulische Kooperationspartner)
- Zusammen mit der Schulleitung Einleitung und Vorbereitung einer schulinternen Evaluation von Projekten, Schulprogramm oder Unterricht
- Begleitung der schulinternen Evaluation

Abb.: Aufgaben von Steuergruppen (nach ROLFF 2001, 13)

6.3.3 Voraussetzungen für die Arbeit einer Steuergruppe

Damit die Einrichtung einer Steuergruppe an einer Schule auch von allen Beteiligten, insbesondere vom Kollegium, getragen wird, müssen verschiedene Voraussetzungen erfüllt sein. So ist es zunächst wesentlich, dass die Steuergruppe vom Gesamtkollegium der Schule über ein festes Mandat dazu **legitimiert** wird, die schulischen Entwicklungsprozesse in die Hand zu nehmen. Ansonsten entsteht die Gefahr, dass man diese Gruppe verdächtigt, sich nur in den Vordergrund drängen und profilieren zu wollen, um über die anderen Mitglieder des Kollegiums Macht auszuüben, um schnellere Aufstiegschancen wahrzunehmen o. Ä. Denkbar ist hierbei ein Verfahren, bei dem die Lehrerkonferenz aus ihrer Mitte die verschiedenen Mitglieder einer Steuergruppe demokratisch wählt oder nach bestimmten Kriterien aushandelt und bestätigt. Eine Möglichkeit wäre es auch, auf die Sprecher oder Mitglieder bereits existierender Gruppen an der Schule zurückzugreifen und aus ihnen mit dem Votum des Gesamtkollegiums eine Steuergruppe zu konstituieren.

Des Weiteren muss der **Zuständigkeitsbereich der Steuergruppe** genau abgesteckt und ihr Auftrag klar definiert werden. Die Entscheidungskompetenzen, über die die Steuergruppe verfügen dürfen soll, müssen klar eingegrenzt werden. „Der Auftrag der Gesamtkonferenz kann sehr global die Erarbeitung von Vorschlägen zur Gestaltung des gemeinsamen Arbeitsprozesses an der Schule bzw. das ‚Projektmanagement‘ für die verschiedenen Vorhaben umfassen. Der Auftrag des Kollegiums kann aber auch auf die Durchführung einer Bestandsaufnahme beschränkt sein, sodass die Steuergruppe lediglich über Art und Form dieser Erhebung zu befinden hat" (BECKER/Thomas 2000, 12).

Schließlich ist es eine wesentliche Voraussetzung für die Mitglieder der Steuergruppe, dass sie im Sinne einer **Berichtspflicht** das Gesamtkollegium stets offen über die eigene Arbeit informieren und so die Übersichtlichkeit für alle am Laufen halten, den roten Faden der eigenen Arbeit also für alle transparent machen. Sinnvoll sind hierfür regelmäßige Informationstreffen oder auch schriftliche Berichte, in denen die Steuergruppenmitglieder ihre Arbeit offenlegen und auch die nächsten Arbeitsschritte erkennen lassen.

6.3.4   Wer ist Mitglied in der Steuergruppe?

Als gelungene Gruppengröße zur sinnvollen Arbeit ist es zunächst empfehlenswert, zwischen drei und sieben, maximal aber zehn Mitglieder zu rekrutieren. Diese sollten sich grundsätzlich freiwillig zur Verfügung stellen und nicht dazu genötigt werden. Zudem müssen sie entsprechenden Auswahlkriterien genügen, damit die verschiedenen Personenkreise der Schulfamilie sowie die unterschiedlichen Strömungen und Gruppierungen im Kollegium angemessen repräsentiert sind. Eine mögliche Zusammensetzung bieten die in der folgenden Abbildung dargestellten Auswahlkriterien.

Kann anfänglich keine ausreichende Anzahl von Mitgliedern aus dem Kollegium rekrutiert werden, so bietet es sich im Laufe des Arbeitsprozesses der Steuergruppe durchaus an, dass Interessierte sukzessive dazu stoßen und die Steuergruppe so ergänzen.

Elternvertretungen können auch nach einer anfänglichen „internen" Arbeitsphase der Lehrkräfte nachträglich aufgenommen werden. Hier bieten sich Elternbefragungen über deren Ansinnen zur Mitarbeit an. Wichtig ist es jedoch, dass die dann gewählten Elternvertreter dem Schulentwicklungsprozess auch aufgeschlossen gegenüberstehen und ihn nicht boykottieren.

Gelegentlich können auch Mitglieder der Schulaufsicht eingeladen werden, wenngleich deren Status keine „normale" Mitgliedschaft ermöglicht.

- Vertretung der Geistes- und Naturwissenschaften sowie des musischen Bereichs
- Angemessene Beteiligung der Geschlechter
- Gute Mischung von Jung und Alt
- Einbeziehung von Aktivisten
- Einbeziehung von Skeptikern
- Schulleitung
- Personal- bzw. Lehrerrat
- Eventuell Schülerinnen und Schüler
- Eventuell Elternvertreter

Abb.: Kriterien für die Zusammensetzung einer Steuergruppe (nach ROLFF 2001, 16)

Ein gewählter Sprecher der Steuergruppe leitet und strukturiert die Sitzungen, um deren Effizienz zu erhöhen und Synergieeffekte adäquat zu koordinieren. Auch übernimmt er eine Gelenkstellenfunktion zum Kollegium und anderen Personen.

Für die Mitglieder der Steuergruppe muss bis auf die Schulleitung gelten, dass sie der Steuergruppe nur über einen vorab fest definierten Zeitraum angehören, der freilich durch ein erneutes Mandat verlängert werden kann. Ein ein- oder zweijähriger Turnus, der nach diesem Zeitraum einen Teil der bisherigen mit einigen neuen Mitgliedern zusammenführt, erscheint hier sowohl für Kontinuität als auch für moderate neue Ideen gewinnbringend.

6.3.5 Welche Rolle übernimmt die Schulleitung?

Unumgänglicher Initiator und Motor schulischer Innovation an der einzelnen Schule ist in jedem Falle die Schulleitung, der die Funktion eines „Türöffners" zugesprochen wird. Allerdings kann sie schulische Veränderungsprozesse niemals im Alleingang umsetzen, sondern ist hierbei stets auf die konstruktive Hilfe und Kooperation mit dem Kollegium angewiesen. Um die Personalentwicklung und Partizipation an der eigenen Schule voranzutreiben und hierdurch die eigene Akzeptanz zu erhöhen, ist es deshalb sinnvoll, dass sie in der Steuergruppe nicht den Vorsitz übernimmt, als Mitglied jedoch in den Schulentwicklungsprozess involviert ist. So kann sie am besten und wirksamsten Konflikte erkennen und lösen und die innerschulischen Kommunikationswege auf ein Mindestmaß reduzieren. Auch kann sie auf diese Weise bereits im Vorfeld eruieren, ob mögliche Vorhaben eine realistische Chance auf Umsetzung haben.

Zudem hat die Schulleitung die Aufgabe, als Mitglied der Steuergruppe eine Vorstellung von der eigenen Rolle und Funktion im Prozess der Schulentwicklung sowie eigene Visionen zu entwickeln und Möglichkeiten für Anstöße zu schaffen bzw. die Arbeit der Steuergruppe generell zu unterstützen. Sie kann vertrauensbildend auf das Kollegium einwirken und Entlastungen sowie günstige Arbeitsbedingungen schaffen.

Bei der Klärung der eigenen Beziehung zu den Mitgliedern der Steuergruppe sind folgende Fragen sehr hilfreich:

Die eigene Beziehung zu den Mitgliedern der Steuergruppe klären

- „Traue ich es der Steuergruppe zu, selbstständig und in eigener Verantwortung ihre Aufgaben wahrzunehmen?
- Vertraue ich darauf, dass die Steuergruppe keine neue heimliche Schulleitung bilden oder installieren will?
- Ist es meine Aufgabe, die Arbeit der Steuergruppe zu kontrollieren und zu steuern?
- Kann ich es akzeptieren, dass die Steuergruppe einen eigenen Sprecher und Gesprächsleiter hat?
- Wie verstehe ich meine Aufgabe und Rolle als Mitglied der Steuergruppe?
- Welche meiner Aufgaben delegiere ich an die Steuergruppe?" (BECKER/THOMAS 2000, 14)

Umgekehrt ist in diesem Kontext wesentlich, dass auch die einzelnen Mitglieder der Steuergruppe ihrerseits ihr Verhältnis zur Schulleitung eindeutig klären, wofür sich im Vorfeld die ehrliche Beantwortung folgender Fragen anbietet:

- „Wie verstehen wir Rolle und Aufgaben des Schulleiters als Mitglied der Steuergruppe?
- Welche Unterstützung brauchen wir von und welche Erwartungen haben wir an die Schulleitung?
- Welche Aufgaben werden von der Schulleitung auf uns als Steuergruppe delegiert?
- Wie erreichen wir einen umfassenden und kontinuierlichen Informationsfluss zwischen Schulleitung und Steuergruppe?" (ebd.)

6.3.6 Verhältnis Steuergruppe – Gesamtkollegium

Die grundsätzliche Zuständigkeit der Schulleitung und der einzelnen Gruppen bzw. Konferenzen innerhalb eines Kollegiums wird durch die Entscheidungen der Steuergruppe nicht unmittelbar berührt, da Letztere „lediglich" Prozessentscheidungen im Kontext schulischer Entwicklung trifft, aber keine inhaltlichen Richtungsentscheidungen für die Schule generell.

Auch entlastet die Einrichtung einer Steuergruppe das übrige Kollegium keineswegs von der eigenen Verantwortung. Vielmehr ist jede Lehrkraft für die schulische Qualitätsentwicklung zuständig und kann ihre Verantwortung nicht einfach delegieren, wenngleich die Steuergruppe durchaus durch ein genau definiertes Mandat durch das Kollegium eine gewisse Entscheidungskompetenz übertragen bekommt.

Den Mitgliedern einer Steuergruppe fällt vielmehr die Aufgabe zu, stets ein offenes Ohr für die aktuellen Anliegen und Wünsche, aber auch für die Nöte und Sorgen des Gesamtkollegiums zu haben. Signale für Rückzug, Überlastung und Überforderung müssen sie feinfühlig aufnehmen und gezielt nach Entlastungsmöglichkeiten suchen. Sie müssen es schaffen, auch gegenüber unterschiedlichen, ja sogar gegenüber skeptischen und kritischen Sichtweisen von Kollegen tolerant zu sein. Vielfach wird es nötig sein, neue Beziehungen zwischen konträren (oft unerbittlichen) Strömungen im Kollegium anzubahnen und die verschiedenen „Gegner" an einen gemeinsamen Tisch zurückzuführen.

Das Kollegium motivieren und ermutigen

Schließlich ist es wichtig, das Kollegium allgemein zu motivieren und zu ermutigen, was letztlich heißt:

- „An die Stärken und Kompetenzen des Kollegiums anknüpfen, die Initiativen der Kolleginnen und Kollegen wertschätzen und unterstützen;
- alle Ideen, Vorschläge und Anregungen aufgreifen und für ihre Beachtung im Kollegium sorgen;
- in der Schule ein Klima der Wahrnehmung und Betonung des Positiven, des Erreichten, der Fortschritte schaffen und auch bei fehlenden oder zögernd eintretenden Erfolgen die Anstrengung und die Einsatzbereitschaft der Kolleginnen und Kollegen anerkennen;
- den einzelnen und nur auf ihr Thema konzentrierten Arbeitsgruppen Rückmeldungen über deren Erfolge geben und dafür sorgen, dass diese in der Schulöffentlichkeit bekannt werden." (ROLFF 2001, 20)

Auf diese Weise wird das Zugehörigkeitsgefühl zur eigenen Schule gestärkt, wodurch sich dieses Wir-Gefühl auch im Sinne eines Multiplikatoreneffektes auf die gesamte Schulgemeinschaft übertragen lässt und der Effekt im Gesamtkollegium erhöht wird.

6.3.7 Ablauf der (ersten) Sitzung einer Steuergruppe

Sinnvoll ist es zu Beginn einer allerersten Steuergruppensitzung, die jeweiligen Erwartungen, die mit der Steuergruppe verbundenen Hoffnungen und deren grundsätzliche Bedeutung von allen Mitgliedern thematisieren zu lassen. Durch diese gegenseitige Aussprache lässt sich gleich zu Beginn ein Konsens als Basis der gemeinsamen Arbeit herstellen. Jedes Mitglied sollte artikulieren, warum es gerne in der Steuergruppe mitarbeitet und welche Ziele es hierbei verfolgt. So können auch die Gemeinsamkeiten und Unterschiede im Kontext des Blickes auf die innerschulische Innovation am schnellsten geklärt und besprochen werden.

Denkbar ist hier etwa die Weiterführung des Satzes „Ich halte Steuergruppenarbeit (alternative Qualitätsentwicklung) für wichtig, weil ...", wie sie von HORSTER (1995) vorgeschlagen wird (vgl. ROLFF 2001, 23).

Sinnvoll ist auch die kritische Selbstklärung folgender Fragen, die anschließend im offenen Diskurs erörtert werden:

- „Mich reizen anspruchsvolle Aufgaben und ich scheue daher die zusätzliche Belastung auch nicht.
- Ich bin bereit, Risiken einzugehen, und kann Kritik aushalten.
- Ich möchte mich in meiner Berufslaufbahn noch verbessern.
- Mein Stand im Kollegium ist so gut, dass mir keine unlauteren Absichten unterstellt werden.
- Ich arbeite gern mit den meisten meiner Kollegen und Kolleginnen eng und erfolgreich zusammen.
- Bestimmte Ideale und ‚Visionen', die ich als Junglehrer hatte, sind mir heute genauso wichtig wie früher.
- Ich habe schon mehrfach in meinem Berufsleben erlebt, dass sich ausdauernder Einsatz für Veränderungen lohnt.
- Es ist mir wichtig, dass sich an unserer Schule mehr bewegt und dass ein gutes Arbeitsklima entsteht bzw. bestehen bleibt." (BECKER/THOMAS 2000, 13)

Zudem sollten Fragen der generellen schulischen Entwicklung geklärt werden, die den genauen Zeitplan des gemeinsamen Vorgehens, die Beteiligung durch einzelne Kollegen sowie die möglichen Veränderungsbereiche und die generelle Zielstellung betreffen.

Bei dieser ersten Sitzung lohnt es sich vielfach, auf die professionelle Hilfe von Schulentwicklungsmoderatoren zurückzugreifen, wenn im Kollegium niemand Erfahrungen mit Moderationstechniken hat. Ansonsten sind die in der Abbildung skizzierten Regeln für eine konstruktive Gruppenarbeit bedeutsam.

Schulentwicklungsmoderatoren bieten professionelle Unterstützung.

1. Wir achten darauf, dass pünktlich angefangen und zügig gearbeitet wird.
2. Wir hören einander geduldig zu, versuchen einander zu verstehen und gehen aufeinander ein.
3. Wir bemühen uns um kurze Redebeiträge (nicht mehr als fünf Minuten).
4. Wir achten darauf, dass alle in der Gruppe zu Wort kommen.
5. Jeder trägt die Verantwortung für ein Gelingen.

Abb.: Regeln für die Zusammenarbeit in Gruppen (nach ROLFF 2001, 23)

Abschließend kann es auch im Verlauf der Steuergruppenarbeit ratsam sein, wenn dem Kollegium nicht zugehörige Personen, die in Fragen der Schulentwicklung besonders qualifiziert sind, zu Beratungen herangezogen werden. Dies kann in Form einer festen und dauerhaften oder auch nur punktuellen Mitarbeit zu bestimmten Themen erfolgen und kann die sporadische Zusammenarbeit mit einem externen Supervisor oder Konfliktberater ebenso betreffen wie Unterstützung über regelmäßige Kontakte zu anderen Schulen und Steuergruppen.

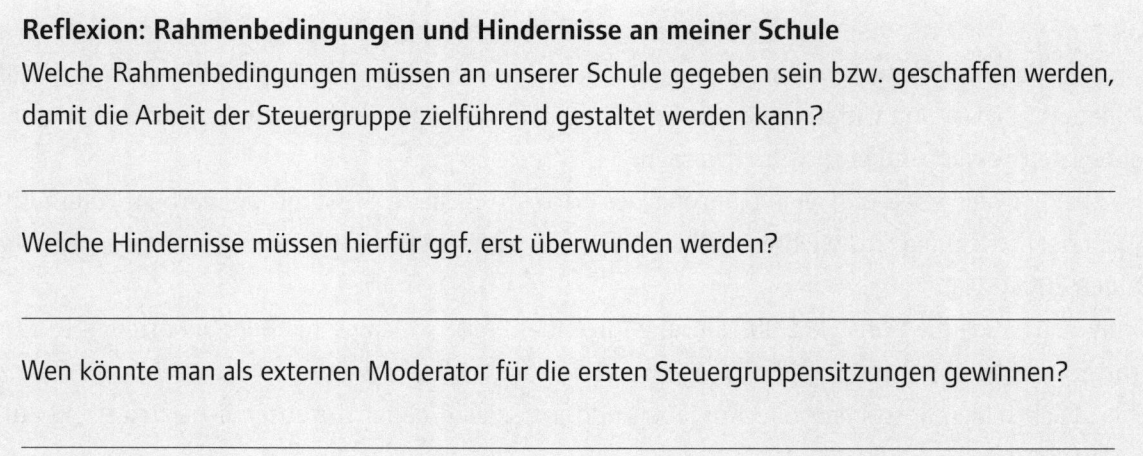

Reflexion: Rahmenbedingungen und Hindernisse an meiner Schule
Welche Rahmenbedingungen müssen an unserer Schule gegeben sein bzw. geschaffen werden, damit die Arbeit der Steuergruppe zielführend gestaltet werden kann?

Welche Hindernisse müssen hierfür ggf. erst überwunden werden?

Wen könnte man als externen Moderator für die ersten Steuergruppensitzungen gewinnen?

6.3.8   Problemstellen auf dem Weg zu einer effektiven Steuergruppenarbeit

Damit eine Steuergruppe als echte Sicherungsinstitution der einzelschulischen Qualität akzeptiert wird, ist es bedeutsam, dass sie nicht in die bestehenden Schulhierarchien bzw. -strukturen (bereits bestehende Teams etc.) und deren Kompetenzbereiche eingreift, sondern diese vielmehr sinnvoll koordiniert. Es darf also nicht zu einer Konkurrenzgruppe innerhalb des Kollegiums oder gar zu einer Loslösung vom Kollegium kommen. Auch darf der „Herrschaftsbereich" einer Schulleitung nicht beschränkt, sondern sollte vielmehr unterstützend begleitet werden. Die Mitgliedschaft in einer Steuergruppe darf nicht der Klüngelbildung im Kollegium und dem Erwerb besonderer Privilegien dienen. Vielmehr muss die Steuergruppe dem Kollegium als gewinnbringendes Organ zur Verfügung stehen. Hierzu muss sie, wie erwähnt, ihre Arbeit stets transparent machen und ausreichend darüber informieren bzw. Sorgen und Ängste registrieren und berücksichtigen.

Auch ist es ganz wesentlich, dass sich die Steuergruppe in ihrem eigenen Arbeitsansatz immer wieder selbst auf den Prüfstand stellt und sich Rechenschaft über die eigene Arbeit gibt bzw. geben lässt. Eine steuergruppeninterne Selbstreflexion muss dabei konstruktiv-kritisch ausfallen und die eigene Akzeptanz und deren Ursachen ebenso beinhalten wie mögliche Problemfelder und ihre Grundlagen. An Letzteren gilt es umso sorgfältiger zu arbeiten und in konkreten Arbeitsschritten zu ihrer Behebung beizutragen.

Zudem ist auch das Kollegium stets in die Evaluationsbestrebungen einzubinden, indem sowohl die positiven Impulse, die von der Steuergruppe ausgehen (hinsichtlich Integrationsleistung, Unterstützung, Transparenz, Information und Dokumentation), wie auch deren negative Strukturen offen artikuliert und ebenfalls mit konkreten Verbesserungsvorschlägen versehen werden müssen.

Und last, but not least sollten die Mitglieder einer Steuergruppe zur Stabilisierung der eigenen Professionalität immer wieder (abwechselnd und multiplikatorisch) Fortbildungsveranstaltungen besuchen, um die eigene Professionalität im Bereich der Schulentwicklungssteuerung nachhaltig zu sichern. Auch die Qualifizierung neu hinzukommender Mitglieder, die einer dauerhaften Überlastung einzelner Personen vorbeugen, muss hierbei gewährleistet sein.

7 Unterstützungssysteme

Stefan Seitz

7.1 Schulische Netzwerke als Antrieb schulischer Erneuerung

7.1.1 Begriff und Beweggründe für Netzwerkarbeit

Unsere Schulen sehen sich in einer Zeit ständigen gesellschaftlichen Wandels und wirtschaftlicher Prosperität und Diversifizierung zunehmend mit erhöhten Ansprüchen an ihre Leistungsfähigkeit konfrontiert. Dieser ihnen überantwortete Aufgabenkanon wird in den letzten Jahren begleitet von erweiterten Prozessen der Deregulierung und Dezentralisierung bildungspolitischer Vorgaben. Hierdurch wird die Optimierung schulischen Gelingens weitgehend der einzelnen Schule überantwortet, die sich dieser neuartigen und gestiegenen Verantwortung vielfach nicht gewachsen sieht. Gleichzeitig wird Schulen insbesondere vonseiten der Wirtschaft zunehmend empfohlen, sich an Modellen aus dem Unternehmensbereich zu orientieren. So wurde nicht zuletzt auch im Bildungsbereich in den letzten Jahren die Forderung nach Netzwerkarbeit verstärkt entdeckt, blickt man etwa auf die OECD und deren 2001 erschienenes Programm „Community based education renewal" oder auch den 2005 unternommenen Vorstoß der Vereinigung der Bayerischen Wirtschaft e. V. in ihrer Schrift „Bildung neu denken".

Mittlerweile sind viele Schulen dementsprechend dazu übergegangen, sich zu Netzwerkverbünden zusammenzuschließen, um Synergieeffekte zu nutzen und die je spezifischen Kompetenzen und Ressourcen zu bündeln. Neben anderen Schulen sind auch außerschulische Partner für eine Mitarbeit in Bildungsnetzwerken denkbar. Gemeinsam wird an einer Optimierung der Bildungsvoraussetzungen an der Einzelschule vor Ort gearbeitet und die ideellen und materiellen Kosten werden auf diese Weise gesenkt.

Synergieeffekte durch Netzwerke nutzen

Derartige Netzwerke lassen sich unter Bezugnahme auf CZERWANSKI (2003a, 11) somit definieren als „eine eigenständige Form der Koordination von Interaktionen [...], deren Kern die vertrauensvolle Kooperation autonomer, aber interdependenter [...] Akteure ist, die für einen begrenzten Zeitraum zusammenarbeiten und dabei auf die Interessen des jeweiligen Partners Rücksicht nehmen, weil sie auf diese Weise ihre partikularen Ziele besser realisieren können als durch nichtkoordiniertes Handeln."

Begeben sich Schulen bewusst in Netzwerkverbünde mit anderen Schulen oder anderen gesellschaftlichen Gruppierungen, so tun sie dies also mit dem festen Ziel einer Erneuerung ihrer inneren schulischen Struktur, mit dem Fokus auf eine bewusste Innovation. Die jeweiligen Partner erhalten auf diese Weise Mitgestaltungsmöglichkeiten an der eigenen Schule (z. B. neue Curriculumentwürfe, modifizierte Unterrichtsoptionen, Erarbeitung von Maßstäben und neuen Formen der Leistungsbewertung).

Über den gegenseitigen Erfahrungsaustausch und die persönliche Begegnung der Lehrkräfte verschiedener Schulen wird der Grundstein gelegt für eine Professionalisierung aller Beteiligten und eine Weiterentwicklung ihrer Schulen.

MINDEROP/SOLZBACHER (2007, 7 f.) sprechen gar von einem „**Paradigmenwechsel des gesamten Bezugssystems pädagogischer Prozesse und Einrichtungen:** Nicht mehr die Aufsicht, sondern der Partner im Netzwerk ist der Transmissionsriemen für Veränderung, und zwar durch

■ eine veränderte Sicht auf die beteiligten Institutionen und ihr Verhältnis zueinander,

- eine veränderte Planung und Steuerung auf der Basis von Selbst- und Fremdeinschätzung,
- eine veränderte Administration und Evaluation und vor allem durch
- die gezielte Neu-Ausrichtung von Bildungsbemühungen auf die Anforderungen der Gesellschaft – nicht zuletzt des Arbeitsmarktes – und damit auf die Belange der nächsten Generation."

Netzwerke fordern Schulen dazu heraus, regelmäßig den Netzwerkpartnern gegenüber Rechenschaft über die eigenen Qualitätsstandards abzulegen und sich selbst gezielt zu evaluieren. Grundlegender Bedarf personeller Erneuerung (z. B. Modifizierung des Unterrichts, gezielte und regelmäßige Fortbildungen) oder auch organisatorischer Veränderung kann hierdurch offengelegt werden. Zugleich besteht in einem derartigen Verbund die Verpflichtung, die übernommenen Aufgaben, die man innerhalb eines gewissen Zeitrahmens zu erledigen hat, auch wirklich anzugehen und voranzutreiben. Hierdurch wächst die Zufriedenheit mit der eigenen Arbeit und beeinflusst das allgemeine Schulklima positiv.

7.1.2 Grundbedingungen erfolgreicher Netzwerke

Ergänzend zu den bereits gemachten Vorüberlegungen ist eine erfolgreiche Netzwerkarbeit auf eine Reihe von Gelingensbedingungen angewiesen, die es im Folgenden näher zu erörtern gilt.

Echtes Bestreben nach Veränderung

Um einem Netzwerk mit anderen Schulen auch dauerhaft motiviert beitreten zu können, muss an der eigenen Schule ein echtes Bedürfnis nach Veränderung und einem „Blick über die Mauer" bestehen. Diese Motivation gilt es im Kollegium vorher gesichert abzurufen, da ansonsten die Arbeit in Netzwerken auf den Schultern weniger Engagierter ruht, deren alleinige Arbeitskraft dauerhaft nicht tragfähig sein kann.

Wichtig ist bei gelingender Netzwerkarbeit nicht, dass alle beteiligten Partner dasselbe Entwicklungsniveau vorweisen müssen und das gegenseitige Geben und Nehmen nur auf dieser Basis erfolgen kann. So erweist sich etwa eine Beraterschule als durchaus gewinnbringend für mehrere Projektschulen, die hier von bereits erarbeiteten Lösungskonzepten profitieren können (vgl. GOTTMANN 2009). Vielmehr muss überhaupt an jeder Schule ein gewisses Entwicklungspotenzial vorhanden sein, das man freiwillig auch anderen Schulen zur Verfügung stellen möchte, sowie die Bereitschaft, sich selbst über diese zu verändern. Das notwendige Interesse an der eigenen wie auch an der Entwicklung der Partner ist hierfür vonnöten.

Gemeinsame Ziele

Wenngleich die reale Umsetzung innovativer Ideen und Vorhaben an den einzelnen Partnerschulen eines Netzwerkverbundes ganz anders aussehen kann und sich den spezifischen Rahmenbedingungen vor Ort anpassen muss, so ist es dennoch wesentlich, einen gemeinsamen thematischen Bezug zwischen den Verbundpartnern zu finden. Zu Beginn der Netzwerkarbeit ist also eine klare Zieldefinition vorzunehmen und die jeweiligen Verantwortlichkeiten und Schwerpunkte müssen genau festgelegt werden.

Vordergründig ergibt sich ein derartiger gemeinsamer Nenner wohl am ehesten bei Schulen derselben Schulform und Schulstufe, weil man hier die Nöte und Anliegen des anderen am besten kennt und nachvollziehen kann. Allerdings kann hier eine gewisse Betriebsblindheit entstehen, die eine intensive Reflexion über die eigene Tätigkeit möglicherweise behindert. So erbrachte der BLK-Modellversuch „Selbstwirksame Schulen" denn auch den Beweis dafür, dass schulform- und schulstufenübergreifende Netzwerke die eigenen Innovationsprozesse am gelungensten reflektieren, wenn zugleich von jeder Schulform mindestens zwei Vertreter beteiligt sind.

Freiwilligkeit

Netzwerkarbeit kann dauerhaft nur gelingen, wenn die Gesamtentscheidung über die jeweiligen Arbeitsabläufe und Vorhaben selbstbestimmt ist, also bei den beteiligten Akteuren verbleibt. Eine lediglich bildungspolitisch verordnete Beteiligung oder auch der Zwang einer Schulleitung, hier produktiv mitzuwirken, übersieht die komplizierten und sensiblen Wirkmechanismen erfolgreichen Managements, die eines verstärkten Bottom-up-Prozesses bedürfen und den eigenen Wunsch der beteiligten Akteure respektieren müssen.

Gelingende Gesamtorganisation

Grundsätzlich ist BEYER/RIEGER (2004, 143) darin zuzustimmen, dass **Selbststeuerung** zu den zentralen Merkmalen erfolgreicher Netzwerkarbeit zählt: „Erfolgreiche Netzwerke steuern sich selbst. In den Arbeitstreffen werden die nächsten Schritte mit Blick auf die Ziele ausgehandelt, aufeinander bezogen und reflektiert. In dieser Dynamik, die von den Akteuren getragen wird, liegt eine Potenz: Die Akteure vergewissern sich immer wieder über den eingeschlagenen Weg und reflektieren ihr Vorgehen."

Selbststeuerung als zentrales Merkmal erfolgreicher Netzwerkarbeit

Darüber hinaus lässt sich jedoch auch feststellen, dass eine **gut funktionierende Gesamtorganisation** über diese Selbststeuerung hinaus wesentlich ist, je mehr Beteiligte ein Netzwerk involviert und je komplexer die Netzwerkstrukturen werden. Hierfür müssen feste Organisationsstrukturen geschaffen und mit zuverlässigen Mitarbeitern besetzt werden, die die Gesamtübersicht behalten und Netzwerktreffen längerfristig inhaltlich und logistisch betreuen. Eine verlässliche Gesamtkoordination fungiert als Schaltstelle zwischen den Netzwerkpartnern und übernimmt die wesentlichen Koordinationsaufgaben (Gremienarbeit, Initiierung von Arbeitskreisen, Koordinierung von Fortbildungen). Sie muss die notwendigen Arbeitstreffen vor- und nachbereiten und mögliche Fortbildungsaktionen planen und organisieren. Gerade zu Beginn einer Netzwerkarbeit sollten regelmäßige, gut vorbereitete Treffen auch häufiger stattfinden, um eine gewisse Kontinuität des gemeinsamen Arbeitens herzustellen. Überdies muss die Gesamtkoordination auch für eine zuverlässige Versorgung mit den notwendigen Ressourcen sorgen.

Gleichberechtigung

Die verschiedenen Partner eines Netzwerkverbundes müssen sich bei ihren gemeinsamen Arbeitsvorhaben gleichberechtigt gegenüberstehen und eine Kultur der gegenseitigen Anerkennung (der individuellen Leistungen der anderen Schulen) und Akzeptanz sowie eines gemeinsamen Vertrauens mitbringen. Das Gefühl von Überlegenheit oder Minderwertigkeit und des Übergangen-Werdens darf also an keiner Stelle des Arbeitsprozesses entstehen.

Wahrung der Eigenständigkeit

Netzwerke bilden trotz ihrer gemeinsamen Organisationsstrukturen nur ein loses Geflecht von unabhängigen Partnern. So darf die einzelne Schule nicht in einem Netzwerk aufgehen, sondern muss gerade auch ihre Individualität und Eigenständigkeit bewahren und behalten dürfen.

Informiertheit

Wesentlich für die Akzeptanz von Netzwerken an der einzelnen Schule ist es, dass das Kollegium ausreichend über alle Netzwerkaktivitäten informiert ist und jeder auf eigenen Wunsch hin auch Einblicke in die entsprechenden Entscheidungsstrukturen erhält. Die konkrete Arbeit im Netzwerk, die in der Regel durch eine Arbeitsgruppe einer Schule erfolgt, muss also auch das übrige Kollegium stets über die aktuellen Vorhaben auf dem Laufenden halten. Die Arbeitsgruppe kann die eigene Arbeit z. B. über eine Informationswand mit aktuellen Arbeitsprozessen oder auch über einen Newsletter an der Schule transparent gestalten. Günstig ist hierbei eine Kontaktperson als Sprecher des Netzwerkteams, das sowohl von der Schulleitung als auch vom übrigen Kollegium akzeptiert und unterstützt wird.

Persönliche Beziehungen

Die beteiligten Akteure müssen sich für eine erfolgreiche Kooperation nicht unbedingt im Vorfeld schon kennen. Man kann sich auch bei einem entsprechenden Entscheid für den Beitritt zu einem Netzwerk erstmals persönlich begegnen, da grundsätzlich nicht die persönlichen Beziehungen im Vordergrund stehen, sondern vielmehr der gemeinsame Wille zur Professionalisierung. Dass hierbei freilich auch persönliche Sympathiebeziehungen auf Dauer eine wichtige Rolle spielen und Netzwerkarbeit vielfach durch personenbezogene Beziehungsgeflechte beeinflusst wird, ist jedoch de facto bedeutsam. So ermittelte die Bertelsmann-Studie (CZERWANSKY 2003) als Gelingensbedingung für eine erfolgreiche Netzwerkarbeit unter anderem ein konkurrenzfreies, konstruktives und vertrauensvolles Arbeitsklima, was nur auf der Basis von Sympathiebeziehungen gelingen kann. Auch MINDEROP/SOLZBACHER (2007, 8) verweisen auf vielfältige Erfahrungen in Netzwerken, die belegen, „dass für das Gelingen bestimmter Bildungsvorhaben gerade der Austausch personengebundenen Wissens in räumlicher Nähe sehr wichtig ist. Dazu müssen die Akteure Methoden der Kooperation, Kommunikation und Verhandlung kompetent anwenden können und zugleich die Partner und die Rahmenbedingungen der Kooperation in den unterschiedlichen Phasen des Netzwerkens kennen."

Implementierung im Schulprogramm

Wichtig ist es auch, die Idee der Netzwerkarbeit als festen Bestandteil im Schulprogramm einer Schule zu implementieren und schriftlich zu verankern. Eine solide Beteiligung der Schulgemeinschaft ist nur dauerhaft gesichert, wenn alle Aktivitäten in diesem Kontext als Teil der gesamten Schulorganisation gesehen werden und als Ziele der Einzelschule erscheinen.

Hierzu gehört auch die Unterstützung durch die Schulleitung einer jeden Partnerschule. Nur mit ihrer Hilfestellung und nachhaltigen Befürwortung lässt sich Netzwerkarbeit sinnvoll umsetzen (vgl. z. B. GOTTMANN 2009).

Bildungspolitische Unterstützung

Grundsätzlich sollten auch die landeseigenen Kultusbehörden dafür sorgen, dass die Zusammenarbeit von Schulen und außerschulischen Partnern in Form von Netzwerken in den jeweiligen Qualitätsrahmen der Bildungspolitik verbindlich aufgenommen wird. Hierfür sollten den Schulen zur Ermöglichung erfolgreicher Netzwerkarbeit zum einen größtmögliche Handlungsspielräume (etwa hinsichtlich neuer Formen von Arbeitszeitmodellen oder auch weiterführender schulischer Autonomie bei Entscheidungen) eingeräumt werden, die es freilich regelmäßig intern wie auch extern zu evaluieren gilt. Zum anderen müssen alle in Netzwerkarbeit involvierten Personenkreise (Schulaufsichtspersonen, Schulleitungen, Lehrkräfte etc.) entsprechend für eine derartige Arbeit aus- bzw.

fortgebildet werden. Professionalität bedarf hier einer grundsätzlichen Qualifizierung auf allen Ebenen und für alle Phasen einer Netzwerkarbeit.

Idealiter wird ein derartiger Netzwerkverbund in seiner Konstituierung sowie den im Anschluss daran zu koordinierenden Tätigkeiten durch schulaufsichtliche Behörden unterstützt (z. B. als Forum der Vernetzungsaktivitäten, als Ideen- und Ratgeber, als Koordinator der Netzwerkpartner), wie dies im Projekt „Regionale Bildungslandschaft" in Baden-Württemberg erfolgt (vgl. EMMERICH/MAAG MERKI 2009; vgl. auch ULLMANN/STEPANCIK 2009). Freilich müssen diese übergeordneten Bildungsbehörden hierbei mit äußerster Vorsicht vorgehen, um ihre Unterstützungsangebote nicht als „Interventionsversuch übergeordneter regionaler Steuerungsebenen" (EMMERICH/MAAG MERKI 2009, 27) erscheinen zu lassen.

Definieren fester Zeiträume

Für die konkrete Übernahme einzelner Ideen und Anregungen aus der Netzwerkarbeit bedarf es nicht zuletzt einer großen Geduld und ausreichender Zeitressourcen. Erst wenn sich diese Vorschläge als tragfähig für die eigene Schule erweisen und die Motivation der Mehrheit eines Kollegiums erreichen, kann zielgerichtet und in der Regel kleinschrittig implementiert werden. Zugleich ist Netzwerksarbeit in der Regel immer auf eine bestimmte Zeitspanne angelegt, die im Vorfeld vereinbart wird. Dadurch wird die damit verbundene Mehrbelastung auch eventuell eher akzeptiert. Dementsprechend lassen sich Netzwerke von Kooperationen mit EMMERICH/MAAG MERKI (ebd., 20 f.) dahingehend unterscheiden, „dass Netzwerke Gelegenheitsstrukturen für einen Austausch und für potenzielle Kooperationen zur Verfügung stellen, während Kooperationsbeziehungen konkrete, für die beteiligten Partner beobachtbare und deshalb *beeinflussbare* bzw. *koordinierbare* Handlungsebenen darstellen."

Vereinbaren fester Tagungsorte und -modalitäten

Als Orte der Netzwerkarbeit bieten sich grundsätzlich die einzelnen Partnerschulen an, die reihum als Tagungsorte dienen können, da das damit verbundene bessere Kennenlernen auch zu einer soliden Gesprächsgrundlage beiträgt. Im Anschluss hieran können aber auch neutrale, für alle Beteiligten gut erreichbare Orte aufgesucht werden.

Wichtig ist es für die jeweiligen Treffen, dass man sich auf ein eingegrenztes Tagungsthema einigt und nicht beliebig an zu vielen verschiedenen Arbeitsfeldern ansetzt. Nur so kann der Erfolg der Arbeit sinnvoll gewährleistet und kanalisiert werden, und es bietet sich überdies die Möglichkeit, dass jede Schule im Anschluss an ein Treffen dessen Ergebnisse sogleich konkret ins eigene Schulentwicklungskonzept aufnehmen und umsetzen kann.

Als Kommunikationsbasis kann überdies die Einrichtung einer gemeinsamen Website dienen. Auf diese Weise können Erfahrungen und Vorschläge rasch und zielgerichtet ausgetauscht und die Zeit zwischen den Netzwerktreffen überbrückt werden.

Zusammenfassend erweist sich die Reflexion folgender Fragen als relevant, die RAUCH/ KREIS (2009, 89) anhand einschlägiger langjähriger Forschungsergebnisse von LIEBERMAN/WOOD (2003) in den USA folgendermaßen formulieren:

Zentrale Fragen

- „*Anwendung:* Wie kann Lernen im Netzwerk für den Unterricht wirksam werden?
- *Stabilität:* Wie können ausreichend Ressourcen zur Verfügung gestellt werden, damit Zeit für Lernen bleibt?
- *Qualität:* Wie kann Qualität aufrechterhalten werden?

- **Überdehnung:** Wie können erfolgreiche Netzwerke verhindern, zu groß zu werden bzw. zu schnell zu wachsen?
- *Ownership:* Wie können Netzwerke im Bildungsbereich Entscheidungshoheit beibehalten, wenn andere Gruppen (z. B. im Wirtschaftsbereich) mehr Geld und Status haben?
- *Steuerung:* Wie können Netzwerke gesteuert werden, ohne bürokratisch und unflexibel zu werden?
- *Evaluation:* Wie können Netzwerke so evaluiert werden, dass ihre Eigenheit in den Blick kommt und nicht nur messbare Schüler/innenleistungen zählen?
- *Ziele:* Wie können Netzwerke die Integrität ihrer Ziele gegenüber Bedürfnissen von Außenstehenden (inklusive Financiers) aufrechterhalten?"

7.1.3 Vorteile von Netzwerken

Netzwerkarbeit verfolgt keinen Selbstzweck.

Netzwerkarbeit erfolgt nicht um des bloßen Kooperierens willen, sondern bietet vielmehr eine Reihe konkreter Vorteile für die schulische Entwicklung aller beteiligten Netzwerkpartner.

- So entstehen durch Netzwerkarbeit **Synergieeffekte,** die das Potenzial der Einzelschule um ein Vielfaches übersteigen. Die schulische Organisation der Einzelschule soll hierdurch bei aller Wahrung ihrer Eigenständigkeit lernen und durch das Potenzial der anderen in ihrer Entwicklung unterstützt werden.
- **Kreative Problemlösungen** können entwickelt werden, wobei sich jede Schule nach ihren individuellen Gegebenheiten und Erfordernissen vor Ort ihr Individualprofil erhalten bzw. schärfen kann. Auch lassen sich auf diese Weise komplexe Aufgabenbereiche arbeitsteilig angehen und die Aufgabenlast kann sinnvoll verteilt werden.
- Eine mögliche Folge von Netzwerkarbeit kann auch das **Entdecken besonderer Talente** aus anderen Schulen sein, die einem gesamten Kollegium auf schulinternen Lehrerfortbildungen wesentliche Aspekte schulischer Erneuerung nahebringen. Somit können sich die einzelnen Partnerschulen wechselseitig befruchten und konstruktive Ideen weiter verbreiten.
- Auch die Einrichtung externer Evaluationsmaßnahmen in Form von „**critical friends"** ist eine praktikable Möglichkeit, eigene Defizite bewusst aufzudecken und gemeinsam zu verbessern.

RISSE (2001, 56) resümiert deshalb: „Im Fokus des gemeinsamen Interesses und mit dem Ziel der eigenen Schulentwicklung lassen sich Erfahrungen austauschen, lassen Perspektivenwechsel der beteiligten Lehrerinnen und Lehrer die Öffnung des eigenen Horizonts für neue Ideen zu und zwingen zum Nachdenken über das bisherige und zukünftige Lehrerhandeln. Bei gleichen Schulformen und -stufen ist die gemeinsame Arbeit zunächst einfacher, bringt auch schneller vorzeigbare Ergebnisse, stellt die eigene Arbeit aber weniger in Frage und zwingt vielleicht sogar weniger zu Reflexionsprozessen. Angesichts solcher Erfahrungen könnte man die Devise ausgeben, dass die Bewusstmachung des eigenen Schulentwicklungsprozesses in solchen Netzwerken am besten gelingt, in denen schulform- und schulstufenübergreifend gearbeitet wird, von jeder Schulform aber mindestens zwei beteiligt sind. Dies ist u. a. ein Ergebnis des BLK-Modellversuchs ,Selbstwirksame Schulen'."

Die von der Bertelsmann-Stiftung 2001 erhobene **Studie zur Effektivität von Lernnetzwerken** an 54 Schulen mittels Fragebogen bei Lehrkräften und Schulleitungen erbrachte als Beleg denn auch folgende positiven Ergebnisse:

- Mehrwert für die Schule durch Weiterentwicklung des pädagogischen Konzepts der Schule, durch verstärkte Kooperation innerhalb des eigenen Kollegiums, durch Steigerung der Unterrichtsqualität und Erziehungsarbeit sowie der Fortbildung der Kollegen (zu den erfolgreichen Prozessen der Professionalisierung vgl. auch die zahlreichen Literaturverweise auf einschlägige Studien bei Tschapka 2009), durch Evaluation der schuleigenen Arbeit, durch Bereicherung des Schullebens und verstärkte Öffnung der Schule, durch positive Beeinflussung des Schulklimas gegenüber Kollegen und auch der Schulleitung
- Direkter Erfahrungs- und Materialaustausch
- Flache Hierarchien
- Angestoßene Reflexions- und Schulentwicklungsarbeit
- Kennenlernen und Auffrischen von Methoden und Arbeitsweisen (vgl. Czerwanski 2003c, 205 f.; vgl. auch Rauch/Kreis 2009)

Weitere Vorteile

- Nicht zuletzt wird auch die **Arbeit mit den Schülern durch eine abwechslungsreichere Gestaltung der unterrichtlichen Methoden positiv beeinflusst** und überdies deren Selbstständigkeit mittel- und langfristig erhöht (vgl. auch Manitius et al. 2009; Huber/Schneider 2009; hier wird auch die subjektiv empfundene Bereicherung der einzelnen Lehrkräfte mit fortschreitender Dauer der Netzwerkarbeit dokumentiert).
- Im Hinblick auf eine **Kooperation mit außerschulischen Partnern,** insbesondere mit Betrieben aus dem heimischen Umfeld, entsteht zudem eine größere Lebens- und Berufsrelevanz und ein besseres Wissen voneinander. Schule und Wirtschaft tauschen ihre jeweiligen Fachsprachen miteinander aus und erhalten hierüber eine bessere Verständigungsbasis und Transparenz der jeweiligen Anforderungen. Hierdurch wird die Anschlussfähigkeit zwischen schulischer Bildung und Berufswelt gewährleistet und die einzelnen Schüler werden für ihre Zukunft individueller und systematischer gefördert.

Zusammenfassend resümieren Rauch/Kreis (2009, 81): „Demnach haben Netzwerke eine *Informationsfunktion,* die im direkten Austausch von Praxiswissen für Unterricht und Schule und als Brücke zwischen Praxis und Wissenschaft sichtbar wird. Durch die Vernetzung werden erweiterte Lernmöglichkeiten und Kompetenzentwicklung (Professionalisierungsprozesse) bei den Mitgliedern gefördert, die eine *Lernfunktion* begründen. Voraussetzung für eine Zusammenarbeit ist Vertrauen, die Basis für die *psychologische Funktion* der Netzwerke, die Individuen fördert und stärkt. In einer vierten, so genannten *politischen Funktion* von Netzwerken, erhöht sich die Durchsetzungskraft von Anliegen im Bildungsbereich, nach dem Motto ‚Gemeinsam erreichen wir mehr'."

7.1.4   Mögliche Nachteile

Bei aller Vielfalt an Vorteilen sind jedoch auch mögliche Nachteile mit schulischen Netzwerken verbunden.

- Ein erstes Problem mag entstehen hinsichtlich der **Dauerhaftigkeit der Zusammenarbeit.** So können sich dadurch, dass Netzwerkarbeit hochgradig an einzelne Personen gebunden ist, im Laufe der Zeit erhebliche Fluktuationsrisiken ergeben, wenn die jeweiligen „Leistungsträger" ein Netzwerk wieder verlassen.
- Auch kann es zu erheblichen **Zeitproblemen** kommen, wenn einzelne Beteiligte überlastet und Netzwerktreffen nur schwer zu organisieren sind.

- Überhaupt kann eine allzu **heterogene Zusammensetzung eines Netzwerkes** auch zu Überkomplexität und einer fehlenden gemeinsamen Handlungsbasis führen.
- Auf dienstrechtlichem und administrativem Gebiet können **gefundene Lösungen nicht mit den staatlichen Vorgaben vereinbar** sein (z. B. bei gegenseitigen Unterrichtskooperationen).
- Schließlich können auch **Finanzierungsprobleme, schulinterne Probleme** (z. B. mangelnde Integration des Kollegiums, fehlende Unterstützung durch die Schulleitung) sowie Unzuverlässigkeit oder schlechte Stimmung bei den Partnerschulen (z. B. aufgrund ungleicher Verteilung der Aufgaben, Machtfragen oder unklarer Verteilung der freiwillig übernommenen Zuständigkeiten) eine erfolgreiche Netzwerkarbeit vereiteln (vgl. CZERWANSKI 2003c, 218 ff.).

7.1.5 Schritte beim Aufbau von Netzwerken

Haben sich mehrere Schulen bzw. Betriebe grundsätzlich dazu entschlossen, sich am Aufbau eines Netzwerkes zu beteiligen, so gilt es zunächst, in der Startphase nach Gleichgesinnten zu suchen, die ebenfalls Innovationen an ihrer Schule anstreben und ein ähnliches Ziel verfolgen. Darüber hinaus müssen in dieser Anfangsphase auch bereits die Ziele und Verantwortlichkeiten geklärt werden. Ebenso müssen die Ausgangslagen an den einzelnen Schulen, die Kompetenzbereiche der Netzwerkpartner etc. den potenziellen Partnern bereits im Vorfeld offengelegt werden.

In der eigentlichen Arbeitsphase lassen sich sodann mit JANZEN (2004, 151 ff.) folgende prozessuale Schritte unterscheiden:
- Ziele und Arbeitsfelder vereinbaren
- Teilziele vereinbaren, Arbeit planen und verteilen (Projektplan erstellen!)
- Verbindlichkeit herstellen
- Zwischenergebnis überprüfen – evaluieren
- Abläufe und Vereinbarungen anpassen
- Beziehungskapital pflegen
- Ergebnisse sichtbar machen

Fünf Phasen der Netzwerkarbeit

CZERWANSKI (2003b, 31 ff.) differenziert abschließend folgende **fünf Phasen der Netzwerkarbeit:**
- Konstitutionsphase
- Austauschphase (vor allem im ersten Jahr)
- Vertiefungs- und Weiterentwicklungsphase (ab dem zweiten Jahr)
- Umsetzungs- und Implementationsphase (vor allem im zweiten und dritten Jahr)
- Auflösungsphase

7.2 Öffentlichkeitsarbeit

Erfolge teilen und mitteilen

Schulen sind im Kontext heutiger schulischer Rahmenbedingungen gehalten, ihr bereits vorhandenes Maß an Innovation auf allen Ebenen schulischer Erneuerung (Unterricht, Schulorganisation, Personal) nicht nur weiter zu steigern, sondern dies auch dem schulischem Umfeld (Eltern, Kommunen, Verbände, Öffentlichkeit etc.) gegenüber publik zu machen. Öffentlichkeitsarbeit geht hierbei über die bislang schon üblichen Veranstaltungen für Schülereltern, Ausstellungen oder auch Schulkonzerte wesentlich hinaus, da sie gezielt nach Präsentationsformen sucht, mit der die eigene Leistungsfähigkeit dokumentiert werden soll. Erfolge der einzelnen Schule dürfen nicht länger nur im Verborgenen gefeiert werden, sondern müssen vielmehr auch dem interessierten schulischen Umfeld ein Zeugnis für die eigene Leistungsbereitschaft und -fähigkeit ablegen, Öffentlichkeitsarbeit also letztlich als Form von Public Relations auch im schulischen Sektor installieren.

7.2.1 Notwendigkeit von Öffentlichkeitsarbeit

Erforderlich wird diese verstärkte Selbstdarstellung zum einen dadurch, dass Schulen im Zuge internationaler Leistungsvergleichstests verstärkt im Fokus des öffentlichen Interesses stehen. Ihr in der Öffentlichkeit immer wieder karikiertes Bild, das nicht zuletzt durch die PISA-Ergebnisse erneut negativ konnotiert wurde, bedarf dringend einer Imageverbesserung. Wenngleich sich diese Forderung auf die Institution Schule allgemein bezieht, so ist es doch immer die Einzelschule vor Ort, an der sich das (positive wie auch negative) öffentliche Meinungsbild festmacht. Sie ist es auch, die das bei einer Vielzahl von Schülern negative Gesamturteil über Schule an sich wieder aufpolieren und zukünftig viel mehr um ihre Klientel werben muss, wenn es Eltern zunehmend selbst überlassen bleibt, die ihnen (aufgrund einzelschulischer Profilierungsbestrebungen) für ihr Kind gemäße Schule auszuwählen.

> *Schulen stehen verstärkt im Fokus des öffentlichen Interesses.*

> **Reflexion: Das Image meiner Schule**
>
> Welches Image hat unsere Schule in der Öffentlichkeit? Was wird positiv erwähnt, was eher negativ?
>
> _____
>
> Welches Bild spiegeln die Schüler von ihrer Schule wider? Was loben sie besonders? Worauf sind sie besonders stolz?
>
> _____
>
> Welche Eigenschaften der Schule missfallen den Schülern am meisten? Lassen sich diese durch unser Kollegium verändern?
>
> _____

Darüber hinaus ist man mittlerweile aufseiten der Bildungspolitik dazu übergangen, der Einzelschule (und damit den in ihr tätigen Personen) mehr Eigenverantwortung zuzubilligen, um hierdurch ihre Leistungskraft zu steigern und die Arbeitsergebnisse (nicht erst seit PISA) zu optimieren. Auch hierdurch entsteht für die einzelne Schule ein zunehmender Rechtfertigungszwang, ihre schuleigenen Schwerpunkte der Öffentlichkeit gegenüber bewusst zu präsentieren und ihr Arbeiten transparent zu machen. Sie muss es schaffen, Sympathie und Zutrauen der Eltern und Schüler durch Ehrlichkeit (auch beim Zugeben eigener Schwächen) zu erringen und über eine positive Außendarstellung zugleich auch mögliche neue außerschulische Finanzierungsquellen zu erschließen. Schule und Umfeld müssen sich wechselseitig austauschen und über Öffnung und Integration bereichern.

Nicht zuletzt erhöht sich auch die Motivation der Lehrkräfte über ihr Bewusstsein, an einer profilierten und im Öffentlichkeitsbild wertgeschätzten Schule zu unterrichten. Auch die Schüler lassen sich anspornen und zu pädagogisch effektiver Arbeit animieren, wenn sie sich hierdurch über das Renommee, an einer qualitativ hochwertigen Schule ausgebildet worden zu sein, bessere berufliche Chancen erwerben können.

Reflexion: Worin ist meine Schule gut?

Was kann unsere Schule besonders gut?

_____

Worauf bin ich besonders stolz, wenn ich an meine Schule denke?

_____

7.2.2 Merkmale der Öffentlichkeitsarbeit

Macht sich eine Schule gezielt daran, ihr schulisches Profil in der Öffentlichkeit zu schärfen und selbstbewusst nach außen hin zu vertreten, so darf dieser subtile Vorgang nicht in Form von ungezügeltem Aktionismus erfolgen, indem miteinander unverbundene Einzelereignisse beliebig aufgegriffen und innerschulisch weitgehend unkoordiniert in den Medien zur Schau gestellt werden. Vielmehr ist es auch für schulische Öffentlichkeitsarbeit in Anlehnung an betriebswirtschaftliche Verfahrensgrundsätze wesentlich, sich bestimmten Maximen zu unterwerfen:

1. **Systematische und kontinuierliche Planung** der Öffentlichkeitsarbeit durch gezielte Auswahl einzelner Aktionen, die (unter Angabe der jeweiligen Zielstellung) dokumentiert werden sollen
2. **Zeigen von Eigeninitiative** bei Pressemitteilungen; kein Warten darauf, dass man von Medienvertretern „gesehen" wird
3. **Nachvollziehbare Darstellung der Geschehnisse** für alle Bezugsgruppen
4. **Sachliche Richtigkeit** aller kommunizierten Aussagen und Zahlen
5. **Glaubwürdigkeit** durch Erzeugen von Sympathie und Vertrauen bei den einzelnen Bezugsgruppen und Ansprechpartnern; kein Verschweigen von Problemen
6. **Inhaltliche Abstimmung** mit allen Beteiligten und Herstellung eines gemeinsamen Konsenses
7. **Langfristige Planung und kontinuierliche Durchführung;** Aufbau einer soliden Vertrauensbasis durch stetiges Kontaktieren (vgl. MITTELSTÄDT 2006, 1120 f.)

7.2.3 Bezugsgruppen und Qualifikationsprofile

Öffentlichkeitsarbeit bildet aufgrund ihrer auf Nachhaltigkeit und Kontinuität ausgerichteten Zielstellung ein derartig komplexes Feld, dass es die Schulleitung einer Schule alleine dauerhaft nicht leisten kann, das Profil der eigenen Schule zu schärfen. Deshalb ist es ein durchaus probates Mittel, einen eigenen Beauftragten für Öffentlichkeitsarbeit (oder PR-Verantwortlichen) zu installieren, der die öffentlichen Belange einer Schule selbstständig bündelt und koordiniert und als erster Ansprechpartner den Kontakt zu den Pressevertretern aufbaut bzw. aufrechterhält. Wesentlich ist es hierbei, dass dieser Beauftragte, wenngleich Experte für Öffentlichkeitsarbeit, aus dem gesamten Schulkollegium heraus immer wieder Hilfestellung und Unterstützung für seine Arbeit findet und über schulrelevante Neuigkeiten, die dem Kollegium zu Ohren kommen, informiert wird.

Da die letztliche Gesamtverantwortung für die Öffentlichkeitsarbeit jedoch bei der Schulleitung liegt, sind dieser auch sämtliche Presseprodukte vor ihrem Erscheinen in der Öffentlichkeit vorzulegen und von ihr abzusegnen. Ihre Aufgabe bleibt über die Freigabe von Medienmitteilungen hinaus auch die Beantwortung brisanter oder die Leitung betreffender Medienfragen sowie die Wahrnehmung repräsentativer Termine (Preisverleihung, externe Informationsveranstaltungen etc.) (vgl.

MITTELSTÄDT 2006, 1123). Bei letzteren Terminen kann sie sich durchaus durch den Beauftragten für Öffentlichkeitsarbeit begleiten und unterstützen lassen.

Der Beauftragte für Öffentlichkeitsarbeit sollte dabei jemand sein, der diese Aufgabe freiwillig und gerne übernimmt. Dies gilt umso mehr, als er sich darum bemühen muss, einen konstruktiven und persönlichen Kontakt zu den Vertretern der Presse herzustellen und langfristig zu pflegen. Ist diese Kommunikationsbasis erst einmal installiert, so

Beauftragter für Öffentlichkeitsarbeit

ist es nicht mehr nur die Schule, die sich bei den Medien um eine wohlwollende Berichterstattung besonderer Schulereignisse bemühen muss. Vielmehr besteht dann die Aussicht, dass auch die Medienvertreter ihrerseits auf eine Schule zugehen und an deren kontinuierlicher Außendarstellung interessiert sind.

Schulleitung
beruft bzw. beauftragt Personen, verantwortet die Öffentlichkeitsarbeit und trifft Entscheidungen hinsichtlich des Corporate Designs, gibt Pressemitteilungen frei, beantwortet brisante Medienfragen, nimmt repräsentative Termine wahr

Beauftragter für Öffentlichkeitsarbeit
arbeitet selbstständig, berichtet und dokumentiert, koordiniert alle anfallenden Aufgaben, legt der Schulleitung Entwürfe für Presseprodukte vor

Abb.: Organisation der Öffentlichkeitsarbeit (in Anlehnung an MITTELSTÄDT 2006, 1125)

Grundvoraussetzung für die erfolgreiche Arbeit eines Beauftragten für Öffentlichkeitsarbeit ist – so wie bei PR-Profis in der Wirtschaft – ein sicherer Umgang mit Medienarbeit (sowohl im Hinblick auf Print- als auch auf elektronische Medien), die den Kernbereich der Öffentlichkeitsarbeit ausmacht.

- Hierzu gehören etwa eine **gute Allgemeinbildung und profunde fachliche Kenntnisse sowie kommunikative Fähigkeiten.**
- Der Beauftragte sollte überdies **gute soziale Kompetenzen** im Umgang mit anderen Menschen aufweisen können, **sprachlich gewandt** sein und auch einen **guten schriftlichen Schreibduktus** mitbringen.
- Er sollte **generell an Medienarbeit** interessiert sein, womöglich auf eigene biographische Erfahrungen in der Pressearbeit zurückgreifen können und auch äußerlich ein **positives Erscheinungsbild** aufweisen.
- Innerschulisch sollte er über einen **guten persönlichen Kontakt zur Schulleitung** verfügen, solide **Kenntnisse im Umgang mit modernen Medien** besitzen und nicht zuletzt mit **persönlichem Engagement den innerschulischen Entwicklungsprozess aktiv mittragen** (vgl. MITTELSTÄDT 2006, 1125 f., nach ROTA 1994).

Reflexion: Möglicher Beauftragter für Öffentlichkeitsarbeit an meiner Schule

Wer in meinem Kollegium bringt die nötigen Voraussetzungen als Beauftragter für Öffentlichkeitsarbeit mit?

Lässt sich die besagte Lehrkraft für dieses Amt voraussichtlich gewinnen? Wenn ja, womit könnte man diesen Prozess positiv unterstützen?

7.2.4 Möglichkeiten der Öffentlichkeitsarbeit

Insgesamt gibt es eine Fülle von Möglichkeiten, die Öffentlichkeit über die Geschehnisse an einer Schule und über ihre Corporate Identity zu informieren, unter anderem über:

- Ausstellungen (Schülerarbeiten, Exkursionen, Fotos von Lehrern und Schülern etc.),
- eine Schulflagge mit Schullogo,
- Infostände (auf regionalen Bildungsmessen, lokalen kommunalen Veranstaltungen etc.),
- Jahrbücher,
- Kalender,
- Kollegiums- und Schulzeitungen, Elternbriefe sowie
- Tage der offenen Tür.

In Bezug auf die Nutzung der (neuen) Medienlandschaft bieten sich vor allem an:

- eine stets aktualisierte Internetpräsenz der Schule, evtl. auch als Schulpräsentation auf CD-ROM gebrannt,
- Geschäftspapiere mit schuleigenem Logo,
- Image- und Infobroschüren,
- Leserbriefe in Lokalzeitungen,
- Newsletter (Elternbriefe oder Schulzeitungen per E-Mail an Interessierte),
- Plakate entsprechend dem Corporate Design der Schule,
- Radio- und Fernsehbeiträge sowie
- Veranstaltungen eines eigenen, regional ausgeschriebenen Wettbewerbs (vgl. MITTELSTÄDT 2006, 1140 ff.).

Reflexion: Formen der Öffentlichkeitsarbeit an meiner Schule

Welche der genannten Möglichkeiten von Öffentlichkeitsarbeit existieren schon an unserer Schule?

Welche neuen Formen sollten zusätzlich eingeführt werden? Was lässt sich ohne unüberwindbaren Aufwand installieren?

7.2.5 Konzeptioneller Ablauf

Wie bereits erwähnt, geht es im Rahmen gelungener Öffentlichkeitsarbeit nicht darum, unkoordinierte Einzelaktionen nach außen hin zu starten und ohne inneren Bezug und fehlende Nachhaltigkeit zu präsentieren, sondern vielmehr die Präsentation aller schulischen „Ereignisse" auf einem festen Konzept basierend dauerhaft auf ein durchdachtes Fundament zu stellen.

> *Öffentlichkeitsarbeit braucht ein durchdachtes Konzept.*

Dies muss damit beginnen, eine **Situations- bzw. Imageanalyse der realen Lage der eigenen Schule** vorzunehmen und mit der beispielsweise im Schulprogramm beschriebenen Soll-Situation zu vergleichen. Hierfür sind folgende schulische Dimensionen zentral (vgl. MITTELSTÄDT 2006, 1150):

- Schuldaten (Jahresbericht, Schulprogramm, schriftliche Vereinbarungen und Arbeitsvorhaben des Kollegiums, Öffentlichkeitsarbeit, Struktur des Kollegiums im Hinblick auf Alter/Qualifikation/Motivation, Fortbildungsaktivitäten, Zusammenarbeit mit Universitäten/wissenschaftlichen Einrichtungen etc.)
- Positionierung der Schule im Kontext mit Nachbarschulen (Schulstatistik, inhaltliche Abgrenzung durch spezifische Profilbildung, Entwicklung der Schüler- und Lehrerzahlen in den letzten Jahren, Erwartungen aller schulischen Bezugspersonen, vorzeitiges Abgehen von Schülern)
- Schulimage (Fremdimage, Selbstimage, Imageveränderungen)
- Mittel der Kommunikation (Schwarzes Brett, Elternbriefe, publiziertes Jahresprogramm, Internetarbeit, Events und Tage der offenen Tür, Präsenz in Veranstaltungskalendern)
- Medienarbeit (regelmäßige Berichte, Genres der berichtenden Medien, Medienverteiler, präferierte regionale Medien, Kooperationen mit Pressestellen der Schulbehörden, Medienkooperationen wie z. B. „Zeitung in der Schule")
- Corporate Design (Existenz eines gut funktionierenden Corporate Designs, an das sich alle halten und das im Schulleben auftaucht; Wiedererkennungsgrad, Identifikation mit dem Corporate Design; Schulnamen, akzeptiertes Schullogo, Merchandise-Artikel)
- Innerschulische Kommunikation (Informationsfluss, Offenheit der Aussprache bei Missständen, Mitarbeitergespräche)
- Finanzierung (Budget für Öffentlichkeitsarbeit, schuleigene Finanzen mit autonomer Verfügbarkeit, Unterstützung durch Fördervereine sowie andere Unterstützer wie Eltern und Sponsoren)

Wichtig ist es dabei, das **Selbstbild,** das die Schule bzw. das Kollegium und die Schulleitung von sich hat, mit dem **Fremdbild** durch die Öffentlichkeit abzugleichen, beispielsweise durch Interviews oder Fragebögen zu

- den schulischen Angeboten,
- Verwaltung und Organisation,
- den Räumlichkeiten und der Ausstattung,
- dem Gesamteindruck von der Schule,
- dem Eindruck von den Lehrkräften,
- dem Ruf der Schule,
- einer persönlichen Präferenz für eine bestimmte Schule.

Im Anschluss hieran müssen strategische Maßnahmen für das weitere Vorgehen geplant werden, um die Ziele der Schule zu erreichen. Hierbei muss je nach Bezugsgruppe eine adäquate Zielstellung verfolgt werden und das einzelne Schulziel mit der jeweiligen Zielstellung der Öffentlichkeitsarbeit (z. B. Aufbau/Erhalt eines positiven Images; Verbesserung des Informationsflusses zu Schülern/

Eltern; Motivation des Kollegiums oder der Schüler; Erhöhung des Bekanntheitsgrades der Schule; bessere unterrichtliche/außerunterrichtliche Angebote; Beziehungspflege zu Gesellschaft/Schulträger/Politik/potenziellen neuen Schülern/Sponsoren etc.) abgeglichen werden.

Hierfür bieten sich **fünf konkrete Planungsschritte** an:

1. Festlegung des genauen Themas und der inhaltlichen Absicht der Pressemitteilung
2. Formulierung des genauen Zeitraumes der Maßnahme
3. Aussprache über die Adressaten der Botschaft, die zu informierenden Bezugsgruppen sowie die berichtenden Medien
4. Einigung auf die konkret zu ergreifenden Maßnahmen
5. Gemeinsame Überlegungen zum eigentlichen Kommunikationsziel und die durch die Maßnahme erhoffte Wirkung (vgl. MITTELSTÄDT 2006, 1164 ff.)

Am Ende jeder umgesetzten Maßnahme muss es schließlich darum gehen, die jeweilige **Zielerreichung** auch zu **evaluieren** und mit der erwünschten Soll-Situation zu vergleichen. Bei Zielerfüllung können neue Aufgabenfelder anvisiert werden. Kommt es hingegen zu Diskrepanzen hinsichtlich der erhofften Umsetzung, so müssen mögliche Hindernisse eruiert und sukzessive beseitigt werden, um langfristig dem eigenen Streben nach Fortschritt und Vervollkommnung auch gerecht zu werden.

Qualitäts-Check Pressemitteilung

In einer schriftlichen Pressemitteilung sollten folgende Punkte inhaltlich abgecheckt und allesamt mit „ja" beantwortet werden können:

■ Ist die Pressemitteilung aktuell und verständlich und entspricht sie den Tatsachen (keine Übertreibungen oder Unwahrheiten)?

■ Ist erkennbar, was genau an der Schule wann und wo – und durch wen und warum inszeniert – stattgefunden hat?

■ Ist die Mitteilung so aufgebaut, dass sie eine Kernaussage enthält, die durch entsprechende Details untermauert wird und ggf. eine Vorgeschichte inkludiert?

■ Enthält der Text aktive Sätze mit ansprechenden Verben und Adjektiven?

■ Sind Orthographie und Interpunktion fehlerfrei?

■ Sind die Sätze kurz, ohne aufwändige Nebensätze und ohne zu viele Fremdwörter gehalten?

■ Werden Zitate verwendet und auch entsprechend gekennzeichnet?

7.3 Finanzielle Unterstützung durch Fundraising und Sponsoring

Aus der zentralen Erkenntnis der Schulentwicklungsdebatte der letzten Jahrzehnte in Deutschland heraus, dass komplex strukturierte Institutionen wie die Schule sich einer zentralisierten Verwaltung vielfach entziehen, sind die Einrichtungen der Bildungsadministration in den letzten Jahren vermehrt dazu übergegangen, nur mehr die Rahmenvorgaben zu erlassen, innerhalb derer sich die Schulen zunehmend eigenständig bewegen und selbstständig entscheiden können. Freilich datiert die Forderung nach mehr Eigenständigkeit bereits aus den Empfehlungen des Deutschen Bildungsrates in den siebziger Jahren des letzten Jahrhunderts, der neben größeren Freiräumen für die unterrichtliche Gestaltung auch eine größere Selbstständigkeit der Schulen bei Personal- und Finanzfragen empfiehlt.

Finanzielle Autonomie

Ein möglicher Bereich einer erweiterten Selbstständigkeit der Einzelschule ist die finanzielle Autonomie bzw. Budgetierung. Der Sinn liegt hierbei darin, dass die einzelne Schule besser und zielgerichteter entscheiden kann, wofür sie ihre Gelder einsetzt. Das Prinzip der Effizienz verbindet sich hier mit dem Gedanken der Effektivität.

> *Unter Budgetierung wird hierbei nicht nur die eigenständige Verausgabung zugeteilter Mittel verstanden, sondern letztlich auch die Möglichkeit, sich selbst zusätzlich Mittel zu beschaffen. Für die Schulen ergibt sich somit zukünftig eine verstärkte Anforderung der Suche nach möglichen zusätzlichen Sponsoren und Geldgebern.*

Wenn man sich eben nicht mehr nur auf eine zentrale Verteilung von Geldern verlassen kann, sondern autonom neue Geldquellen erschließen und für die schulische Innovation der eigenen Schule stringent nutzen möchte, wird die finanzielle Ausstattung der einzelnen Schule zukünftig zu einem Kernelement ihrer Entwicklung. Gerade angesichts einer Fülle kostenintensiver Herausforderungen im heutigen Schulalltag (erhöhte Anforderungen an schulische Technik und sonstige Medienausstattung, erhöhter Personalbedarf im Zuge von Ganztagsbeschulung etc.) wird es für Schulen immer interessanter, Gelder für diese zusätzlichen Bedarfe zu akquirieren.

7.3.1 Drittmitteleinwerbung im schulischen Bereich

Grundsätzlich stehen Schulen verschiedene Möglichkeiten offen, wie sie an Drittmittelgelder herankommen können (vgl. BÖTTCHER/MEETZ 2010).

- So können sich Schulen zunächst einmal **Sponsoren** suchen, die ihnen Gelder zur Verfügung stellen, dafür jedoch eine gewisse Gegenleistung haben wollen. Diese Gegenleistung kann in ganz konkreten Werbemaßnahmen für ein Unternehmen o. Ä. bestehen oder auch nur ideellen Charakter tragen, indem die geldgebende Einrichtung sich von der Förderung einen Imagegewinn für sich selbst verspricht. In der Regel wird hierzu eine vertragliche Vereinbarung getroffen.

- Eine andere Möglichkeit ist es, über **Spenden** an Geldmittel heranzukommen. Hier steht (zumindest nach außen hin) kein Gedanke von Leistung und Gegenleistung im Vordergrund, sondern vielmehr eine uneigennützige Mittelzuwendung an eine Schule. Neben Geldmitteln kann auch das Zur-Verfügung-Stellen von Sachmitteln (Materialien, Medien etc.) oder von beruflichem Know-how (kostenfreies Abstellen von Experten für schulische Veranstaltungen) gemeint sein.

- Eine dritte Geldquelle für Schulen ergibt sich über bestimmte **Werbemaßnahmen.** Insbesondere über schuleigene Printprodukte wie etwa Schülerzeitungen, Jahresberichte o. Ä. ergibt sich die Möglichkeit, Firmenlogos in einem Werbeblock bzw. auf einzelnen Werbeseiten abzudrucken und für zugewiesene Geldmittel ausdrücklich zu danken. Darüber hinaus besteht die Möglichkeit, in Schulen auch Werbeplakate von Unternehmen anbringen zu lassen (z. B. im Hinblick auf zukünftige Ausbildungsberufe), wobei hier freilich überlegt werden muss, wo die Grenze einer staatlichen Bildungsinstitution nicht mehr gewahrt ist.

- Des Weiteren besteht für eine Schule die Möglichkeit, durch eigene **Veranstaltungen** Gelder zu verdienen. Dies können etwa Tage der offenen Tür oder Schulfeste sein, auf denen bestimmte Schülerprodukte, die im Rahmen des Unterrichts hergestellt wurden, gewinnträchtig verkauft werden. Auch die hierbei (zumeist ehrenamtlich) erstellten bzw. zur Verfügung gestellten Speisen und Getränke können verkauft und der Erlös der Schule überwiesen werden.

■ Nicht zuletzt bietet sich auch die Möglichkeit, über **Schülerfirmen** Produkte erstellen zu lassen, die in der Öffentlichkeit veräußert werden (z. B. das Drucken von Visitenkarten, ein Party-Service für Feste, das Bedrucken von T-Shirts, Workshops für Seniorenheime o. Ä.). Und überhaupt können auch die Schulräume, die schuleigenen Parkplätze sowie die Schulsportanlagen in der schulfreien Zeit potenziellen Interessenten gegen Gebühr vermietet werden.

■ Eine letzte Quelle bietet sich schließlich durch die Einrichtung eines **Fördervereins** für ehemalige Schüler, die nunmehr über das regelmäßige Überweisen von Geldern (z. B. über eine jährliche Mitgliedschaft eines Alumni-Vereins als „Förderer der XY-Schule") die schulischen Geldmittel bereichern.

> **Reflexion: Drittmitteleinwerbung an meiner Schule**
>
> Welche Formen der Einwerbung von Drittmitteln gibt es an unserer Schule bereits?
>
> _____
>
> Welche weiteren Formen der Einwerbung von Geldern sind denkbar?
>
> _____
>
> Welche Unternehmen aus dem Nahraum der Schule könnte man gezielt ansprechen?
>
> _____

7.3.2 Schulrechtliche Hindernisse

Nicht alles, was für die einzelne Schule im Hinblick auf die Akquise von Geldern möglich ist, lässt sich mit rechtlichen Vorgaben auch vereinbaren. So können die rechtlichen Vorgaben eines Bundeslandes bzw. auch des jeweiligen Schulträgers derartigen Maßnahmen zur Geldbeschaffung entgegenstehen. Dazu kommen steuerrechtliche Vorgaben und nicht zuletzt auch „insbesondere vertrags-, wettbewerbs- und unfallversicherungsrechtliche Fragestellungen" (BÖTTCHER/MEETZ 2010, 354).

In der Regel müssen dabei die werberechtlichen Intentionen deutlich hinter den schulischen Bildungs- und Erziehungsauftrag zurücktreten. Die Zustimmung für derartige Werbemaßnahmen erfolgt etwa lt. Schulgesetz für das Land Nordrhein-Westfalen (Schulgesetz NRW – SchulG vom 15. Februar 2005, zuletzt geändert durch Gesetz vom 13.November 2012) durch die Schulleitung (gemeinsam mit der Schulkonferenz und dem Schulträger) bzw. in Ausnahmefällen durch das Schulministerium, wenn es in §99 heißt:

§ 99 Sponsoring, Werbung

(1) Schulen dürfen zur Erfüllung ihrer Aufgaben für den Schulträger Zuwendungen von Dritten entgegennehmen und auf deren Leistungen in geeigneter Weise hinweisen (Sponsoring), wenn diese Hinweise mit dem Bildungs- und Erziehungsauftrag der Schule vereinbar sind und die Werbewirkung deutlich hinter den schulischen Nutzen zurücktritt. Die Entscheidung trifft die Schulleiterin oder der Schulleiter mit Zustimmung der Schulkonferenz und des Schulträgers.

(2) Im Übrigen ist Werbung, die nicht schulischen Zwecken dient, in der Schule grundsätzlich unzulässig. Über Ausnahmen entscheidet das Ministerium.

Hier kann es hilfreich sein, im Sinne von Netzwerken Erfahrungen aus anderen Schulen einzuholen, die bereits über Sponsoring-Verträge verfügen. Nicht zuletzt sollte auch an einen eindeutig formulierten und inhaltlich präzisen Vertrag zwischen Schule und jeweiligem Sponsor gedacht werden, um im Nachhinein keine Fragen aufkommen zu lassen.

„Gerade im Hinblick auf die rechtlichen Regelungen und Gestaltungsmöglichkeiten auf Ebene der Schulverwaltung und der Einzelschule ist für die erfolgreiche Einwerbung und die pädagogisch sinnvolle Nutzung von Sponsorenmitteln ein Konzept notwendig, in dem Regelungen und Verfahren festgehalten sind, die eine Einbeziehung von Sponsoring und Fundraising in die tägliche schulische Arbeit ermöglichen und deren Vereinbarkeit mit dem Bildungs- und Erziehungsauftrag sicherstellen. Grundsätzliche Rahmenvereinbarungen in Gestalt eines Sponsoring-Konzeptes zwischen Schulen und der zuständigen Schuladministration bieten sich weiterhin an, um ein selbstständiges Handeln der Schulen zu ermöglichen und die Schulverwaltung auf lange Sicht von Aufgaben zu entlasten. Den zuständigen Verwaltungsinstanzen käme dann in erster Linie eine Beratungsfunktion zu" (BÖTTCHER/MEETZ 2010, 356).

7.3.3 Ansprechpartner

Grundsätzlich bietet es sich natürlich zunächst an, dass die Schulleitung selbst, die das Schulbudget überblickt und mit Sachmitteln qua Amt zu tun hat, sich in den Aufgabenbereich der Geldmittelakquise einbringt. Darüber hinaus können aber auch einzelne interessierte Kollegen alleine oder im Team in diesen Prozess involviert werden. Derartige Stellen könnten im Sinne von Funktionsstellen für Öffentlichkeitsarbeit ausgeschrieben und besetzt werden. Neben finanziellen Anreizen sind hierbei auch schulinterne Stundenermäßigungen aus dem eigenen Stundenbudget denkbar. „Für die beauftragte Lehrkraft oder eine zuständige Steuergruppe sollte wöchentlich eine feste Projekt-Arbeitszeit eingeplant werden, in der sie für interne und externe Anspruchsgruppen sowie interessierte Kollegen oder potenzielle Sponsoring-Partner erreichbar ist" (BÖTTCHER/MEETZ 2010, 363). Diese Zeitpunkte sollten im Rahmen des regulären Stundendeputats eingerichtet werden.

Funktionsstellen für Öffentlichkeitsarbeit

Alle im Kontext dieser Arbeit getroffenen Aktivitäten sollten transparent kommuniziert werden (gegenüber der Schulleitung, Eltern und Schülern, dem Schulträger etc.), um hierbei ein wohlwollendes Miteinander zu bewirken.

7.3.4 Praxistipps zum Anbahnen von Sponsoring
Klärung des eigenen Sponsoring-Bewusstseins

Zunächst geht es darum, innerhalb der Schule, im Kollegium wie auch beim Schulträger, ein positives Bewusstsein für derartige Formen der Schulfinanzierung zu schaffen. Es gilt allen Beteiligten klarzumachen, dass es nicht um eine Ablösung des Staates aus seiner finanziellen Verpflichtung geht, sondern vielmehr um eine das Schulleben bzw. den Unterricht bereichernde Form über zusätzliche Geldmittel. Hierfür bedarf es eines großen Ausmaßes an Transparenz und Information über bisher schon getätigte sowie zukünftige Aktivitäten.

Klärung der Rahmenbedingungen

Des Weiteren gilt es, mit dem Schulträger die jeweiligen Rahmenbedingungen abzuklären. Dieser weiß oft von anderen Schulen, die derartige Projekte bereits getätigt haben und als Ansprechpartner zur Verfügung stünden. Auch liegen vonseiten des Schulträgers möglicherweise schon konkrete Handreichungen über die hierbei notwendigen Arbeitsprozesse vor oder aber der Schulträger kann interessierten Lehrkräften eine professionelle Fortbildung zum Thema „Einwerbung von Drittmitteln" anbieten.

Auswahl der möglichen Geldgeber

Haben die Vorgespräche stattgefunden und haben sich Lehrkräfte bereit erklärt, sich diesem Aufgabenbereich zu widmen, so müssen als Nächstes mögliche potenzielle Geldgeber ausfindig gemacht werden. Förder- oder Elternvereine können auch hier wichtige Gesprächspartner sein. Nicht zuletzt können auch die eigenen Schüler wertvolle Ideen einbringen bzw. Kontakte anbahnen.

Formulierung konkreter Projekte auf der Basis des schuleigenen Profils

Um entsprechende Gelder einzuwerben, ist es oftmals sinnvoll, den möglichen Geldgebern gleich konkrete Projekte vor Augen zu führen, die man mit deren Mitteln umsetzen möchte. Sieht ein Unternehmen, wohin seine Gelder fließen bzw. wofür sie sinnvoll angelegt werden, lässt sich so mancher Geldbetrag „freilegen". Auch die Höhe der eingeworbenen Mittel lässt sich hierüber ggf. steigern. Diese Projekte können aus der eigenen Schulprogrammarbeit entstehen und dokumentieren, worauf die jeweilige Schwerpunktsetzung der Einzelschule basiert bzw. inwieweit das geplante Projekt bei der Umsetzung des schuleigenen Profils behilflich ist.

Ansprechen von Geldgebern

Haben sich konkrete Projekte aus der eigenen schulischen Arbeit heraus ergeben, so muss das persönliche Gespräch mit den möglichen Geldgebern gesucht werden. Hierfür sind oftmals mehrmalige Anfragen und Terminvereinbarungen nötig, aber nur so lassen sich Geldgeber vielfach überzeugen.

Dank an die Gesprächspartner

Es versteht sich von selbst, dass den Geldgebern ein gebührender Dank für ihr Engagement entgegengebracht werden muss. Darüber hinaus sollte aber auch denjenigen Gesprächspartnern für ihre Aufmerksamkeit gedankt werden, die sich (momentan) noch zu keiner Mittelzuwendung entschließen konnten. Möglicherweise stehen sie ja weiteren zukünftigen Projekten aufgeschlossener gegenüber. Hierbei hilft auch die Frage nach möglichen Ablehnungsgründen, damit man zukünftig adäquat reagieren kann.

Evaluation der eigenen Arbeit

Schließlich sollte der für die Drittmittelbeschaffung Verantwortliche seine eigene Arbeit regelmäßig evaluieren. Ausschlaggebend ist hierbei nicht die Höhe der eingeworbenen Mittel. „Als Indikatoren für den Sponsoring-Erfolg kann z. B. die Zahl der durchgeführten (pädagogischen) Projekte herangezogen werden, die nur durch externe Hilfe möglich waren. Hier kann man auf Schülerbefragungen zurückgreifen. Auch kann der Arbeitseinsatz zur Einwerbung der Mittel und eine konkrete Arbeitszufriedenheitsmessung der mit Sponsoring befassten Mitarbeiterinnen und Mitarbeiter als Evaluationsinstrument herangezogen werden" (BÖTTCHER/MEETZ 2010, 365).

8 Unterrichtsqualität, Evaluation und Qualitätssicherung

Agnes Pfrang

In den letzten Jahren entstanden im Kontext bildungspolitischer Debatten und empirischer Forschung vielfältige Studien über die Effektivität unseres Bildungssystems sowie von Schule und Unterricht. Schulleistungsstudien wie PISA (Programme of International Student Assessment), TIMSS (Trends in International Mathematics and Science Studies) oder PIRLS (Progress in Reading Literacy Study) haben aufgezeigt, wie leistungsfähig die Schulsysteme im internationalen Vergleich sind. Hierbei wurden Daten über die soziale Herkunft der Schüler, ihre Kompetenz im Lesen, in Mathematik oder den Naturwissenschaften gewonnen. Die Studien lieferten z. B. Erkenntnisse über die Zahl der Schulabschlüsse oder darüber, welche Schüler zu Risikogruppen gehören. In diesem Zusammenhang wurden auch Vergleichsarbeiten erstellt, Standards entwickelt und Lehrpläne kompetenzorientiert formuliert.

Besonders aufschlussreich in diesem Zusammenhang ist eine Metastudie, die 800 Metaanalysen und 50 000 Einzelstudien verarbeitet und Faktoren herausgearbeitet hat, die den Lernerfolg der Schüler beeinflussen (vgl. HATTIE 2009). Im Kontext der nach- **Hattie-Studie** folgenden Überlegungen ist insbesondere von Interesse, dass es zu 30 Prozent auf die Lehrkräfte und ihr professionelles Handeln ankommt, wie gut Kinder lernen. Vornehmlich geht es hierbei darum, wie Lehrer ihren Unterricht organisieren und strukturieren oder ob die Lehrkräfte den Kindern nützliches und motivierendes Feedback geben können. Ebenso gehört dazu die Bereitschaft und Fähigkeit, den Lernstoff, die Lernthemen und Lernformen gerade auch aus der Perspektive der Kinder zu sehen und diese in die eigene Unterrichtsvorbereitung und Unterrichtsplanung mit einzubeziehen.

Da die Qualität einer Schule daran gemessen werden muss, wie gut die Schüler in ihrem Lernprozess begleitet werden und wie erfolgreich sie ihn letztendlich meistern, ist es von Bedeutung, dass Schulleiter sich darüber im Klaren sind, welche Maßstäbe sie anlegen können bzw. sogar müssen, um Unterricht und somit auch die Kompetenzen von Lehrern beurteilen zu können. Die Komplexität dieser Aufgabe muss in ihren einzelnen Bereichen aufgezeigt werden, um den Prozess der Qualitätssteigerung bzw. -sicherung erfolgreich bewältigen zu können. Deshalb wird in den nachfolgenden Überlegungen zuerst erläutert, welche Bedeutung die Qualitätssicherung in Schulen hat. Hierbei geht es insbesondere darum aufzuzeigen, welche Voraussetzungen von Bildungsmaßnahmen bestehen, welche Merkmale ein „guter" Unterricht aufweist und welche Wirkfaktoren im Unterricht und im Schulleben entscheidend sind. Um die Bedeutung der einzelnen Schule im Kontext des ganzen Systems zu erläutern, wird auf die Wirksamkeit von Vergleichsarbeiten eingegangen. Insbesondere geht es darum, die Schulung der Diagnosefähigkeit von Lehrern durch die Beachtung von Vergleichsarbeiten zu erläutern. Auch muss der pädagogische Nutzen von Vergleichsarbeiten aufgezeigt werden. Im Anschluss daran wird dargestellt, wie Unterricht beurteilt werden kann. Für eine fundierte und ergiebige Unterrichtsbeobachtung muss man sich inhaltlich mit der Diagnose und Evaluation von Unterricht auseinandersetzen. Es sollen Ziele, Konzepte und Methoden der Evaluation aufgezeigt werden. Zu beachten ist in diesem Kontext, dass Unterricht nicht nur von externen Beobachtern (wie z. B. dem Schulleiter) beurteilt werden kann, sondern auch vom betroffenen Lehrer selbst oder auch von Schülern. Für Schulleiter ist es dementsprechend entscheidend, verschiedene Möglichkeiten der Unterrichtsbeobachtung sowie deren Vor- und Nachteile zu kennen. Des Weiteren ist es als Schulleiter wichtig, den Ablauf externer wie auch interner Evaluationen zu kennen und zu verstehen. Deswegen wird in diesem Beitrag auch auf die Bedeutung von Zielvereinbarungen im Rahmen von Evaluationen eingegangen. Insbesondere den bildungspolitischen Kontext und den Zusammenhang von Schulentwicklung und Zielvereinbarung gilt es hier näher zu beleuchten. Diese Überlegungen werden konkretisiert, wenn es um die Erstellung eines Leitfadens von Zielvereinbarungen oder um den Nutzen von Zielvereinbarungen für den Prozess schulischer Qualitätsentwicklung geht. Weiterhin soll aufgezeigt werden, wie Zielvorschläge erarbeitet bzw. Ziele formuliert werden können. Letztlich wird noch dargelegt, was zum Abschluss der Ziel- und Handlungsvereinbarungen beachtet werden muss.

8.1 Qualität und Qualitätssicherung

Evaluationsforschung im Spannungsfeld zwischen wissenschaftlichem Erkenntnisstand und praktischem Schulalltag

Damit ein Schulleiter erfolgreich die Unterrichtsqualität an einer Schule steigern bzw. erhalten kann, benötigt er ein Wissen darüber, was Evaluation und insbesondere „guter" Unterricht bedeuten. Ein Problem in diesem Zusammenhang besteht darin, dass Evaluationsforschung als angewandte Wissenschaft im Spannungsfeld zwischen wissenschaftlichem Erkenntnisstand und praktischem Schulalltag steht. Insbesondere stehen hier flächendeckende Lernstandserhebungen im Mittelpunkt, die sich vornehmlich auf die Qualitätssicherung und Qualitätsentwicklung von Schule und Unterricht beziehen. Schulleistungsstudien haben in diesem Kontext die Aufgabe, maßgebliche Faktoren von Schul- und Unterrichtsqualität zu identifizieren und ihren wechselseitigen Bezug zu analysieren. In diesem Zusammenhang wird das Ziel verfolgt, bezogen auf die Verbesserung des deutschen Bildungswesens aufgefundene Strukturen zu bewerten. Die daraus gezogenen Schlüsse dienen als Informationsgrundlage für Entscheidungen und Verbesserungsmaßnahmen (vgl. DITTON 2002a).

8.1.1 Voraussetzungen von Bildungsmaßnahmen

Nach HOSENFELD et al. (2006, 35) werden bei der Evaluation von Bildungsprozessen die Ergebnisse von Unterricht in Bezug gesetzt zu seinen Voraussetzungen, d. h. seinen Bedingungen und Zielen (siehe Abb. S. 183). So wird die Qualität von Schul- und Unterrichtsprozessen beurteilt und es können gegebenenfalls Vorschläge für Verbesserungsmaßnahmen abgeleitet werden. Deshalb muss sich jeder, der sich mit der Qualität von Unterricht auseinandersetzt, über die Voraussetzungen von Bildungsmaßnahmen informieren.

Voraussetzungen	Primäre Merkmale und Prozesse	Ergebnisse

1. Ziele/Absichten
■ Strukturell
 	
■ Materiell
■ Finanziell
■ Personell
 	
■ Soziales Umfeld
■ Unterstützersysteme
	3. Qualität der Bildungs-einrichtung
	■ Evaluation und Koope-ration (Klima)
	
	■ Orientierung (innovativ/
	■ explorativ)
	■ Personalentwicklung
	■ Schulprogramm
		5. Wirkung
		■ Bildungsziele, z. B.
		  – Rahmenplanvorgaben
		  – Bildungsstandards

2. Ziele/Absichten
■ Bildungsziele, z. B.
  – Rahmenplanvorgaben
  – Bildungsstandards
	4. Qualität der Lehr-/Lernsituation
	■ Lerninhalte und Lern-materialien
	■ Qualität des Lehrens und Lernens
		6. Langfristige Wirkungen
		■ Beruflicher Erfolg
		■ Gesellschaftliche Teil-habe

Abb.: Ergebnisse und Voraussetzungen von Bildungsmaßnahmen (Modell in Anlehnung an HOSEN-FELD et al. 2006, 35)

In dem dargelegten Modell zur Evaluation im Bildungswesen werden die gegebenen Bedingungen aufgezeigt, die die Ergebnisse von Schule und Unterricht beeinflussen. Es handelt sich hierbei um strukturelle, finanzielle, materielle bzw. personelle Bedingungen. In verschiedenen Studien konnte nachgewiesen werden, dass insbesondere das soziale Umfeld die Wirkung von Schule und Unterricht beeinflusst (vgl. PRENZEL et al. 2004). Als ein zweiter Faktor werden in dem Modell die Bildungs-ziele genannt. Die von der Kultusministerkonferenz verabschiedeten Bildungsstandards geben vor, über welche Kompetenzen die Schüler zu bestimmten Zeitpunkten ihrer schulischen Laufbahn ver-fügen müssen. Die Lehrer sind dabei gefordert, die zu vermittelnden Inhalte und eingesetzten Methoden flexibel zu variieren, um den spezifischen Anforderungen der Klassen gerecht werden zu können (vgl. GROSS OPHOFF et al. 2006). Vor allem die formulierten Absichten bzw. Intentionen eines Bildungssystems sind im Rahmen von Evaluationsprozessen von Bedeutung, da sie den Soll-Wert, d. h. den Bezugspunkt zur Beurteilung der erzielten Wirkungen, darstellen. An welchen Kri-terien man sich orientieren kann, um über die Qualität von Unterricht Aussagen zu treffen, wird im Folgenden aufgezeigt.

8.1.2 Merkmale „guten" Unterrichts

Reflexion: „Guter" Unterricht
Welche Merkmale hat für Sie „guter" Unterricht?

_____

_____

_____

Insbesondere die Bedingungen von Schule und Unterricht beeinflussen den Lernerfolg. Was die Qualität des Lehrens und Lernens, d. h. des eigentlichen Unterrichtsprozesses, ausmacht, ist eine häufig diskutierte und vielfältig untersuchte Frage. Im Folgenden werden die wichtigsten fächerübergreifenden unterrichtsrelevanten Qualitätsbereiche dargestellt (vgl. hierzu die bei HELMKE 2009, 168 ff. aufgeführten Merkmale eines „guten" Unterrichts).

Effiziente Klassenführung

Der Qualitätsbereich Klassenführung wird von der Qualitätsagentur am Staatsinstitut für Schulqualität und Bildungsforschung wie folgt definiert: „Effiziente Klassenführung ist eine zentrale Grundlage für Unterricht und Erziehung in der Schule, weil sie den nötigen Orientierungsrahmen für die Schüler schafft und ein hohes Maß an aktiver Lernzeit ermöglicht. Effiziente Klassenführung zielt durch Planung und vorbeugende Maßnahmen einerseits, durch situationsgemäße Flexibilität andererseits darauf ab, Disziplinprobleme von vornherein zu vermeiden und ihnen gegebenenfalls angemessen zu begegnen" (ISB 2005, 17.

Folgendes Modell verdeutlicht das Wirkungsgeflecht der Klassenführung (vgl. HELMKE 2009, 45):

Abb.: Wirkungsgeflecht der Klassenführung (in Anlehnung an HELMKE 2009, 177)

Das Modell verweist auf Folgendes:

- Effiziente Klassenführung und guter Unterricht beeinflussen sich wechselseitig.
- Effiziente Klassenführung signalisiert Wertigkeit und Wichtigkeit, die sie dem Lernen zuschreibt.
- Effiziente Klassenführung ist bis zu einem gewissen Grade notwendig für erfolgreiches Lernen.
- Bedeutung des Lernklimas: Klassenführung und Unterrichtsqualität hängen zusammen.
- Die Lehrerpersönlichkeit hat Einfluss auf Unterrichtsqualität und Klassenführung.
- Effizienz der Klassenführung und Unterrichtsqualität sind an die vorgefundenen Verhältnisse in der zu unterrichtenden Klasse gebunden.

Klarheit und Strukturiertheit

Wenn der Unterricht lernförderlich sein soll, muss auch immer die Vermittlung von Informationen in Form von Präsentationen, Aufgaben oder Lerntexten beachtet werden. Diese sind oft Ausgangspunkt sich anschließender Lernprozesse und können sowohl von Lehrern als auch von Schülern initiiert sein. Die enthaltenen Informationen müssen stimmig sein und klar und verständlich präsentiert und strukturiert werden, damit sie Lernprozesse der Schüler in Gang setzen.

Oft wird Lernen als Informationsaufnahme bezeichnet. Dahinter verbirgt sich allerdings ein Trugschluss. Normalerweise schließen sich an die Informationsaufnahme ein wiederholtes Bewusstmachen, eine Herstellung von Verbindungen zu anderen Informationen und ein Anwenden des Wissens an, da die gewonnenen Informationen sonst entweder vergessen oder nicht abgerufen werden können (vgl. WELLENREUTHER 2005, 110). Deswegen wird der Wiederholung und Übung im Unterricht eine große Bedeutung beigemessen. Als Üben werden alle unterrichtlichen Tätigkeiten bezeichnet, die Festigung, Konsolidierung, Automatisierung und Vertiefung ermöglichen sowie dem Transfer des Gelernten dienen (vgl. ARNOLD/ SCHREINER 2006, 326–330).

Konsolidierung, Sicherung

Dass eine Aktivierung der Schüler unabdingbar ist, wird vielfach begründet. Dennoch handelt es sich bei „Aktivierung" um einen unscharfen Begriff, der ganz unterschiedliche Facetten beinhaltet. Um diesen Begriff in den Kontext der Überlegungen einbetten zu können, werden nach HELMKE (2009, 204) vier Aspekte eines Konzepts der Aktivierung aufgegriffen:

Aktivierung

1. **Kognitive Aktivierung:** Hierunter versteht man Aktivierung im Sinne der Selbststeuerung des Lernens durch den Einsatz von Lernstrategien und Methoden des eigenverantwortlichen Lernens. „Lernstrategien" werden dabei als geistige Aktivitäten verstanden, die eingesetzt werden, um das Lernen und die Leistung zu verbessern.
2. **Soziale Aktivierung:** Diese wird durch Formen des kooperativen Lernens erwirkt.
3. **Aktivierung im Sinne einer aktiven Teilhabe:** Hier sind Schüler aktiv an der Planung und Durchführung des Unterrichts beteiligt.
4. **Formen der körperlichen Aktivierung:** Diese werden als Kontrast zu einer „passiv-sitzenden" Lernhaltung diskutiert.

Nach DITTON (2006) ist der Bereich der Motivierung einer der vier zentralen Faktoren des Unterrichts (neben Qualität, Angemessenheit und Unterrichtszeit). Auch in Orientierungsrahmen zur Schulqualität sowie in den Werkzeugen der Qualitätsagenturen zur Unterrichtsbeurteilung und -beobachtung spielen Aspekte der Motivierung eine herausragende Rolle (z. B. in Bayern: ISB 2005, 17). Ein vielseitig motivierender Unterricht zeichnet sich dadurch aus, dass er bewährte Prinzipien der Lern- und Motivationspsychologie berücksichtigt. Ein gewisser Grad an Motivierung ist in jedem Fall nötig, um Lernprozesse zu initiieren. Außerdem muss das Motivationsniveau der Lernenden kontinuierlich beachtet werden. Der Lehrer muss es sich zum Ziel machen, die motivationale Fremdsteuerung so weit wie möglich durch motivationale Selbststeuerung zu ersetzen. Dies impliziert, dass die Schüler lernen, sich selbst zu motivieren und so Lehrfunktionen für sich selbst zu übernehmen.

Motivierung

Ein lernförderliches Klima kennzeichnet eine Lernumgebung, in der das Lernen der Schüler positiv beeinflusst wird. Dieses Kriterium wird als wichtig erachtet, da Wohlbefinden und Zufriedenheit der Akteure ein wichtiges Zielkriterium aus bildungspolitischer Sicht sind. In der Beschreibung der Kategorien des Unterrichtsbeobachtungsbogens der Bayerischen Qualitätsagentur wird „Unterrichtsklima" wie folgt erläutert: „Eine positive Grundeinstellung gegenüber Lernen und Leisten sowie ein vertrauensvolles Klima zwischen Lehrkräften und Schülern und zwischen den Schülern sind Grundlagen für Lernbereitschaft und Lernvermögen" (ISB 2005, 17).

Lernförderliches Klima

Schülerorientierung

Schülerorientierung impliziert, dass Schüler als Person ernst genommen und wertgeschätzt werden, und zwar unabhängig von Lernen und Leistung. Ein schülerorientierter Unterricht ermöglicht es, dass die Schüler den Lehrer auch bei nicht fachlichen Fragen als Ansprechpartner in Erwägung ziehen. Außerdem erleben sie diesen als fürsorglich und nehmen ihn als einen Lehrer wahr, der nicht nur an ihrem Lern- und Leistungsfortschritt interessiert ist, sondern sich auch für sie persönlich interessiert und gerecht verhält. MEYER (2004, 47–54) erfasst Schülerorientierung als einen Teil des lernförderlichen Klimas, das sich z. B. in gegenseitigem Respekt, Verantwortungsübernahme oder Fürsorge ausdrückt.

Dementsprechend wird in Fragebögen zur Unterrichtsqualität aus Schülersicht nach Schülerorientierung z. B. wie folgt gefragt:

- Fühlen sich die Schüler vom Lehrer respektiert?
- Ist der Lehrer zu sprechen, wenn es ein persönliches Problem gibt?
- Nimmt sich der Lehrer bei Schwierigkeiten Zeit für die Schüler?
- Geht der Lehrer auf Anregungen der Schüler ein?
- Können die Schüler bei Fragen der Unterrichtsgestaltung mitreden?

Kompetenzorientierung

Unter einem kompetenzorientierten Unterricht versteht man einen Unterricht, der bewusst und geplant die Förderung der in den Bildungsstandards formulierten Kompetenzen zum Ausdruck bringt. Die Nutzung wird durch Aufgaben, Beispiele und Werkzeuge der Selbstevaluation erleichtert. DITTON (2007, 41) verweist auf die herausragende Rolle von Bildungsstandards und den zu ihrer Überprüfung entwickelten Lernstandserhebungen: „Bildungsstandards orientieren sich an Bildungszielen [...] und konkretisieren diese in Form von Kompetenzanforderungen, mit denen festgelegt wird, über welche Kompetenzen die Schüler verfügen müssen, wenn wichtige Ziele der Schule als erreicht gelten sollen." Insbesondere weist er in diesem Zusammenhang auf die vom Projekt VERA entwickelten Methoden und Formate der webbasierten Ergebnisrückmeldung hin und schlussfolgert:

„Entscheidend ist nun, wie die damit gegebenen Möglichkeiten an den Schulen und von den einzelnen Lehrkräften genutzt werden, um z. B.

- eine kritische Einschätzung des Ertrags des eigenen Unterrichts vorzunehmen.
- den Bezugsmaßstab der Notengebung zu reflektieren und ggf. zu adjustieren.
- spezifischen Förderbedarf einzelner Schüler zu erkennen.
- zu entscheiden, auf welche Kernbereiche hin der Unterricht stärker fokussiert werden könnte.
- im kollegialen Austausch von den Erfahrungen anderer zu profitieren und eigene Erfahrungen weiterzugeben" (ebd., 42).

Umgang mit Heterogenität

Gemäß der Appelle der Bildungspolitik, beeinflusst von PISA und IGLU, zeichnet sich moderner Unterricht dadurch aus, dass verschiedene organisatorische und didaktische Maßnahmen der Differenzierung und Individualisierung der Heterogenität der Schülerschaft gerecht werden sollen. Dabei wird Vielfalt nicht als Belastung, sondern als Chance angesehen und Unterschiede der Sprache oder der Vorkenntnisse werden nicht als Unterrichtserschwernis, sondern als Potenzial betrachtet. Wenn Individualisierung gelingen soll, müssen wesentliche Bedingungen gegeben sein (vgl. HELMKE 2009, 244 ff.):

1. **Einstellungswandel:** Dahinter verbirgt sich die Notwendigkeit einer grundsätzlichen Revision bisheriger Denk- und Sichtweisen.
2. **Diagnostische Kompetenz:** Ein Lehrer, der individualisierendes Lernen einführen will, benötigt eine ausgeprägte diagnostische Kompetenz, um handlungsfähig zu bleiben.

3. **Professionswissen und didaktische Expertise:** z. B.
   - ◼ im Bereich der Zweisprachigkeit,
   - ◼ über Funktionsweise und Typen verschiedener Arten des Lernens in Kleingruppen,
   - ◼ das Beherrschen verschiedener Varianten des „Lernens durch Lehren" sowie
   - ◼ die Beherrschung von jahrgangsübergreifendem Unterricht.
4. **Lehr- und Diagnosematerial:** Individualisierender Unterricht benötigt auch geeignetes Lernmaterial, z. B. fachdidaktisch validierte Schulbücher mit einer klaren Schwierigkeitsstufung, mit verständlichen, zum selbstständigen Erarbeiten entwickelten Erklärungen, mit Tests und Zusammenfassungen (vgl. WELLENREUTHER 2005).
5. **Einbezug außerschulischer Faktoren:** Nicht nur in Brennpunktgebieten sollte man grob über die außerschulischen Verhältnisse im Bilde sein. Eine professionelle Hilfe bietet hier die Schulsozialarbeit.
6. **Individualisierung und Standards:** Erstens darf man hier nicht länger von Regelstandards ausgehen, sondern müsste Minimalstandards formulieren und zweitens sollten die Anforderungsbereiche der Bildungsstandards durch inhaltlich fundierte Niveaustufen ersetzt werden, die auf Kompetenzmodellen basieren (vgl. HELMKE/HOSENFELD 2004).
7. **Ressourcen:** Hier werden sowohl zusätzliche materielle Ressourcen also auch zeitliche Ressourcen gefordert.

Zusätzlich ist es wichtig, Formen der Differenzierung zu berücksichtigen. Um die Lehrer dafür zu sensibilisieren, kann folgender Fragebogen eingesetzt werden.

Fragebogen zur Differenzierung im Unterricht

Wie häufig setzen Sie die folgenden Maßnahmen ein, um Schüler nach ihren individuellen Lernvoraussetzungen zu fördern?	nie	selten	manch-mal	oft	sehr oft
Für schwache Schüler: zusätzliche Unterstützung im Unterricht					
Schnellere Schüler gehen schon zum Nächsten über, wenn ich mit den langsameren noch übe oder wiederhole					
Gezielte Zusatzaufgaben, wenn Schüler etwas nicht verstanden haben					
Extraaufgaben für leistungsstarke Schüler, durch die sie gefordert werden					
Freie Wahl von Lesetexten durch einzelne Schüler					
Kleingruppen von Schülern mit unterschiedlichen Leistungsniveaus					
Von Schülern mit guten Leistungen verlange ich deutlich mehr					
Bei Stillarbeit: Variation der Aufgabenstellung, um Schülern unterschiedlicher Leistungsstärke gerecht zu werden					
Kleingruppen von Schülern mit ähnlichem Leistungsniveau					
Bei Gruppenarbeit: Unterscheidung verschiedener Leistungsgruppen, die jeweils gesonderte Aufgaben erhalten					
Unterschiedliche Lesetexte für Mädchen und Jungen gemäß ihren geschlechtsspezifischen Interessen					

(vgl. Fragebogen von HELMKE, http://unterrichtsdiagnostik.info/media/files/Umgang%20 mit%20Vielfalt.pdf, letzter Zugriff am 16. 10. 2013)

Angebotsvielfalt

Methodenvielfalt macht den Kern der Angebotsvariation aus. Dabei lassen sich die verschiedenen Unterrichtsmethoden durch die Sozialform und den Rahmen der damit verbundenen Fremd- und Selbststeuerung platzieren (vgl. HELMKE 2009, 261).

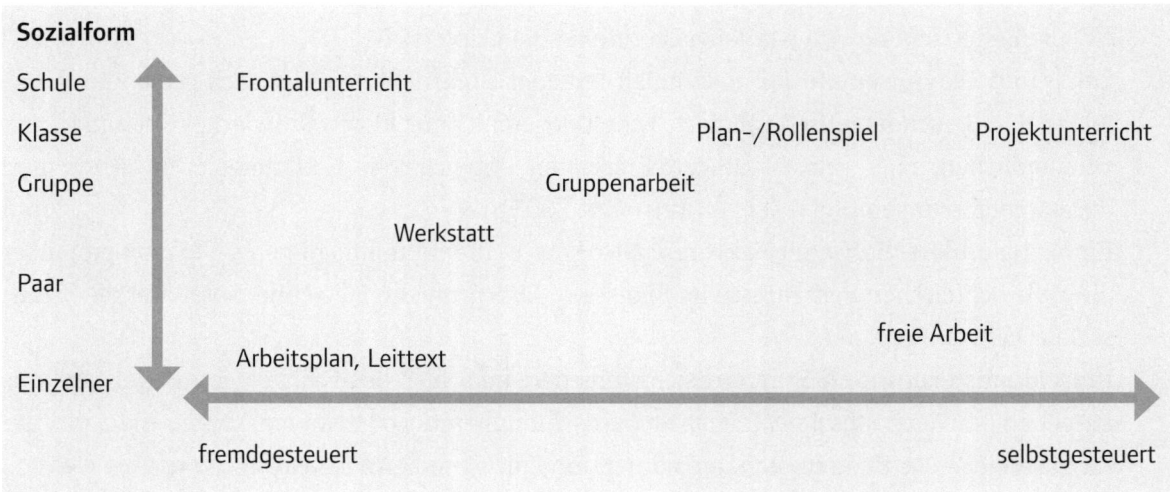

Abb.: Methodenvielfalt (in Anlehnung an HELMKE 2009, 262)

Allerdings muss ein Unterricht für heterogene Schülergruppen mehr berücksichtigen als die Vielfalt der Methoden, nämlich:

- Medien,
- Aufgabentypen,
- stimmliche Äußerungen,
- Lernorte,
- Koppelung von sprachlichen und nichtsprachlichen Angeboten,
- Lern- und Entspannungsphasen.

Es muss hierbei beachtet werden, dass der Unterrichts- bzw. Lernerfolg nicht dann am größten ist, wenn eine Vielzahl unterschiedlicher Lehr-Lern-Szenarien besteht, sondern wenn bestimmte Angebote sinnvoll, d. h. schüler- und sachorientiert, eingesetzt werden. Deshalb müssen auch die Wirkfaktoren im Unterricht berücksichtigt werden (vgl. HELMKE 2009, 262 f.).

8.1.3 Wirkfaktoren im Unterricht

An was lässt sich „guter" Unterricht erkennen? In seiner ausführlichen Langzeitstudie hat sich JOHN HATTIE (2009) dieser Frage gewidmet und nach Ergebnissen geforscht. Er hat es sich zur Aufgabe gemacht, wirkungsvolle und unwirksame Einflussfaktoren zu identifizieren. Dies bedeutet, dass anhand von Einflussgrößen die Wirksamkeit von Lernprozessen erkennbar und auch diskutierbar gemacht werden soll, und zwar im Sinne einer empiriegestützten Bildungsplanung und Schulentwicklung.

Die wichtigsten Faktoren zur Vorhersage von Lernerfolg sind Vorwissen und kognitive Grundfähigkeiten. Diese stehen meist in Verbindung mit sozioökonomischem Status, Bildungsaspiration der Eltern und mit schülerbezogenen Persönlichkeitsmerkmalen wie z. B. Konzentrationsfähigkeit oder Selbstkonzept. Unter den wirksamen Einflussfaktoren befinden sich aber auch viele Variablen, die Lehr-Lern-Strategien betreffen.

Nach STEFFENS/HÖFER (2011, 3) lässt sich aus den aufgelisteten Komponenten ein Muster mit folgenden drei Dimensionen erschließen:

1. Evaluative Vorgehensweisen: im Sinne einer Bereitstellung von Informationen, die Auskunft über die Lernmöglichkeiten, Lernstand, Lernprozesse und Lernerträge der Schüler liefern
2. Strukturierung, Regelklarheit, Klassenführung: direkte Instruktion
3. Aktivierende Lernstrategien: reziprokes Lernen, problemlösendes oder kooperatives Lernen etc.

Allerdings sind nicht nur die genannten Lehr- und Lernkomponenten wirksame Faktoren, sondern auch solche, die das **Unterrichtsklima** oder curriculare Programme und Materialien betreffen. Das „Unterrichtsklima" fasst dabei diejenigen Faktoren zusammen, die die Qualität der Interaktionen im Klassenzimmer beschreiben. Dazu zählen z. B.:

- berufsbezogene Auffassungen und Haltungen der Lehrer im Umgang mit den Schülern, die ein Lernklima im Sinne sozialer Erwartungskontexte erzeugen,
- Zuwendung, Empathie, Ermutigung, Respekt, Engagement und Leistungserwartungen.

Zum anderen geht es hier um das soziale Miteinander in der Klasse, um

- gegenseitige Hilfe, Toleranz und Zusammenhalt sowie um eine
- positive Lehrer-Schüler-Beziehung.

Ein förderliches Unterrichtsklima beeinflusst den Lernerfolg entscheidend (vgl. STEFFENS/HÖFER 2011, 4). Insbesondere für leistungsschwächere Schüler sind auch curriculare Materialien und Programme wirksam, genauso wie Wortschatzprogramme oder fachspezifische Programme (z. B. in Mathematik). Dazu gehören beispielsweise Förderprogramme für Teilleistungsschwächen, Methodentraining oder Programme zur Förderung im überfachlichen Bereich.

Was fördert den Lernerfolg?

HATTIE (2009) hat in seiner Studie festgestellt, wie wenig wirksam in diesem Zusammenhang offene Lernformen, jahrgangsübergreifender Unterricht, außerschulisches Lernen, problemorientiertes Unterrichten und Team-Teaching sind. Nach KLIEME (2010) können offene Lernformen den Wissensaufbau nur dann positiv beeinflussen, wenn sie klar strukturiert und von herausfordernden, kognitiv aktivierenden Inhalten begleitet sind. Daraus lässt sich folgern, dass offene Lernformen eine strukturgebende Einbettung benötigen und im Gleichgewicht zu anderen Lehr- und Lernstrategien eingesetzt werden sollten.

Von besonderer Bedeutung für den Lernerfolg ist die Person des Lehrers, und zwar bezüglich personaler Merkmale wie Einstellungen, Haltungen und unterrichtliche Verhaltensweisen. HATTIE misst in diesem Zusammenhang zwei Haltungen eine besondere Bedeutung zu: Einmal fordert er eine Unterrichtsgestaltung „mit den Augen der Lernenden". Hierfür muss der Lehrer seiner Ansicht nach über die Kompetenz verfügen, Lernprozesse aus Sicht der Lernenden wahrzunehmen und auf Grundlage dessen seine unterrichtlichen Prozesse gestalten können: „If a teacher's lens can be changed to seeing learning through the eyes of students, this would be an excellent beginning" (HATTIE 2009, 252). Zusätzlich betont HATTIE die Bedeutung evaluativer Orientierungen beim Lernen und Lehren. Im Zentrum der Überlegungen stehen in diesem Kontext alle Fakten, die über die Lernmöglichkeiten, den Lernstand, die Lernprozesse und die Lernerträge der Schüler informieren. Hattie betont, dass Lehrer die Wirkungen ihres Tuns reflektieren: Lehrer, die sich als Lernende ihrer eigenen Wirkungen begreifen, können bei den Schülern große Lernerfolge erreichen (vgl. ebd., 24).

HATTIE spricht sich auch, im Gegensatz zur gängigen pädagogischen Ansicht, gegen einen Lehrer als Lernbegleiter aus. Vielmehr fordert er einen Lehrer, der als aktiver Gestalter des Unterrichts erkennbar ist. Diese Forderung verlangt aber nicht den oft damit verbundenen lehrerzentrierten Frontalunterricht. Vielmehr ist damit ein Spekt-

Lehrer als aktiver Gestalter des Unterrichts

rum an Verhaltensweisen verbunden. In diesem Kontext ist eine Vielfalt an Lernstrategien nötig, es werden hohe Erwartungen an die Lernenden gestellt, ihren Fähigkeiten wird vertraut, der Lehrer übernimmt Verantwortung für die Lern- und Verstehensprozesse, und Fehler der Schüler werden als Grundlage für eine Ursachenforschung herangezogen und nicht als Misserfolg oder Versagen gewertet. Grundlegend muss der Lehrer eine positive Beziehung zu den Lernenden pflegen, um ihnen Lernerfolge zu ermöglichen (ebd., 22).

Gleichzeitig wird auch von einer aktiven Schülerrolle ausgegangen. Hierbei sind Lernende zunehmend stärker verantwortlich für ihre Lernprozesse, übernehmen phasenweise die Lehrerrolle und setzen in diesem Zusammenhang selbstregulative Lehr- und Lernstrategien ein.

Um diesen Anforderungen gerecht werden zu können, müssen auch die Einflussfaktoren auf Schulebene berücksichtigt werden.

8.1.4 Faktoren auf Schulebene

Der relevante Bedingungsrahmen für Unterricht wird von der Institution Schule gestellt. Schule wird in diesem Kontext nicht als reine Verwaltungseinheit aufgefasst, sondern als eine soziale Handlungseinheit, die über unterschiedliche Prozesse und Regelungen effektives Lehren und Lernen unterstützen bzw. behindern kann. DITTON (2002b) unterscheidet in dem aufgezeigten Modell vier wesentliche Bereiche auf Schulebene, die die Qualität von Unterricht unterstützen sollen:

1. **Schulkultur** (z. B. gemeinsame Ziele, geregelte Zuständigkeiten, organisatorische und pädagogische Leitung)
2. **Schulmanagement** (z. B. gemeinsam geteiltes Aufgabenverständnis, geklärte Entscheidungsbefugnisse, geregelte Aufgabenverteilung)
3. **Kooperation und Koordination** (z. B. koordinierter Schul- und Unterrichtsbetrieb, Kooperation mit Partnern außerhalb der Schule, Einführung neuer Lehrkräfte)
4. **Personalpolitik und Personalentwicklung** (z. B. Kooperation innerhalb der Schule, Sozialisation und Weiterbildung der Lehrkräfte)

Als Schulleiter haben Sie in diesen Bereichen entscheidenden Einfluss, Ihre Lehrer bei der Planung, Organisation und Durchführung ihres Unterrichts zu unterstützen bzw. Einfluss darauf zu nehmen. Eine gute Gelegenheit bietet sich dem Schulleiter im Kontext von Vergleichsarbeiten. Die Gründe hierfür werden in den folgenden Überlegungen aufgezeigt.

8.2 Vergleichsarbeiten

Jede Schule ist verpflichtet, Vergleichsarbeiten zu schreiben. Dies sollte jedoch nicht als eine zeitraubende Pflichtaufgabe angesehen werden, sondern vielmehr als die Möglichkeit, die Qualität von Schule und Unterricht zu durchleuchten und gegebenenfalls zu verbessern. Als Schulleiter kommt Ihnen dabei eine entscheidende Bedeutung dabei zu: Erstens können Sie beeinflussen, wie gut die Diagnosefähigkeit der Lehrkräfte geschult wird (z. B. durch schulhausinterne Fortbildungen). Zweitens können Sie gemeinsam mit dem Lehrerkollegium einen Konsens über den pädagogischen Nutzen von Vergleichsarbeiten finden. Nur wenn Lehrer wissen, welche Vorteile die Mühen und ein erhöhter Zeitaufwand haben, werden sie sich auch motiviert an der Arbeit beteiligen.

8.2.1 Diagnosefähigkeit von Lehrern schulen

Die Fähigkeit von Lehrern, die Lernvoraussetzungen und Leistungsmöglichkeiten der Schüler zutreffend einzuschätzen, aber auch die Schwierigkeit von Aufgaben richtig zu beurteilen, beeinflusst die Qualität vieler schulischer Entscheidungen. Trotz der Bedeutung der Diagnosefähigkeit haben Untersuchungen aufgezeigt, dass diagnostische Urteile von Lehrern oft unpräzise sind, wenn man diese im Kontext von Leistungstests betrachtet.

Ein Grund hierfür besteht darin, dass nötige diagnostische Fähigkeiten selten überprüft bzw. transparent gemacht werden. Auch werden sie weder gezielt vermittelt noch gefördert. Hier liefern Vergleichsarbeiten eine günstige Schulungsmöglichkeit (vgl. SCHRADER/HELMKE 2005). Damit die diagnostische Kompetenz von Lehrern verbessert werden kann, müssen sich diese in Zukunft verstärkt mit Modellen für schulische Kompetenzen (z. B. das Lösen von Sachaufgaben) sowie dafür geeigneten Erhebungs-

Diagnostische Fähigkeiten sollten gezielt vermittelt und gefördert werden.

methoden und Aufgaben auseinandersetzen. Außerdem sollen sie schulische Leistungen (insbesondere Voraussetzungen und Komponenten) und Aufgaben (vor allem schwierigkeitsbestimmende Merkmale) analysieren können. Grundlagen für solche diagnostischen Fähigkeiten sind nach SCHRADER/HELMKE (ebd., 120):

- methodisches Wissen (z. B. Urteilsfehler),
- bereichs- oder gegenstandsbezogenes Wissen (z. B. Anforderungen von Lernstoffen) und
- spezifische Kenntnisse (z. B. Stärken und Schwächen einzelner Schüler).

Diagnostische Fähigkeiten erwirbt man dabei nicht nur durch die Aneignung von Kenntnissen, sondern insbesondere, indem man diese im praktischen Handeln und Problemlösen umsetzt. Nach SCHRADER/HELMKE erfolgt eine Verbesserung der Diagnoseleistung am besten, indem präzise Vorhersagen getroffen werden, die man dann mit den tatsächlichen Leistungen vergleicht (vgl. ebd.). Um dies zu ermöglichen, müs-

Diagnostische Fähigkeiten erwirbt man im praktischen Handeln.

sen regelmäßig Situationen hergestellt werden, in denen die Leistungen der Schüler vorhergesagt werden und mit ihren tatsächlichen Leistungen verglichen werden (vgl. WAHL et al. 2007, 303 ff.). Allerdings muss ein Schulleiter nicht nur Kenntnis davon besitzen, wie die Lehrer diagnostische Fähigkeiten entwickeln können. Auch muss er sich über den pädagogischen Nutzen von Vergleichsarbeiten bewusst sein. Nur so kann er diesen auch seinem Lehrerkollegium vermitteln.

8.2.2 Der pädagogische Nutzen von Vergleichsarbeiten

Inzwischen herrscht ein Konsens über die Notwendigkeit einer empirischen Bestandsaufnahme. Allerdings bleibt meist ungeklärt, welchen Nutzen die ermittelten Leistungsdaten für die Unterrichts- und Schulentwicklung haben (vgl. KOHLER/SCHRADER 2004). Es geht folglich darum, den Weg von der Information über die Leistung der Schüler, Klassen und Schulen bis hin zum Ertrag für die Verbesserung des Unterrichtens aufzuzeigen. Hierbei ist die den Schulen als Rückmeldung angebotene Information bedeutsam. Diese ist dann sinnvoll, wenn sie klassenspezifisch, vollständig, verständlich und zeitnah erfolgt, um die Ergebnisse produktiv nutzen zu können (vgl. HOSENFELD 2005, 112). Auf diesem Weg müssen zuerst förderliche bzw. hinderliche Bedingungen analysiert werden, um mögliche Ursachen für das potenzielle Ergebnis herauszufinden. Hierbei kann nach HOSENFELD wie folgt vorgegangen werden (vgl. ebd):

1. Identifikation von Stärken und Schwächen der Klasse
2. Hypothesenbildung:
   In diesem Zusammenhang muss man sich die Frage stellen, welche Ursachen die Ergebnisse

haben. Gründe für Leistungsunterschiede der Klassen lassen sich z. B. in folgenden Bereichen finden: fachdidaktisches Wissen der Lehrkräfte, Klassenzusammensetzung, Schüler-Lehrer-Beziehung, Gewichtung der Stoffbehandlung oder Förderorientierung.

3. Prüfung der formulierten Annahmen:
   Bei diesem Schritt gilt es, die verschiedenen Einflussfaktoren zu vergleichen. Dabei werden nur diejenigen als Ursache berücksichtigt, bei denen Unterschiede zwischen den Klassen zu erkennen sind. Um die Hypothesen zu überprüfen, ist kein besonderes Verfahren notwendig. Es bietet sich an, im kollegialen Austausch über das Ausmaß und die Relevanz der Unterschiede zu sprechen, da ein kooperatives Vorgehen dafür sorgt, dass die geplanten Maßnahmen Anklang finden bzw. von allen akzeptiert werden.

Sobald mögliche Ursachen erarbeitet worden sind, müssen daraus resultierende Verbesserungsmaßnahmen geplant, durchgeführt und bezüglich ihrer Wirksamkeit überprüft werden. Nach HOSENFELD hängen konkrete Möglichkeiten, spezifische Aktionen aus den rückgemeldeten Informationen abzuleiten, von der Reichhaltigkeit dieser rückgemeldeten Informationen ab. Seiner Meinung nach lassen sich hierbei drei, nach aufsteigender Wichtigkeit sortierte Facetten unterscheiden (vgl. ebd., 113). Diese sollten Beachtung finden, wenn man Vergleichsarbeiten an der Schule pädagogisch nutzen möchte:

1. **Berichtete Kennwerte:** Es ist wichtig, nicht nur Mittelwerte zur Beschreibung der Klassenleistung weiterzugeben. Vielmehr muss die Heterogenität einer Klasse berücksichtigt werden, um gezielte Maßnahmen für spezifische Schülergruppen anzubahnen.

2. **Inhaltliches Auflösungsniveau:** Es müssen differenzierte Werte zurückgemeldet werden, damit diese auf den Unterricht bezogen werden können.

3. **Verfügbarkeit verschiedener Maßstäbe:** Für die pädagogische Nutzung ist in diesem Zusammenhang insbesondere die Gegenüberstellung der Parallelklassenergebnisse von Bedeutung. Dies liegt daran, dass es dadurch ermöglicht wird, relative Schwächen und Stärken zu erkennen. Da die Gegebenheiten solcher Klassen ähnlich sind, werden Leistungsunterschiede erkenntlich und lassen sich auf das pädagogische Handeln beziehen. Durch die bestehende Vergleichsebene bietet sich die Gelegenheit, eine Vergleichsgruppe zu befragen, um detaillierte Informationen über mögliche Gründe für die Unterschiede bzw. Anhaltspunkte für Verbesserungen zu erhalten. Ein inhaltlich definiertes Kriterium ermöglicht es, die Frage zu beantworten, wie „gut" die Ergebnisse sind. Hierbei wird danach gefragt, wie viele Schüler über bestimmte Kompetenzen verfügen.

Der Schulleiter muss im Kollegium eine Akzeptanz von Evaluation schaffen.

Insgesamt kann es nicht darum gehen, sofort eine perfekte Analyse zu erarbeiten. Vielmehr ist dieses Prozedere kleinschrittig und bietet so immer wieder Möglichkeiten der Änderung. Es braucht Zeit, bis der produktive Umgang mit den Ergebnissen von Vergleichsarbeiten zu einer schulischen Selbstverständlichkeit geworden ist. Aufgabe der Schulleiter ist es, Bedingungen zu schaffen, die einen solchen Prozess ermöglichen. Insbesondere gehört es zu ihren Aufgaben, eine Akzeptanz von Evaluation zu schaffen und ein professionelles Selbstverständnis im Kollegium aufzubauen. Nur wenn Schulleitung und Kollegium Evaluation und Teamarbeit für wichtig erachten, kann sich eine positive und gewinnbringende Evaluationskultur an der Schule entwickeln. In diesem Kontext muss explizit auf die Bedeutung von Unterrichtsbeurteilung eingegangen werden, da diese einen entscheidenden Beitrag zur Evaluationskultur leistet.

Unterrichtsqualität, Evaluation und Qualitätssicherung

8.3 Unterricht beurteilen

Damit Unterricht beurteilt werden kann, muss man sich inhaltlich mit der **Diagnose** und **Evaluation** des Unterrichts auseinandersetzen. Um diese beiden Begriffe zu erläutern und sie von einem Alltagsverständnis abzugrenzen, werden sie, nach HELMKE (2009), wie folgt definiert: Unter Diagnose wird eine Urteilsleistung verstanden, die sich an bestimmten vorgegebenen Kategorien orientiert. Dies können z. B. Personenmerkmale oder Merkmale der Unterrichtsqualität sein. Die Kategorien sind theorie- bzw. hypothesengeleitet und spezifischen Gütekriterien unterworfen. Unter Diagnostik wird eine professionelle, systematische, wissenschaftlich und methodisch fundierte Tätigkeit verstanden. Diese macht es sich zur Aufgabe, Erkenntnisse über die Merkmalsträger zu erlangen bzw. Entscheidungen über nachfolgende Maßnahmen festlegen zu können. Somit geht es hierbei darum, den Ist-Stand zu erfassen. Evaluation hingegen wird als ein Prozess verstanden, bei dem der Wert eines Produkts, Prozesses oder Programms beurteilt wird. Diesem Prozess liegt ein Gütemaßstab zugrunde, mit dem Ziel, das Produkt oder Programm zu verbessern (vgl. HELMKE 2009, 268).

8.3.1 Ziele und Konzepte von Evaluation

Ergebnisse verschiedener Studien, z. B. TIMMS oder PISA, haben aufgezeigt, wie wichtig es ist, die Qualität von Schule und Unterricht kontinuierlich zu überprüfen. Nach HELMKE (ebd., 269 f.) umfasst das Konzept der Evaluation folgende Bestandteile:

- eine systematische Erfassung der Durchführung oder der Ergebnisse eines Programms oder einer Maßnahme,
- verglichen mit vorgegebenen Standards, Kriterien, Erwartungen oder Hypothesen,
- mit dem Ziel der Verbesserung des Programms oder der Maßnahme.

Standardmäßig wird eine Evaluation wie folgt durchgeführt:

- Planung des Evaluationsvorhabens
- Bestimmung des Ziels
- Identifikation der Zielgruppe
- Planung der Durchführung, z. B. Zeitraum, benötigte Ressourcen (Geld, Personal), Genehmigungen
- Datenerhebung z. B. in Form von Tests, Fragebögen oder Interviews
- Analyse und Interpretation der Daten
- Nutzung der Daten
- Modifizierung des Evaluationsprogramms

Bei der **Erarbeitung der Ziele von Evaluation** stehen folgende Fragen im Zentrum der Überlegungen:

1. Was wird evaluiert? In Bezug auf Schule kann es sich hier um Aspekte des Kontextes, des Inputs, des Prozesses, des Produktes oder auch des Transfers handeln (vgl. BURKARD/EIKEN-BUSCH 2000, 63 f.).

2. Wozu wird evaluiert? Entweder werden formativ die einzelnen Lernphasen evaluiert, die der Förderung dienen oder es wird summativ am Ende des Lehrgangs bzw. Schuljahres evaluiert, um abschließende Bewertungen zu erhalten.

3. Wer evaluiert? Hier unterscheidet man interne (Schulen evaluieren sich selbst) und externe Evaluation (vgl. ebd., 68f).

4. Wann wird evaluiert? Manche Evaluationen umfassen eine einzige Erhebung. Andere (wie z. B. PISA oder IGLU) beinhalten wiederholte Erhebungen und können aufgrund dessen Entwicklungstrends über einen längeren Zeitraum aufzeigen.

5. Woran wird evaluiert? Hier wird die Frage geklärt, welcher Maßstab angelegt wird. Die Evaluation kann sich hierbei darauf beziehen, wie gut ein Ziel erreicht oder eine Kompetenz erworben worden ist. Dies kann sich auf einen Vergleich mit anderen (z. B. Schülern, Bundesländern) beziehen, auf ein festgelegtes Kriterium (z. B. Absolutwerte für eine einzelne Disziplin) oder auf eine vergleichbare Leistung derselben Person (bzw. Klasse oder Schule).

BRÄGGER/POSSE (2007, Kap. 4) beschreiben folgende „**Schritte des Entwicklungs- und Evaluationszyklus**":

1. Entscheiden (Standort bestimmen, Entwicklungsschwerpunkt festlegen, Umsetzungsideen austauschen, Ziele formulieren)

2. Planen (Projekt skizzieren, Kommunikationskonzept entwickeln, Voraussetzungen prüfen, Stärken und Schwächen des Vorgehens analysieren, Erfolgsindikatoren festlegen, Evaluationsmaßnahmen planen)

3. Handeln – Lernen (Q-Gruppen und Unterrichtsteams bilden, Q-Projekte umsetzen, Lehrer-Schüler-Trainings durchführen)

4. Überprüfen (Feedback geben und nehmen, Prozesse und Ergebnisse dokumentieren, Evaluation vorbereiten)

5. Evaluation vorbereiten (Evaluationsbereich festlegen, Ziele der Evaluation klären, Qualitätsindikatoren vereinbaren, Ablauf der Evaluation festlegen)

6. Daten sammeln (Evaluationsinstrumente auswählen, Datensammlung durchführen, Ergebnisse aufbereiten)

7. Analysieren (Daten kommunizieren, Ergebnisse reflektieren und analysieren, Erkenntnisse formulieren)

8. Konsequenzen festlegen – Bericht erstatten (Konsequenzen vereinbaren, Prioritäten setzen, Qualitätsbericht schreiben)

9. Implementieren

Vergleich des eigenen Unterrichts mit Referenzwerten

Den eigenen Standort im Bereich Unterrichtsqualität kann man durch den Vergleich des eigenen Unterrichtsprofils mit Referenzwerten bestimmen. Hierbei wird von Folgendem ausgegangen (vgl. HELMKE 2009, 272): Entweder vergleicht man

- die Unterrichtsprofile von Parallelklassen innerhalb der Schule,
- das auf Schulebene gemittelte Unterrichtsprofil mit dem anderer Schulen oder
- die Profile der gleichen Klasse oder Schule zu verschiedenen Zeitpunkten.

Unterrichtsqualität, Evaluation und Qualitätssicherung

Wenn man hierbei nicht nur aus Perspektive der Schüler Daten erhebt, sondern auch die Sichtweisen der Kollegen einbezieht, erhält man weitere Möglichkeiten des Abgleichs.

Wenn die Ziele und Konzepte der Evaluation erarbeitet worden sind, gilt es sich Gedanken über die passenden Methoden zu machen. Hierzu werden im Folgenden einige Überlegungen angestellt.

8.3.2 Methoden

Im Zentrum der Überlegungen steht, dass zielgerichtete Veränderungen des Unterrichts nicht ohne eine solide Bestandsaufnahme bzw. ohne eine gültige Beschreibung des aktuellen Zustandes möglich sind. Die Erfassung der Aspekte von Unterrichtsqualität erweist sich als ein komplexes Unterfangen. Dies liegt daran, dass es hierfür viele unterschiedliche Methoden gibt, die wiederum von verschiedenen Beteiligten und somit auch aus unterschiedlichen Perspektiven eingesetzt werden können. Insbesondere zeigen sich bei einer Methode Schwächen, wenn man sie als eine einzelne einsetzt, und jedem Adressaten passiert es, dass er bei der Unterrichtsbeurteilung Dinge übersieht. Aus diesem Grund erweist es sich als sinnvoll, zum einen unterschiedliche Methoden einzusetzen und sich zum anderen nicht auf einen einzigen Adressaten zu beschränken.

Bei Methoden, den Unterricht bzw. seine Qualität zu erfassen, handelt es sich um jegliche Art sozialwissenschaftlicher Erhebungstechniken. Helmke (2009, 273) nennt mögliche Koordinaten, hinsichtlich derer sich die Methoden klassifizieren lassen:

- Schriftlich (z. B. im Rahmen eines Fragebogens) vs. mündlich (z. B. in Form eines Interviews)
- Aktuell (auf soeben gesehenen Unterricht) vs. kumulativ (retrospektive Beurteilung, die sich auf einen längeren Zeitraum bezieht)
- Niedrig-inferent (wenn der Beurteilungs- und Ermessensspielraum gering ist) vs. hoch-inferent (in ein solches Urteil fließen Ermessen und Subjektivität ein)

Wenn man sich entschieden hat, welche Methoden zur Beurteilung herangezogen werden, muss man dafür auch die passenden Medien auswählen bzw. bereitstellen. Neben Fragebögen, Formularen, Checklisten etc. können auch Ton- bzw. Videoaufnahmen herangezogen werden. Früher beurteilte man den Unterricht durch anwesende Beobachter. Heute ist es immer häufiger der Fall, dass man versucht, Unterricht bzw. Teile des Unterrichts festzuhalten, womit man den Prozess der Erhebung und den Prozess der Auswertung voneinander trennt. Der Vorteil dieses Vorgehens besteht darin, dass die Unterrichtsaufnahmen mehrmals, aus verschiedenen Perspektiven und unter verschiedenen Blickwinkeln, betrachtet werden können.

Auch können Angaben zum Unterricht von unterschiedlichen Akteuren erhoben werden (z. B. Lehrer, Schüler, Schulleitung, Schulaufsicht, Eltern). Insbesondere von Bedeutung ist im Kontext dieser Überlegungen die Protokollierung des eigenen Unterrichts.

8.3.3 Protokollierung des eigenen Unterrichts

Eine Selbstbeurteilung des Unterrichts ist für die persönliche Unterrichtsentwicklung von Bedeutung, insbesondere dann, wenn diese Selbstbeurteilung durch kollegiales Feedback oder die Schülerwahrnehmung ergänzt wird. Dies sollte vom Schulleiter angeregt und unterstützt werden. Solche Selbstreflexionen werden im Berufsalltag oft durchgeführt, jedoch selten systematisch und meist bei Unterrichtsverläufen, die nicht den Erwartungen entsprechen. Um auch diese Selbstreflexion systematisch durchführen zu können, schlägt z. B. Becker (1998, 217) folgende Punkte zur Selbstbefragung vor:

- Wie habe ich den Lehr-Lern-Prozess angeregt?
- Wurde das Interesse am Lerninhalt aufrechterhalten?
- Wurden die Schüler auf zentrale Frage- oder Problemstellungen hingelenkt?
- Lässt die Unterrichtsstunde einen Schwerpunkt erkennen?
- Was für Fragen habe ich gestellt?
- Was für Fragen stellten die Schüler?
- Welche Beiträge lösten welche Fragen aus?
- Wie ging ich auf Schülerbeiträge ein?
- Wie hoch war der Sprechanteil der Schüler?
- Wie hoch war mein Gesprächsanteil?
- Welche Lernhilfen wurden von mir gegeben? etc.

Wenn man solche Listen mit gemeinsamer Unterrichtsvorbereitung, -hospitation oder -durchführung kombiniert, können sie der Selbstvergewisserung dienlich sein und Impulse für die Unterrichtsverbesserung geben. Wichtig ist, dass der Gebrauch nur dann erfolgreich sein kann, wenn ein wissenschaftlich fundiertes und empirisch gesichertes Wissen über Unterricht und seine Wirkung vorhanden ist. Andernfalls haben solche Checklisten keine theoretische oder begriffliche Systematik und die einzelnen Punkte werden lediglich abgearbeitet, ohne konstruktive Anregungen für die weitere Arbeit zu liefern. BECKER (ebd., 217) drückt dies folgendermaßen aus: „Diese Zusammenstellung darf keinesfalls als Katalog missverstanden werden. Die Liste muss notwendig unvollständig sein, da fast jeder Unterricht Überraschungen bietet, Ereignisse, die mit hier nicht genannten Begriffen zu belegen und zu beurteilen sind."

EGGEN/KAUCHAK liefern ein weiteres Beispiel dafür, wie Selbstreflexion fundiert vonstatten gehen kann (vgl. EGGEN/KAUCHAK 2001, zitiert nach MIETZEL 2007, 494). Dabei orientieren sie sich an dem Konzept des Lehrers als selbstreflektierender Praktiker. In diesem Kontext wird Lehrern geraten, sich vor, während und nach ihrem Unterricht eine Reihe von Fragen zu stellen und ehrlich zu beantworten, z. B.:
- Hatte meine Stunde ein klares Ziel?
- Welche Beispiele und Veranschaulichungen hätten den Schülern bei der Verarbeitung von Inhalten noch mehr geholfen?
- Wie kann ich überprüfen, ob die Schüler das, was sie lernen sollten, auch verstanden haben?
- Was kann ich anders machen, wenn ich die Stunde noch einmal halte? etc.

In diesem Zusammenhang muss auch auf ein von KAMMERMEYER entwickeltes Unterrichtstagebuch hingewiesen werden, das für eine Selbsteinschätzung herangezogen werden kann. Hierbei handelt es sich um einen standardisierten Fragebogen, der jedem Lehrer dabei hilft, die einzelnen Stunden auf einer verhaltensnahen Ebene selbst zu erfassen (vgl. http://andreas-helmke.de/wordpress/wp-content/uploads/2012/04/UnterrichtstagebuchKammermeyer.pdf, letzter Zugriff am 16. 10. 2013). Es ist Aufgabe der Schulleiter, das Kollegium über solche Möglichkeiten zu informieren, die Vorteile darzustellen und eine Durchführung anzuregen (z. B. indem gegenseitige Hospitationen regelmäßig stattfinden und von der Schulleitung auch stundenplantechnisch ermöglicht werden).
Neben dem Lehrer sind die Schüler diejenigen, die auch aktiv am Unterrichtsgeschehen beteiligt und somit davon betroffen sind. Deswegen kann es auch von Interesse sein, das Feedback der Schüler in die Überlegungen einzubeziehen.

8.3.4 Schülerfeedback

DITTON (2002a, 263) fasst den Diskussionsstand über die Möglichkeiten von Schülerfeedback wie folgt zusammen: „Eine direkte Ermittlung der schülerspezifischen Wahrnehmungen von Lehrkraft und Unterricht wird durch die Befragungen der Schüler möglich. Untersuchungsgegenstand ist damit explizit die Perspektive der Betroffenen. [...] Für eine Befragung von Schülern spricht u. a. eine Langzeiterfahrung mit Schule, Unterricht und Lehrkräften. Schüler kennen Lehrkräfte sowohl im Vergleich mehrerer Fächer als auch im Vergleich über die Schulzeit hinweg. Ihre Aussagen können sich auf Wahrnehmungen über einen längeren Zeitraum und auf die Erfahrungen in unterschiedlichen Situationen stützen."

In diesem Kontext muss man sich aber auch immer vor Augen halten, dass Schülerfeedback Grenzen hat (vgl. HELMKE 2009, 282):

Schülerfeedback hat Grenzen.

1. Schüler können mit der Beurteilung von Unterricht überfordert sein. Daher ist eine altersangemessene Auswahl der Inhalte von Bedeutung. Beispielsweise können Schüler weder die fachliche Expertise noch die didaktische Kompetenz von Lehrkräften beurteilen.

2. Oft kann man den Schülerangaben nicht entnehmen, welchen Maßstab sie anlegen, wenn sie einen Lehrer beurteilen. Wenn also spezifische Angaben fehlen, kann es sein, dass Schüler den zu beurteilenden Unterricht nicht so beurteilen, wie man es geplant hat.

3. Angaben können verzerrt sein. So treffen Schüler beispielsweise Gefälligkeitsaussagen.

4. Facetten der Unterrichtsqualität können von der allgemeinen Beliebtheit und Wertschätzung der Lehrkräfte überlagert werden.

Der Schulleiter stellt den Lehrern verschiedene Möglichkeiten vor, die Schülermeinung einzuholen. Gleichzeitig muss er die Lehrer auch für die Grenzen sensibilisieren und sie auf mögliche Gefahren hinweisen. Für eine gelungene Evaluation reicht es nicht aus, wenn Lehrer bzw. Schüler ihre Beobachtungen festhalten. Die Unterrichtsbeobachtungen des Schulleiters tragen entscheidend zur Sicherung und Steigerung von Unterrichtsqualität bei. Dabei hat der Schulleiter verschiedene Möglichkeiten der Beobachtung, von denen einige im Anschluss aufgezeigt werden.

Ausführliche Fragebögen, die für Unterrichts- und Leistungsstudien entwickelt wurden, sind z. B.:

■ DESI: nähere Informationen zu den Skalenhandbüchern und Beobachtungsleitfäden unter http://andreas-helmke.de/forschungsprojekte/desi/ (Stichwort: „Veröffentlichungen")

■ PISA 2009 (https://www.bifie.at/node/276)

■ SEIS (Selbstevaluation an Schulen): ein von der Bertelsmann Stiftung angebotenes Instrumentarium (http://www.seis-deutschland.de/seis-instrument/datenerhebung/fragebogen.html)

■ IFS-Schulbarometer: umfassender Fragebogen u. a. zu Themen der Schul- und Unterrichtsqualität (http://www.zfw.tudortmund.de/cms/dapf/de/home/werkzeugkasten/, Nr. 49 Fragebogen zur Qualität des Unterrichts)

■ Evaluation an Schulen, EIS: der Landesbildungsserver Baden-Württemberg stellt eine große Auswahl an Instrumenten für die Selbstevaluation von Schulen zur Verfügung (http://www.schule-bw.de/entwicklung/qualieval/fev_as/sevstart/qualieval/as/sevstart/eisneu/)

- IQES (Instrumente für die Qualitätsentwicklung und Evaluation in Schulen): derzeit das einzige Angebot in deutscher Sprache, das es den Schulen ermöglicht, in Eigenregie webbasierte Evaluationen durchzuführen (http://www.iqesonline.net)
- Schüler als Experten für Unterricht-SEfU: Fragebogen ermöglicht eine Ist-Stand-Analyse des Qualitätsbereichs „Lehren und Lernen" auf Grundlage der Erfahrungen der Schüler (http://www.sefu-online.de/ueberuns/fragebogen)
- Möglichkeit der online-basierten Selbstevaluation vom ISB München (Staatsinstitut für Schulqualität und Bildungsforschung); es werden entwickelte Instrumente angeboten, aber auch Tipps für die Eigenentwicklung von Instrumenten gegeben (http://www.isb.bayern.de/schulartuebergreifendes/qualitaetssicherung-schulentwicklung/evaluation/interne_evaluation/zugang_onlinebefragung/)

(letzter Zugriff auf alle Links am 16.10.2013)

8.3.5 Möglichkeiten der Unterrichtsbeobachtung

Die Beobachtung gilt nach wie vor als eine der wichtigsten Methoden, um Unterricht zu bewerten. Für die Arbeit eines Schulleiters ist sie insbesondere von Bedeutung, da dieser sich durch die Beobachtung von Unterricht ein Bild über die Fähigkeit des Lehrers macht, das gegebenenfalls seinen weiteren beruflichen Werdegang maßgeblich beeinflussen kann. Gerade deshalb ist es von Bedeutung, sich immer wieder in Erinnerung zu rufen, welche Möglichkeiten der Beobachtung es gibt und wie eine erfolgreiche Beobachtung ablaufen kann.

Klassifizierung von Beobachtungsmethoden

Methoden der Beobachtung lassen sich auf bestimmte Art und Weise klassifizieren (vgl. HELMKE 2009, 288 f.):

- **Strukturiertheit:** Die eine Seite der Ausprägung betrifft die von jeglichen strukturierenden Vorgaben freie Beobachtung des Unterrichts. Hier sind die Ergebnisse narrative Beschreibungen des Unterrichts, seines Verlaufs und seiner Qualität. Auf der anderen Seite stehen Rating-Verfahren. Bei diesen sind inhaltliche Kategorien und quantitative Antwortschema vorgegeben. Zwischen diesen Extremen gibt es eine Vielzahl von Zwischenstufen.
- **Sichtstruktur vs. Tiefenstruktur:** Merkmale, die sich objektiv zählen, messen und feststellen lassen, ordnet man der Sichtstruktur zu. Dabei ist der Entscheidungs- und Ermessensspielraum beim Urteil gering. Deswegen spricht man auch von niedrig-inferenten Verfahren. Im Gegensatz dazu ist dieser Spielraum bei hoch-inferenten Verfahren hoch. Hoch-inferente Beurteilungen erlauben eine Zusammenfassung von Einzelratings zu übergeordneten Qualitätsmerkmalen. Dadurch sind Konstrukte wie „Klarheit" oder „Strukturiertheit" intuitiv zugänglich und können mit konkreten Vorstellungen unterrichtlichen Handelns in Verbindung gebracht werden.
- **Häufigkeit und Dauer:** Es kann sich hierbei um Kurzbeobachtungen, die Beobachtung einer oder mehrerer Stunden oder auch um die Analyse eines ganzen Lehrgangs handeln.

- **Analyseeinheit:** Die Beurteilung kann sich auf die gesamte Einheit, auf eine Episode innerhalb der Einheit, auf einen „turn" (z. B. zusammenhängende sprachliche Äußerung, die mehrere Sätze umfassen kann) oder innerhalb eines „turns" auf einen Satz oder ein Satzfragment beziehen.

- Weitere Klassifikationskriterien betreffen den Beobachter (Ist er sichtbar oder nicht? Ist sein Standort festgelegt oder variabel? Nimmt er an der Situation teil oder nicht?) und die Beobachtungssituation (Findet die Beobachtung im Klassenzimmer statt oder ist es eine künstlich geschaffene Situation?).

Um bei der großen methodischen Vielfalt nicht den Überblick zu verlieren, unterscheidet HELMKE folgende Typen der Beobachtung (ebd., 289):

1. **Checklisten:** Damit lässt sich herausfinden, welche Verhaltensweisen vorkommen, da diese im Voraus im Beobachtungssystem festgelegt sind. Hierdurch kann nur ein kleiner Teil des Verhaltens beachtet werden, ein weitaus größerer Teil findet so keine Beachtung.

2. **Interaktionssysteme:** Diese erfassen den Verlauf einer Unterrichtsstunde mithilfe vorher festgelegter Kategorien. Bei diesem Verfahren kann man entweder Zeitstichproben (das Verhalten der Akteure wird in festgelegten Zeitintervallen beurteilt) oder Ereignisstichproben (die Verhaltensweisen werden immer dann aufgezeichnet, wenn sie auftauchen) ziehen. Dieses Verfahren ist jedoch sehr aufwändig und kommt deswegen für die Unterrichtspraxis eher weniger in Betracht.

3. **Rating-Systeme:** Der Beobachter muss hier ein Urteil über den Ausprägungsgrad eines Verhaltens oder eines Qualitätsmerkmals liefern. Aus pragmatischen Gründen wird hierbei in der Praxis der gesamte beobachtete Unterrichtsausschnitt zugrunde gelegt. Bei den Antwortkategorien handelt es sich entweder um Beurteilungen der Intensität oder um Grade der Zustimmung.

Die aus der Unterrichtsbeurteilung gewonnenen Kenntnisse tragen wesentlich dazu bei, eine erfolgreiche Evaluation an Schulen durchzuführen. Entscheidende Aspekte einer solchen Evaluation sollen in einem abschließenden Kapitel aufgezeigt werden.

Unterrichtsbeurteilung: Beobachtungsbogen

Fächerübergreifende Aspekte der Lehr-Lern-Situation	Trifft nicht zu	Trifft eher nicht zu	Trifft eher zu	Trifft zu	Nicht beurteilbar
Klassenmanagement					
1 Aktive Nutzung der Lernzeit					
2 Überblick des Lehrers über die Schüleraktivitäten					
3 Schüleräußerungen sind gut verstehbar					
4 Unterricht ist störungsfrei					
Lernförderliches Klima					
5 Wertschätzender Umgangston zwischen Lehrer und Schülern					
6 Freundlicher Umgangston zwischen Schülern					
7 Entspannte Lernsituation					
8 Verständnisvoller Umgang des Lehrers mit Schülern					
9 Schülerfehler als Lernchance					
10 Ausreichend Wartezeit nach Fragen					
11 Ausreichend Wartezeit nach verbesserten Antworten					
12 Verknüpfungen mit Erfahrungen aus der Lebenswelt					
13 Hervorhebung der Zukunftsbedeutung des Stoffs					
14 Differenzierte Rückmeldungen des Lehrers					
Strukturierung					
15 Thematisierung der Schwerpunkte des Lernens					
16 Strukturierung des Lernstoffs					
17 Prägnanter sprachlicher Ausdruck des Lehrers					
18 Prägnanter sprachlicher Ausdruck der Schüler					
19 Klarheit des Zusammenhangs des Gelernten					
20 Zeit für Übungsphasen					
21 Übertragung des Gelernten auf Neues					

(in Anlehnung an HELMKE *2009, 292)*

8.4 Die Bedeutung von Evaluationsprozessen

8.4.1 Bildungspolitischer Kontext

In vielen Bildungssystemen ist ein Paradigmenwechsel in der Hinsicht zu erkennen, dass der bisher verfolgte Ansatz einer Steuerung durch Vorgaben von einer Orientierung an Ergebnissen abgelöst wird. Diese Änderung betrifft alle Ebenen des Bildungswesens und zielt darauf ab, die Eigenständigkeit der Schulen zu stärken. „Selbstständige Schulen" werden gefordert, da die Schulen flexibel auf sich verändernde gesellschaftliche und wirtschaftliche Rahmenbedingungen reagieren können müssen und hierfür erweiterte Handlungsspielräume brauchen brauchen (vgl. PROJEKTLEITUNG „SELBSTSTÄNDIGE SCHULE" 2005, 4 f.).

In Zielvereinbarungsgesprächen bringen Schule und Schulverwaltung ihre je eigenen Vorstellungen über die Zukunft der Schule ein, und so werden Zielvereinbarungen zu einem Instrument der Zusammenarbeit und der Kommunikation. Dabei sorgt die Zielvereinbarung einerseits dafür, dass die Schule ihre Erstverantwortung für ihren pädagogischen Prozess wahrnimmt, und andererseits dafür, dass die Schulverwaltung ihre Aufgabe als Impulsgeber für Gestaltungsprozesse wahrnimmt. Für einen festgelegten Zeitraum trägt die Zielvereinbarung zur Verstetigung, Systematisierung und auch Professionalisierung von Entwicklungsprozessen bei (vgl. MINISTERIUM FÜR KULTUS, JUGEND UND SPORT BADEN-WÜRTTEMBERG, 6).

Zielvereinbarungsgespräche als wichtiges Instrument der Zusammenarbeit und der Kommunikation

In diesem Zusammenhang wird ein Ziel als ein zukünftiger Zustand verstanden, der angestrebt wird. Dieser Zustand ist genau bestimmt nach Inhalt, Ausmaß und Zeit. Prioritäten zu setzen und Wesentliches von Unwesentlichen zu unterscheiden, ermöglicht die Vereinbarung von Zielen. Klar formulierte Ziele machen langfristige Vorhaben für alle Beteiligten sichtbar. Außerdem machen sie den Erfolg am Ende eines Weges offenbar. Zusätzlich fördert die Vereinbarung die Verbindlichkeit. Die Wirksamkeit kann erhöht und die Motivation gestärkt werden, indem vorhandene Ressourcen gebündelt und die Beiträge aller Beteiligten auf die Ziele hin koordiniert werden. Deshalb muss der Zusammenhang von Schulentwicklung und Zielvereinbarung aufgezeigt werden.

8.4.2 Zusammenhang von Schulentwicklung und Zielvereinbarung

Man braucht Systeme zur Qualitätssicherung und Qualitätsentwicklung, um den mit der Stärkung der schulischen Eigenständigkeit verbundenen Paradigmenwechsel hin zu einer Orientierung an den gesetzten Zielen, Ergebnissen und Wirkungen zu unterstützen. In diesem Rahmen führt die Schule Selbstevaluationen durch, plant passgenaue Verbesserungsmaßnahmen und setzt sie um, und zwar ausgehend von den im Leitbild oder Schulkonzept formulierten Zielen. Zusätzliche Fremdevaluation gibt der Schule professionelle externe Rückmeldung und Empfehlungen für die weitere Arbeit. Die Schule erarbeitet einen Vorschlag für die zu vereinbarenden Ziele, basierend auf dem Bericht der Fremdevaluation und weiterer schulischer Anliegen. Dabei dient der Bericht der Fremdevaluation als eine wesentliche Datenquelle für den Zielvereinbarungsprozess zwischen Schule und Schulverwaltung (vgl. ebd., 7).

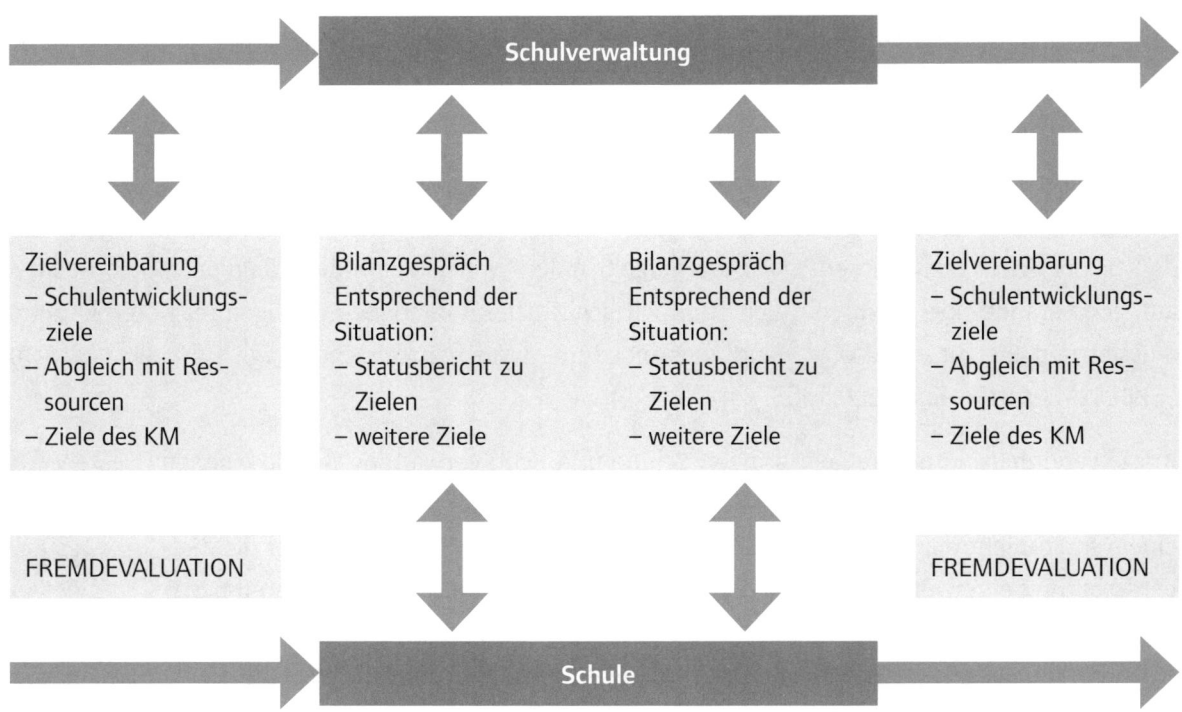

Abb.: Zielvereinbarungsprozess zwischen Schule und Schulverwaltung (in Anlehnung an MINISTERIUM FÜR KULTUS, JUGEND UND SPORT BADEN-WÜRTTEMBERG, 8)

Um diese Ziele auch erreichen zu können, müssen Schwerpunkte gesetzt und Maßnahmen ergriffen werden. Gleichzeitig muss sich jedes von der Schule angestrebte Ziel im gesetzlichen und bildungspolitischen Rahmen bewegen. Somit fließen im Zielvereinbarungsprozess zwei Ansätze zusammen (vgl. ebd., 9):

1.   Eine erweiterte Eigenständigkeit der Schule. Diese ist an die Verpflichtung zur Qualitätsentwicklung und Evaluation gebunden.

2.   Klare Rahmenvorgaben durch die Schulverwaltung.

8.4.3   Leitfaden für die Erstellung von Zielvereinbarungen

Jeder Qualitätsentwicklungsprozess hat die Festlegung von Zielen zur Grundlage.

Es ist nur möglich, erfolgreich etwas zu verbessern, wenn man nicht nur etwas verbessern will, sondern wenn man auch weiß, worin diese Verbesserung bestehen soll. Damit also Schulen ihre Qualität verbessern und dieser Entwicklung auch eine Richtung geben können, werden im Anschluss an eine externe Evaluation Zielvereinbarungen zwischen der Schule und der Schulaufsicht geschlossen (vgl. ISB 2010, 48). Zielvereinbarungen enthalten von Leitungskräften und Mitarbeitern gemeinsam geklärte, übereinstimmend festgelegte, verbindliche Ziele (vgl. ROLFF 2011, 19). Diese sollen in einem bestimmten Zeitraum erreicht werden. Ziele sind die Voraussetzung einer planvollen Qualitätsentwicklung in der Schule. Maßnahmen können erst geplant und umgesetzt werden, wenn die Ziele klar definiert sind. Der Prozess der Qualitätsentwicklung kann dabei in einem Regelkreis erklärt werden (vgl. LANKES/ HUBER 2012, 5):

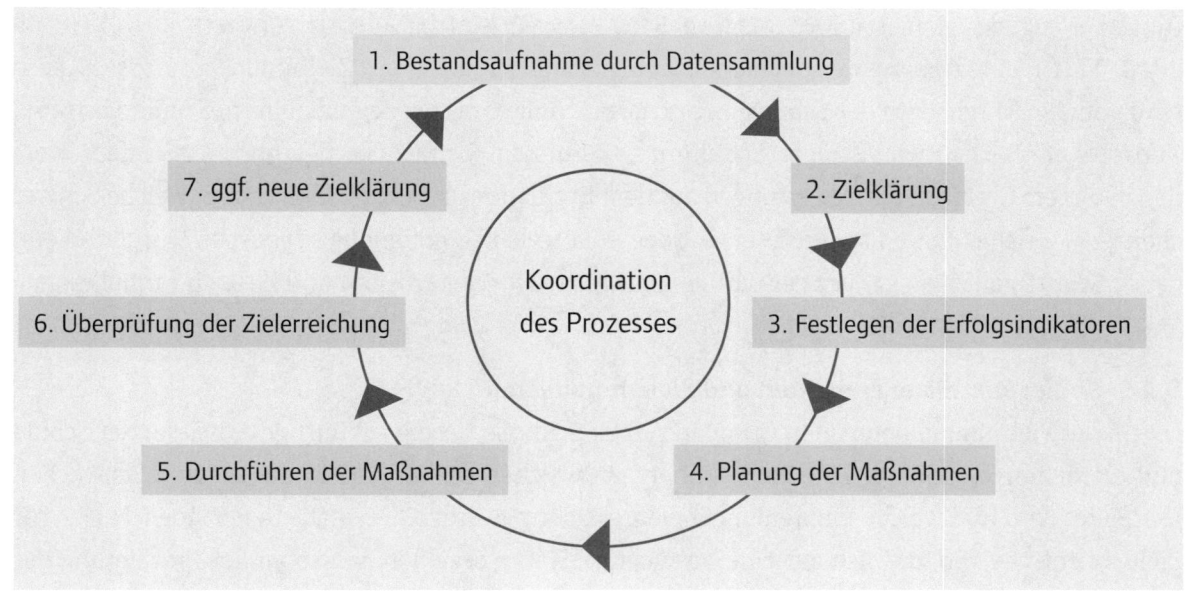

Abb.: Regelkreis der Qualitätsentwicklung (in Anlehnung an Lankes/Huber 2012, 5)

Dieser Regelkreis beschreibt **sechs Schritte der Entwicklung:**

1. Bestandsaufnahme an der Schule, z. B. durch eine externe Evaluation
2. Zielklärung
3. Festlegung der Erfolgsindikatoren
4. Planung der Maßnahmen
5. Durchführung der Maßnahmen
6. Überprüfung der Zielerreichung
7. Neuer Zyklus der Qualitätsentwicklung

8.4.4 Nutzen von Zielvereinbarungen

Die Einigung auf ein Ziel bedeutet, dass man sich darüber klar wird, was genau man gemeinsam erreichen will. Mögliche Ziele werden im Rahmen des Zielfindungsprozesses bezogen auf das Schulprofil, ein bestehendes Leitbild oder das Schulprogramm diskutiert. Auch werden sie zusammengefasst und in eine Reihenfolge (hinsichtlich ihrer Dringlichkeit bzw. Bedeutung) gebracht.

Wenn man die schulische Arbeit auf einige Ziele hin ausrichtet, entlastet man die Schulen, da personelle Ressourcen und sachliche Mittel auf das Wesentliche konzentriert eingesetzt werden können. Wenn man sich auf bestimmte Ziele einigt, hat dies auch den Vorteil, dass sich alle Beteiligten daran orientieren können und somit mehr Handlungsfähigkeit erlangen. Außerdem stärkt die Zusammenarbeit aller Gruppen der Schulgemeinschaft bei der Zielfindung und -formulierung die Motivation und Leistungsbereitschaft. Dies liegt daran, dass man eher bereit ist, Einsatz bei der Erreichung von Zielen zu zeigen, wenn man an deren Festlegung beteiligt war und sich so auch mit ihnen identifizieren kann. Außerdem erfahren alle die Bestätigung für ihre geleistete Arbeit, wenn ein Ziel erreicht worden ist. Dies liegt daran, dass klare Ziele einen sicheren Maßstab für die Beurteilung des Erfolgs einer Maßnahme definieren. Auch wenn ein Ziel nicht erreicht worden ist, liefern Ergebnisse eine Erfolgskontrolle und verweisen darauf, was noch zu tun ist (vgl. Lankes/Huber 2012, 6 f.).

Grundlage für das Gelingen eines Zielentwicklungsprozesses ist, dass alle Beteiligten ein gemeinsames Verständnis der Bedeutung von Zielen für die Qualitätsentwicklung der Schule entwickeln. Außerdem sollen alle ein Verständnis über die Verfahrensschritte zur Erarbeitung von Zielvereinbarungen erlangen (vgl. hierzu BAYERISCHES STAATSMINISTERIUM FÜR UNTERRICHT UND KULTUS 2010, 17 ff.). Eine Analyse des Evaluationsberichts ist der Beginn des Zielfindungsprozesses. Diese wird von den Mitgliedern der Schulgemeinschaft (Schulleitung, Kollegium, Eltern, Schülervertreter, Vertreter der Sachaufwandsträger, Schulforum, Berufsschulbeirat) durchgeführt. Am Anfang werden in diesem Gremium die Bewertungen aus dem Evaluationsbericht diskutiert, z. B. welche Schwächen bzw. welche Stärken festgehalten wurden oder welche Empfehlungen gegeben wurden. Wenn dieser Schritt vollzogen ist, geht es darum, Zielvorschläge zu erarbeiten und Ziele zu formulieren.

8.4.5 Zielvorschläge erarbeiten und Ziele formulieren

Die an der Zielfindung beteiligten Gruppen ziehen Schlüsse für die zukünftige Arbeit an der Schule und erarbeiten Vorschläge. Es wird diskutiert, an welchen der im Bericht dargelegten Schwächen gearbeitet wird und welche Empfehlungen berücksichtigt werden. Es ist aber auch möglich, sich für Ziele zu entscheiden, die sich auf eine bestehende Stärke beziehen, um so an der Profilierung der Schule in einem bestimmten Bereich zu arbeiten. In einer Lehrerkonferenz werden die Zielvorschläge aufgegriffen und es wird festgelegt, in welcher Reihenfolge sie bearbeitet werden sollen. Die Zielvorschläge sollten im Einvernehmen mit dem Schulforum stehen. Auch ist es wichtig, dass die Schulleitung sich vor der Ausarbeitung der Ziel- und Handlungsvereinbarung mit der Schulaufsicht abstimmt und ein Konsens darüber besteht, welche Ziele die Schule erreichen sollte (vgl. LANKES/ HUBER 2012, 10).

*Ziele und Maß-
nahmen sind nicht
das Gleiche.*

In diesem Kontext muss beachtet werden, dass Ziele und Maßnahmen nicht das Gleiche sind. Unter Zielen versteht man das Ergebnis einer Aktivität. Demgegenüber spricht man von Maßnahmen, wenn es um Mittel geht, mit deren Unterstützung man die Ziele erreichen will, z. B. geht es hier um Vorhaben, Aktionen oder Entwicklungsschritte auf dem Weg zur Zielerreichung. Dabei sind unterschiedliche Maßnahmen möglich, damit man ein bestimmtes Ziel erreichen kann. Auch kann ein und dieselbe Maßnahme unterschiedlichen Zielen dienen.

Wichtig ist, dass Ziele realistisch sind, d. h., dass sie mit den vorhandenen Ressourcen und unter den gegebenen Rahmenbedingungen auch erreichbar sein sollten. Eine Zielvereinbarung soll als verbindliche und nützliche Arbeitsgrundlage dienen. Je konkreter die darin erhaltenen Ziele formuliert sind, desto besser erfüllen sie diese Aufgabe. Dabei kann man sich an folgenden SMART-Regeln orientieren (vgl. DORAN 1981):

- ■ S = spezifisch und schriftlich fixiert: Je konkreter ein Ziel formuliert ist, desto einfacher kann es mithilfe von Indikatoren erfasst werden.
- ■ M = messbar: Es muss objektiv erkennbar sein, ob ein Ziel erreicht wurde oder nicht.
- ■ A = aktionsorientiert: Ziele sollten durch Handeln erreichbar sein.
- ■ R = realistisch: Ziele sollen anspruchsvoll, aber erreichbar sein.
- ■ T = terminiert: Für jedes Ziel soll ein Termin für die Zielerreichung vereinbart werden.

Die Beschränkung auf wichtige Ziele führt dabei eher zum Erfolg und verhindert, sich durch die Beachtung zu vieler Kleinigkeiten zu verzetteln.

Es ist eine Aufgabe von Schulleitung und Kollegium, die Zielvereinbarung und eine Planung auszuarbeiten, sobald die Ziele festgelegt und mit der Schulaufsicht vorbesprochen sind. An großen Schulen bietet es sich auch an, dass sich jeweils eine Arbeitsgruppe ein Ziel vornimmt. Nachdem alle Ziele mit den dazu passenden Handlungsvereinbarungen ausgestaltet sind, sollte eine „Bilanzierungskonferenz" einberufen werden. Ziel dieser Konferenz ist es, dass die in einem Zeitraum von

Unterrichtsqualität, Evaluation und Qualitätssicherung

circa zwei Jahren geleistete Arbeit mit der Schulaufsicht bilanziert wird. Abschließend muss die Zielvereinbarung von Schulleitung und Schulaufsicht unterschrieben werden (vgl. LANKES/HUBER 2012, 3).

8.4.6 Ziel- und Handlungsvereinbarung – Erläuterung des Formblatts

Zielvereinbarung

Zielvereinbarung

zwischen _____ und _____

Zeitraum: _____

Ziel	Indikator	Ist-Wert	Ziel-wert	Datum der Zielerreichung	geplante Maßnahmen

Termine für die Bilanzgespräche: _____

(in Anlehnung an LANKES/HUBER 2012, Anlage 1)

In der ersten Spalte gilt es, das Ziel eindeutig bzw. unmissverständlich zu formulieren. Dabei bezieht sich die Schule auf das Ergebnis der Evaluation. Eine Begründung des Ziels ist von Bedeutung, damit sich die Schule konkret die Bedeutung des Ziels für die Qualitätsentwicklung der Schule im Voraus bewusst macht. Dabei kann Bezug zum Evaluationsbericht oder zum Leitbild der Schule bzw. zum Schulprofil genommen werden. Wenn das Ziel formuliert ist, müssen Indikatoren gefunden werden, an denen festgestellt werden kann, ob ein Ziel erreicht ist oder nicht. Hierbei geht es um einen überprüfbaren Hinweis auf den angestrebten Zustand, wie er im Ziel beschrieben ist, wobei Maß- bzw. Kennzahlen darauf hinweisen, bis zu welchem Ausprägungsgrad ein Merkmal oder eine Eigenschaft vorliegt bzw. vorliegen soll. Nach LANKES/HUBER (2012, 14) stellen sich bei der Überprüfung der Zielerreichung zwei Fragen:

1. Wurden alle Maßnahmen durchgeführt, sind alle geplanten Neuerungen eingeführt und liegen die erwarteten Produkte vor?
   An dieser Stelle beschreiben Indikatoren z. B. Produkte, Konzepte oder Ergebnisse, die aus den geplanten Maßnahmen entstanden sind.
2. Waren die Maßnahmen erfolgreich und konnte das Ziel erreicht werden?
   Die wichtigeren Fragen sind hier die nach dem Erfolg der Maßnahmen. Diese Fragen können durch die Angabe konkreter Maß- oder Kennzahlen beantwortet werden.

Im Rahmen einer internen Evaluation wird überprüft, mit welchen Methoden die Zielerreichung erfolgen kann, nachdem die Indikatoren festgelegt worden sind. Mithilfe der festgelegten Indikatoren wird der Ist-Zustand dokumentiert. Dies erleichtert die Erfolgsüberprüfung, da man so den

Endzustand mit der Ausgangslage vergleichen kann. Zuletzt ist es von Bedeutung, den zeitlichen Rahmen festzulegen. Es wird bestimmt, wann welche Evaluationsmaßnahme durchgeführt wird, um eine Überprüfung des Erfolgs vornehmen zu können. Sinnvoll ist es hier, einen Zeitpunkt auszuwählen, an dem die Maßnahmen umgesetzt sind und erste Wirkungen erwartet werden können.

Es müssen Maßnahmen entwickelt werden, die dazu geeignet sind, die Ziele zu erreichen. Es werden Mittel eingesetzt, Vorhaben und Aktionen durchgeführt oder Schritte gegangen, um den Ist-Zustand in den Soll-Zustand zu verwandeln.

In Anlehnung an das Projektmanagement werden hier nach BIRKER (2003)

- für den Arbeitsprozess notwendige Strukturen geschaffen, z. B. Teams gebildet,
- Termine festgelegt,
- Verantwortliche bestimmt,
- Zwischenergebnisse definiert.

In diesem Zusammenhang sollte man sich auch darüber klar sein, welche Ressourcen notwendig sind und welche Unterstützungsleistungen für das Vorhaben hilfreich sein können.

8.4. Abschluss der Ziel- und Handlungsvereinbarungen

Um abschließend festzulegen, welche Ziele wie bearbeitet und hinsichtlich ihres Erfolgs beurteilt werden sollen, kommuniziert die Schulleitung mit der Schulaufsicht. Dabei erläutert die Schule ihre Ziele und Maßnahmen und die Schulaufsicht berät die Schule bzw. informiert über hilfreiche Fortbildungsangebote und stellt Kontakte zu Personen und Stellen her, die über Erfahrungen zu bestimmten Themen oder Arbeitsschritten verfügen (vgl. LANKES/HUBER 2012, 18).

Etwa alle zwei Jahre sollte Bilanz gezogen werden. Diese Termine dienen dazu, gemeinsam zu resümieren, was bereits erreicht worden ist und was noch erarbeitet werden muss. Die Treffen können auch dafür genutzt werden, Wege aufzuzeigen, wie der weitere Prozess gestaltet werden kann. Wichtig ist bei dem ganzen Vorgehen, dass die Schulaufsicht die Schule berät und begleitet. Dadurch, dass auch sie die Ziel- und Handlungsvereinbarungen unterzeichnet, erhält die Schule Sicherheit für den geplanten Fortgang. So kann es der Schulaufsicht gelingen, Mitverantwortung für die Weiterentwicklung der Schulen zu übernehmen (vgl. ebd., 19).

Nachdem die Ziel- und Handlungsvereinbarungen abgeschlossen sind, beginnen die Projektgruppen mit ihrer Arbeit und setzen die vereinbarten Maßnahmen um. Die Schulleitung ist dabei für die Umsetzung der Ziel- und Handlungsvereinbarung verantwortlich. Dennoch kann es gerade an größeren Schulen sinnvoll sein, Steuergruppen einzurichten, die von der Schulleitung für die Abwicklung einer bestimmten Aufgabe autorisiert sind und die Verantwortung tragen.

Die Steuergruppen evaluieren begleitend und abschließend. Hierbei ist Folgendes wichtig (vgl. ebd., 20):

1. Bei der Prozessevaluation überprüft und lenkt die Steuergruppe den Arbeits- und Umsetzungsprozess der Maßnahmen und greift lenkend ein, wenn es nötig ist.
2. Im Zusammenhang mit der Ergebnisevaluation wird der Grad der Zielerreichung überprüft.

An eine interne Evaluation schließt sich dann immer wieder einer neuer Zyklus der Qualitätsentwicklung an, der mit einer Neubestimmung von Zielen und Erfolgsindikatoren verbunden ist. Dies führt zu einer erneuten Planung und Durchführung von Maßnahmen, bis wieder eine interne Evaluation durchgeführt wird.

Unterrichtsqualität, Evaluation und Qualitätssicherung

8.5 Vom Evaluationsbericht zur Schulentwicklung – ein Praxisbericht

Edmund Rieger

Die externe Evaluation der Einzelschule beurteilt nicht die Arbeit der einzelnen Lehrkraft, sondern untersucht und bewertet Bedingungen, Prozesse und Ergebnisse der gesamten Schule (vgl. ISB 2010).

Dieser Leitsatz der externen Evaluation in Bayern umschreibt konkret ihr Ziel und grenzt sie damit eindeutig von der dienstlichen Beurteilung ab. Dennoch hält sich der Vorwurf, die externe Evaluation bzw. Schulinspektion sei nur ein weiteres Kontrollinstrument der Schulaufsicht und verursache für Schulen und Schulleitungen nur unnötige zusätzliche Arbeit.

Dies zeigt, dass der Mehrwert von systematischer Qualitätssicherung mithilfe externer, aber auch interner Evaluation im System Schule auf unterschiedlichen Ebenen noch nicht flächendeckend etabliert ist. Vielerorts ist den betroffenen Schulen noch nicht voll bewusst, dass der Qualitätsrahmen für externe Evaluation auf wissenschaftlich gesicherten Kriterien eines „guten" Unterrichts und einer „guten" Schule basiert. Häufig ist das Qualitätsbewusstsein durch individuell bestimmte Vorstellungen von Qualität und eigene Erfahrungen in und von Schule geprägt. Die Feststellung und Bewertung durch eine Fremdwahrnehmung sowie die Beteiligung von bisher unbeteiligten Gruppen der Schulgemeinschaft (Schülerschaft, Elternschaft oder Betriebe, Sachaufwandsträger etc.) haben vor allem in den Kindertagen der externen Evaluation Schulleitungen und Lehrkräfte verunsichert und teilweise Widerstände erzeugt. Hier gibt es in mehrfacher Hinsicht Parallelen zur Nutzung von Vergleichsarbeiten (systematisches Monitoring) als Grundlage für die individuelle Förderung und die Unterrichtsentwicklung, die auch nur partiell erfolgreich gelingt. In beiden Systemen gilt, dass die Schulen noch Unterstützung benötigen, da diese neuen Formen einer Feedbackkultur im Bewusstsein aller Beteiligten noch nicht verankert sind. Unzureichende Ausbildung und Vorbereitung der Schulleitungen und Lehrkräfte bewirken ihr Übriges.

Die externe Evaluation liefert sowohl der Schulaufsicht als auch der Einzelschule wertvolle Informationen für eine systematische Weiterarbeit danach.

Vielfältige Daten und differenziertes Wissen, beides mithilfe von sozialwissenschaftlichen Methoden (Befragung, Datenanalyse, Interview, Unterrichtsbeobachtung) gewonnen, sollen in Form einer Ist-Stand-Analyse die Basis für eine auf das individuelle Schulprofil abgestimmte Qualitätssicherung bzw. -entwicklung sein, die letztlich den Hauptzielpersonen von Unterricht und Erziehung zugute kommt – der Schülerschaft.

8.5.1 Der „Mehrwert" von externer Evaluation

Die externe Evaluation gewährt der Einzelschule durch den Blick von außen Zugang zu neuen Perspektiven, z. B. auf die Prozesse in Unterricht und Erziehung, Verwaltungsabläufe und übergeordnete Prozesse, die den schulischen Alltag betreffen. Sie dokumentiert den Umgang mit Ergebnissen genauso wie die vorherrschenden Rahmenbedingungen. Und sie ermöglicht den Schulen über die implementierte Bottom-up-Philosophie – jede Schulgemeinschaft legt die Entwicklungsziele für ihre Schule selbst fest – ein passgenaues, auf die Bedürfnisse der Einzelschule abgestimmtes Qualitätsmanagement, auch wenn die Schulaufsicht bei der Findung von Zielen und der Erarbeitung der Handlungsvereinbarungen beteiligt werden muss, denn erfolgreiches Qualitätsmanagement braucht auch Verbindlichkeit.

Qualitätsentwicklung ist das Ziel und das Wesen von Evaluation und nicht die Kontrolle per se.

Die externe Evaluation kann in der jeweiligen Schule somit wertvolle Qualitätsentwicklungsprozesse initiieren oder Rückmeldung auf bereits bestehende geben. Sie ermöglicht darüber hinaus den verschiedenen Gruppierungen der Schulgemeinschaft, sich an den Prozessen der Weiterentwicklung aktiv zu beteiligen (vgl. WETZSTEIN 2012).

8.5.2 Analyse des Evaluationsberichts als Ausgangspunkt systematischer Qualitätsentwicklung

Systematische Qualitätsentwicklung beginnt mit der Analyse des Evaluationsberichts bei der Rezeption und Reflexion der Ergebnisse.

Der Kern des Problems liegt in der Praxis. Systematische Qualitätsentwicklung benötigt spezielles Wissen, das den Schulen häufig fehlt. Projektmanagement und Prozessbegleitung sind wesentliche Aspekte dieses Vorgangs. Damit steht und fällt der eigentliche Nutzeffekt externer Evaluation. „Aus Wissen ergibt sich nicht schon, was zu tun ist" (DITTON 2010, 25). Häufig machen sich die Schulen mit Enthusiasmus auf den Weg und verlaufen sich schon mit den ersten Schritten. Die Ursache dafür ist, dass sie nicht über das Spezialwissen verfügen, das letztendlich nötig ist, um die Ergebnisse der externen Evaluation für die Weiterentwicklung der eigenen Schule gewinnbringend zu nutzen.

In der Evaluation werden die Qualitätskriterien durch Anforderungen, die erfüllt werden müssen, beschrieben. Je nachdem, wie gut sie erfüllt sind, erfolgt eine Bewertung.

Beispiel: Im bayerischen Qualitätstableau, das sich im Kern von den in anderen Bundesländern in der externen Evaluation verwendeten Qualitätsrahmen kaum unterscheidet, gibt es in vier Qualitätsbereichen (Rahmenbedingungen, Prozessqualitäten Schule, Prozessqualitäten Unterricht und Erziehung, Ergebnisse schulischer Arbeit) insgesamt 23 Qualitätskriterien, die durch zusammen 72 Anforderungen spezifiziert sind. Dabei sind einem Kriterium jeweils drei bis vier Anforderungen zugeordnet, deren Erfüllungsgrad bei der Evaluation eingeschätzt wird (von „gar nicht" bis „voll und ganz erfüllt"). Die Kriterien werden aufgrund der Einschätzungen der einzelnen Anforderungen bewertet (fünf Kategorien von „große Schwäche" bis „große Stärke"), indem das arithmetische Mittel gebildet wird. Das jeweilige Ergebnis ergibt die entsprechende Bewertung (vgl. BAYERISCHES STAATSMINISTERIUM FÜR UNTERRICHTS UND KULTUS 2010a). Zu den einzelnen Kriterien können vom Evaluationsteam Empfehlungen gegeben werden, bei einer „großen Schwäche" muss eine solche ausgesprochen werden.

Dabei ist folgendes Wissen für eine erfolgreiche Analyse des Evaluationsberichts unbedingt notwendig, wenn die Schule datengestützt **Ziele für ihre Weiterarbeit** finden möchte:

- Empfehlungen zu einem Kriterium sind allgemein gehalten und geben Hinweise auf kriteriumsbezogene Handlungsfelder.
- Die Analyse auf der Anforderungsebene ergibt konkrete Hinweise auf spezifische Handlungsfelder durch die erfolgte Einstufung („gar nicht" bis „voll und ganz erfüllt").
- Die Begründung der Einschätzung gibt spezielle Hinweise auf den Ausprägungsgrad der entsprechenden Anforderung (erkennbar am Vorhandensein bzw. Fehlen einzelner Indikatoren).

Ob und wie eine einzelne Anforderung (hier: Kriterium S7, Anforderung 4) von der Einzelschule erfüllt wird, beschreiben die Evaluatoren im Bericht also auf der Indikatorenebene und bedingen die Einschätzung, ob die Anforderung gar nicht (Stufe 1) oder voll und ganz (Stufe 5) erfüllt wurde. Die Orientierungslinie dabei bildet die Formulierung der Anforderung.

Unterrichtsqualität, Evaluation und Qualitätssicherung

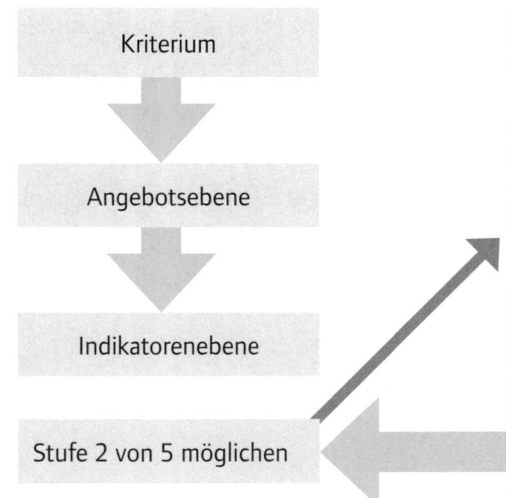

| Kriterium | S7 Systematik der Qualitätsentwicklung |

| Angebotsebene | A4: Es gibt vorab festgelegte Kriterien zur Überprüfung der Maßnahmen. |

| Indikatorenebene | „Die Ergebnisse der Elternbefragung im Rahmen einer internen Evaluation wurden der Schulgemeinschaft bekannt gegeben und dienten der Schulleitung bei der weiteren Planung von Schulentwicklungsmaßnahmen und -projekten (z. B. Einführung von Steuergruppen, Pausenhallengestaltung ect.). Kriterien, die für das Prozessmanagment der Qualitätsentwicklung nötig sind (Zuständigkeit, Zielzustand, Feedback-Verfahren ect.), wurden im Nachgang zur internen Evaluation zwar im Kollegium diskutiert, werden aber aktuell nicht weiter verfolgt." |

| Stufe 2 von 5 möglichen | |

Abb.: Wissen um die Berichtsstruktur als Voraussetzung für die Analyse

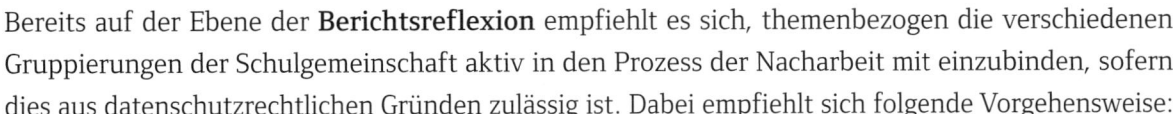

Übung: Analyse eines Berichtsausschnitts

Lesen Sie Ihren Berichtsausschnitt, z. B. zum Kriterium „Systematik der Qualitätsentwicklung".

Analysieren Sie die Begründungen für die Einschätzung der Anforderung hinsichtlich der inhaltlichen Beschreibung der Indikatoren.

Markieren Sie positive Einschätzungen auf der Indikatorenebene grün, negative rot (auch Handlungsfeld genannt).

Bereits auf der Ebene der **Berichtsreflexion** empfiehlt es sich, themenbezogen die verschiedenen Gruppierungen der Schulgemeinschaft aktiv in den Prozess der Nacharbeit mit einzubinden, sofern dies aus datenschutzrechtlichen Gründen zulässig ist. Dabei empfiehlt sich folgende Vorgehensweise:

1. Beteiligung der Schulgemeinschaft: themenbezogene Information (Datenschutz!)
2. Analyse der Bewertung der Kriterien, dabei spezifisch den Blick auf die Anforderungsebenen richten
3. Detailanalyse: Fokus auf die inhaltliche Beschreibung der Indikatoren in der Begründung

Danach beginnt der eigentliche Schulentwicklungsprozess, der auf S. 210 anhand eines Ablaufplans kurz skizziert wird.

8.5.3 Prozessbegleitung und Projektmanagement

Viele Schulen machen sich nach der externen Evaluation motiviert auf den Weg. Schulleitungen und Lehrkräfte beklagen sich jedoch nach einiger Zeit über die zusätzliche Aufgabe, die ihnen aufgebürdet wurde. Der Effekt ist, dass die Motivation aufgrund der vielen Probleme, die sich plötzlich auftun, verloren geht und die Schulentwicklung letztendlich im Sande verläuft. Damit geht auch der Wert der externen Evaluation und ihrer Ergebnisse verloren. Vielen „Betroffenen" ist dabei nicht klar, dass sowohl die effektive Planung als auch die inhaltliche Herangehensweise teilweise enormes Spezialwissen erfordert, will man die Nacharbeit zur externen Evaluation tatsächlich erfolgreich gestalten.

Externe Begleitung

Für eine förderliche Weiterarbeit mit den gewonnenen und dokumentierten Ergebnissen hat sich für Schulleitungen eine externe Begleitung, z. B. durch einen Schulentwicklungsmoderator, bewährt, der den Fokus der Qualitätsentwicklung durch spezielles Wissen im Bereich Projektmanagement auf die aktive Prozessbegleitung richten kann. Der damit implizierte Wissenstransfer garantiert eine systemische Sicht auf das Ziel der Schulentwicklung vor Ort und ermöglicht auch bei der Umsetzung der Handlungsvereinbarung Entlastung für alle Beteiligten in Schulleitung und Kollegium. Auch lässt sich dadurch die Akzeptanz von Evaluation und Schulentwicklung verbessern.

Bewährter Ablaufplan

Folgender Ablaufplan, bei dem alle Gruppierungen der Schulgemeinschaft eine aktive Rolle übernehmen können, hat sich für Schulen bewährt:

Ablaufplan für den Schulentwicklungsprozess

1. Prozessplanung durch das Schulleitungsteam
2. Vorabsprachen mit betroffenen schulischen Gremien, z. B. Lehrkräfte (Personalrat/Kollegium/Steuergruppe etc.), Elternbeirat, SMV, Schulforum
3. Information der Schulaufsicht über das Prozedere
4. Einbindung einer externen Prozessbegleitung
5. Vorabsprachen mit dem Prozessbegleiter (Schulleitung, evtl. Steuergruppenleitung)
6. Festlegung des Prozessablaufs (externer Prozessbegleiter/Schulleitung/Lehrkräfte/Vertreter aus Elternschaft und Schülern), z. B. mittels einer Workshop-/Steuergruppenarbeit
7. Gewinnung von Workshop-Leitern (Workshops für Lehrer, Eltern, Schüler und Schulleitung)
8. Vorabsprache Prozessbegleiter mit den Workshop-Leitungen
9. Pädagogischer Halbtag – Veranstaltung im Plenum und anschließende Workshops → Formulieren von Zielen
10. Diskussion in den Gruppierungen der Schulgemeinschaft (Lehrkräfte, Eltern-, Schülervertreter) mit anschließender Einigung auf eine bestimmte Anzahl von Zielen (weniger ist mehr!)
11. Erstellen einer Gesamtliste aller Ziele mit anschließender Präsentation (Plenum)
12. Reduktion und Priorisierung der Ziele durch Abstimmungen (weniger ist mehr!)
13. Dokumentation der „Wunschziele" der Schule als Grundlage zur Erstellung der Ziel- und Handlungsvereinbarungen.
14. Einbindung der Schulaufsicht (Information über Ergebnisse und Vorhaben)
15. Formulierung der Ziel- und Handlungsvereinbarungen inklusive verbindlicher Terminierung einer Bilanzierungskonferenz mit Unterschrift durch Schulleitung und Schulaufsicht

Bei der Erstellung der Ziel- und Handlungsvereinbarungen im Nachgang zur externen Evaluation gilt es grundsätzlich, die Punkte zu beachten, die im Kapitel 8.4.5 ausführlich dargelegt sind.
Praktische Beispiele zu drei verschiedenen Handlungsfeldern bietet die Publikation der bayerischen Qualitätsagentur am Institut für Schulqualität und Bildungsforschung „Leitfaden für die Erstellung von Zielvereinbarungen" (vgl. LANKES/HUBER 2012). Der Leitfaden ist verfügbar unter http://www.isb.bayern.de/gymnasium/materialien/l/leitfaden-erstellung-zielvereinbarung/ (letzter Zugriff am 16. 10. 2013). Siehe hier im Besonderen S. 16 f. sowie Anlagen S. 22 ff.

Allgemein gültige Grundsätze bei der Formulierung von wirkungsvollen Ziel- und Handlungsvereinbarungen bilden dabei folgende Aspekte, die hier noch einmal kurz dargestellt werden:

- Ziele als solche formulieren (z. B. SMART, vgl. S. 105), nicht mit Maßnahmen verwechseln
- Geeignete Maßnahmen erarbeiten
- Indikatoren festlegen, die die Erreichung des Zielzustandes messbar machen, z. B. mithilfe einer internen Evaluation
- Passgenaue Fortbildungsplanung erstellen
- Prozesssteuerung und Projektmanagement exakt planen, evtl. extern durchführen lassen (Schulentwicklungsmoderatoren o. Ä.)
- Planungen dokumentieren
- Schulaufsicht beteiligen
- Verbindlichkeit vereinbaren (z. B. Bilanzierungskonferenz)

Übung: Zielvereinbarung formulieren

Formulieren Sie mithilfe der Struktur des Formblattes „Ziel- und Handlungsvereinbarung auf der Grundlage der externen Evaluation" (http://www.isb.bayern.de/download/11588/formular_neu.doc, letzter Zugriff am 16.10.213) eine passende Zielvereinbarung unter Berücksichtigung folgender Aspekte:

1. Grundlage bildet das dargelegte Handlungsfeld aus dem Bericht, das Sie als Schwerpunkt der Weiterarbeit nach der Evaluation sehen.
2. Formulieren Sie das entsprechende Ziel / die entsprechenden Ziele Ihrer Weiterarbeit nach den SMART-Kriterien.
3. Formulieren Sie dazu passgenaue Handlungsvereinbarungen.

8.5.4 Die Rolle der Schulaufsicht

Im Rahmen einer systematischen Schulentwicklung muss man auch die Rolle der Schulaufsicht neu definiert sehen. Diese darf nicht auf die bloße Kontrolle der verbindlich zu erstellenden Ziel- und Handlungsvereinbarungen reduziert werden. Ihre eigentliche Funktion ist eine im Wesentlichen unterstützende.

Für die Schulaufsicht liefert die externe Evaluation nicht nur wertvolle, datengestützte Informationen über die Einzelschule, sondern konkretes Steuerungswissen über den Bedarf an schulübergreifenden Unterstützungsmaßnahmen sowie die passgenaue Entwicklung solcher Maßnahmen und über die Nutzung bestehender Ressourcen innerhalb ihres Verantwortungsbereichs.

Als besonders hilfreich auf Systemebene haben sich dabei die Auswertungen der Berichte erwiesen, die in einzelnen Qualitätsagenturen erstellt werden. Die Übersichten liefern wertvolle Erkenntnisse über Ergebnismuster, die wiederum als Steuerungswissen für die Weiterentwicklung von Schule dienen können. Bezogen auf die Schulaufsicht vor Ort ergeben sich vielfältige Nutzungsmöglichkeiten. Auch im jeweiligen Schulaufsichtsbezirk steht die Analyse der Berichte und die Auswertung der regionalen und schulartspezifischen Ergebnismuster am Beginn einer systematischen Schulentwicklung. Die Schulaufsicht kann durch eine an den für den Bezirk typischen Auswertungsergebnissen orientierte Modulplanung im Bereich der unterschiedlichen Prozessqualitäten auch mithilfe im eigenen Bezirk vorhandener Ressourcen den Qualitätsentwicklungsprozess der Einzelschule nachhaltig unterstützen (vgl. Abb. S. 212), indem sie die Unterstützungsmaßnahmen ausgehend von der jeweiligen Bedarfslage systematisch plant und den Schulen zur Verfügung stellt.

Auch die **Nutzung von Best-Practice-Beispielen** stellt eine wertvolle Unterstützungsmaßnahme dar. Durch das Aufzeigen von Vernetzungsmöglichkeiten mit sogenannten „Leuchtturm-Schulen" sowie deren Einbindung in die regionale Lehrerfortbildung kann Schulentwicklung vor Ort den durch die externe Evaluation angestoßenen Schulentwicklungsprozess wesentlich bereichern, auch in Form von Schulleitungs-Coaching. Dabei nehmen gute Schulen Partnerschulen mit spezifischem Entwicklungsbedarf an die Hand. Da dies auf Augenhöhe geschieht, gibt es kaum ein Akzeptanzproblem. Die Adaption gelungener Beispiele kann durch die Schulaufsicht, die einen Überblick über größere Einheiten besitzt, angestoßen werden. Dies erfordert neben der systematischen Analyse der Bedürfnisse eine professionelle Koordination und Dokumentation durch eine für die Qualitätsentwicklung verantwortliche Person in der Schulaufsicht, am besten unterstützt durch ein Schulamtsteam, dem z. B. Schulentwicklungsmoderatoren fest angehören. Allerdings gilt es, die Belange des Datenschutzes zu beachten. In diesem Zusammenhang hat sich auch die **digitale Vernetzung auf Schulentwicklungsplattformen** bewährt. Diese können ebenfalls gewinnbringend im Schulentwicklungsprozess eingebunden werden und sollten den Schulen, z. B. im Rahmen der Berichtskonferenz, bekannt gemacht werden (vgl. u. a. http://www.schulentwicklung.schule-oberfranken.de, letzter Zugriff am 16.10.2013).

Kommunikationsmethoden im Unterricht (U6)
Sie schlüpfen in die Schülerrolle und erleben verschiedene Unterrichtsmethoden, die Schlüsselqualifikationen fördern und den Redeanteil der Schüler im Unterricht erhöhen.

Moderation von Projekten im Unterricht (U7)
Sie erarbeiten Wissen und Werkzeuge für das erfolgreiche Managen eines Projektes im Unterricht anhand von konkreten Beispielen.

Kooperatives Lernen (U8)
Gemeinsam geht es besser und effektiver – dieser Kernsatz des kooperativen Lernens gilt für Schüler besonders dann, wenn der Unterrichtsverlauf entsprechend aufgebaut ist. Für Lehrer bringt es eine willkommene Erleichterung im Unterrichtsalltag. Die notwendigen „Kniffe" und Unterrichtsbausteine dafür werden erarbeitet, begründet und individuell umgesetzt.

Lernprozess und Lernsicherung differenziert gestalten (U9)
Es werden Anregungen und Hilfestellungen für einen differenzierten Umgang mit den zunehmend heterogenen Lernvoraussetzungen unserer Schüler aufgezeigt. Begleitende Übungsphasen ermöglichen Ihnen den Transfer in die eigene Unterrichtspraxis.

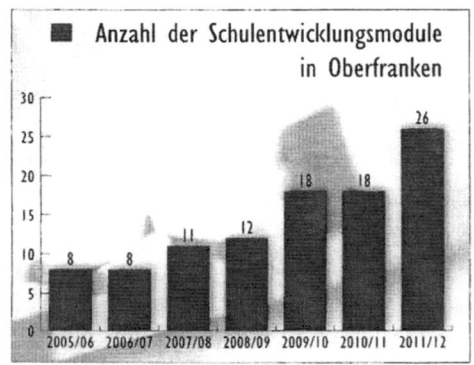

Impulse zur Förderung der Teamentwicklung im Klassen- und Lehrerzimmer (P1)
Sie erfahren Grundlagen zur Teamarbeit und erleben mögliche Vorgehensweisen zur Teamförderung in der Rolle eines Schülers oder Teammitgliedes. Im Anschluss reflektieren Sie Ihre Erfahrungen sowie die Umsetzbarkeit an Ihrer Schule.

Teamarbeit und -fähigkeit in einem kreativen Workshop erlernen und erleben (P2)
Wenn Sie die „Theorie" einmal zu Hause lassen wollen und sich auf „praktische Abenteuer" im Werk-, Bastel- oder Beschäftigungsraum im Rahmen von Teamarbeit einlassen wollen, können Sie Ihren eigenen Typen sowie Ihre eigene Teamfähigkeit reflektieren.

Erfolgreiches Einsetzen von Kommunikation und Konfrontation im Unterricht (P3)
Anhand kleiner Fallbeispiele aus der Unterrichtspraxis erleben Sie den Wert von echter Kommunikation. In Rollenspielen wird erfolgreiches Konfrontieren geübt.

Entlastung im Lehreralltag durch kollegiales Training (P4)
Sie erlernen und üben im Tandem bzw. Trio Techniken ein, die teilweise auf dem Konstanzer Trainingsmodell basieren. Diese helfen, das Unterrichtsklima zu verbessern, Unterrichtsstörungen zu reduzieren und so die berufliche Zufriedenheit zu steigern.

Lehrergesundheit (P5)
Sie lernen Risikofaktoren im Lehrberuf kennen, schätzen Ihre eigenen Risiken ein und erhalten praktische Hilfen und Informationen zur langfristigen Erhaltung Ihrer psychischen Gesundheit.

Kollegiale Beratung (P6)
Sie erfahren, dass der Austausch mit Kolleginnen und Kollegen Orientierung, Sicherheit und Unterstützung gibt. Somit steht ein enormes Potenzial zur Entlastung bei beruflichen Problemen zur Verfügung.

*Abb.: Ausschnitt aus der Broschüre **Schulentwicklung in Oberfranken – Berufliche Schulen** (U = Unterrichtsentwicklungsmodule und P = Personalentwicklungsmodule)*

Unterrichtsqualität, Evaluation und Qualitätssicherung

Durch die von der Schulaufsicht bereitgestellten Unterstützungsangebote in den verschiedenen Prozessqualitäten bekommt der Verbindlichkeitscharakter der obligatorischen Erstellung von Ziel- und Handlungsvereinbarungen im Nachgang zur externen Evaluation auch für die Einzelschule eine neue Qualität. Wenn sich die Schulen durch eine professionell agierende Schulaufsicht unterstützt und durch die Aufgabe der Nachsorge im Rahmen der externen Evaluation nicht an die Grenzen ihrer Leistungsfähigkeit gerückt fühlen, kann die nachhaltige Installation eines auf empirischen Ergebnissen basierenden Qualitätsbewusstseins an der Einzelschule (Schule als „lernende Organisation") gelingen. Gleichzeitig ist es jedoch wichtig, dass in ausreichender Anzahl gut ausgebildete Schulentwicklungsmoderatoren zur externen Begleitung des Schulentwicklungsprozesses zur Verfügung gestellt werden, die dann im Bedarfsfalle von der Schulleitung abgerufen werden können. Das ist ebenfalls eine wichtige Pflichtaufgabe der Schulaufsicht und bietet ihr, aber auch den Schulen die Chance auf ein professionelles Projektmanagement, das in einen systematischen Qualitätszirkel eingebettet ist und für spürbare Qualitätseffekte an der Einzelschule sorgen kann. Damit wird die Wahrscheinlichkeit, dass Schulentwicklung auch bei der Schülerschaft ankommt, deutlich erhöht.

Für die Schulleitung bedeutet dies, dass sie der Motor dieser Entwicklung ist, aber auch, dass sie in diesem Prozess „zulassen" und „loslassen" muss. Sie muss

Schulleitung als Motor von Schulentwicklung

- **zulassen,** dass Schulentwicklung an der Schule unter Einbeziehung aller Gruppierungen stattfindet,
- und **loslassen,** sodass sie das Abgeben von Verantwortung an Steuergruppen oder eine externe Begleitung des Prozesses nicht als persönlichen Autoritätsverlust, sondern als Entlastung und weiteren Schritt ihrer eigenen Professionalisierung empfindet.

Dadurch wird eine datengestützte Schulentwicklung tatsächlich von den Beteiligten als ein Prozess empfunden, der „bottom up" („management by delegation") und nicht „top down" gesteuert ist, der weitgehend auf eine hierarchische Gliederung verzichtet und dadurch größere Akzeptanz bei allen Beteiligten erzielt sowie die Motivation des Einzelnen deutlich verbessern hilft („management by aiming").

8.6 Fazit: Unterrichtsentwicklung als Voraussetzung von Schulentwicklung

Als Schulleiter und somit Führungsperson hat man die Pflicht, sich um die Unterrichtsentwicklung des eigenen Kollegiums zu kümmern und diese in Gang zu bringen. Dies setzt voraus, dass man im Rahmen von Evaluationen den Ist-Stand der Unterrichtsqualität bestimmen kann. Genauso von Bedeutung ist es aber, alle an der Schule Beteiligten zu motivieren. Hierfür ist ein fundiertes Wissen notwendig: Prozesse müssen angeregt und geleitet, Neuerungen durchgesetzt werden, und bei all dem muss mit einer Vielzahl von Betroffenen zusammengearbeitet werden.

Es sollte deutlich geworden sein, dass Unterrichtsentwicklung bzw. die Steigerung der Unterrichtsqualität keine Aufgabe eines einzelnen Lehrers bzw. nur des Schulleiters sein kann. Im Projekt „Selbstständige Schule" wurde herausgearbeitet, dass Schule sich im Kontext von Organisations-, Personal- und Unterrichtsentwicklung entwickelt. Daraus wird ersichtlich, dass alle von Schule Betroffenen, also Lehrer, Eltern und Schüler, am Prozess der Unterrichtsentwicklung beteiligt werden müssen. Im Mittelpunkt steht hierbei die Forderung, dass jeder Schüler bestmöglich in seinem Lernprozess begleitet werden soll. Dabei muss beachtet werden, dass der Einzelne umso effektiver verschiedene Lernangebote miteinander verbinden kann, je systematischer diese miteinander verknüpft sind. Daraus lässt sich folgern, dass eine systematische innerschulische Entwicklung, die auf die Verbesserung des Unterrichts abzielt, auch die Entwicklung des Individuums unterstützt (vgl. BSB 2006, 12).

Es kommt darauf an, wie sich alle Beteiligten innerhalb des Lehrerkollegiums mit den Schülern und Eltern verständigen, wenn eine einzelne Schule eine Entwicklung und Verbesserung des Unterrichts anstrebt. Damit ist eine Prioritätensetzung für die Entwicklung der ganzen Schule gefallen, vorausgesetzt, dass die Entscheidung auf der Basis fundierter Vorinformationen getroffen worden ist (vgl. ebd.).

Damit eine solch komplexe Aufgabe bewältigt werden kann, hat sich die Einrichtung schulischer Steuergruppen bewährt. Ihre Aufgabe ist es, die Entwicklungsarbeit der Schule systematisch zu planen, zu koordinieren und letztendlich auch zu evaluieren. Der Schulleiter trägt dabei die Führungsverantwortung für den Gesamtprozess und somit auch für das Ergebnis der Qualitätsentwicklung und -sicherung an der Schule (vgl. ebd., 15).

Literatur

AREGGER, KURT (1976): Innovation in sozialen Systemen 1 + 2. Paul Haupt: Bern, Stuttgart.

ARNOLD, KARL-HEINZ / SCHREINER, SABINE (2006): Üben. In: KARL-HEINZ ARNOLD / UWE SAND-FUCHS/JÜRGEN WIECHMANN (Hrsg.): Handbuch Unterricht. Klinkardt: Bad Heilbrunn, 326–330.

ASD – Arbeitsgemeinschaft der Schulleiterverbände Deutschlands / Verband deutscher Schulleitungen e. V. (1999): Schulleitung in Deutschland. Ein Berufsbild in Entwicklung. Raabe: Stuttgart.

AURIN, KURT (1993) (Hrsg.): Auffassungen von Schule und pädagogischem Konsens. Fallstudien bei Lehrerkollegien, Eltern- und Schülerschaft von fünf Gymnasien. M & P Verlag für Wissenschaft und Forschung: Stuttgart.

AURIN, KURT (1994): Gemeinsam Schule machen. Schüler, Lehrer, Eltern – Ist Konsens Möglich? Klett-Cotta: Stuttgart.

AURIN, KURT (1998): Konsens und Kooperation – Strukturelemente demokratisch gestalteter Schulkultur. In: JOSEF KEUFFER et. al (Hrsg.): Schulkultur als Gestaltungsaufgabe. Partizipation – Management – Lebensweltgestaltung. Beltz: Weinheim, 118–137.

BAUER, KARL-OSWALD / ROLFF, HANS-GÜNTER (1978): Vorarbeiten zu einer Theorie der Schulentwicklung. In: KARL-OSWALD BAUER / HANS-GÜNTER ROLFF (Hrsg.): Innovation und Schulentwicklung. Weinheim: Basel, 219–266.

BAUMERT, JÜRGEN (1989): Schulleitung in der Empirischen Forschung. In: HEINZ S. ROSENBUSCH / JOCHEN WISSINGER (Hrsg.): Schulleiter zwischen Administration und Innovation. Schulleiter-Handbuch Band 50. Sl-Verlag: Braunschweig, 52–63.

BAY, ROLF H. (2010): Erfolgreiche Gespräche durch aktives Zuhören. 7. Aufl. Expert: Renningen.

BAYERISCHES STAATSMINISTERIUM FÜR UNTERRICHT UND KULTUS (2010): Qualitätshandbuch – QmbS. Hintermaier: München.

BECKER, ANDREAS / THOMAS, LUTZ (2000): Die Bedeutung der Steuergruppe für einen gelingenden Schulentwicklungsprozess. In: Schul-Management, 312, 8–15.

BECKER, Georg E. (1998): Unterricht auswerten und beurteilen. Beltz: Weinheim.

BERMAN, PAUL (1981): Implementation Paradigm. In: ROLF LEHMING / MICHAEL KANE (Hrsg.): Improving Schools. Sage Publications: Beverly Hills, 253–286.

BERTELSMANN STIFTUNG (1996) (Hrsg.): Schule neu gestalten (Dokumentation zum Sonderpreis „Innovative Schulen"). Bertelsmann Stiftung: Gütersloh.

BEYER, KATRIN / RIEGER, ULRIKE (2004): Netzwerkstrukturen und Steuerungsmodelle. In: BERNHARD BRACKHAHN et al. (Hrsg.): Unterstützungssysteme und Netzwerke. Qualitätsverbesserung in Schulen und Schulsystemen QuiSS, Bd. 3. Luchterhand: Darmstadt, 144–147.

BIRKER, KLAUS (2003): Projektmanagement. Cornelsen: Berlin.

BONSEN, MARTIN (2006): Wirksame Schulleitung. Forschungsergebnisse. In: HERBERT BUCHEN / HANS-GÜNTER ROLFF (Hrsg.): Professionswissen Schulleitung. Beltz: Weinheim/Basel, 193–228.

BÖTTCHER, WOLFGANG / MEETZ, FRANK (2010): Fundraising und Sponsoring an deutschen Schulen – Konzepte, Begriffe, Praxis und Probleme. In: RAIMUND PFUNDTNER (Hrsg.): Grundwissen Schulleitung I. Handbuch für das Schulmanagement. 2. überarbeitete u. erweiterte Aufl. Carl Link: Köln, 351–369.

BÖTTCHER, WOLFGANG / MOSING, GEORGIA (2006): Leitungskommunikation. In: HERBERT BUCHEN / HANS-GÜNTER ROLFF (Hrsg.): Professionswissen Schulleitung. Beltz: Weinheim/Basel, 870–991.

BRÄGGER, GEROLD / POSSE, NORBERT (2007): Instrumente für die Qualitätsentwicklung und Evaluation in Schulen (IQES). Wie Schulen durch eine integrierte Gesundheits- und Qualitätsförderung besser werden können, Band 1. h. e. p. Verlag: Bern.

BSB – BEHÖRDE FÜR BILDUNG UND SPORT HAMBURG (2006): Selbstverantwortete Schulen. Identität stärken – Qualität verbessern. Hamburg. Broschüre zum Download unter http://www.schulqualitaet-svs.hamburg.de/index.php/(letzter Zugriff am 16.10.2013).

BUCHEN, HERBERT (2006): Schule managen statt nur verwalten. In: HERBERT BUCHEN / HANS-GÜNTER ROLFF (Hrsg.): Professionswissen Schulleitung. Beltz: Weinheim/Basel, 12–101.

BUHREN, CLAUS G. (2012): Kollegiale Hospitation. Verfahren, Methoden und Beispiele aus der Praxis. 2., unveränderte Aufl. Link: Köln.

BUHREN, CLAUS G. / ROLFF, HANS-GÜNTER (2009): Personalmanagement für die Schule. Ein Handbuch für Schulleitung und Kollegium. 2. Aufl. Beltz: Weinheim/Basel.

BURKARD, CHRISTOPH / EIKENBUSCH, GERHARD (2000): Praxishandbuch Evaluation in der Schule. Cornelsen Scriptor: Berlin.

CZERWANSKI, ANNETTE (2003) (Hrsg.): Schulentwicklung durch Netzwerkarbeit. Erfahrungen aus den Lernnetzwerken im „Netzwerk innovativer Schulen in Deutschland". Verlag Bertelsmann Stiftung: Gütersloh.

CZERWANSKI, ANNETTE (2003a): „Alles Netzwerke oder was?" – Merkmale und Funktionen von Netzwerken. In: ANNETTE CZERWANSKI (Hrsg.): Schulentwicklung durch Netzwerkarbeit. Erfahrungen aus den Lernnetzwerken im „Netzwerk innovativer Schulen in Deutschland". Verlag Bertelsmann Stiftung: Gütersloh, 10–15.

CZERWANSKI, ANNETTE (2003b): Lernnetzwerke im „Netzwerk innovativer Schulen in Deutschland". In: ANNETTE CZERWANSKI (Hrsg.): Schulentwicklung durch Netzwerkarbeit. Erfahrungen aus den Lernnetzwerken im „Netzwerk innovativer Schulen in Deutschland". Verlag Bertelsmann Stiftung: Gütersloh, 19–41.

CZERWANSKI, ANNETTE (2003c): Ergebnisse einer Evaluation. Der Nutzen der Lernnetzwerke aus Teilnehmersicht. In: ANNETTE CZERWANSKI (Hrsg.): Schulentwicklung durch Netzwerkarbeit. Erfahrungen aus den Lernnetzwerken im „Netzwerk innovativer Schulen in Deutschland". Verlag Bertelsmann Stiftung: Gütersloh, 203–221.

DAMMANN, MAJA (2012): Lehrkräften ermöglichen, ihr Potential zu entfalten. In: STEPHAN G. HUBER (Hrsg.): Jahrbuch Schulleitung 2012. Carl Link Verlag: Köln, 238–247.

DALIN, PER (1986): Organisationsentwicklung als Beitrag zur Schulentwicklung. Innovationsstrategien für die Schule. Ferdinand Schöningh: Paderborn.

DALIN, PER/ROLFF, HANS-GÜNTER / BUCHEN, HERBERT (1990): Institutionelles Schulentwicklungsprogramm. Eine neue Perspektive für Schulleiter, Kollegium und Schulaufsicht. Kettler: Soest.

DEISTER, WINFRIED (2005): Der 48-Stunden-Tag. Zeitmanagement für Schulleitungen. Luchterhand: München.

DITTON, HARTMUT (2002a): Lehrkräfte und Unterricht aus Schülersicht, Ergebnisse und Untersuchung im Fach Mathematik. In: Zeitschrift für Pädagogik, 48 (2), 262–286.

DITTON, HARTMUT (2002b): Evaluation und Qualitätssicherung. In: RUDOLF TIPPELT (Hrsg.): Handbuch Bildungsforschung. Leske und Budrich: Opladen, 775–790.

DITTON, HARTMUT (2006): Unterrichtsqualität. In: KARL-HEINZ ARNOLD / UWE SANDFUCHS / JÜRGEN WIECHMANN (Hrsg.): Handbuch Unterricht. Klinkardt: Bad Heilbrunn, 235–243.

DITTON, HARTMUT (2007): Erwartungen verdeutlichen und Ergebnisse sichern. Was wissen wir über Kompetenzorientierung? In: Pädagogik, 9, 40–51.

DITTON, HARTMUT (2010): Funktion und Bedeutung der Qualitätsagenturen für die Qualitätssicherung an Schulen. In: BERND SCHAAL / FRANZ HUBER (Hrsg.): Qualitätssicherung im Bildungswesen: Auftrag und Anspruch der bayerischen Qualitätsagentur. Waxman: Münster, 23–38.

DORAN, GEORGE T. (1981): There's a S.M.A.R.T. way to write management's goals and objectives. In: Management Review, Volume 70, Issue 11 (Ama Forum), 35–36.

DUBS, ROLF (2005): Die Führung einer Schule. Leadership und Management. 2. Aufl. Franz Steiner: Zürich.

DUBS, ROLF (2009): Führung. In: HERBERT BUCHEN / HANS-GÜNTER ROLFF (Hrsg.): Professionswissen Schulleitung. 2. Aufl. Beltz: Weinheim u.a., 102–176.

DUNCKER, LUDWIG (1994): Lernen als Kulturaneignung. Schultheoretische Grundlagen des Elementarunterrichts. Beltz: Weinheim u. a.

EGGEN, PAUL D. / KAUCHAK, DON P. (2001): Strategies for teachers, teaching content and thinking skills. Allyn and Bacon: Boston u. a.

EMMERICH, MARCUS / MAAG MERKI, KATHARINA (2009): Netzwerke als Koordinationsform regionaler Bildungslandschaften. In: NILS BERKEMEYER et al. (Hrsg.): Schulische Vernetzung. Eine Übersicht zu aktuellen Netzwerkprojekten. Waxmann: Münster u. a., 13–30.

FAUSER, PETER (1989): Nachdenken über pädagogische Kultur. In: Die Deutsche Schule, 81, 5–25.

FEND, HELMUT / KNÖRZER, WOLFGANG / NAGEL, WILLIBALD / SPECHT, WERNER / VÄTH-SZUSDZIARA, ROSWITH (1976): Gesamtschule und dreigliedriges Schulsystem – eine Vergleichsstudie über Chancengleichheit und Durchlässigkeit. Klett: Stuttgart.

FEND, HELMUT (1986): Gute Schulen – schlechte Schulen. Die einzelne Schule als pädagogische Handlungseinheit. In: Die Deutsche Schule, 82, 275–293.

FEND, HELMUT (1996): Schulkultur und Schulqualität. In: Zeitschrift für Pädagogik, 34. Beiheft: Die Institutionalisierung von Lehren und Lernen. Beiträge zu einer Theorie der Schule (hrsg. von ACHIM LESCHINSKY). Beltz: Weinheim/Basel, 85–97.

FEND, HELMUT (1998): Qualität im Bildungswesen. Schulforschung zu Systembedingungen, Schulprofilen und Lehrerleistung. Juventa: Weinheim/München.

FKSBAYSTV – FÜHRUNGSKRÄFTESTANDARDS IN DER BAYERISCHEN STAATSVERWALTUNG (2005): Gemeinsame Bekanntmachung des Staatsministeriums für Unterricht und Kultus und für Wissenschaft, Forschung und Kunst. Dezember 2005.

FLEISHMAN, EDWIN A / HARRIS, EDWIN F. (1962): Patterns of leader behavior related to employee grievances and turnover. In: Personnel Psychology, 15, 43–56.

FULLAN, MICHAEL (1992): Successful School Improvement. Open University Press: Buckingham, Philadelphia.

GÓMEZ TUTOR, CLAUDIA (2004): Grundlegende Kompetenzen für Schulleitungshandeln. In: ROLF ARNOLD / CHRISTIANE GRIESE (Hrsg.): Schulleitung und Schulentwicklung. Voraussetzungen, Bedingungen, Erfahrungen. Schneider: Hohengehren, 41–52.

GOOD, THOMAS L. / BROPHY, JERE E. (1986): School Effects. In: MERLIN C. WITTROCK (Hrsg.): Handbook of Research on Teaching. 3. Aufl. Macmillan: New York, 570–602.

GORDON, THOMAS (2005): Managerkonferenz. Effektives Führungstraining. 20. Aufl. Heyne: München.

GOTTMANN, CORINNA (2009): Das Schulnetzwerk „Reformzeit – Schulentwicklung in Partnerschaft". Eine Zwischenbilanz aus Sicht der externen Evaluation. In: NILS BERKEMEYER et al. (Hrsg.): Schulische Vernetzung. Eine Übersicht zu aktuellen Netzwerkprojekten. Waxmann: Münster u. a., 31–48.

GROSS OPHOFF, JANA / KOCH, URSULA / HOSENFELD, INGMAR / HELMKE, ANDREAS (2006): Ergebnisrückmeldung und ihre Rezeption im Projekt VERA. In: HARM KUPER / JULIA SCHNEEWIND (Hrsg.): Rückmeldung und Rezeption von Forschungsergebnissen. Zur Verwendung wissenschaftlichen Wissens im Bildungssystem. Waxman: Münster.

HAENISCH, HANS (1989): Gute und schlechte Schulen im Spiegel der empirischen Forschung. In: KLAUS-JÜRGEN TILLMANN (Hrsg.): Was ist eine gute Schule? Bergmann + Helbig: Hamburg, 32–46.

HAMEYER, UWE (1987): Planning to Institutionalize a New Science Curriculum. In: MATTHEW B. MILES / MATS EKHOLM / ROLAND VANDENBERGHE (Hrsg.): Lasting School Improvement: Exploring the Process of Institutionalization. Acco: Leuven, Amersfoort, 221–239.

HAMEYER, UWE (1992): Die innere Qualität innovativer Grundschulen – Ergebnisse aus Fallstudien zur Selbsterneuerungsfähigkeit. In: UWE HAMEYER / ROLAND LAUTERBACH / JÜRGEN WIECHMANN (Hrsg.): Innovationsprozesse in der Grundschule. Fallstudien, Analysen und Vorschläge zum Sachunterricht. Klinkhardt: Bad Heilbrunn/Obb., 77–103.

HAMEYER, UWE / VAN DEN AKKER, JAN / ANDERSON, RONALD D. / EKHOLM, MATS (1995): Portraits of Productive Schools. An International Study of Institutionalizing Activity Based Practices in Elementary Schools. State University of New York Press: New York.

HATTIE, JOHN A. C. (2009): Visible Learning. A Synthesis of Over 800 Meta-Analyses Relating to Achievement. Routledge: London/New York.

HELMKE, ANDREAS / HOSENFELD, INGMAR (2004): Vergleichsarbeiten – Kompetenzmodelle – Standards. In: MAROLD WOSNITZA / ANDREAS FREY / REINHOLD S. JÄGER (Hrsg.): Lernprozesse, Lernumgebungen und Lerndiagnostik. Wissenschaftliche Beiträge zum Lernen im 21. Jahrhundert. Verlag Empirische Pädagogik: Landau, 56–75.

HELMKE, ANDREAS (2009): Unterrichtsqualität und Lehrerprofessionalität: Diagnose, Evaluation und Verbesserung des Unterrichts. Kallmeyer: Seelze-Velber, Klett: Stuttgart.

HERRMANN, DOROTHEA (2006): Konflikte managen. In: HERBERT BUCHEN/HANS-GÜNTER ROLFF (Hrsg.): Professionswissen Schulleitung. Beltz: Weinheim/Basel, 1048–1087.

HOFBAUER, HELMUT / WINKLER, BRIGITTE (2004): Das Mitarbeitergespräch als Führungsinstrument. Hanser: München.

HÖHER, PETER / HANS-GÜNTER ROLFF (1996): Neue Herausforderungen an Schulleitungsrollen: Management – Führung – Moderation. In: HANS-GÜNTER ROLFF et al. (Hrsg.): Jahrbuch der Schulentwicklung, Band 9. Juventa: Weinheim/München, 187–220.

HOLTAPPELS, HEINZ GÜNTER (1995): Schulkultur und Innovation – Ansätze, Trends und Perspektiven der Schulentwicklung. In: HEINZ GÜNTER HOLTAPPELS (Hrsg.): Entwicklung von Schulkultur. Ansätze und Wege schulischer Erneuerung. Luchterhand: Neuwied u. a., 6–36.

HORSTER, LEONHARD (1995): Wie Schulen sich entwickeln können : der Beitrag der Organisationsentwicklung für schulinterne Projekte. 2. Aufl. Verlag für Schule und Weiterbildung: Bönen.

HOSENFELD, INGMAR (2005): Rezeption – Reflexion – Aktion. Wie lassen sich Lernstandserhebungen und Vergleichsarbeiten pädagogisch nutzen? In: GEROLD BECKER / ALBERT BREMERICH-VOS et al. (Hrsg.): Standards – Unterrichten zwischen Kompetenzen, zentralen Prüfungen und Vergleichsarbeiten. Friedrich Jahresheft XXIII, 112–114.

HOSENFELD, INGMAR / GROSS OPHOFF, JANA / BITTINS, PETRA (2006): Vergleichsarbeiten und Schulentwicklung (Schulmanagement-Handbuch, Vol. 118). Oldenbourg Schulbuchverlag: München.

HUBER, GERHARD STEPHAN / SCHNEIDER, NADINE (2009): Netzwerk Erfurter Schulen (NES). In: NILS BERKEMEYER et al. (Hrsg.): Schulische Vernetzung. Eine Übersicht zu aktuellen Netzwerkprojekten. Waxmann: Münster u. a., 135–148.

ISB – STAATSINSTITUT FÜR SCHULQUALITÄT UND BILDUNGSFORSCHUNG (2005): Externe Evaluation an Bayerns Schulen. München. http://www.eu-bs.de/uploads/media/ISB_Manual_EVA.pdf (letzter Zugriff am 16.10.2013).

ISB – STAATSINSTITUT FÜR SCHULQUALITÄT UND BILDUNGSFORSCHUNG (2010): Externe Evaluation an Bayerns Schulen. München. http://www.isb.bayern.de/schulartuebergreifendes/qualitaetssicherung-schulentwicklung ® Evaluation ® Externe Evaluation (letzter Zugriff am 16.10.2013).

JANZEN, MARGOT (2004): Projektmanagement im Verlauf der Netzwerkarbeit. In: BERNHARD BRACK-HAHN et al. (Hrsg.): Unterstützungssysteme und Netzwerke. Qualitätsverbesserung in Schulen und Schulsystemen QuiSS, Band 3. Luchterhand: Darmstadt, 148–154.

KANSTEINER-SCHÄNZLIN, KATJA (2002): Personalführung in der Schule – Übereinstimmungen und Unterschiede zwischen Frauen und Männern in der Schulleitung. Klinkhardt: Bad Heilbrunn.

KLAFKI, WOLFGANG (1983): Plädoyer für den „Mut zu kleinen Schritten" im Blick auf die „großen Perspektiven". In: Die Deutsche Schule, 75, 184–194.

KLEMM, KLAUS / ROLFF, HANS-GÜNTER (1977): Zur Dynamik der Schulentwicklung. In: Zeitschrift für Pädagogik, 23, 4, 551–562.

KLENK, GERALD (2007): IV.–2.1 Führen mit Teams. In: BARBARA LOOS / KLAUS POELKE / DETLEF KÖLLN (Hrsg.): Erfolgreiche Personalpraxis für den Schulleiter. Raabe: Berlin.

KLIEME, ECKHARDT (2010): Individuelle Förderung. Politische Ziele – Pädagogische Konzepte – Empirische Befunde. Folienpräsentation zum Vortrag im Hessischen Kultusministerium am 26.10.2010. Deutsches Institut für Internationale Pädagogische Forschung: Frankfurt/M.

KLOFT, CARMEN (2012): Förderung von Talenten und Karrieren. In: STEPHAN G. HUBER (Hrsg.): Jahrbuch Schulleitung 2012. Carl Link Verlag: Köln, 227–237.

KNAPP, RUDOLF / NEUBAUER, WALTER / WICHTERICH, HEINER (2004): Dicke Luft im Lehrerzimmer. Konfliktmanagement für Schulleitungen. Schulmanagement konkret, Band 2. Luchterhand: Düsseldorf.

KOHLER, BRITTA / SCHRADER, FRIEDRICH-WILHELM (2004): Ergebnisrückmeldungen und Rezeption: Von der externen Evaluation zur Entwicklung von Schule und Unterricht. In: Empirische Pädagogik, 18 (1), 3–17.

KOUZES, JAMES M. / POSNER, BARRY Z. (2007): The Leadership Challenge. How to Get Extraordinary Things Done in Organizations. 4. Aufl. Jossey-Bass: San Francisco u. a.

KOWALCZYK, WALTER / OTTICH, KLAUS (2003): Was wir mal besprechen müssen. Schulmanagement konkret, Band 1. Luchterhand: Düsseldorf.

KRAUSE, CHRISTINA (2003): Pädagogische Beratung: Was ist, was soll, was kann Beratung? In: CHRISTINA KRAUSE et al. (Hrsg.): Pädagogische Beratung. Grundlagen und Praxisanwendung. Schöningh: Paderborn u. a., 15–31.

LANKES, EVA-MARIA / HUBER, FRANZ (2012): Leitfaden für die Erstellung von Zielvereinbarungen. Staatsinstitut für Schulqualität und Bildungsforschung: München. http://www.isb.bayern.de/gymnasium/materialien/l/leitfaden-erstellung-zielvereinbarung/ (letzter Zugriff am 16.10.2013).

LÜTZ, GERNOT (2000): Lust und Frust in der Schule. In: DIETER SMOLKA (Hrsg.): Motivation und Mitarbeiterführung in der Schule. Luchterhand: Neuwied u. a., 301–306.

MACBEATH, JOHN (1999): Schools Must Speak for Themselves: The Case for School Self-Evaluation. Routledge: London.

MANITIUS, VERONIKA / MÜTHING, KATHRIN / VAN HOLT, NILS / BERKEMEYER, NILS (2009): Nutzenpotenziale schulischer Netzwerke – das Beispiel „Schulen im Team". In: NILS BERKEMEYER et al. (Hrsg.): Schulische Vernetzung. Eine Übersicht zu aktuellen Netzwerkprojekten. Waxmann: Münster u. a. 49–64.

MESSNER, RUDOLF (1986) Pädagogische Erneuerung von innen – das Beispiel Offene Schule Waldau. In: Die Deutsche Schule, 783, 348–362.

MEYER, HILBERT (1997): Schulpädagogik. Bd. II: Für Fortgeschrittene. Cornelsen Scriptor: Berlin.

MEYER, HILBERT (2004): Was ist guter Unterricht? Cornelsen Scriptor: Berlin.

MIETZEL, GERD (2007): Pädagogische Psychologie des Lernens und Lehrens. Hogrefe: Göttingen.

MILLER, REINHOLD (2010): Selbst-Coaching für Schulleiterinnen und Schulleiter. 3., neu ausgestattete Aufl. Beltz: Weinheim u. a.

MINDEROP, DOROTHEA / SOLZBACHER, CLAUDIA (2007): Ansätze und Dimensionen – eine Einführung. In: DOROTHEA MINDEROP / CLAUDIA SOLZBACHER (Hrsg.): Bildungsnetzwerke und Regionale Bildungslandschaften. Ziele und Konzepte, Aufgaben und Prozess. Link Luchterhand: München, 3–13.

MINISTERIUM FÜR KULTUS, JUGEND UND SPORT BADEN-WÜRTTEMBERG (2010) (Hrsg.): Handreichung. Zielvereinbarung zwischen Schulen und Schulverwaltung. Stuttgart. http://www.kultusportal-bw.de/Lde/771685 (letzter Zugriff am 16.10.2013).

MITTELSTÄDT, HOLGER (2006): Interne und externe Öffentlichkeitsarbeit. In: HERBERT BUCHEN / HANS-GÜNTER ROLFF (Hrsg.): Professionswissen Schulleitung. Beltz: Weinheim/Basel, 1117–1203.

MOOS, LEIF / MAHONY, PAT / REEVES, JENNY (1998): What Teachers, Parents, Governors and Pupils Want from their Heads. In: JOHN MACBEATH (Hrsg.): Effective School Leadership: Responding to change. Paul Chapman: London, 60–79.

MORTIMORE, PETER / SAMMONS, PAMELA / STOLL, LOUISE / LEWIS, DAVID / ECOB, RUSSELL (1988): School matters: The junior years. The University of Chicago Press: Wells.

MÜNCH, JOACHIM (2004) Notwendigkeiten, Möglichkeiten und Grenzen von Führungshandeln in selbstständigen Schulen. In: ROLF ARNOLD / CHRISTIANE GRIESE (Hrsg.): Schulleitung und Schulentwicklung. Voraussetzungen, Bedingungen, Erfahrungen. Schneider: Hohengehren, 25–39.

PAULSTON, ROLLAND G. (1976): Conflicting Theories of Social and Educational Change: A Typological Review. University Center for International Studies: Pittsburgh.

PETERMANN, FRANZ (1996): Psychologie des Vertrauens. 3. Aufl. Hogrefe: Göttingen.

PFITZNER, MICHAEL (2007): Beratung und Profession. Beratung als professionelle Aufgabe von Lehrern. In: HANS JÜRGEN APEL / WERNER SACHER (Hrsg.): Studienbuch Schulpädagogik. 3. Aufl. Klinkhardt: Bad Heilbrunn/Obb., 377–403.

PHILIPP, ELMAR (2006): Teamentwicklung. In: HERBERT BUCHEN / HANS-GÜNTER ROLFF (Hrsg.): Professionswissen Schulleitung. Beltz: Weinheim/Basel, 728–750.

PRENZEL, MANFRED et al. (2004) (Hrsg.): PISA 2003. Der Bildungsstand der Jugendlichen in Deutschland – Ergebnisse des zweiten internationalen Vergleichs. Waxman: Münster.

PROJEKTLEITUNG „SELBSTSTÄNDIGE SCHULE" (2005), http:// www.schulqualitaet-svs.hamburg.de/index. php/file/download/1374 (letzter Zugriff am 16. 10. 2013).

PURKEY, STEWART C. / SMITH, MARSHALL S. (1990): Wirksame Schulen – Ein Überblick über die Ergebnisse der Schulwirkungsforschung in den Vereinigten Staaten. In: KURT AURIN (Hrsg.): Gute Schulen – worauf beruht ihre Wirksamkeit? Klinkhardt: Bad Heilbrunn/Obb., 13–45.

RAUCH, FRANZ (2003): Schulleitung im Kontext aktueller Entwicklungen: Rollenbilder und Qualifikationen. In: FRANZ RAUCH / COLIN BIOTT (Hrsg.): Schulleitung. Rahmenbedingungen, Anforderungen und Qualifikationen aus internationaler Perspektive. Studien Verlag: Innsbruck, 13–63.

RAUCH, FRANZ / KREIS, ISOLDE (2009): Regionale Netzwerke im österreichischen Projekt IMST. In: NILS BERKEMEYER et al. (Hrsg.): Schulische Vernetzung. Eine Übersicht zu aktuellen Netzwerkprojekten. Waxmann: Münster u. a., 79–92.

REEVES, JENNY / MOOS, LEIF / FORREST, JOAN (1998): The School Leader's View. In: JOHN MACBEATH (Hrsg.): Effective School Leadership: Responding to change. Paul Chapman: London, 32–59.

REISS, GUNTER / VON SCHOENENBECK, MECHTHILD (1987): Schulkultur. 2 Bände. Athenäum: Frankfurt/M.

REYNOLDS, DAVID (1989): Forschung zu Schulen und zur Wirksamkeit ihrer Organisation – das Ende des Anfangs? Eine kritische Bilanz aus der Sicht britischer Erfahrungen. In: KURT AURIN (Hrsg.): Gute Schulen – worauf beruht ihre Wirksamkeit? Klinkhardt: Bad Heilbrunn/Obb., 88–100.

RIECKE-BAULECKE, THOMAS (2002): Schulleitung im Wandel. Ein Gespräch mit Michael Fullan und Norm Green. In: Schul-Management, 5, 19–22.

RIECKE-BAULECKE, THOMAS (2005): SchulleitungPlus. Schule und Unterricht erfolgreich gestalten. Oldenbourg: München u. a.

RISSE, ERIKA (2001): Netzwerke als Motor für Schulentwicklung. In: Pädagogische Führung, 2/2001, 56–59.

ROLFF, HANS-GÜNTER (1971): Bildungsplanung als Innovationsprozess. In: KLAUS HÜFNER / JENS NAUMANN (Hrsg.): Bildungsplanung: Ansätze, Modelle, Probleme. Klett: Stuttgart, 319–347.

ROLFF, Hans-Günter (1990): Wie gut sind gute Schulen? Kritische Analysen zu einem Modethema. In: HANS-GÜNTER ROLFF et al. (Hrsg.): Jahrbuch der Schulentwicklung, Bd. 6. Juventa: Weinheim, 243–261.

ROLFF, HANS-GÜNTER (1998): Entwicklung von Einzelschulen. In: HANS-GÜNTER ROLFF et al. (Hrsg.): Jahrbuch der Schulentwicklung, Bd. 10. Juventa: Weinheim/München.

ROLFF, HANS-GÜNTER / BUHREN, CLAUS G. / LINDAU-BANK, DETLEV / MÜLLER, SABINE (1998): Manual Schulentwicklung. Handlungskonzept zur pädagogischen Schulentwicklungsberatung (SchuB). Beltz: Weinheim/Basel.

ROLFF, HANS-GÜNTER (2001): Schulentwicklung konkret: Steuergruppe – Bestandsaufnahme – Evaluation. Kallmeyer: Velber.

ROLFF, HANS-GÜNTER (2009): Schulentwicklung, Schulprogramm und Steuergruppe. In: HERBERT BUCHEN / HANS-GÜNTER ROLFF (Hrsg.): Professionswissen Schulleitung. 2. Aufl. Beltz: Weinheim/ Basel, 296–364.

ROLFF, HANS-GÜNTER (2011): Das System des UQM im Überblick. In: HANS-GÜNTER ROLFF (Hrsg.): Qualität mit System. Eine Praxisanleitung zum Unterrichtsbezogenen Qualitätsmanagement (UQM). Link: Köln, 1–16.

ROSENBUSCH, HEINZ S. (1989): Der Schulleiter – ein notwendiger Gegenstand organisationspädagogischer Reflexion. In: HEINZ S. ROSENBUSCH / JOCHEN WISSINGER (Hrsg.): Schulleiter zwischen Administration und Innovation. Schulleiter-Handbuch Bd. 50. SL-Verlag: Braunschweig, 8–16.

ROTA, FRANCO P. (1994): PR- und Medienarbeit in Unternehmen. Dt. Taschenbuch-Verlag: München.

RUTTER, MICHAEL / MAUGHAN, BARBARA / MORTIMER, PETER / OUSTON, JANET (1980): Fünfzehntausend Stunden – Schulen und ihre Wirkung auf die Kinder. Beltz: Weinheim/Basel (Original: Fifteent-housandhours, erschienen 1979).

SCHERM, MARTIN / POSNER, CHRISTINE / PRINZ, DORENZ (2009): Führungskompetenzen von Schulleitungen. Entwicklung eines prototypischen Kompetenzmodells. In: Die Deutsche Schule, 1014, 341–352.

SCHEUERL, HANS (1970): Schulreform. In: W. HORNEY / J.P. RUPPERT / W. SCHULTZE (Hrsg.): Pädagogisches Lexikon. Bertelsmann: Gütersloh, 941–943.

SCHIRCKS, ARNULF D. (1994).: Management Development und Führung. Konzepte, Instrumente und Praxis des strategischen und operativen Management Development. Verlag für Angewandte Psychologie: Göttingen.

SCHLEY, WILFRIED (1998): Teamkooperation und Teamentwicklung in der Schule. In: HERBERT ALTRICHTER / WILFRIED SCHLEY / MICHAEL SCHRATZ (Hrsg.): Handbuch zur Schulentwicklung. Studien-Verlag: Innsbruck/Wien, 111–159.

SCHRADER FRIEDRICH-WILHELM / HELMKE, ANDREAS (2005): Überprüfte Vermutungen. In: GEROLD BECKER / ALBERT BREMERICH-VOS et al. (Hrsg.): Standards – Unterrichten zwischen Kompetenzen, zentralen Prüfungen und Vergleichsarbeiten. Friedrich Jahresheft XXIII, 120–121.

SCHRATZ, MICHAEL (1996): Die Rolle der Schulaufsicht in der autonomen Schulentwicklung: Eine Untersuchung über Selbstbild, Rollenklärung und Fortbildungsbedarf im Hinblick auf die Autonomisierung des österreichischen Schulwesens. Studien-Verlag: Innsbruck, Wien.

SCHRATZ, MICHAEL / STEINER-LÖFFLER, ULRIKE (1997): Der Innovationswürfel. Ein Instrument zur Analyse von Schulentwicklung zwischen inneren Visionen und hausgemachten Zwängen. In: Journal für Schulentwicklung, 22–36.

SCHRATZ, MICHAEL (2005): Abschied vom primus inter pares – Schulleitung zwischen Beruf und Berufung. In: XAVER BÜELER / ALOIS BUHOLZER / MARKUS ROOS (Hrsg.): Schulen mit Profil. Forschungsergebnisse, Brennpunkte, Zukunftsperspektiven. Studien-Verlag: Innsbruck u. a., 181–192.

SCHULZ, WOLFGANG / TILLMANN, KLAUS-JÜRGEN (1987): Schule ändern, um Kindern zu helfen. In: Pädagogische Beiträge 7/8, 36–41.

SCHULZ VON THUN, FRIEDRICH (2007): Miteinander reden 1. Störungen und Klärungen. 45. Aufl. Rowohlt: Reinbeck bei Hamburg.

SCHÜSSLER, INGEBORG (2006): Schulmanagement und Schulentwicklung. In: ROLF ARNOLD / CLAUDIA GÓMEZ TUTOR (Hrsg.): Qualitätssicherung an Schulen. Bd. 1: Basisthemen der Schulentwicklung. Auer: Donauwörth, 249–303.

SMOLKA, DIETER (2000): Motivation und Führung in der Schule. In: DIETER SMOLKA (Hrsg.): Motivation und Mitarbeiterführung in der Schule. Luchterhand: Neuwied u. a., 1–23.

STEFFENS, ULRICH / BARGEL, TINO (1993): Erkundungen zur Qualität von Schule. Luchterhand: Neuwied u. a.

STEFFENS, Ulrich / HÖFER, DIETER (2011): Zentrale Befunde aus der Schul- und Unterrichtsforschung – Eine Bilanz aus über 50 000 Studien. http://qualitaetsentwicklung.lsa.hessen.de → Studien & Analysen → Hattie-Studie → Beiträge im Überblick (letzter Zugriff am 16.10.2013).

SUSTECK, HERBERT (1975): Lehrer zwischen Tradition und Fortschritt. Empirische Untersuchungen über die Innovationsbereitschaft der Pädagogen. Westermann: Braunschweig.

TSCHAPKA, JOHANNES (2009): Schulische Netzwerke fordern die Lehrerinnen- und Lehrerweiterbildung heraus. In: NILS BERKEMEYER et al. (Hrsg.): Schulische Vernetzung. Eine Übersicht zu aktuellen Netzwerkprojekten. Waxmann: Münster u. a., 115–124.

ULLMANN, MARIANNE / STEPANCIK, EVELYN (2009): Das österreichische E-Learning-Netzwerk eLSA. In: NILS BERKEMEYER et al. (Hrsg.): Schulische Vernetzung. Eine Übersicht zu aktuellen Netzwerkprojekten. Waxmann: Münster u. a., 9–106.

VROOM, VICTOR H. / YETTON, PHILIP W. (1973): Leadership and decision making. University of Pittsburgh Press: Pittsburgh.

WAHL, DIETHELM / WEINERT, FRANZ E. / HUBER, GÜNTER L. (2007): Psychologie für die Schulpraxis. Kösel: München.

WATZLAWICK, PAUL (2011): Man kann nicht nicht kommunizieren: das Lesebuch. Hrsg. von TRUDE TRUNK (und mit einem Nachwort von FRIEDEMANN SCHULZ VON THUN). Huber: Bern.

WATZLAWICK, PAUL et al. (2012): Menschliche Kommunikation. Formen Störungen Paradoxien. 12. Aufl. Huber: Bern.

WELLENREUTHER, MARTIN (2005): Lehren und Lernen – aber wie? Empirisch-experimentelle Forschungen zum Lehren und Lernen im Unterricht. Schneider Verlag: Hohengehren.

WETZSTEIN, THOMAS (2012): Wissen schöpfen aus Evaluation? Datengestützte Rückmeldungen als „Wissensressource" in der schulischen Qualitätsentwicklung. In: SchVw Spezial 3/2012.

WIATER, WERNER (o. J.): Schulentwicklung. Modewort oder Qualitätsbegriff. Unveröffentlichtes Manuskript.

WIECHMANN, JÜRGEN (1994): Die pädagogische Selbsterneuerung von Schulen. Eine Untersuchung der Schulentwicklung in einer Region. Institut für Pädagogik der Naturwissenschaften an der Universität Kiel (IPN): Kiel.

WISSINGER, JOCHEN (2000a): Schulqualitätssicherung und -entwicklung als Aufgabe innerschulischen Managements. In: HORST WEISHAUPT (Hrsg.): Qualitätssicherung im Bildungswesen. Problemlage und aktuelle Forschungsbefunde. Dokumentation einer Tagung der Kommission Bildungsorganisation, Bildungsplanung, Bildungsrecht der Deutschen Gesellschaft für Erziehungswissenschaft am 10.–11. März 1999 in Erfurt. Pädagogische Hochschule: Erfurt, 73–85.

WISSINGER, JOCHEN (2000b): Rolle und Aufgaben der Schulleitung bei der Qualitätssicherung und -entwicklung von Schulen. In: Zeitschrift für Pädagogik, 466, 851–865.

YUKL, GARY (2000): Leadership in Organizations. 5. Aufl. Pearsons Education: Upper Saddle River/New Jersey.

Register